小学校学習指導要領(平成29年告示)解説

総則編

平成29年7月

文部科学省

まえがき

　文部科学省では，平成29年3月31日に学校教育法施行規則の一部改正と小学校学習指導要領の改訂を行った。新小学校学習指導要領等は平成32年度から全面的に実施することとし，平成30年度から一部を移行措置として先行して実施することとしている。

　今回の改訂は，平成28年12月の中央教育審議会答申を踏まえ，

① 教育基本法，学校教育法などを踏まえ，これまでの我が国の学校教育の実績や蓄積を生かし，子供たちが未来社会を切り拓くための資質・能力を一層確実に育成することを目指すこと。その際，子供たちに求められる資質・能力とは何かを社会と共有し，連携する「社会に開かれた教育課程」を重視すること。

② 知識及び技能の習得と思考力，判断力，表現力等の育成のバランスを重視する平成20年改訂の学習指導要領の枠組みや教育内容を維持した上で，知識の理解の質を更に高め，確かな学力を育成すること。

③ 先行する特別教科化など道徳教育の充実や体験活動の重視，体育・健康に関する指導の充実により，豊かな心や健やかな体を育成すること。

を基本的なねらいとして行った。

　本書は，大綱的な基準である学習指導要領の記述の意味や解釈などの詳細について説明するために，文部科学省が作成するものであり，学校教育法施行規則の関係規定及び小学校学習指導要領第1章「総則」について，その改善の趣旨や内容を解説している。

　各学校においては，本書を御活用いただき，学習指導要領等についての理解を深め，創意工夫を生かした特色ある教育課程を編成・実施されるようお願いしたい。

　むすびに，本書「小学校学習指導要領解説総則編」の作成に御協力くださった各位に対し，心から感謝の意を表する次第である。

平成29年7月

文部科学省初等中等教育局長

髙橋　道和

目次

- 第1章　総説 …………………………………………… 1
  - 1　改訂の経緯及び基本方針 ………………………… 1
    - (1)　改訂の経緯 ………………………………… 1
    - (2)　改訂の基本方針 …………………………… 2
  - 2　改訂の要点 ………………………………………… 5
    - (1)　学校教育法施行規則改正の要点 ………… 5
    - (2)　前文の趣旨及び要点 ……………………… 6
    - (3)　総則改正の要点 …………………………… 7
  - 3　道徳の特別の教科化に係る一部改正 ………… 8
    - (1)　一部改正の経緯 …………………………… 8
    - (2)　一部改正の基本方針 ……………………… 9
    - (3)　一部改正の要点 …………………………… 10
- 第2章　教育課程の基準 …………………………………… 11
  - 第1節　教育課程の意義 ………………………………… 11
  - 第2節　教育課程に関する法制 ………………………… 13
    - 1　教育課程とその基準 ……………………………… 13
    - 2　教育課程に関する法令 …………………………… 14
      - (1)　教育基本法 ………………………………… 14
      - (2)　学校教育法，学校教育法施行規則 ………… 14
      - (3)　学習指導要領 ……………………………… 15
      - (4)　地方教育行政の組織及び運営に関する法律 ………………………………………………… 16
- 第3章　教育課程の編成及び実施 ………………………… 17
  - 第1節　小学校教育の基本と教育課程の役割 ……… 17
    - 1　教育課程編成の原則 ……………………………… 17
      - (1)　教育課程の編成の主体 …………………… 17
      - (2)　教育課程の編成の原則 …………………… 18

2　生きる力を育む各学校の特色ある教育活動の
　　　　展開 ………………………………………………… 22
　　　(1) 確かな学力 ……………………………………… 23
　　　(2) 豊かな心 ………………………………………… 24
　　　(3) 健やかな体 ……………………………………… 31
　　3　育成を目指す資質・能力 ……………………………… 34
　　4　カリキュラム・マネジメントの充実 ………… 39
●第2節　教育課程の編成 …………………………………… 46
　　1　各学校の教育目標と教育課程の編成 ………… 46
　　2　教科等横断的な視点に立った資質・能力 …… 47
　　　(1) 学習の基盤となる資質・能力 ………………… 48
　　　(2) 現代的な諸課題に対応して求められる
　　　　　資質・能力 …………………………………… 52
　　3　教育課程の編成における共通的事項 ………… 53
　　　(1) 内容等の取扱い ………………………………… 53
　　　(2) 授業時数等の取扱い …………………………… 58
　　　(3) 指導計画の作成等に当たっての配慮事項 … 67
　　4　学校段階等間の接続 ……………………………… 73
　　　(1) 幼児期の教育との接続及び低学年における
　　　　　教育全体の充実 ……………………………… 73
　　　(2) 中学校教育及びその後の教育との接続，
　　　　　義務教育学校等の教育課程 ………………… 74
●第3節　教育課程の実施と学習評価 …………………… 76
　　1　主体的・対話的で深い学びの実現に向けた
　　　　授業改善 ………………………………………… 76
　　　(1) 主体的・対話的で深い学びの実現に向けた
　　　　　授業改善 ……………………………………… 76
　　　(2) 言語環境の整備と言語活動の充実 ………… 80

　　　　(3) コンピュータ等や教材・教具の活用，コンピュータの基本的な操作やプログラミングの体験…… 83
　　　　(4) 見通しを立てたり，振り返ったりする学習活動 ……………………………………… 87
　　　　(5) 体験活動 ………………………………………… 88
　　　　(6) 課題選択及び自主的，自発的な学習の促進… 90
　　　　(7) 学校図書館，地域の公共施設の利活用 …… 91
　　2　学習評価の充実 ………………………………… 93
　　　　(1) 指導の評価と改善 …………………………… 93
　　　　(2) 学習評価に関する工夫 ……………………… 94
● 第4節　児童の発達の支援 ……………………………… 96
　　1　児童の発達を支える指導の充実 ……………… 96
　　　　(1) 学級経営，児童の発達の支援 ……………… 96
　　　　(2) 生徒指導の充実 ……………………………… 99
　　　　(3) キャリア教育の充実 ………………………… 101
　　　　(4) 指導方法や指導体制の工夫改善など個に応じた指導の充実 ……………………………… 103
　　2　特別な配慮を必要とする児童への指導 ……… 106
　　　　(1) 障害のある児童などへの指導 ……………… 106
　　　　(2) 海外から帰国した児童や外国人の児童の指導 ……………………………………………… 115
　　　　(3) 不登校児童への配慮 ………………………… 118
● 第5節　学校運営上の留意事項 ………………………… 120
　　1　教育課程の改善と学校評価等 ………………… 120
　　2　家庭や地域社会との連携及び協働と学校間の連携 ……………………………………………… 125
● 第6節　道徳教育推進上の配慮事項 …………………… 128
　　1　道徳教育の指導体制と全体計画 ……………… 128
　　　　(1) 道徳教育の指導体制 ………………………… 128
　　　　(2) 道徳教育の全体計画 ………………………… 129

　　　　(3) 各教科等における指導の基本方針 ………… 133
　　　　(4) 各教科等における道徳教育 …………… 134
　　2　指導内容の重点化 ………… 138
　　　　(1) 各学年を通じて配慮すること ………… 139
　　　　(2) 学年段階ごとに配慮すること ………… 140
　　3　豊かな体験活動の充実といじめの防止 ……… 141
　　　　(1) 学校や学級内の人間関係や環境 ………… 141
　　　　(2) 豊かな体験の充実 ………… 142
　　　　(3) 道徳教育の指導内容と児童の日常生活 …… 143
　　4　家庭や地域社会との連携 ………… 144
　　　　(1) 道徳教育に関わる情報発信 ………… 144
　　　　(2) 家庭や地域社会との相互連携 ………… 145

（資料）学習指導要領等の改訂の経過 ………… 146

● 付録 ………… 159
　● 付録1：参考法令 ………… 160
　　　　　教育基本法 ………… 160
　　　　　学校教育法（抄） ………… 164
　　　　　学校教育法施行令（抄） ………… 167
　　　　　学校教育法施行規則（抄） ………… 168
　　　　　地方教育行政の組織及び運営に関する
　　　　　法律（抄） ………… 176
　● 付録2：小学校学習指導要領　前文 ………… 179
　　　　　　　　　　　　　　　第1章　総則 ……… 180
　● 付録3：中学校学習指導要領　第1章　総則 ……… 188
　● 付録4：小学校学習指導要領
　　　　　　第3章　特別の教科　道徳 …………… 196
　● 付録5：「道徳の内容」の学年段階・学校段階の
　　　　　　一覧表 ………… 202

- 付録6：現代的な諸課題に関する教科等横断的な
  教育内容についての参考資料 ……………… 204
- 付録7：幼稚園教育要領 ……………………………… 250

第1章　総説

1　改訂の経緯及び基本方針

(1) 改訂の経緯

　今の子供たちやこれから誕生する子供たちが，成人して社会で活躍する頃には，我が国は厳しい挑戦の時代を迎えていると予想される。生産年齢人口の減少，グローバル化の進展や絶え間ない技術革新等により，社会構造や雇用環境は大きく，また急速に変化しており，予測が困難な時代となっている。また，急激な少子高齢化が進む中で成熟社会を迎えた我が国にあっては，一人一人が持続可能な社会の担い手として，その多様性を原動力とし，質的な豊かさを伴った個人と社会の成長につながる新たな価値を生み出していくことが期待される。

　こうした変化の一つとして，人工知能（AI）の飛躍的な進化を挙げることができる。人工知能が自ら知識を概念的に理解し，思考し始めているとも言われ，雇用の在り方や学校において獲得する知識の意味にも大きな変化をもたらすのではないかとの予測も示されている。このことは同時に，人工知能がどれだけ進化し思考できるようになったとしても，その思考の目的を与えたり，目的のよさ・正しさ・美しさを判断したりできるのは人間の最も大きな強みであるということの再認識につながっている。

　このような時代にあって，学校教育には，子供たちが様々な変化に積極的に向き合い，他者と協働して課題を解決していくことや，様々な情報を見極め知識の概念的な理解を実現し情報を再構成するなどして新たな価値につなげていくこと，複雑な状況変化の中で目的を再構築することができるようにすることが求められている。

　このことは，本来，我が国の学校教育が大切にしてきたことであるものの，教師の世代交代が進むと同時に，学校内における教師の世代間のバランスが変化し，教育に関わる様々な経験や知見をどのように継承していくかが課題となり，また，子供たちを取り巻く環境の変化により学校が抱える課題も複雑化・困難化する中で，これまでどおり学校の工夫だけにその実現を委ねることは困難になってきている。

　こうした状況を踏まえ，平成26年11月には，文部科学大臣から新しい時代にふさわしい学習指導要領等の在り方について中央教育審議会に諮問を行った。中央教育審議会においては，2年1か月にわたる審議の末，平成28年12月21日に「幼稚園，小学校，中学校，高等学校及び特別支援学校の学習指導要領等の改善及び必要な方策等について（答申）」（以下「中央教育審議会答申」という。）を示し

た。

中央教育審議会答申においては，"よりよい学校教育を通じてよりよい社会を創る"という目標を学校と社会が共有し，連携・協働しながら，新しい時代に求められる資質・能力を子供たちに育む「社会に開かれた教育課程」の実現を目指し，学習指導要領等が，学校，家庭，地域の関係者が幅広く共有し活用できる「学びの地図」としての役割を果たすことができるよう，次の6点にわたってその枠組みを改善するとともに，各学校において教育課程を軸に学校教育の改善・充実の好循環を生み出す「カリキュラム・マネジメント」の実現を目指すことなどが求められた。

① 「何ができるようになるか」（育成を目指す資質・能力）
② 「何を学ぶか」（教科等を学ぶ意義と，教科等間・学校段階間のつながりを踏まえた教育課程の編成）
③ 「どのように学ぶか」（各教科等の指導計画の作成と実施，学習・指導の改善・充実）
④ 「子供一人一人の発達をどのように支援するか」（子供の発達を踏まえた指導）
⑤ 「何が身に付いたか」（学習評価の充実）
⑥ 「実施するために何が必要か」（学習指導要領等の理念を実現するために必要な方策）

これを踏まえ，平成29年3月31日に学校教育法施行規則を改正するとともに，幼稚園教育要領，小学校学習指導要領及び中学校学習指導要領を公示した。小学校学習指導要領は，平成30年4月1日から第3学年及び第4学年において外国語活動を実施する等の円滑に移行するための措置（移行措置）を実施し，平成32年4月1日から全面実施することとしている。また，中学校学習指導要領は，平成30年4月1日から移行措置を実施し，平成33年4月1日から全面実施することとしている。

(2) 改訂の基本方針

今回の改訂は中央教育審議会答申を踏まえ，次の基本方針に基づき行った。

① 今回の改訂の基本的な考え方

ア 教育基本法，学校教育法などを踏まえ，これまでの我が国の学校教育の実践や蓄積を生かし，子供たちが未来社会を切り拓くための資質・能力を一層確実に育成することを目指す。その際，子供たちに求められる資質・能力とは何かを社会と共有し，連携する「社会に開かれた教育課程」を重視すること。

イ　知識及び技能の習得と思考力，判断力，表現力等の育成のバランスを重視する平成20年改訂の学習指導要領の枠組みや教育内容を維持した上で，知識の理解の質を更に高め，確かな学力を育成すること。
　ウ　先行する特別教科化など道徳教育の充実や体験活動の重視，体育・健康に関する指導の充実により，豊かな心や健やかな体を育成すること。

② 育成を目指す資質・能力の明確化

　中央教育審議会答申においては，予測困難な社会の変化に主体的に関わり，感性を豊かに働かせながら，どのような未来を創っていくのか，どのように社会や人生をよりよいものにしていくのかという目的を自ら考え，自らの可能性を発揮し，よりよい社会と幸福な人生の創り手となる力を身に付けられるようにすることが重要であること，こうした力は全く新しい力ということではなく学校教育が長年その育成を目指してきた「生きる力」であることを改めて捉え直し，学校教育がしっかりとその強みを発揮できるようにしていくことが必要とされた。また，汎用的な能力の育成を重視する世界的な潮流を踏まえつつ，知識及び技能と思考力，判断力，表現力等をバランスよく育成してきた我が国の学校教育の蓄積を生かしていくことが重要とされた。

　このため「生きる力」をより具体化し，教育課程全体を通して育成を目指す資質・能力を，ア「何を理解しているか，何ができるか（生きて働く「知識・技能」の習得）」，イ「理解していること・できることをどう使うか（未知の状況にも対応できる「思考力・判断力・表現力等」の育成）」，ウ「どのように社会・世界と関わり，よりよい人生を送るか（学びを人生や社会に生かそうとする「学びに向かう力・人間性等」の涵養）」の三つの柱に整理するとともに，各教科等の目標や内容についても，この三つの柱に基づく再整理を図るよう提言がなされた。

　今回の改訂では，知・徳・体にわたる「生きる力」を子供たちに育むために「何のために学ぶのか」という各教科等を学ぶ意義を共有しながら，授業の創意工夫や教科書等の教材の改善を引き出していくことができるようにするため，全ての教科等の目標及び内容を「知識及び技能」，「思考力，判断力，表現力等」，「学びに向かう力，人間性等」の三つの柱で再整理した。

③ 「主体的・対話的で深い学び」の実現に向けた授業改善の推進

　子供たちが，学習内容を人生や社会の在り方と結び付けて深く理解し，これからの時代に求められる資質・能力を身に付け，生涯にわたって能動的に学び続けることができるようにするためには，これまでの学校教育の蓄積を生かし，学習の質を一層高める授業改善の取組を活性化していくことが必要であり，我が国の優れた教育実践に見られる普遍的な視点である「主体的・対話的で深い

学び」の実現に向けた授業改善（アクティブ・ラーニングの視点に立った授業改善）を推進することが求められる。

今回の改訂では「主体的・対話的で深い学び」の実現に向けた授業改善を進める際の指導上の配慮事項を総則に記載するとともに、各教科等の「第3　指導計画の作成と内容の取扱い」において、単元や題材など内容や時間のまとまりを見通して、その中で育む資質・能力の育成に向けて、「主体的・対話的で深い学び」の実現に向けた授業改善を進めることを示した。

その際、以下の6点に留意して取り組むことが重要である。

ア　児童生徒に求められる資質・能力を育成することを目指した授業改善の取組は、既に小・中学校を中心に多くの実践が積み重ねられており、特に義務教育段階はこれまで地道に取り組まれ蓄積されてきた実践を否定し、全く異なる指導方法を導入しなければならないと捉える必要はないこと。

イ　授業の方法や技術の改善のみを意図するものではなく、児童生徒に目指す資質・能力を育むために「主体的な学び」、「対話的な学び」、「深い学び」の視点で、授業改善を進めるものであること。

ウ　各教科等において通常行われている学習活動（言語活動、観察・実験、問題解決的な学習など）の質を向上させることを主眼とするものであること。

エ　1回1回の授業で全ての学びが実現されるものではなく、単元や題材など内容や時間のまとまりの中で、学習を見通し振り返る場面をどこに設定するか、グループなどで対話する場面をどこに設定するか、児童生徒が考える場面と教師が教える場面をどのように組み立てるかを考え、実現を図っていくものであること。

オ　深い学びの鍵として「見方・考え方」を働かせることが重要になること。各教科等の「見方・考え方」は、「どのような視点で物事を捉え、どのような考え方で思考していくのか」というその教科等ならではの物事を捉える視点や考え方である。各教科等を学ぶ本質的な意義の中核をなすものであり、教科等の学習と社会をつなぐものであることから、児童生徒が学習や人生において「見方・考え方」を自在に働かせることができるようにすることにこそ、教師の専門性が発揮されることが求められること。

カ　基礎的・基本的な知識及び技能の習得に課題がある場合には、その確実な習得を図ることを重視すること。

④ **各学校におけるカリキュラム・マネジメントの推進**

各学校においては、教科等の目標や内容を見通し、特に学習の基盤となる資質・能力（言語能力、情報活用能力（情報モラルを含む。以下同じ。）、問題発

見・解決能力等）や現代的な諸課題に対応して求められる資質・能力の育成のためには，教科等横断的な学習を充実することや，「主体的・対話的で深い学び」の実現に向けた授業改善を，単元や題材など内容や時間のまとまりを見通して行うことが求められる。これらの取組の実現のためには，学校全体として，児童生徒や学校，地域の実態を適切に把握し，教育内容や時間の配分，必要な人的・物的体制の確保，教育課程の実施状況に基づく改善などを通して，教育活動の質を向上させ，学習の効果の最大化を図るカリキュラム・マネジメントに努めることが求められる。

　このため総則において，「児童や学校，地域の実態を適切に把握し，教育の目的や目標の実現に必要な教育の内容等を教科等横断的な視点で組み立てていくこと，教育課程の実施状況を評価してその改善を図っていくこと，教育課程の実施に必要な人的又は物的な体制を確保するとともにその改善を図っていくことなどを通して，教育課程に基づき組織的かつ計画的に各学校の教育活動の質の向上を図っていくこと（以下「カリキュラム・マネジメント」という。）に努める」ことについて新たに示した。

⑤　**教育内容の主な改善事項**

　このほか，言語能力の確実な育成，理数教育の充実，伝統や文化に関する教育の充実，体験活動の充実，外国語教育の充実などについて総則や各教科等において，その特質に応じて内容やその取扱いの充実を図った。

2　改訂の要点

(1) 学校教育法施行規則改正の要点

　学校教育法施行規則では，教育課程編成の基本的な要素である各教科等の種類や授業時数，合科的な指導等について規定している。今回は，これらの規定について次のような改正を行った。

　　ア　児童が将来どのような職業に就くとしても，外国語で多様な人々とコミュニケーションを図ることができる能力は，生涯にわたる様々な場面で必要とされることが想定され，その基礎的な力を育成するために，小学校第3・4学年に「外国語活動」を，第5・6学年に「外国語科」を新設することとした。このため，学校教育法施行規則第50条においては，「小学校の教育課程は，国語，社会，算数，理科，生活，音楽，図画工作，家庭，体育及び外国語の各教科（中略），特別の教科である道徳，外国語活動，総合的な学習の時間並びに特別活動によって編成するものとする。」と規定することとした。

なお，特別の教科である道徳を位置付ける改正は，平成27年3月に行い，平成30年4月1日から施行することとなっており，今回の学校教育法施行規則の改正はそれを踏まえた上で，平成32年4月1日から施行することとなる。
　イ　授業時数については，第3・4学年で新設する外国語活動に年間35単位時間，第5・6学年で新設する外国語科に年間70単位時間を充てることとし（第5・6学年の外国語活動は廃止），それに伴い各学年の年間総授業時数は，従来よりも，第3学年から第6学年で年間35単位時間増加することとした。

(2) 前文の趣旨及び要点

　学習指導要領等は，時代の変化や子供たちの状況，社会の要請等を踏まえ，これまでおおよそ10年ごとに改訂してきた。今回の改訂は，前述1(2)で述べた基本方針の下に行っているが，その理念を明確にし，社会で広く共有されるよう新たに前文を設け，次の事項を示した。
　①　教育基本法に規定する教育の目的や目標の明記とこれからの学校に求められること
　　学習指導要領は，教育基本法に定める教育の目的や目標の達成のため，学校教育法に基づき国が定める教育課程の基準であり，いわば学校教育の「不易」として，平成18年の教育基本法の改正により明確になった教育の目的及び目標を明記した。
　　また，これからの学校には，急速な社会の変化の中で，一人一人の児童が自分のよさや可能性を認識できる自己肯定感を育むなど，持続可能な社会の創り手となることができるようにすることが求められることを明記した。
　②　「社会に開かれた教育課程」の実現を目指すこと
　　教育課程を通して，これからの時代に求められる教育を実現していくためには，よりよい学校教育を通してよりよい社会を創るという理念を学校と社会とが共有することが求められる。
　　そのため，それぞれの学校において，必要な学習内容をどのように学び，どのような資質・能力を身に付けられるようにするのかを教育課程において明確にしながら，社会との連携及び協働によりその実現を図っていく，「社会に開かれた教育課程」の実現が重要となることを示した。
　③　学習指導要領を踏まえた創意工夫に基づく教育活動の充実
　　学習指導要領は，公の性質を有する学校における教育水準を全国的に確保することを目的に，教育課程の基準を大綱的に定めるものであり，それぞれ

の学校は，学習指導要領を踏まえ，各学校の特色を生かして創意工夫を重ね，長年にわたり積み重ねられてきた教育実践や学術研究の蓄積を生かしながら，児童や地域の現状や課題を捉え，家庭や地域社会と協力して，教育活動の更なる充実を図っていくことが重要であることを示した。

(3) 総則改正の要点

総則については，今回の改訂の趣旨が教育課程の編成や実施に生かされるようにする観点から，①資質・能力の育成を目指す「主体的・対話的で深い学び」の実現に向けた授業改善を進める，②カリキュラム・マネジメントの充実，③児童の発達の支援，家庭や地域との連携・協働を重視するなどの改善を行った。

① 資質・能力の育成を目指す「主体的・対話的で深い学び」
- 学校教育を通して育成を目指す資質・能力を「知識及び技能」，「思考力，判断力，表現力等」，「学びに向かう力，人間性等」に再整理し，それらがバランスよく育まれるよう改善した。
- 言語能力，情報活用能力，問題発見・解決能力等の学習の基盤となる資質・能力や，現代的な諸課題に対応して求められる資質・能力を教科等横断的な視点に基づき育成されるよう改善した。
- 資質・能力の育成を目指し，「主体的・対話的で深い学び」の実現に向けた授業改善が推進されるよう改善した。
- 言語活動や体験活動，ICT等を活用した学習活動等を充実するよう改善するとともに，情報手段の基本的な操作の習得やプログラミング教育を新たに位置付けた。

② カリキュラム・マネジメントの充実
- カリキュラム・マネジメントの実践により，校内研修の充実等が図られるよう，章立てを改善した。
- 児童の実態等を踏まえて教育の内容や時間を配分し，授業改善や必要な人的・物的資源の確保などの創意工夫を行い，組織的・計画的な教育の質的向上を図るカリキュラム・マネジメントを推進するよう改善した。

③ 児童の発達の支援，家庭や地域との連携・協働
- 児童一人一人の発達を支える視点から，学級経営や生徒指導，キャリア教育の充実について示した。
- 障害のある児童や海外から帰国した児童，日本語の習得に困難のある児童，不登校の児童など，特別な配慮を必要とする児童への指導と教育課程の関係について示した。
- 教育課程の実施に当たり，家庭や地域と連携・協働していくことを示した。

3 道徳の特別の教科化に係る一部改正

(1) 一部改正の経緯

　我が国の教育は，教育基本法第1条に示されているとおり「人格の完成を目指し，平和で民主的な国家及び社会の形成者として必要な資質を備えた心身ともに健康な国民の育成を期して行われ」るものである。人格の完成及び国民の育成の基盤となるのが道徳性であり，その道徳性を養うことが道徳教育の使命である。しかし，道徳教育を巡っては，歴史的経緯に影響され，いまだに道徳教育そのものを忌避しがちな風潮があること，他教科等に比べて軽んじられていること，読み物の登場人物の心情理解のみに偏った形式的な指導が行われる例があることなど，これまで多くの課題が指摘されてきた。

　また，いじめの問題に起因して，子供の心身の発達に重大な支障が生じる事案や，尊い命が絶たれるといった痛ましい事案まで生じており，いじめを早い段階で発見し，その芽を摘み取り，全ての子供を救うことが喫緊の課題となっている。

　このような現状の下，内閣に設置された教育再生実行会議は，平成25年2月の第一次提言において，いじめの問題等への対応をまとめた。その中では，いじめの問題が深刻な状況にある今こそ，制度の改革だけでなく，本質的な問題解決に向かって歩み出すことが必要であり，心と体の調和の取れた人間の育成の観点から，道徳教育の重要性を改めて認識し，その抜本的な充実を図るとともに，新たな枠組みによって教科化することが提言された。

　本提言等を踏まえ，文部科学省においては「道徳教育の充実に関する懇談会」を設置し，道徳教育の充実方策について専門的に検討を行った。本懇談会では，道徳教育は，国や民族，時代を越えて，人が生きる上で必要なルールやマナー，社会規範などを身に付け，人としてよりよく生きることを根本で支えるとともに，国家・社会の安定的で持続可能な発展の基盤となるものであり，道徳教育の充実は，我が国の道徳教育の現状，家庭や社会の状況等を踏まえれば，いじめの問題の解決だけでなく，我が国の教育全体にとっての重要な課題であるとの認識の下，これまでの成果や課題を検証しつつ，道徳の特質を踏まえた新たな枠組みによる教科化の具体的な在り方などについて，幅広く検討を行い，平成25年12月「今後の道徳教育の改善・充実方策について（報告）～新しい時代を，人としてより良く生きる力を育てるために～」を取りまとめた。

　また，平成26年2月，中央教育審議会に「道徳に係る教育課程の改善等について」が諮問され，道徳教育専門部会において道徳の時間の新たな枠組みによる教科化の在り方等について検討が行われた。平成26年10月21日の答申では，道徳教

育の要である道徳の時間については,「特別の教科　道徳（仮称）」として制度上位置付け,充実を図ること,また,道徳教育の抜本的な改善に向け,学習指導要領に定める道徳教育の目標,内容の明確化及び体系化を図ることや,指導方法の工夫,児童の成長の様子を把握する評価の在り方,検定教科書の導入,教師の指導力向上方策,学校と家庭や地域との連携強化の在り方など道徳教育の改善・充実に向けて必要な事項が示された。

この答申を踏まえ,平成27年3月27日に学校教育法施行規則を改正するとともに,小学校学習指導要領,中学校学習指導要領及び特別支援学校小学部・中学部学習指導要領の一部改正の告示を公示した。今回の改正は,いじめの問題への対応の充実や発達の段階をより一層踏まえた体系的なものとする観点からの内容の改善,問題解決的な学習を取り入れるなどの指導方法の工夫を図ることなどを示したものである。このことにより,「特定の価値観を押し付けたり,主体性をもたず言われるままに行動するよう指導したりすることは,道徳教育が目指す方向の対極にあるものと言わなければならない」,「多様な価値観の,時に対立がある場合を含めて,誠実にそれらの価値に向き合い,道徳としての問題を考え続ける姿勢こそ道徳教育で養うべき基本的資質である」との中央教育審議会の答申を踏まえ,発達の段階に応じ,答えが一つではない道徳的な課題を一人一人の児童が自分自身の問題と捉え向き合う「考える道徳」,「議論する道徳」へと転換を図るものである。

改正小学校学習指導要領は,平成27年4月1日から移行措置として,その一部又は全部を実施することが可能となっており,平成30年4月1日から全面実施することとしている。

(2) 一部改正の基本方針

この一部改正は,平成26年10月の中央教育審議会の答申を踏まえ,次のような方針の下で行った。

これまでの「道徳の時間」を要として学校の教育活動全体を通じて行うという道徳教育の基本的な考え方を,適切なものとして今後も引き継ぐとともに,道徳の時間を「特別の教科である道徳」（以下「道徳科」という。）として新たに位置付けた。

また,それに伴い,目標を明確で理解しやすいものにするとともに,道徳教育も道徳科も,その目標は,最終的には「道徳性」を養うことであることを前提としつつ,各々の役割と関連性を明確にした分かりやすい規定とした。

なお,道徳科においては,内容をより発達の段階を踏まえた体系的なものとするとともに,指導方法を多様で効果的なものとするため,指導方法の工夫等につ

いて具体的に示すなど,その改善を図っている。

(3) 一部改正の要点

① 学校教育法施行規則改正の要点

学校教育法施行規則の小学校の教育課程について,「道徳の時間」を「特別の教科である道徳」としたため,学校の教育活動全体を通じて行う道徳教育を「特別の教科である道徳」を要として学校の教育活動全体を通じて行うものと改めた。

② 総則改正の要点

ア　教育課程編成の一般方針

「特別の教科である道徳」を「道徳科」と言い換える旨を示すとともに,道徳教育の目標について,「自己の生き方を考え,主体的な判断の下に行動し,自立した人間として他者と共によりよく生きるための基盤となる道徳性を養うこと」と簡潔に示した。また,道徳教育を進めるに当たっての配慮事項として,道徳教育の目標を達成するための諸条件を示しながら「主体性のある日本人の育成に資することとなるよう特に留意しなければならない」こととした。

イ　内容等の取扱いに関する共通事項

道徳科を要として学校の教育活動全体を通じて行う道徳教育の内容は,「第3章特別の教科道徳」の第2に示す内容であることを明記した。

ウ　指導計画の作成等に当たって配慮すべき事項

学校における道徳教育は,道徳科を要として教育活動全体を通じて行うものであることから,その配慮事項を以下のように付け加えた。

(ア) 道徳教育は,道徳科を要として学校の教育活動全体で行うことから,全体計画を作成して全教師が協力して道徳教育を行うこと。また,各教科等で道徳教育の指導の内容及び時期を示すこと。

(イ) 各学校において指導の重点化を図るために,児童の発達の段階や特性等を踏まえて小学校における留意事項を示したこと。

(ウ) 集団宿泊活動やボランティア活動,自然体験活動,地域の行事への参加などの豊かな体験の充実とともに,道徳教育がいじめの防止や安全の確保等に資するよう留意することを示したこと。

(エ) 学校の道徳教育の全体計画や道徳教育に関する諸活動などの情報を積極的に公表すること,家庭や地域社会との共通理解を深め,相互の連携を図ることを示したこと。

第2章　教育課程の基準

第1節　教育課程の意義

　教育課程は，日々の指導の中でその存在があまりにも当然のこととなっており，その意義が改めて振り返られる機会は多くはないが，各学校の教育活動の中核として最も重要な役割を担うものである。教育課程の意義については様々な捉え方があるが，学校において編成する教育課程については，学校教育の目的や目標を達成するために，教育の内容を児童の心身の発達に応じ，授業時数との関連において総合的に組織した各学校の教育計画であると言うことができ，その際，学校の教育目標の設定，指導内容の組織及び授業時数の配当が教育課程の編成の基本的な要素になってくる。

　学校教育の目的や目標は教育基本法及び学校教育法に示されている。まず，教育基本法においては，教育の目的（第1条）及び目標（第2条）が定められているとともに，義務教育の目的（第5条第2項）や学校教育の基本的役割（第6条第2項）が定められている。これらの規定を踏まえ，学校教育法においては，義務教育の目標（第21条）や小学校の目的（第29条）及び目標（第30条）に関する規定がそれぞれ置かれている。

　これらの規定を踏まえ，学校教育法施行規則においては，教育課程は，国語，社会，算数，理科，生活，音楽，図画工作，家庭，体育及び外国語の各教科，特別の教科である道徳，外国語活動，総合的な学習の時間並びに特別活動（以下「各教科等」という。）によって編成することとしており，学習指導要領においては，各教科等の目標や指導内容を学年段階に即して示している。

　各学校においては，こうした法令で定められている教育の目的や目標などに基づき，児童や学校，地域の実態に即し，学校教育全体や各教科等の指導を通して育成を目指す資質・能力を明確にすること（第1章総則第1の3参照）や，各学校の教育目標を設定（第1章総則第2の1参照）することが求められ，それらを実現するために必要な各教科等の教育の内容を，教科等横断的な視点をもちつつ，学年相互の関連を図りながら組織する必要がある。

　授業時数については，教育の内容との関連において定められるべきものであるが，学校における児童の一定の生活時間を，教育の内容とどのように組み合わせて効果的に配当するかは，教育課程の編成上重要な要素になってくる。学校教育法施行規則に各教科等の標準授業時数を定めているので，各学校はそれを踏まえ授業時数を定めなければならない（第1章総則第2の3(2)参照）。

　各学校においては，以上のように，教育基本法や学校教育法をはじめとする教

育課程に関する法令に従い,学校教育全体や各教科等の目標やねらいを明確にし,それらを実現するために必要な教育の内容を,教科等横断的な視点をもちつつ,学年相互の関連を図りながら,授業時数との関連において総合的に組織していくことが求められる。こうした教育課程の編成は,第1章総則第1の4に示すカリキュラム・マネジメントの一環として行われるものであり,総則の項目立てについては,各学校における教育課程の編成や実施等に関する流れを踏まえて,①小学校教育の基本と教育課程の役割(第1章総則第1),②教育課程の編成(第1章総則第2),③教育課程の実施と学習評価(第1章総則第3),④児童の発達の支援(第1章総則第4),⑤学校運営上の留意事項(第1章総則第5),⑥道徳教育に関する配慮事項(第1章総則第6)としているところである。

第2章 教育課程の基準

第2節　教育課程に関する法制

●1　教育課程とその基準

　学校教育が組織的，継続的に実施されるためには，学校教育の目的や目標を設定し，その達成を図るための教育課程が編成されなければならない。

　小学校は義務教育であり，また，公の性質を有する（教育基本法第6条第1項）ものであるから，全国的に一定の教育水準を確保し，全国どこにおいても同水準の教育を受けることのできる機会を国民に保障することが要請される。このため，小学校教育の目的や目標を達成するために各学校において編成，実施される教育課程について，国として一定の基準を設けて，ある限度において国全体としての統一性を保つことが必要となる。

　一方，教育は，その本質からして児童の心身の発達の段階や特性及び地域や学校の実態に応じて効果的に行われることが大切であり，また，各学校において教育活動を効果的に展開するためには，学校や教師の創意工夫に負うところが大きい。

　このような観点から，学習指導要領は，法規としての性格を有するものとして，教育の内容等について必要かつ合理的な事項を大綱的に示しており，各学校における指導の具体化については，学校や教師の裁量に基づく多様な創意工夫を前提としている。前文において，「学習指導要領とは，こうした理念の実現に向けて必要となる教育課程の基準を大綱的に定めるものである。学習指導要領が果たす役割の一つは，公の性質を有する学校における教育水準を全国的に確保することである。また，各学校がその特色を生かして創意工夫を重ね，長年にわたり積み重ねられてきた教育実践や学術研究の蓄積を生かしながら，児童や地域の実態や課題を捉え，家庭や地域社会と協力して，学習指導要領を踏まえた教育活動の更なる充実を図っていくことも重要である」としているのも，こうした観点を反映したものである。

　具体的には，学習指導要領に示している内容は，全ての児童に対して確実に指導しなければならないものであると同時に，児童の学習状況などその実態等に応じて必要がある場合には，各学校の判断により，学習指導要領に示していない内容を加えて指導することも可能である（学習指導要領の「基準性」）。

　各学校においては，国として統一性を保つために必要な限度で定められた基準に従いながら，創意工夫を加えて，児童や学校，地域の実態に即した教育課程を責任をもって編成，実施することが必要である。

　また，教育委員会は，それらの学校の主体的な取組を支援していくことに重点

を置くことが大切である。

2　教育課程に関する法令

我が国の学校制度は，日本国憲法の精神にのっとり，学校教育の目的や目標及び教育課程について，法令で種々の定めがなされている。

(1) 教育基本法

教育の目的（第1条），教育の目標（第2条），生涯学習の理念（第3条），教育の機会均等（第4条），義務教育（第5条），学校教育（第6条），私立学校（第8条），教員（第9条），幼児期の教育（第11条），学校，家庭及び地域住民等の相互の連携協力（第13条），政治教育（第14条），宗教教育（第15条），教育行政（第16条），教育振興基本計画（第17条）などについて定めている。

(2) 学校教育法，学校教育法施行規則

学校教育法では，教育基本法における教育の目的及び目標並びに義務教育の目的に関する規定を踏まえ，義務教育の目標を10号にわたって規定している（第21条）。その上で，小学校の目的について「心身の発達に応じて，義務教育として行われる普通教育のうち基礎的なものを施す」（第29条）とするとともに，小学校教育の目標として，小学校の「目的を実現するために必要な程度において第21条各号に掲げる目標を達成するよう行われるものとする」（第30条第1項）と定めている。また，同条第2項は，「前項の場合においては，生涯にわたり学習する基盤が培われるよう，基礎的な知識及び技能を習得させるとともに，これらを活用して課題を解決するために必要な思考力，判断力，表現力その他の能力をはぐくみ，主体的に学習に取り組む態度を養うことに，特に意を用いなければならない」と規定している。さらに，これらの規定に従い，文部科学大臣が小学校の教育課程の基準を定めることになっている（第33条）。

なお，教育基本法第2条（教育の目標），学校教育法第21条（義務教育の目標）及び第30条（小学校教育の目標）は，いずれも「目標を達成するよう行われるものとする」と規定している。これらは，児童が目標を達成することを義務付けるものではないが，教育を行う者は「目標を達成するよう」に教育を行う必要があることに留意する必要がある。

この学校教育法の規定に基づいて，文部科学大臣は，学校教育法施行規則において，小学校の教育課程に関するいくつかの基準を定めている。すなわち，小学校の教育課程は，国語，社会，算数，理科，生活，音楽，図画工作，家庭，体育

及び外国語の各教科，特別の教科である道徳，外国語活動，総合的な学習の時間並びに特別活動によって編成すること（第50条第1項）や，各学年における各教科，道徳科，外国語活動，総合的な学習の時間及び特別活動のそれぞれの年間の標準授業時数並びに各学年における年間の標準総授業時数（第51条の別表第1）などを定めている。これらの定めのほか，小学校の教育課程については，教育課程の基準として文部科学大臣が別に公示する小学校学習指導要領によらなければならないこと（第52条）を定めている。

(3) 学習指導要領

　学校教育法第33条及び学校教育法施行規則第52条の規定に基づいて，文部科学大臣は小学校学習指導要領を告示という形式で定めている。学校教育法施行規則第52条が「小学校の教育課程については，この節に定めるもののほか，教育課程の基準として文部科学大臣が別に公示する小学校学習指導要領によるものとする」と示しているように，学習指導要領は，小学校教育について一定の水準を確保するために法令に基づいて国が定めた教育課程の基準であるので，各学校の教育課程の編成及び実施に当たっては，これに従わなければならないものである。

　前述のとおり，学習指導要領は「基準性」を有することから，学習指導要領に示している内容は，全ての児童に対して確実に指導しなければならないものであると同時に，児童の学習状況などその実態等に応じて必要がある場合には，各学校の判断により，学習指導要領に示していない内容を加えて指導することも可能である（第1章総則第2の3(1)ア及びイ）。また，各教科等の指導の順序について適切な工夫を行うこと（第1章総則第2の3(1)ウ）や，教科等の特質に応じ複数学年まとめて示された内容について児童等の実態に応じた指導を行うこと（第1章総則第2の3(1)エ），授業の1単位時間の設定や時間割の編成を弾力的に行うこと（第1章総則第2の3(2)ウ），総合的な学習の時間において目標や内容を各学校で定めることなど，学校や教職員の創意工夫が重視されているところである。

　今回の改訂においては，後述するとおり，各教科等の目標や内容について，第1章総則第1の3(1)から(3)までに示す，資質・能力の三つの柱に沿って再整理している。この再整理は，各教科等において示す目標，内容等の範囲に影響を及ぼすものではなく，それらを資質・能力の観点から改めて整理し直したものである。したがって各教科等の目標，内容等が中核的な事項にとどめられていること，各学校の創意工夫を加えた指導の展開を前提とした大綱的なものとなっていることは従前と同様である。

(4) 地方教育行政の組織及び運営に関する法律

　公立の小学校においては，以上のほか，地方教育行政の組織及び運営に関する法律による定めがある。すなわち，教育委員会は，学校の教育課程に関する事務を管理，執行し（第21条第5号），法令又は条例に違反しない限度において教育課程について必要な教育委員会規則を定めるものとする（第33条第1項）とされている。この規定に基づいて，教育委員会が教育課程について規則などを設けている場合には，学校はそれに従って教育課程を編成しなければならない。

　私立の小学校においては，学校教育法（第44条）及び私立学校法（第4条）の規定により，都道府県知事が所轄庁であり，教育課程を改める際には都道府県知事に対して学則変更の届出を行うこととなっている（学校教育法施行令第27条の2）。また，地方教育行政の組織及び運営に関する法律（第27条の5）の規定により，都道府県知事が私立学校に関する事務を管理，執行するに当たり，必要と認めるときは，当該都道府県の教育委員会に対し，学校教育に関する専門的事項について助言又は援助を求めることができる。

　各学校においては，以上の法体系の全体を理解して教育課程の編成及び実施に当たっていくことが求められる。

第3章　教育課程の編成及び実施

第1節　小学校教育の基本と教育課程の役割

● 1　教育課程編成の原則（第1章第1の1）

> 1　各学校においては，教育基本法及び学校教育法その他の法令並びにこの章以下に示すところに従い，児童の人間として調和のとれた育成を目指し，児童の心身の発達の段階や特性及び学校や地域の実態を十分考慮して，適切な教育課程を編成するものとし，これらに掲げる目標を達成するよう教育を行うものとする。

(1) 教育課程の編成の主体

　教育課程の編成主体については，第1章総則第1の1において「各学校においては，・・・・適切な教育課程を編成するものとし」と示している。また，第1章総則第1の2では，学校の教育活動を進めるに当たっては，各学校において「創意工夫を生かした特色ある教育活動を展開する」ことが示されており，教育課程編成における学校の主体性を発揮する必要性が強調されている。

　学校において教育課程を編成するということは，学校教育法第37条第4項において「校長は，校務をつかさどり，所属職員を監督する。」と規定されていることから，学校の長たる校長が責任者となって編成するということである。これは権限と責任の所在を示したものであり，学校は組織体であるから，教育課程の編成作業は，当然ながら全教職員の協力の下に行わなければならない。「総合的な学習の時間」をはじめとして，創意工夫を生かした教育課程を各学校で編成することが求められており，学級や学年の枠を越えて教師同士が連携協力することがますます重要となっている。

　各学校には，校長，副校長，教頭のほかに教務主任をはじめとして各主任等が置かれ，それらの担当者を中心として全教職員がそれぞれ校務を分担処理している。各学校の教育課程は，これらの学校の運営組織を生かし，各教職員がそれぞれの分担に応じて十分研究を重ねるとともに教育課程全体のバランスに配慮しながら，創意工夫を加えて編成することが大切である。また，校長は，学校全体の責任者として指導性を発揮し，家庭や地域社会との連携を図りつつ，学校として統一のある，しかも一貫性をもった教育課程の編成を行うように努めることが必

要である。

(2) 教育課程の編成の原則

本項が規定する「これらに掲げる目標」とは，学習指導要領を含む教育課程に関する法令及び各学校が編成する教育課程が掲げる目標を指すものである。また，「目標を達成するよう教育を行うものとする」の規定は，前述のとおり，教育基本法第2条（教育の目標），学校教育法第21条（義務教育の目標）及び第30条（小学校教育の目標）が，いずれも「目標を達成するよう行われるものとする」と規定していることを踏まえたものであり，児童が目標を達成することを義務づけるものではないが，教育を行う者は，これらに掲げる目標を達成するように教育を行う必要があることを示したものである。

本項は，そうした教育を行うための中核となる教育課程を編成するに当たって，次の2点が編成の原則となることを示している。

ア　教育基本法及び学校教育法その他の法令並びに学習指導要領の示すところに従うこと

学校において編成される教育課程については，公教育の立場から，前章第2節において説明したとおり法令により種々の定めがなされている。本項が規定する「教育基本法及びその他の法令」とは，教育基本法，学校教育法，学校教育法施行規則，地方教育行政の組織及び運営に関する法律等の法令であり，各学校においては，これらの法令に従って編成しなければならない。

なお，学校における政治教育及び宗教教育については，教育基本法に次のように規定されているので，各学校において教育課程を編成，実施する場合にも当然これらの規定に従わなければならない。

（政治教育）
第14条　良識ある公民として必要な政治的教養は，教育上尊重されなければならない。
2　法律に定める学校は，特定の政党を支持し，又はこれに反対するための政治教育その他政治的活動をしてはならない。

（宗教教育）
第15条　宗教に関する寛容の態度，宗教に関する一般的な教養及び宗教の社会生活における地位は，教育上尊重されなければならない。
2　国及び地方公共団体が設置する学校は，特定の宗教のための宗教教育その他宗教的活動をしてはならない。

次に，本項に規定する「この章以下に示すところ」とは，言うまでもなく

学習指導要領を指している。

学習指導要領は，学校教育法第33条を受けた学校教育法施行規則第52条において「小学校の教育課程については，この節に定めるもののほか，教育課程の基準として文部科学大臣が別に公示する小学校学習指導要領によるものとする。」と示しているように，法令上の根拠に基づいて定められているものである。したがって，学習指導要領は，国が定めた教育課程の基準であり，各学校における教育課程の編成及び実施に当たって基準として従わなければならないものである。

教育課程は，児童の心身の発達の段階の特性及び学校や地域の実態を考慮し，教師の創意工夫を加えて学校が編成するものである。教育課程の基準もその点に配慮して定められているので，教育課程の編成に当たっては，法令や学習指導要領の内容について十分理解するとともに創意工夫を加え，学校の特色を生かした教育課程を編成することが大切である。

イ 児童の人間として調和のとれた育成を目指し，児童の心身の発達の段階や特性及び学校や地域の実態を十分考慮すること

前述アのとおり，学習指導要領は，法令上の根拠に基づいて国が定めた教育課程の基準であると同時に，その規定は大綱的なものであることから，学校において編成される教育課程は，児童の心身の発達の段階や特性及び学校や地域の実態を考慮し，創意工夫を加えて編成されるものである。教育課程の基準もその点に配慮して定められているので，各学校においては，校長を中心として全教職員が連携協力しながら，学習指導要領を含む教育課程に関する法令の内容について十分理解するとともに創意工夫を加え，学校として統一のあるしかも特色をもった教育課程を編成することが大切である。

本項が規定する「児童の人間としての調和のとれた育成を目指」すということは，まさに教育基本法や学校教育法の規定に根ざした学校教育の目的そのものであって，教育課程の編成もそれを目指して行わなければならない。学習指導要領総則においても，知・徳・体のバランスのとれた「生きる力」の育成（第1の2）や，そのための知識及び技能の習得と，思考力，判断力，表現力等の育成，学びに向かう力，人間性等の涵養という，いわゆる資質・能力の三つの柱のバランスのとれた育成（第1の3），幼児期の教育との接続や義務教育9年間を見通した中学校教育との接続など学校段階等間の接続（第2の4）など，児童の発達の段階に応じた調和のとれた育成を重視していることに留意する必要がある。

次に，「児童の心身の発達の段階や特性及び学校や地域の実態を十分考慮」するということは，各学校において教育課程を編成する場合には，児童や学

校，地域の実態を的確に把握し，それを，児童の人間として調和のとれた育成を図るという観点から，学校の教育目標の設定，教育の内容等の組織あるいは授業時数の配当などに十分反映させる必要があるということである。

(ｱ) 児童の心身の発達の段階や特性

児童は，6歳から12歳という心身の成長の著しい時期に小学校に在学している。この6年間という期間は児童にとって大きな幅のある期間であり，低学年，中学年，高学年の発達の段階に応じて，それぞれ異なる課題も見受けられる。

低学年は，幼児期の教育を通して育まれてきたことを基に，学習の質に大きく関わる語彙量を増やすことなど基礎的な知識及び技能の定着や，感性を豊かに働かせ，身近な出来事から気付きを得て考えることなど，中学年以降の学習の素地を形成していく時期である。この2年間で生じる学力差が，その後の学力差の拡大に大きく影響しているとの課題も指摘されており，一人一人のつまずきを早期に見いだし，指導上の配慮を行っていくことが重要となる。

中学年は，生活科の学習が終わり，社会科や理科の学習が始まるなど，具体的な活動や体験を通して低学年で身に付けたことを，より各教科等の特質に応じた学びにつなげていく時期である。指導事項も次第に抽象的な内容に近づいていく段階であり，そうした内容を扱う学習に円滑に移行できるような指導上の配慮が課題となる。

高学年は，児童の抽象的な思考力が高まる時期であり，教科等の学習内容の理解をより深め，小学校段階において育成を目指す資質・能力を育み，中学校以降の教育に確実につなげていくことが重要となる。

教育課程の編成に当たっては，こうした発達の段階に応じた課題を踏まえつつ，児童一人一人の多様な能力・適性，興味・関心，性格等を的確に捉え，児童一人一人の発達を支援していくことが重要である（第1章総則第4参照）。

(ｲ) 学校の実態

学校規模，教職員の状況，施設設備の状況，児童の実態などの人的又は物的な体制の実態は学校によって異なっている。

教育課程の編成は，第1章総則第1の4に示すカリキュラム・マネジメントの一環として，このような学校の体制の実態が密接に関連してくるものであり，教育活動の質の向上を組織的かつ計画的に図っていくためには，これらの人的又は物的な体制の実態を十分考慮することが必要である。そのためには，特に，児童の特性や教職員の構成，教師の指導力，教

材・教具の整備状況，地域住民による連携及び協働の体制に関わる状況などについて客観的に把握して分析し，教育課程の編成に生かすことが必要である。

(ｳ) 地域の実態

　　教育基本法第13条は「学校，家庭及び地域住民その他の関係者は，教育におけるそれぞれの役割と責任を自覚するとともに，相互の連携及び協力に努めるものとする。」と規定している。また，学校教育法第43条は「小学校は，当該小学校に関する保護者及び地域住民その他の関係者の理解を深めるとともに，これらの者との連携及び協力の推進に資するため，当該小学校の教育活動その他の学校運営の状況に関する情報を積極的に提供するものとする」と規定している。

　　これらの規定が示すとおり，学校は地域社会を離れては存在し得ないものであり，児童は家庭や地域社会で様々な経験を重ねて成長している。

　　地域には，都市，農村，山村，漁村など生活条件や環境の違いがあり，産業，経済，文化等にそれぞれ特色をもっている。こうした地域社会の実態を十分考慮して教育課程を編成することが必要である。とりわけ，学校の教育目標や指導内容の選択に当たっては，地域の実態を考慮することが重要である。そのためには，地域社会の現状はもちろんのこと，歴史的な経緯や将来への展望など，広く社会の変化に注目しながら地域社会の実態を十分分析し検討して的確に把握することが必要である。また，地域の教育資源や学習環境（近隣の学校，社会教育施設，児童の学習に協力することのできる人材等）の実態を考慮し，教育活動を計画することが必要である。

　　なお，学校における教育活動が学校の教育目標に沿って一層効果的に展開されるためには，家庭や地域社会と学校との連携を密にすることが必要である。すなわち，学校の教育方針や特色ある教育活動の取組，児童の状況などを家庭や地域社会に説明し，理解を求め協力を得ること，学校が家庭や地域社会からの要望に応えることが重要であり，このような観点から，その積極的な連携を図り，相互の意思の疎通を図って，それを教育課程の編成，実施に生かしていくことが求められる。保護者や地域住民が学校運営に参画する学校運営協議会制度（コミュニティ・スクール）や，幅広い地域住民等の参画により地域全体で児童の成長を支え地域を創生する地域学校協働活動等の推進により，学校と地域の連携及び協働の取組が進められてきているところであり，これらの取組を更に広げ，教育課程を介して学校と地域がつながることにより，地域でどのような子供を育てるの

か，何を実現していくのかという目標やビジョンの共有が促進され，地域とともにある学校づくりが一層効果的に進められていくことが期待される。

以上，教育課程の編成の原則を述べてきたが，校長を中心として全教職員が共通理解を図りながら，学校として統一のあるしかも特色をもった教育課程を編成することが望まれる。

● 2　生きる力を育む各学校の特色ある教育活動の展開（第1章第1の2）

> 2　学校の教育活動を進めるに当たっては，各学校において，第3の1に示す主体的・対話的で深い学びの実現に向けた授業改善を通して，創意工夫を生かした特色ある教育活動を展開する中で，次の(1)から(3)までに掲げる事項の実現を図り，児童に生きる力を育むことを目指すものとする。

本項は，学校の教育活動を進めるに当たっては，後述するとおり，第1章総則第3の1に示す主体的・対話的で深い学びの実現に向けた授業改善を通して，創意工夫を生かした特色ある教育活動を展開する中で，知・徳・体のバランスのとれた「生きる力」の育成を目指すことを示している。

「生きる力」とは，平成8年7月の中央教育審議会の答申において，基礎・基本を確実に身に付け，いかに社会が変化しようと，自ら課題を見付け，自ら学び，自ら考え，主体的に判断し，行動し，よりよく問題を解決する資質や能力，自らを律しつつ，他人とともに協調し，他人を思いやる心や感動する心などの豊かな人間性，たくましく生きるための健康や体力である旨，指摘されている。

平成20年に行われた前回の改訂においては，新しい知識・情報・技術が社会のあらゆる領域で重要性を増す，いわゆる知識基盤社会において，確かな学力，豊かな心，健やかな体の調和を重視する「生きる力」を育むことがますます重要になっているという認識が示され，知・徳・体のバランスのとれた育成（教育基本法第2条第1号）や，基礎的な知識及び技能を習得させるとともに，これらを活用して課題を解決するために必要な思考力，判断力，表現力その他の能力を育み，主体的に学習に取り組む態度を養うこと（学校教育法第30条第2項）など，教育基本法や学校教育法の規定に基づき，児童に「生きる力」を育むことが重視されたところである。

平成28年12月の中央教育審議会答申を受け，今回の改訂においては，情報化やグローバル化といった社会的変化が，人間の予測を超えて加速度的に進展するよ

うになってきていることを踏まえ,複雑で予測困難な時代の中でも,児童一人一人が,社会の変化に受け身で対応するのではなく,主体的に向き合って関わり合い,自らの可能性を発揮し多様な他者と協働しながら,よりよい社会と幸福な人生を切り拓き,未来の創り手となることができるよう,教育を通してそのために必要な力を育んでいくことを重視している。

こうした力は,学校教育が長年その育成を目指してきた「生きる力」そのものであり,加速度的に変化する社会にあって「生きる力」の意義を改めて捉え直し,しっかりと発揮できるようにしていくことが重要となる。このため,本項において「生きる力」の育成を掲げ,各学校の創意工夫を生かした特色ある教育活動を通して,児童に確かな学力,豊かな心,健やかな体を育むことを目指すことを示している。なお,本項では(1)から(3)までにわたって,それぞれが確かな学力,豊かな心,健やかな体に対応する中心的な事項を示す項目となっているが,これらは学校教育を通じて,相互に関連し合いながら一体的に実現されるものであることに留意が必要である。

(1) 確かな学力（第1章第1の2の(1)）

> (1) 基礎的・基本的な知識及び技能を確実に習得させ,これらを活用して課題を解決するために必要な思考力,判断力,表現力等を育むとともに,主体的に学習に取り組む態度を養い,個性を生かし多様な人々との協働を促す教育の充実に努めること。その際,児童の発達の段階を考慮して,児童の言語活動など,学習の基盤をつくる活動を充実するとともに,家庭との連携を図りながら,児童の学習習慣が確立するよう配慮すること。

教育基本法第2条第1号は,教育の目的として「幅広い知識と教養を身に付け,真理を求める態度を養」うことを規定し,学校教育法第30条第2項は,小学校教育の実施に当たって,「生涯にわたり学習する基盤が培われるよう,基礎的な知識及び技能を習得させるとともに,これらを活用して課題を解決するために必要な思考力,判断力,表現力その他の能力をはぐくみ,主体的に学習に取り組む態度を養うことに,特に意を用いなければならない」と規定している。

本項は,こうした法令の規定を受け,児童が確かな学力を身に付けることができるよう,基礎的・基本的な知識及び技能の習得と,思考力,判断力,表現力等の育成,主体的に学習に取り組む態度の涵養を目指す教育の充実に努めることを示している。加えて,変化が激しく予測困難な時代の中でも通用する確かな学力

を身に付けるためには,自分のよさや可能性を認識して個性を生かしつつ,多様な他者を価値のある存在として尊重し,協働して様々な課題を解決していくことが重要であることから,学校教育法第30条第2項に規定された事項に加えて,「個性を生かし多様な人々との協働を促す」ことを示している。

こうした知識及び技能の習得や,思考力,判断力,表現力等の育成,主体的に学習に取り組む態度,多様性や協働性の重視といった点は,第1章総則第1の3(1)から(3)までに示す資質・能力の三つの柱とも重なり合うものであることから,その詳細や資質・能力の三つの柱との関係については,本解説第3章第1節の3において解説している。また,確かな学力の育成は,第1章総則第3の1に示すとおり,単元や題材など内容や時間のまとまりを見通した,主体的・対話的で深い学びの実現に向けた授業改善を通して実現が図られるものであり,そうした学習の過程の在り方については,本解説第3章第3節の1において解説している。

本項においては,確かな学力の育成に当たって特に重要となる学習活動として,児童の発達の段階を考慮して,まず「児童の言語活動など,学習の基盤をつくる活動を充実する」ことを示しており,学習の基盤となる資質・能力の育成については第1章総則第2の2(1)において,言語活動の充実については第1章総則第3の1(2)においてそれぞれ規定されている。

加えて本項では,「家庭との連携を図りながら,児童の学習習慣が確立するよう配慮すること」の重要性を示している。小学校教育の早い段階で学習習慣を確立することは,その後の生涯にわたる学習に影響する極めて重要な課題であることから,家庭との連携を図りながら,宿題や予習・復習など家庭での学習課題を適切に課したり,発達の段階に応じた学習計画の立て方や学び方を促したりするなど家庭学習も視野に入れた指導を行う必要がある。

(2) 豊かな心(第1章第1の2の(2))
① 豊かな心や創造性の涵養(第1章第1の2の(2)の1段目)

> (2) 道徳教育や体験活動,多様な表現や鑑賞の活動等を通して,豊かな心や創造性の涵養を目指した教育の充実に努めること。

教育基本法第2条第1号は,教育の目的として「豊かな情操と道徳心を培う」ことを規定しており,本項では,道徳教育や体験活動,多様な表現や鑑賞の活動等を通して,豊かな心や創造性の涵養を目指した教育の充実に努めることを示している。創造性とは,感性を豊かに働かせながら,思いや考えを基に構想し,新

しい意味や価値を創造していく資質・能力であり，豊かな心の涵養と密接に関わるものであることから，本項において一体的に示している。

豊かな心や創造性の涵養は，第1章総則第3の1に示すとおり，単元や題材など内容や時間のまとまりを見通した，主体的・対話的で深い学びの実現に向けた授業改善を通して実現が図られるものであり，そうした学習の過程の在り方については，本解説第3章第3節の1において解説している。

本項で示す教育活動のうち，道徳教育については次項②から④までの解説のとおりであり，体験活動については第1章総則第3の1(5)において示している。多様な表現や鑑賞の活動等については，音楽や図画工作における表現及び鑑賞の活動や，体育における表現運動，特別活動における文化的行事，文化系のクラブ活動等の充実を図るほか，各教科等における言語活動の充実（第1章総則第3の1(2)）を図ることや，教育課程外の学校教育活動などと相互に関連させ，学校教育活動全体として効果的に取り組むことも重要となる。

② 道徳教育の展開と道徳科（第1章第1の2の(2)の2段目）

> 学校における道徳教育は，特別の教科である道徳（以下「道徳科」という。）を要として学校の教育活動全体を通じて行うものであり，道徳科はもとより，各教科，外国語活動，総合的な学習の時間及び特別活動のそれぞれの特質に応じて，児童の発達の段階を考慮して，適切な指導を行うこと。

道徳教育は人格形成の根幹に関わるものであり，同時に，民主的な国家・社会の持続的発展を根底で支えるものでもあることに鑑みると，児童の生活全体に関わるものであり，学校で行われる全ての教育活動に関わるものである。

各教科，外国語活動，総合的な学習の時間及び特別活動にはそれぞれ固有の目標や特質があり，それらを重視しつつ教育活動が行われるが，それと同時にその全てが教育基本法第1条に規定する「人格の完成を目指し，平和で民主的な国家及び社会の形成者として必要な資質を備えた心身ともに健康な国民の育成」を目的としている。したがって，それぞれの教育活動においても，その特質を生かし，児童の学年が進むにつれて全体として把握できる発達の段階や個々人の特性等の両方を適切に考慮しつつ，人格形成の根幹であると同時に，民主的な国家・社会の持続的発展を根底で支える道徳教育の役割をも担うことになる。

中でも，特別の教科として位置付けられた道徳科は，道徳性を養うことを目指すものとして，その中核的な役割を果たす。道徳科の指導において，各教科等で

行われる道徳教育を補ったり，それを深めたり，相互の関連を考えて発展させ，統合させたりすることで，学校における道徳教育は一層充実する。こうした考え方に立って，道徳教育は道徳科を要として学校の教育活動全体を通じて行うものと規定している。

③ 道徳教育の目標（第1章第1の2の(2)の3段目）

> 道徳教育は，教育基本法及び学校教育法に定められた教育の根本精神に基づき，自己の生き方を考え，主体的な判断の下に行動し，自立した人間として他者と共によりよく生きるための基盤となる道徳性を養うことを目標とすること。

学校における道徳教育は，児童がよりよく生きるための基盤となる道徳性を養うことを目標としており，児童一人一人が将来に対する夢や希望，自らの人生や未来を拓いていく力を育む源となるものでなければならない。

ア　教育基本法及び学校教育法の根本精神に基づく

道徳教育は，まず，教育基本法及び学校教育法に定められた教育の根本精神に基づいて行われるものである。

教育基本法においては，我が国の教育は「人格の完成を目指し，平和で民主的な国家及び社会の形成者として必要な資質を備えた心身ともに健康な国民の育成を期して行」うことを目的としていることが示されている（第1条）。そして，その目的を実現するための目標として，「真理を求める態度を養う」ことや「豊かな情操と道徳心を培う」ことなどが挙げられている（第2条）。また，義務教育の目的として「各個人の有する能力を伸ばしつつ社会において自立的に生きる基礎を培い，また，国家及び社会の形成者として必要とされる基本的な資質を養うことを目的」とすることが規定されている（第5条第2項）。

学校教育法においては，義務教育の目標として，「自主，自律及び協同の精神，規範意識，公正な判断力並びに公共の精神に基づき主体的に社会の形成に参画し，その発展に寄与する態度を養うこと」（第21条第1号），「生命及び自然を尊重する精神並びに環境の保全に寄与する態度を養うこと」（同条第2号），「伝統と文化を尊重し，それらをはぐくんできた我が国と郷土を愛する態度を養うとともに，進んで外国の文化の理解を通じて，他国を尊重し，国際社会の平和と発展に寄与する態度を養うこと」（同条第3号）などが示されている。学校で行う道徳教育は，これら教育の根本精神に基づいて

行われるものである。

イ　自己の生き方を考える

　　人格の基盤を形成する小学校の段階においては，児童自らが自己を見つめ，「自己の生き方」を考えることができるようにすることが大切である。「自己の生き方」を考えるとは，児童一人一人が，よりよくなろうとする自己を肯定的に受け止めるとともに，他者との関わりや身近な集団の中での自分の特徴などを知り，伸ばしたい自己について深く見つめることである。またそれは，社会の中でいかに生きていけばよいのか，国家及び社会の形成者としてどうあればよいのかを考えることにもつながる。

ウ　主体的な判断の下に行動する

　　児童が日常の様々な道徳的な問題や自己の生き方についての課題に直面したときに，自らの「主体的な判断の下に行動」することが重要である。

　　「主体的な判断の下に行動」するとは，児童が自立的な生き方や社会の形成者としての在り方について自ら考えたことに基づいて，人間としてよりよく生きるための行為を自分の意志や判断に基づいて選択し行うことである。またそれは，児童が日常生活での問題や自己の生き方に関する課題に正面から向き合い，考え方の対立がある場合にも，自らの力で考え，よりよいと判断したり適切だと考えたりした行為の実践に向けて具体的な行動を起こすことである。

エ　自立した人間として他者と共によりよく生きる

　　「自立した人間」としての主体的な自己は，同時に「他者と共に」よりよい社会の実現を目指そうとする社会的な存在としての自己を志向する。

　　このように，人は誰もがよりよい自分を求めて自己の確立を目指すとともに，一人一人が他者と共に心を通じ合わせて生きようとしている。したがって，他者との関係を主体的かつ適切にもつことができるようにすることが求められる。

オ　そのための基盤となる道徳性を養う

　　こうした思考や判断，行動などを通してよりよく生きるための営みを支える基盤となるのが道徳性であり，道徳教育はこの道徳性を養うことを目標とする。道徳性は，人間としての本来的な在り方やよりよい生き方を目指して行われる道徳的行為を可能にする人格的特性であり，人格の基盤をなすものである。それはまた，人間らしいよさであり，道徳的価値が一人一人の内面において統合されたものと言える。

　　学校教育においては，特に道徳的判断力，道徳的心情，道徳的実践を主体的に行う意欲と態度の育成を重視する必要があると考えられる。このことは

第3章の道徳科の目標としても示されている。

④ 道徳教育を進めるに当たっての留意事項（第1章第1の2の(2)の4段目）

> 道徳教育を進めるに当たっては，人間尊重の精神と生命に対する畏敬の念を家庭，学校，その他社会における具体的な生活の中に生かし，豊かな心をもち，伝統と文化を尊重し，それらを育んできた我が国と郷土を愛し，個性豊かな文化の創造を図るとともに，平和で民主的な国家及び社会の形成者として，公共の精神を尊び，社会及び国家の発展に努め，他国を尊重し，国際社会の平和と発展や環境の保全に貢献し未来を拓(ひら)く主体性のある日本人の育成に資することとなるよう特に留意すること。

第1章総則第1の2(2)の4段目において，道徳教育の目標に続けて，それを進めるに当たって留意すべき事項について次のように示している。

ア　人間尊重の精神と生命に対する畏敬の念を家庭，学校，その他社会における具体的な生活の中に生かす

　人間尊重の精神は，生命の尊重，人格の尊重，基本的人権，思いやりの心などの根底を貫く精神である。日本国憲法に述べられている「基本的人権」や，教育基本法に述べられている「人格の完成」，さらには，国際連合教育科学文化機関憲章（ユネスコ憲章）にいう「人間の尊厳」の精神も根本において共通するものである。民主的な社会においては，人格の尊重は，自己の人格のみではなく，他の人々の人格をも尊重することであり，また，権利の尊重は，自他の権利の主張を認めるとともに，権利の尊重を自己に課するという意味で，互いに義務と責任を果たすことを求めるものである。具体的な人間関係の中で道徳性を養い，それによって人格形成を図るという趣旨に基づいて，「人間尊重の精神」という言葉を使っている。

　生命に対する畏敬の念は，生命のかけがえのなさに気付き，生命あるものを慈しみ，畏れ，敬い，尊ぶことを意味する。このことにより人間は，生命の尊さや生きることのすばらしさの自覚を深めることができる。生命に対する畏敬の念に根ざした人間尊重の精神を培うことによって，人間の生命があらゆる生命との関係や調和の中で存在し生かされていることを自覚できる。さらに，生命あるもの全てに対する感謝の心や思いやりの心を育み，より深く自己を見つめながら，人間としての在り方や生き方の自覚を深めていくことができる。これは，自殺やいじめに関わる問題や環境問題などを考える上

でも，常に根本において重視すべき事柄である。

　道徳教育は，この人間尊重の精神と生命に対する畏敬の念を児童自ら培い，それらを家庭での日常生活，学校での学習や生活及び地域社会での遊び，活動，行事への参画などの具体的な機会において生かすことができるようにしなければならない。

イ　豊かな心をもつ

　豊かな心とは，例えば，困っている人には優しく声を掛ける，ボランティア活動など人の役に立つことを進んで行う，喜びや感動を伴って植物や動物を育てる，自分の成長を感じ生きていることを素直に喜ぶ，美しいものを美しいと感じることができる，他者との共生や異なるものへの寛容さをもつなどの感性及びそれらを大切にする心である。道徳教育は，児童一人一人が日常生活においてこのような心を育み，そのことを通して生きていく上で必要な道徳的価値を理解し，自己を見つめることで，固有の人格を形成していくことができるようにしなければならない。

ウ　伝統と文化を尊重し，それらを育んできた我が国と郷土を愛し，個性豊かな文化の創造を図る

　個性豊かな文化の継承・発展・創造のためには，先人の残した有形，無形の文化的遺産の中に優れたものを見いだし，それを生み出した精神に学び，それを継承し発展させることも必要である。また，国際社会の中で主体性をもって生きていくには，国際感覚をもち，国際的視野に立ちながらも，自らの国や地域の伝統や文化についての理解を深め，尊重する態度を身に付けることが重要である。

　したがって，我が国や郷土の伝統と文化に対する関心や理解を深め，それを尊重し，継承，発展させる態度を育成するとともに，それらを育んできた我が国と郷土への親しみや愛着の情を深め，世界と日本との関わりについて考え，日本人としての自覚をもって，文化の継承・発展・創造と社会の発展に貢献し得る能力や態度が養われなければならない。

エ　平和で民主的な国家及び社会の形成者として，公共の精神を尊び，社会及び国家の発展に努める

　人間は個としての尊厳を有するとともに，平和で民主的な国家及び社会を形成する一人としての社会的存在でもある。私たちは，身近な集団のみならず，社会や国家の一員としての様々な帰属意識をもっている。一人一人がそれぞれの個をその集団の中で生かし，よりよい集団や社会を形成していくためには，個としての尊厳とともに社会全体の利益を実現しようとする公共の精神が必要である。

また，平和で民主的な社会は，国民主権，基本的人権，自由，平等などの民主主義の理念の実現によって達成される。これらが，法によって規定され，維持されるだけならば，一人一人の日常生活の中で真に主体的なものとして確立されたことにはならない。それらは，一人一人の自覚によって初めて達成される。日常生活の中で社会連帯の自覚に基づき，あらゆる時と場所において他者と協同する場を実現していくことは，社会及び国家の発展に努めることでもある。

　　したがって，道徳教育においては，単に法律的な規則やきまりそのものを取り上げるだけでなく，それらの意義を自己の生き方との関わりで捉えるとともに，必要に応じてそれをよりよいものに発展させていくという視点にも留意して取り扱う必要がある。

オ　他国を尊重し，国際社会の平和と発展や環境の保全に貢献する

　　民主的で文化的な国家を更に発展させるとともに，世界の平和と人類の福祉の向上に貢献することは，教育基本法の前文において掲げられている理念である。

　　平和は，人間の心の内に確立すべき課題でもあるが，日常生活の中で社会連帯の自覚に基づき，他者と協同する場を実現していく努力こそ，平和で民主的な国家及び社会を実現する根本である。また，環境問題が深刻な問題となる中で，持続可能な社会の実現に努めることが重要な課題となっている。そのためにも，生命や自然に対する感受性や，身近な環境から地球規模の環境へとつなげる豊かな想像力，それを大切に守ろうとする態度が養われなければならない。

　　このような努力や心構えを，広く国家間ないし国際社会に及ぼしていくことが他国を尊重することにつながり，国際社会に平和をもたらし環境の保全に貢献することになる。

カ　未来を拓く主体性のある日本人を育成する

　　未来を拓く主体性のある人間とは，常に前向きな姿勢で未来に夢や希望をもち，自主的に考え，自律的に判断し，決断したことは積極的かつ誠実に実行し，その結果について責任をもつことができる人間である。道徳教育は，このような視点に立ち，児童が自らの人生や新しい社会を切り拓く力を身に付けられるようにしていかなければならない。

　　このことは，人間としての在り方の根本に関わるものであるが，ここで特に日本人と示しているのは，歴史的，文化的に育まれてきた日本人としての自覚をもって文化の継承，発展，創造を図り，民主的な社会の発展に貢献するとともに，国際的視野に立って世界の平和と人類の幸福に寄与し，世界の

人々から信頼される人間の育成を目指しているからである。

(3) 健やかな体（第1章第1の2の(3)）

> (3) 学校における体育・健康に関する指導を，児童の発達の段階を考慮して，学校の教育活動全体を通じて適切に行うことにより，健康で安全な生活と豊かなスポーツライフの実現を目指した教育の充実に努めること。特に，学校における食育の推進並びに体力の向上に関する指導，安全に関する指導及び心身の健康の保持増進に関する指導については，体育科，家庭科及び特別活動の時間はもとより，各教科，道徳科，外国語活動及び総合的な学習の時間などにおいてもそれぞれの特質に応じて適切に行うよう努めること。また，それらの指導を通して，家庭や地域社会との連携を図りながら，日常生活において適切な体育・健康に関する活動の実践を促し，生涯を通じて健康・安全で活力ある生活を送るための基礎が培われるよう配慮すること。

　教育基本法第2条第1号は，教育の目的として「健やかな身体を養う」ことを規定しており，本項では，体育・健康に関する指導を，児童の発達の段階を考慮して，学校の教育活動全体として取り組むことにより，健康で安全な生活と豊かなスポーツライフの実現を目指した教育の充実に努めることを示している。健やかな体の育成は，心身の調和的な発達の中で図られ，心身の健康と安全や，スポーツを通じた生涯にわたる幸福で豊かな生活の実現と密接に関わるものであることから，体育・健康に関する指導のねらいとして，心身ともに健康で安全な生活と豊かなスポーツライフの実現を一体的に示しているところである。

　これからの社会を生きる児童に，健やかな心身の育成を図ることは極めて重要である。体力は，人間の活動の源であり，健康の維持のほか意欲や気力といった精神面の充実に大きく関わっており，「生きる力」を支える重要な要素である。児童の心身の調和的発達を図るためには，運動を通して体力を養うとともに，食育の推進を通して望ましい食習慣を身に付けるなど，健康的な生活習慣を形成することが必要である。また，東日本大震災をはじめとする様々な自然災害の発生や，情報化等の進展に伴う児童を取り巻く環境の変化などを踏まえ，児童の安全・安心に対する懸念が広がっていることから，安全に関する指導の充実が必要である。さらに，児童が心身の成長発達について正しく理解することが必要である。

　こうした現代的課題を踏まえ，体育・健康に関する指導は，健康・安全で活力

ある生活を営むために必要な資質・能力を育て，心身の調和的な発達を図り，健康で安全な生活と豊かなスポーツライフの実現を目指すものである。こうした教育は，第１章総則第３の１に示すとおり，単元や題材など内容や時間のまとまりを見通した，主体的・対話的で深い学びの実現に向けた授業改善を通して実現が図られるものであり，そうした学習の過程の在り方については，本解説第３章第３節において解説している。

本項で示す体育に関する指導については，積極的に運動する児童とそうでない児童の二極化傾向が指摘されていることなどから，生涯にわたって運動やスポーツを豊かに実践していくとともに，現在及び将来の体力の向上を図る実践力の育成を目指し，児童が自ら進んで運動に親しむ資質・能力を身に付け，心身を鍛えることができるようにすることが大切である。

このため，教科としての体育科において，基礎的な身体能力の育成を図るとともに，運動系のクラブ活動，運動会，遠足や集会などの特別活動や教育課程外の学校教育活動などを相互に関連させながら，学校教育活動全体として効果的に取り組むことが求められている。

健康に関する指導については，児童が身近な生活における健康に関する知識を身に付けることや，必要な情報を自ら収集し，適切な意思決定や行動選択を行い，積極的に健康な生活を実践することのできる資質・能力を育成することが大切である。

特に，学校における食育の推進においては，栄養摂取の偏りや朝食欠食といった食習慣の乱れ等に起因する肥満や生活習慣病，食物アレルギー等の健康課題が見られるほか，食品の安全性の確保等の食に関わる課題が顕在化している。こうした課題に適切に対応するため，児童が食に関する正しい知識と望ましい食習慣を身に付けることにより，生涯にわたって健やかな心身と豊かな人間性を育んでいくための基礎が培われるよう，栄養のバランスや規則正しい食生活，食品の安全性などの指導が一層重視されなければならない。また，これら心身の健康に関する内容に加えて，自然の恩恵・勤労などへの感謝や食文化などについても教科等の内容と関連させた指導を行うことが効果的である。食に関する指導に当たっては，体育科における望ましい生活習慣の育成や，家庭科における食生活に関する指導，特別活動における給食の時間を中心とした指導などを相互に関連させながら，学校教育活動全体として効果的に取り組むことが重要であり，栄養教諭等の専門性を生かすなど教師間の連携に努めるとともに，地域の産物を学校給食に使用するなどの創意工夫を行いつつ，学校給食の教育的効果を引き出すよう取り組むことが重要である。

また，安全に関する指導においては，様々な自然災害の発生や，情報化やグ

ローバル化等の社会の変化に伴い児童を取り巻く安全に関する環境も変化していることから，身の回りの生活の安全，交通安全，防災に関する指導や，情報技術の進展に伴う新たな事件・事故防止，国民保護等の非常時の対応等の新たな安全上の課題に関する指導を一層重視し，安全に関する情報を正しく判断し，安全のための行動に結び付けるようにすることが重要である。

さらに，心身の健康の保持増進に関する指導においては，情報化社会の進展により，様々な健康情報や性・薬物等に関する情報の入手が容易になっていることなどから，児童が適切に行動できるようにする指導が一層重視されなければならない。なお，児童が心身の成長発達に関して適切に理解し，行動することができるようにする指導に当たっては，第1章総則第4の1(1)に示す主に集団の場面で必要な指導や援助を行うガイダンスと一人一人が抱える課題に個別に対応した指導を行うカウンセリングの双方の観点から，学校の教育活動全体で共通理解を図り，家庭の理解を得ることに配慮するとともに，関連する教科等において，発達の段階を考慮して，指導することが重要である。

体育・健康に関する指導は，こうした指導を相互に関連させて行うことにより，生涯にわたり楽しく明るい生活を営むための基礎づくりを目指すものである。

したがって，その指導においては，体つくり運動や各種のスポーツ活動はもとより，保健や安全に関する指導，給食を含む食に関する指導などが重視されなければならない。このような体育・健康に関する指導は，体育科の時間だけではなく家庭科や特別活動のほか，関連の教科や道徳科，外国語活動及び総合的な学習の時間なども含めた学校の教育活動全体を通じて行うことによって，その一層の充実を図ることができる。

各学校において，体育・健康に関する指導を効果的に進めるためには，全国体力・運動能力，運動習慣等調査などを用いて児童の体力や健康状態等を的確に把握し，学校や地域の実態を踏まえて，それにふさわしい学校の全体計画を作成し，地域の関係機関・団体の協力を得つつ，計画的，継続的に指導することが重要である。

また，体育・健康に関する指導を通して，学校生活はもちろんのこと，家庭や地域社会における日常生活においても，自ら進んで運動を適切に実践する習慣を形成し，生涯を通じて運動に親しむための基礎を培うとともに，児童が積極的に心身の健康の保持増進を図っていく資質・能力を身に付け，生涯を通じて健康・安全で活力ある生活を送るための基礎が培われるよう配慮することが大切である。

3 育成を目指す資質・能力（第1章第1の3）

> 3　2の(1)から(3)までに掲げる事項の実現を図り，豊かな創造性を備え持続可能な社会の創り手となることが期待される児童に，生きる力を育むことを目指すに当たっては，学校教育全体並びに各教科，道徳科，外国語活動，総合的な学習の時間及び特別活動（以下「各教科等」という。ただし，第2の3の(2)のア及びウにおいて，特別活動については学級活動（学校給食に係るものを除く。）に限る。）の指導を通してどのような資質・能力の育成を目指すのかを明確にしながら，教育活動の充実を図るものとする。その際，児童の発達の段階や特性等を踏まえつつ，次に掲げることが偏りなく実現できるようにするものとする。
> (1) 知識及び技能が習得されるようにすること。
> (2) 思考力，判断力，表現力等を育成すること。
> (3) 学びに向かう力，人間性等を涵養すること。

本項は，児童に知・徳・体のバランスのとれた「生きる力」を育むことを目指すに当たっては，各教科等の指導を通してどのような資質・能力の育成を目指すのかを明確にしながら教育活動の充実を図ること，その際には児童の発達の段階や特性等を踏まえ，「知識及び技能」の習得と「思考力，判断力，表現力等」の育成，「学びに向かう力，人間性等」の涵養という，資質・能力の三つの柱の育成がバランスよく実現できるよう留意することを示している。

今回の改訂は，「生きる力」の育成という教育の目標が各学校の特色を生かした教育課程の編成により具体化され，教育課程に基づく個々の教育活動が，児童一人一人に，社会の変化に受け身で対応するのではなく，主体的に向き合って関わり合い，自らの可能性を発揮し多様な他者と協働しながら，よりよい社会と幸福な人生を切り拓き，未来の創り手となるために必要な力を育むことに効果的につながっていくようにすることを目指している。そのためには，「何を学ぶか」という教育の内容を重視しつつ，児童がその内容を既得の知識及び技能と関連付けながら深く理解し，他の学習や生活の場面でも活用できる，生きて働く知識となることを含め，その内容を学ぶことで児童が「何ができるようになるか」を併せて重視する必要があり，児童に対してどのような資質・能力の育成を目指すのかを指導のねらいとして設定していくことがますます重要となる。

このため，学習指導要領においては，各教科等の指導を通して育成する資質・

能力を明確にすることの重要性を本項で示すとともに，第2章以降において各教科等の目標や内容を，資質・能力の観点から再整理して示している。これは各教科等の指導に当たって，指導のねらいを明確にするための手掛かりとして学習指導要領が活用されやすいようにしたものである。

　中央教育審議会答申において指摘されているように，国内外の分析によれば，資質・能力に共通する要素は，知識に関するもの，思考や判断，表現等に関わる力に関するもの，情意や態度等に関するものの三つに大きく分類できる。本項が示す資質・能力の三つの柱は，こうした分析を踏まえ，「生きる力」や各教科等の学習を通して育まれる資質・能力，学習の基盤となる資質・能力（第1章総則第2の2(1)），現代的な諸課題に対応して求められる資質・能力（第1章総則第2の2(2)）といった，あらゆる資質・能力に共通する要素を資質・能力の三つの柱として整理したものである。

　児童に育成を目指す資質・能力を三つの柱で整理することは，これまで積み重ねられてきた一人一人の児童に必要な力を育む学校教育の実践において，各教科等の指導を通して育成してきた資質・能力を再整理し，教育課程の全体として明らかにしたものである。そのことにより，経験年数の短い教師であっても，各教科等の指導を通して育成を目指す資質・能力を確実に捉えられるようにするとともに，教科等横断的な視点で教育課程を編成・実施できるようにすること，さらには，学校教育を通してどのような力を育むのかということを社会と共有することを目指すものである。

　これらの三つの柱は，学習の過程を通して相互に関係し合いながら育成されるものであることに留意が必要である。児童は学ぶことに興味を向けて取り組んでいく中で，新しい知識や技能を得て，それらの知識や技能を活用して思考することを通して，知識や技能をより確かなものとして習得するとともに，思考力，判断力，表現力等を養い，新たな学びに向かったり，学びを人生や社会に生かそうとしたりする力を高めていくことができる。

　なお，資質や能力という言葉は，教育課程に関する法令にも規定があるところであり，例えば，教育基本法第5条第2項においては，義務教育の目的として「各個人の有する能力を伸ばしつつ社会において自立的に生きる基礎を培い，また，国家及び社会の形成者として必要とされる基本的な資質を養うこと」を規定している。この「資質」については，教育を通して先天的な資質を更に向上させることと，一定の資質を後天的に身に付けさせるという両方の観点をもつものとされていることから，教育を通して育まれるもののどれが資質でどれが能力かを分けて捉えることは困難である。これまでも学習指導要領やその解説においては，資質と能力を一体的に扱うことが多かったところでもあり，今回の改訂にお

いては，資質と能力を一体的に捉え「資質・能力」と表記することとしている。

　また，確かな学力については，第1章総則第1の2(1)においてそれを支える重要な要素が明記されているが，豊かな心の涵養や健やかな体の育成も，それを支えているのは「知識及び技能」の習得と「思考力，判断力，表現力等」の育成，「学びに向かう力，人間性等」の涵養という，資質・能力の三つの柱である。すなわち，資質・能力の三つの柱は，学校教育法第30条第2項や第1章総則第1の2(1)に示された要素と大きく共通するとともに，確かな学力に限らず，知・徳・体にわたる「生きる力」全体を捉えて，共通する重要な要素を示したものである。

　① 知識及び技能が習得されるようにすること

　　資質・能力の育成は，児童が「何を理解しているか，何ができるか」に関わる知識及び技能の質や量に支えられており，知識や技能なしに，思考や判断，表現等を深めることや，社会や世界と自己との多様な関わり方を見いだしていくことは難しい。一方で，社会や世界との関わりの中で学ぶことへの興味を高めたり，思考や判断，表現等を伴う学習活動を行ったりすることなしに，児童が新たな知識や技能を得ようとしたり，知識や技能を確かなものとして習得したりしていくことも難しい。こうした「知識及び技能」と他の二つの柱との相互の関係を見通しながら，発達の段階に応じて，児童が基礎的・基本的な知識及び技能を確実に習得できるようにしていくことが重要である。

　　知識については，児童が学習の過程を通して個別の知識を学びながら，そうした新たな知識が既得の知識及び技能と関連付けられ，各教科等で扱う主要な概念を深く理解し，他の学習や生活の場面でも活用できるような確かな知識として習得されるようにしていくことが重要となる。また，芸術系教科における知識は，一人一人が感性などを働かせて様々なことを感じ取りながら考え，自分なりに理解し，表現したり鑑賞したりする喜びにつながっていくものであることが重要である。教科の特質に応じた学習過程を通して，知識が個別の感じ方や考え方等に応じ，生きて働く概念として習得されることや，新たな学習過程を経験することを通して更新されていくことが重要となる。

　　このように，知識の理解の質を高めることが今回の改訂においては重視されており，各教科等の指導に当たっては，学習に必要となる個別の知識については，教師が児童の学びへの興味を高めつつしっかりと教授するとともに，深い理解を伴う知識の習得につなげていくため，児童がもつ知識を活用して思考することにより，知識を相互に関連付けてより深く理解したり，知識を

他の学習や生活の場面で活用できるようにしたりするための学習が必要となる。

こうした学習の過程はこれまでも重視され，習得・活用・探究という学びの過程の充実に向けた取組が進められている。今回の改訂においては，各教科等の特質を踏まえ，優れた実践に共通して見られる要素が第1章総則第3の1(1)の「主体的・対話的で深い学び」として示されている。

技能についても同様に，一定の手順や段階を追っていく過程を通して個別の技能を身に付けながら，そうした新たな技能が既得の技能等と関連付けられ，他の学習や生活の場面でも活用できるように習熟・熟達した技能として習得されるようにしていくことが重要となるため，知識と同様に「主体的・対話的で深い学び」が必要となる。

今回の改訂においては，こうした「知識及び技能」に関する考え方は，確かな学力のみならず「生きる力」全体を支えるものであることから，各教科等において育成することを目指す「知識及び技能」とは何かが，発達の段階に応じて学習指導要領において明確にされたところである。

② 思考力，判断力，表現力等を育成すること

児童が「理解していることやできることをどう使うか」に関わる「思考力，判断力，表現力等」は，社会や生活の中で直面するような未知の状況の中でも，その状況と自分との関わりを見つめて具体的に何をなすべきかを整理したり，その過程で既得の知識や技能をどのように活用し，必要となる新しい知識や技能をどのように得ればよいのかを考えたりするなどの力であり，変化が激しく予測困難な時代に向けてますますその重要性は高まっている。また，①において述べたように，「思考力，判断力，表現力等」を発揮することを通して，深い理解を伴う知識が習得され，それにより更に「思考力，判断力，表現力等」も高まるという相互の関係にあるものである。

学校教育法第30条第2項において，「思考力，判断力，表現力等」とは，「知識及び技能」を活用して課題を解決するために必要な力と規定されている。この「知識及び技能を活用して課題を解決する」という過程については，中央教育審議会答申が指摘するように，大きく分類して次の三つがあると考えられる。

- 物事の中から問題を見いだし，その問題を定義し解決の方向性を決定し，解決方法を探して計画を立て，結果を予測しながら実行し，振り返って次の問題発見・解決につなげていく過程
- 精査した情報を基に自分の考えを形成し，文章や発話によって表現したり，目的や場面，状況等に応じて互いの考えを適切に伝え合い，多

様な考えを理解したり，集団としての考えを形成したりしていく過程
・ 思いや考えを基に構想し，意味や価値を創造していく過程

各教科等において求められる「思考力，判断力，表現力等」を育成していく上では，こうした学習過程の違いに留意することが重要である。このことは，第1章総則第2の2(1)に示す言語能力，情報活用能力及び問題発見・解決能力，第1章総則第2の2(2)に示す現代的な諸課題に対応して求められる資質・能力の育成を図る上でも同様である。

③ 学びに向かう力，人間性等を涵養すること

児童が「どのように社会や世界と関わり，よりよい人生を送るか」に関わる「学びに向かう力，人間性等」は，他の二つの柱をどのような方向性で働かせていくかを決定付ける重要な要素である。児童の情意や態度等に関わるものであることから，他の二つの柱以上に，児童や学校，地域の実態を踏まえて指導のねらいを設定していくことが重要となる。

我が国の学校教育の特徴として，各教科等の指導を含めて学校の教育活動の全体を通して情意や態度等に関わる資質・能力を育んできたことを挙げることができる。例えば，国語を尊重する態度（国語科），自然を愛する心情（理科），音楽を愛好する心情（音楽科），家庭生活を大切にする心情（家庭科）など，各教科等においてどういった態度を育むかということを意図して指導が行われ，それぞれ豊かな実践が重ねられている。

児童一人一人がよりよい社会や幸福な人生を切り拓いていくためには，主体的に学習に取り組む態度も含めた学びに向かう力や，自己の感情や行動を統制する力，よりよい生活や人間関係を自主的に形成する態度等が必要となる。これらは，自分の思考や行動を客観的に把握し認識する，いわゆる「メタ認知」に関わる力を含むものである。こうした力は，社会や生活の中で児童が様々な困難に直面する可能性を低くしたり，直面した困難への対処方法を見いだしたりできるようにすることにつながる重要な力である。また，多様性を尊重する態度や互いのよさを生かして協働する力，持続可能な社会づくりに向けた態度，リーダーシップやチームワーク，感性，優しさや思いやりなどの人間性等に関するものも幅広く含まれる。

こうした情意や態度等を育んでいくためには，前述のような我が国の学校教育の豊かな実践を生かし，体験活動を含めて，社会や世界との関わりの中で，学んだことの意義を実感できるような学習活動を充実させていくことが重要となる。教育課程の編成及び実施に当たっては，第1章総則第4に示す児童の発達の支援に関する事項も踏まえながら，学習の場でもあり生活の場でもある学校において，児童一人一人がその可能性を発揮することができる

よう,教育活動の充実を図っていくことが必要である。

なお,学校教育法第30条第2項に規定される「主体的に学習に取り組む態度」や,第1章総則第1の2(1)が示す「多様な人々と協働」することなどは,「学びに向かう力,人間性等」に含まれる。資質・能力の三つの柱は,確かな学力のみならず,知・徳・体にわたる「生きる力」全体を捉えて整理していることから,より幅広い内容を示すものとなっているところである。

このように,今回の改訂は,日常の指導における創意工夫のために「何のために学ぶのか」という学習の意義を,我が国の学校教育の様々な実践の蓄積を踏まえて,学習指導要領において育成を目指す資質・能力として明示している。

4　カリキュラム・マネジメントの充実（第1章第1の4）

> 4　各学校においては,児童や学校,地域の実態を適切に把握し,教育の目的や目標の実現に必要な教育の内容等を教科等横断的な視点で組み立てていくこと,教育課程の実施状況を評価してその改善を図っていくこと,教育課程の実施に必要な人的又は物的な体制を確保するとともにその改善を図っていくことなどを通して,教育課程に基づき組織的かつ計画的に各学校の教育活動の質の向上を図っていくこと（以下「カリキュラム・マネジメント」という。）に努めるものとする。

本項は,各学校が教育課程に基づき組織的かつ計画的に各学校の教育活動の質の向上を図っていくことができるよう,カリキュラム・マネジメントとは何かを定義するとともにその充実について示している。

教育課程はあらゆる教育活動を支える基盤となるものであり,学校運営についても,教育課程に基づく教育活動をより効果的に実施していく観点から組織運営がなされなければならない。カリキュラム・マネジメントは,学校教育に関わる様々な取組を,教育課程を中心に据えながら組織的かつ計画的に実施し,教育活動の質の向上につなげていくことであり,本項においては,中央教育審議会答申の整理を踏まえ次の三つの側面から整理して示している。具体的には,

- 児童や学校,地域の実態を適切に把握し,教育の目的や目標の実現に必要な教育の内容等を教科等横断的な視点で組み立てていくこと,
- 教育課程の実施状況を評価してその改善を図っていくこと,
- 教育課程の実施に必要な人的又は物的な体制を確保するとともにその改善

を図っていくこと

などを通して，教育課程に基づき組織的かつ計画的に各学校の教育活動の質の向上を図っていくことと定義している。

　また，総則の項目立てについても，各学校におけるカリキュラム・マネジメントを円滑に進めていく観点から，教育課程の編成，実施，評価及び改善の手続を踏まえて，①小学校教育の基本と教育課程の役割（第1章総則第1），②教育課程の編成（第1章総則第2），③教育課程の実施と学習評価（第1章総則第3），④児童の発達の支援（第1章総則第4），⑤学校運営上の留意事項（第1章総則第5），⑥道徳教育に関する配慮事項（第1章総則第6）としているところである。各学校においては，こうした総則の全体像も含めて，教育課程に関する国や教育委員会の基準を踏まえ，自校の教育課程の編成，実施，評価及び改善に関する課題がどこにあるのかを明確にして教職員間で共有し改善を行うことにより学校教育の質の向上を図り，カリキュラム・マネジメントの充実に努めることが求められる。

　ア　児童や学校，地域の実態を適切に把握すること
　　教育課程は，第1章総則第1の1が示すとおり「児童の心身の発達の段階や特性及び学校や地域の実態を十分考慮して」編成されることが必要である。各学校においては，各種調査結果やデータ等に基づき，児童の姿や学校及び地域の現状を定期的に把握したり，保護者や地域住民の意向等を的確に把握した上で，学校の教育目標など教育課程の編成の基本となる事項を定めていくことが求められる。

　イ　カリキュラム・マネジメントの三つの側面を通して，教育課程に基づき組織的かつ計画的に各学校の教育活動の質の向上を図っていくこと
　　学校の教育活動の質の向上を図る取組は，教育課程に基づき組織的かつ計画的に行われる必要がある。各学校においては，第1章総則第5の1アに示すとおり，「校長の方針の下に，校務分掌に基づき教職員が適切に役割を分担しつつ，相互に連携しながら，各学校の特色を生かしたカリキュラム・マネジメントを行う」ことが必要である。また，教育課程は学校運営全体の中核ともなるものであり，同じく第1章総則第5の1アに示すとおり，学校評価の取組についても，カリキュラム・マネジメントと関連付けながら実施するよう留意が必要である。

　　組織的かつ計画的に取組を進めるためには，教育課程の編成を含めたカリキュラム・マネジメントに関わる取組を，学校の組織全体の中に明確に位置付け，具体的な組織や日程を決定していくことが重要となる。校内の組織及び各種会議の役割分担や相互関係を明確に決め，職務分担に応じて既存の組

織を整備，補強したり，既存の組織を精選して新たな組織を設けたりすること，また，分担作業やその調整を含めて，各作業ごとの具体的な日程を決めて取り組んでいくことが必要である。

　また，カリキュラム・マネジメントを効果的に進めるためには，何を目標として教育活動の質の向上を図っていくのかを明確にすることが重要である。第1章総則第2の1に示すとおり，教育課程の編成の基本となる学校の経営方針や教育目標を明確にし，家庭や地域とも共有していくことが求められる。

(ア) 教育の目的や目標の実現に必要な教育の内容等を教科等横断的な視点で組み立てていくこと

　教育課程の編成に当たっては，教育課程に関する法令や各学校の教育目標が定める教育の目的や目標の実現を目指して，指導のねらいを明確にし，教育の内容を選択して組織し，それに必要な授業時数を配当していくことが必要となる。各学校においては，教育の目的や目標の実現に必要な教育の内容等を選択し，各教科等の内容相互の関連を図りながら指導計画を作成したり，児童の生活時間と教育の内容との効果的な組み合わせを考えたりしながら，年間や学期，月，週ごとの授業時数を適切に定めたりしていくことが求められる。

　その際，今回の改訂では，「生きる力」の育成という教育の目標が教育課程の編成により具体化され，よりよい社会と幸福な人生を切り拓くために必要な資質・能力が児童一人一人に育まれるようにすることを目指しており，「何を学ぶか」という教育の内容を選択して組織していくことと同時に，その内容を学ぶことで児童が「何ができるようになるか」という，育成を目指す資質・能力を指導のねらいとして明確に設定していくことが求められていることに留意が必要である。教育課程の編成に当たっては，第1章総則第2の2に示す教科等横断的な視点に立った資質・能力の育成を教育課程の中で適切に位置付けていくことや，各学校において具体的な目標及び内容を定めることとなる総合的な学習の時間において教科等の枠を超えた横断的・総合的な学習が行われるようにすることなど，教科等間のつながりを意識して教育課程を編成することが重要である。(教科等横断的な視点で教育の内容を編成する例について付録6参照)

(イ) 教育課程の実施状況を評価してその改善を図っていくこと

　各学校においては，各種調査結果やデータ等を活用して，児童や学校，地域の実態を定期的に把握し，そうした結果等から教育の目的や目標の実現状況や教育課程の実施状況を確認し分析して課題となる事項を見いだ

し，改善方針を立案して実施していくことが求められる。こうした改善については，校内の取組を通して比較的直ちに修正できるものもあれば，教育委員会の指導助言を得ながら長期的に改善を図っていくことが必要となるものもあるため，必要な体制や日程を具体化し組織的かつ計画的に取り組んでいくことが重要である。

　こうした教育課程の評価や改善は，第1章総則第5の1アに示すとおり，学校評価と関連付けながら実施することが必要である。

(ｳ) 教育課程の実施に必要な人的又は物的な体制を確保するとともにその改善を図っていくこと

　教育課程の実施に当たっては，人材や予算，時間，情報といった人的又は物的な資源を，教育の内容と効果的に組み合わせていくことが重要となる。学校規模，教職員の状況，施設設備の状況などの人的又は物的な体制の実態は，学校によって異なっており，教育活動の質の向上を組織的かつ計画的に図っていくためには，これらの人的又は物的な体制の実態を十分考慮することが必要である。そのためには，特に，教師の指導力，教材・教具の整備状況，地域の教育資源や学習環境（近隣の学校，社会教育施設，児童の学習に協力することのできる人材等）などについて具体的に把握して，教育課程の編成に生かすことが必要である。

　本項では，こうした人的又は物的な体制を確保することのみならず，その改善を図っていくことの重要性が示されている。各学校には，校長，副校長や教頭のほかに教務主任をはじめとして各主任等が置かれ，それらの担当者を中心として全教職員がそれぞれ校務を分担して処理している。各学校の教育課程は，これらの学校の運営組織を生かし，各教職員がそれぞれの分担に応じて教育課程に関する研究を重ね，創意工夫を加えて編成や改善を図っていくことが重要である。また，学校は地域社会における重要な役割を担い地域とともに発展していく存在であり，学校運営協議会制度や地域学校協働活動等の推進により，学校と地域の連携及び協働の取組を更に広げ，教育課程を介して学校と地域がつながることにより，地域でどのような子供を育てるのかといった目標を共有し，地域とともにある学校づくりが一層効果的に進められていくことが期待される。

　以下，それぞれの項目の趣旨を踏まえて学校において実際に教育課程の編成や改善に取り組む際の手順の一例を参考として示す。もっとも，編成した教育課程に基づき実施される日々の教育活動はもとより，教育課程の編成や改善の手順は必ずしも一律であるべきではなく，それぞれの学校が学習指導要領等の関連の規定を踏まえつつ，その実態に即して，創意工夫

を重ねながら具体的な手順を考えるべきものである。この点に十分留意することが求められる。

> (手順の一例)
> (1) 教育課程の編成に対する学校の基本方針を明確にする。
> 　　基本方針を明確にするということは，教育課程の編成に対する学校の姿勢や作業計画の大綱を明らかにするとともに，それらについて全教職員が共通理解をもつことである。
> 　ア　学校として教育課程の意義，教育課程の編成の原則などの編成に対する基本的な考え方を明確にし，全教職員が共通理解をもつ。
> 　イ　編成のための作業内容や作業手順の大綱を決め，作業計画の全体について全教職員が共通理解をもつ。
> (2) 教育課程の編成・実施のための組織と日程を決める。
> 　　教育課程の編成・実施は，校長のリーダーシップの下，組織的かつ計画的に取り組む必要がある。教育課程の編成・実施を担当する組織を確立するとともに，それを学校の組織全体の中に明確に位置付ける。
> 　　また，編成・実施の作業日程を明確にするとともに，学校が行う他の諸活動との調和を図る。その際，既存の組織や各種会議の在り方を見直し必要に応じ精選を図るなど業務改善の視点をもつことも重要である。
> 　ア　編成・実施のための組織を決める。
> 　　(ア)　編成・実施に当たる組織及び各種会議の役割や相互関係について基本的な考え方を明確にする。
> 　　(イ)　編成・実施に当たる組織及び各種会議を学校の組織全体の中に位置付け，組織内の役割や分担を具体的に決める。
> 　イ　編成・実施のための作業日程を決める。
> 　　　分担作業やその調整を含めて，各作業ごとの具体的な日程を決める。
> (3) 教育課程の編成のための事前の研究や調査をする。
> 　　事前の研究や調査によって，教育課程についての国や教育委員会の基準の趣旨を理解するとともに，教育課程の編成に関わる学校の実態や諸条件を把握する。
> 　ア　教育課程についての国の基準や教育委員会の規則などを研究し理解する。

イ 児童の心身の発達の段階や特性，学校及び地域の実態を把握する。その際，保護者や地域住民の意向，児童の状況等を把握することに留意する。

(4) 学校の教育目標など教育課程の編成の基本となる事項を定める。

学校の教育目標など教育課程の編成の基本となる事項は，学校教育の目的や目標及び教育課程の基準に基づきながら，しかも各学校が当面する教育課題の解決を目指し，両者を統一的に把握して設定する。

ア 事前の研究や調査の結果を検討し，学校教育の目的や目標に照らして，それぞれの学校や児童が直面している教育課題を明確にする。

イ 学校教育の目的や目標を調和的に達成するため，各学校の教育課題に応じて，学校の教育目標など教育課程の編成の基本となる事項を設定する。

ウ 編成に当たって，特に留意すべき点を明確にする。

(5) 教育課程を編成する。

教育課程は学校の教育目標の実現を目指して，指導内容を選択し，組織し，それに必要な授業時数を定めて編成する。

ア 指導内容を選択する。

(ア) 指導内容について，その基礎的・基本的な知識及び技能を明確にする。

(イ) 学校の教育目標の有効な達成を図るため，重点を置くべき指導内容を明確にする。

(ウ) 各教科等の指導において，基礎的・基本的な知識及び技能の確実な習得と思考力，判断力，表現力等の育成を図るとともに，主体的に学習に取り組む態度を養う指導の充実や個に応じた指導を推進するよう配慮する。

(エ) 学校の教育活動全体を通じて行う道徳教育及び体育・健康に関する指導について，適切な指導がなされるよう配慮する。

(オ) 学習の基盤となる資質・能力や現代的な諸課題に対応して求められる資質・能力など，学校として，教科等横断的な視点で育成を目指す資質・能力を明確にし，その育成に向けた適切な指導がなされるよう配慮する。

(カ) 児童や学校，地域の実態に応じて学校が創意を生かして行う総合的な学習の時間を適切に展開できるよう配慮する。

(キ) 各教科等の指導内容に取り上げた事項について，主体的・対話

的で深い学びの実現に向けた授業改善を通して資質・能力を育む効果的な指導ができるよう，単元や題材など内容や時間のまとまりを見通しながら，そのまとめ方や重点の置き方を検討する。

イ　指導内容を組織する。

(ｱ)　各教科，道徳科，外国語活動，総合的な学習の時間及び特別活動について，各教科等間の指導内容相互の関連を図る。

(ｲ)　各教科等の指導内容相互の関連を明確にする。

(ｳ)　発展的，系統的な指導ができるように指導内容を配列し組織する。特に，内容を2学年まとめて示した教科については，2学年間を見通した適切な指導計画を作成する。

(ｴ)　各学年において，合科的・関連的な指導について配慮する。

ウ　授業時数を配当する。

(ｱ)　指導内容との関連において，各教科，道徳科，外国語活動，総合的な学習の時間及び特別活動の年間授業時数を定める。

(ｲ)　各教科等や学習活動の特質に応じて，創意工夫を生かし，1年間の中で，学期，月，週ごとの各教科等の授業時数を定める。

(ｳ)　各教科等の授業の1単位時間を，児童の発達の段階及び各教科等や学習活動の特質を考慮して適切に定める。

(6) 教育課程を評価し改善する。

実施中の教育課程を検討し評価して，その改善点を明確にして改善を図る。

ア　評価の資料を収集し，検討する。

イ　整理した問題点を検討し，原因と背景を明らかにする。

ウ　改善案をつくり，実施する。

第2節　教育課程の編成

●1　各学校の教育目標と教育課程の編成（第1章第2の1）

> 1　各学校の教育目標と教育課程の編成
> 　教育課程の編成に当たっては，学校教育全体や各教科等における指導を通して育成を目指す資質・能力を踏まえつつ，各学校の教育目標を明確にするとともに，教育課程の編成についての基本的な方針が家庭や地域とも共有されるよう努めるものとする。その際，第5章総合的な学習の時間の第2の1に基づき定められる目標との関連を図るものとする。

　本項は，各学校における教育課程の編成に当たって重要となる各学校の教育目標の設定と，教育課程の編成についての基本的な方針の家庭や地域との共有，総合的な学習の時間について各学校が定める目標との関連について示している。

　各学校の教育課程の編成の基本となる学校の教育目標は，法令に定める学校教育の目的や目標及び教育課程の基準に基づき，各学校が当面する教育課題の解決を目指し，両者を統一的に把握して設定することが重要となる。各学校における教育課程は，当該学校の教育目標の実現を目指して，指導内容を選択し，組織し，それに必要な授業時数を定めて編成する。

　今回の改訂においては，次項のとおり，言語能力，情報活用能力，問題発見・解決能力等の学習の基盤となる資質・能力や，豊かな人生の実現や災害等を乗り越えて次代の社会を形成することに向けた現代的な諸課題に対応して求められる資質・能力を，教科等横断的な視点に立って育成することを規定している。また，各教科等においても，当該教科等の指導を通してどのような資質・能力の育成を目指すのかを，「知識及び技能」，「思考力，判断力，表現力等」，「学びに向かう力，人間性等」の三つの柱に沿って再整理し，当該教科等の目標及び内容として明確にしている。

　各学校において，教育目標に照らしながら各教科等の授業のねらいを改善したり，教育課程の実施状況を評価したりすることが可能となるよう，各学校が設定する教育目標は具体性を有するものであることが求められる。法令や教育委員会の規則，方針等を踏まえつつ，児童や学校，地域の実態を的確に把握し，第1章総則第1の3に基づき，学校教育全体及び各教科等の指導を通じてどのような資質・能力の育成を目指すのかを明らかにしながら，そうした実態やねらいを十分

反映した具体性のある教育目標を設定することが必要である。また，長期的な視野をもって教育を行うことができるよう，教育的な価値や継続的な実践の可能性も十分踏まえて設定していくことが重要である。

「社会に開かれた教育課程」の理念に基づき，目指すべき教育の在り方を家庭や地域と共有し，その連携及び協働のもとに教育活動を充実させていくためには，各学校の教育目標を含めた教育課程の編成についての基本的な方針を，家庭や地域とも共有していくことが重要である。そのためにも，例えば，学校経営方針やグランドデザイン等の策定や公表が効果的に行われていくことが求められる。

また，第5章総合的な学習の時間第2の1に基づき各学校が定めることとされている総合的な学習の時間の目標については，上記により定められる学校の教育目標との関連を図り，児童や学校，地域の実態に応じてふさわしい探究課題を設定することができるという総合的な学習の時間の特質が，各学校の教育目標の実現に生かされるようにしていくことが重要である。

以上のことを整理すると，各学校において教育目標を設定する際には，次のような点を踏まえることが重要となる。

(1) 法律及び学習指導要領に定められた目的や目標を前提とするものであること。
(2) 教育委員会の規則，方針等に従っていること。
(3) 学校として育成を目指す資質・能力が明確であること。
(4) 学校や地域の実態等に即したものであること。
(5) 教育的価値が高く，継続的な実践が可能なものであること。
(6) 評価が可能な具体性を有すること。

2 教科等横断的な視点に立った資質・能力

児童に「生きる力」を育むことを目指して教育活動の充実を図るに当たっては，学校教育全体及び各教科等の指導を通してどのような資質・能力の育成を目指すのかを，資質・能力の三つの柱を踏まえながら明確にすることが求められる。育成を目指す資質・能力の具体例については，様々な提案がなされており，学習指導要領に基づき各学校において，児童や学校，地域の実態に応じてどのような資質・能力の育成を図っていくのかを明らかにしていく必要があるが，平成28年の中央教育審議会答申では，数多く論じられている資質・能力を以下のように大別している。

・ 例えば国語力，数学力などのように，伝統的な教科等の枠組みを踏まえなが

ら，社会の中で活用できる力としての在り方について論じているもの。
- 例えば言語能力や情報活用能力などのように，教科等を越えた全ての学習の基盤として育まれ活用される力について論じているもの。
- 例えば安全で安心な社会づくりのために必要な力や，自然環境の有限性の中で持続可能な社会をつくるための力などのように，今後の社会の在り方を踏まえて，子供たちが現代的な諸課題に対応できるようになるために必要な力の在り方について論じているもの。

1点目の教科等の枠組みを踏まえて育成を目指す資質・能力については，各教科等の章の目標や内容において，それぞれの教科等の特質を踏まえて整理されている。これらの資質・能力の育成を目指すことが各教科等を学ぶ意義につながるものであるが，指導に当たっては，教科等ごとの枠の中だけではなく，教育課程全体を通じて目指す教育目標の実現に向けた各教科等の位置付けを踏まえ，教科等横断的な視点をもってねらいを具体化したり，他の教科等における指導との関連付けを図りながら，幅広い学習や生活の場面で活用できる力を育むことを目指したりしていくことも重要となる。

このような教科等横断的な視点からの指導のねらいの具体化や，教科等間の指導の関連付けは，前述の答申が大別した2点目及び3点目にあるような教科等の枠組みを越えた資質・能力の育成にもつながるものである。変化の激しい社会の中で，主体的に学んで必要な情報を判断し，よりよい人生や社会の在り方を考え，多様な人々と協働しながら問題を発見し解決していくために必要な力を，児童一人一人に育んでいくためには，あらゆる教科等に共通した学習の基盤となる資質・能力や，教科等の学習を通じて身に付けた力を統合的に活用して現代的な諸課題に対応していくための資質・能力を，教育課程全体を見渡して育んでいくことが重要となる。

(1) 学習の基盤となる資質・能力（第1章第2の2の(1)）

> (1) 各学校においては，児童の発達の段階を考慮し，言語能力，情報活用能力（情報モラルを含む。），問題発見・解決能力等の学習の基盤となる資質・能力を育成していくことができるよう，各教科等の特質を生かし，教科等横断的な視点から教育課程の編成を図るものとする。

本項は，児童の日々の学習や生涯にわたる学びの基盤となる資質・能力を，児童の発達の段階を考慮し，それぞれの教科等の役割を明確にしながら，教科等横断的な視点で育んでいくことができるよう，教育課程の編成を図ることを示して

いる。学習の基盤となる資質・能力として，言語能力，情報活用能力，問題発見・解決能力等を挙げている。

　ア　言語能力

　　言葉は，児童の学習活動を支える重要な役割を果たすものであり，全ての教科等における資質・能力の育成や学習の基盤となるものである。教科書や教師の説明，様々な資料等から新たな知識を得たり，事象を観察して必要な情報を取り出したり，自分の考えをまとめたり，他者の思いを受け止めながら自分の思いを伝えたり，学級で目的を共有して協働したりすることができるのも，言葉の役割に負うところが大きい。したがって，言語能力の向上は，児童の学びの質の向上や資質・能力の育成の在り方に関わる重要な課題として受け止め，重視していくことが求められる。

　　言語能力を育成するためには，第1章総則第3の1(2)や各教科等の内容の取扱いに示すとおり，全ての教科等においてそれぞれの特質に応じた言語活動の充実を図ることが必要であるが，特に言葉を直接の学習対象とする国語科の果たす役割は大きい。今回の改訂に当たっては，中央教育審議会答申において人間が認識した情報を基に思考し，思考したものを表現していく過程に関する分析を踏まえ，創造的・論理的思考の側面，感性・情緒の側面，他者とのコミュニケーションの側面から言語能力とは何かが整理されたことを踏まえ，国語科の目標や内容の見直しを図ったところである。言語能力を支える語彙の段階的な獲得も含め，発達の段階に応じた言語能力の育成が図られるよう，国語科を要としつつ教育課程全体を見渡した組織的・計画的な取組が求められる。

　　また，外国語科及び外国語活動は，学習対象とする言語は異なるが，言語能力の向上を目指す教科等であることから，国語科と共通する指導内容や指導方法を扱う場面がある。そうした指導内容や指導方法を効果的に連携させることによって，言葉の働きや仕組みなどの言語としての共通性や固有の特徴への気付きを促し，相乗効果の中で言語能力の効果的な育成につなげていくことが重要である。

（参考：言語能力を構成する資質・能力）

（知識・技能）

　言葉の働きや役割に関する理解，言葉の特徴やきまりに関する理解と使い分け，言葉の使い方に関する理解と使い分け，言語文化に関する理解，既有知識（教科に関する知識，一般常識，社会的規範等）に関する理解が挙げられる。

特に,「言葉の働きや役割に関する理解」は,自分が用いる言葉に対するメタ認知に関わることであり,言語能力を向上する上で重要な要素である。

（思考力・判断力・表現力等）
　　テクスト（情報）を理解したり,文章や発話により表現したりするための力として,情報を多面的・多角的に精査し構造化する力,言葉によって感じたり想像したりする力,感情や想像を言葉にする力,言葉を通じて伝え合う力,構成・表現形式を評価する力,考えを形成し深める力が挙げられる。

（学びに向かう力・人間性等）
　　言葉を通じて,社会や文化を創造しようとする態度,自分のものの見方や考え方を広げ深めようとする態度,集団としての考えを発展・深化させようとする態度,心を豊かにしようとする態度,自己や他者を尊重しようとする態度,自分の感情をコントロールして学びに向かう態度,言語文化の担い手としての自覚が挙げられる。

【中央教育審議会答申　別紙2－1】

　イ　情報活用能力
　　情報活用能力は,世の中の様々な事象を情報とその結び付きとして捉え,情報及び情報技術を適切かつ効果的に活用して,問題を発見・解決したり自分の考えを形成したりしていくために必要な資質・能力である。将来の予測が難しい社会において,情報を主体的に捉えながら,何が重要かを主体的に考え,見いだした情報を活用しながら他者と協働し,新たな価値の創造に挑んでいくためには,情報活用能力の育成が重要となる。また,情報技術は人々の生活にますます身近なものとなっていくと考えられるが,そうした情報技術を手段として学習や日常生活に活用できるようにしていくことも重要となる。
　　情報活用能力をより具体的に捉えれば,学習活動において必要に応じてコンピュータ等の情報手段を適切に用いて情報を得たり,情報を整理・比較したり,得られた情報を分かりやすく発信・伝達したり,必要に応じて保存・共有したりといったことができる力であり,さらに,このような学習活動を遂行する上で必要となる情報手段の基本的な操作の習得や,プログラミング

的思考，情報モラル，情報セキュリティ，統計等に関する資質・能力等も含むものである。こうした情報活用能力は，各教科等の学びを支える基盤であり，これを確実に育んでいくためには，各教科等の特質に応じて適切な学習場面で育成を図ることが重要であるとともに，そうして育まれた情報活用能力を発揮させることにより，各教科等における主体的・対話的で深い学びへとつながっていくことが一層期待されるものである。

今回の改訂に当たっては，資質・能力の三つの柱に沿って情報活用能力について整理されている。情報活用能力を育成するためには，第1章総則第3の1(3)や各教科等の内容の取扱いに示すとおり，各学校において日常的に情報技術を活用できる環境を整え，全ての教科等においてそれぞれの特質に応じ，情報技術を適切に活用した学習活動の充実を図ることが必要である。

（参考：情報活用能力を構成する資質・能力）

（知識・技能）

　情報と情報技術を活用した問題の発見・解決等の方法や，情報化の進展が社会の中で果たす役割や影響，情報に関する法・制度やマナー，個人が果たす役割や責任等について，情報の科学的な理解に裏打ちされた形で理解し，情報と情報技術を適切に活用するために必要な技能を身に付けていること。

（思考力・判断力・表現力等）

　様々な事象を情報とその結びつきの視点から捉え，複数の情報を結びつけて新たな意味を見出す力や，問題の発見・解決等に向けて情報技術を適切かつ効果的に活用する力を身に付けていること。

（学びに向かう力・人間性等）

　情報や情報技術を適切かつ効果的に活用して情報社会に主体的に参画し，その発展に寄与しようとする態度等を身に付けていること。

【中央教育審議会答申　別紙3－1】

　ウ　問題発見・解決能力

　　各教科等において，物事の中から問題を見いだし，その問題を定義し解決の方向性を決定し，解決方法を探して計画を立て，結果を予測しながら実行し，振り返って次の問題発見・解決につなげていく過程を重視した深い学び

の実現を図ることを通じて，各教科等のそれぞれの分野における問題の発見・解決に必要な力を身に付けられるようにするとともに，総合的な学習の時間における横断的・総合的な探究課題や，特別活動における集団や自己の生活上の課題に取り組むことなどを通じて，各教科等で身に付けた力が統合的に活用できるようにすることが重要である。

ここに挙げられた資質・能力の育成以外にも，各学校においては児童の実態を踏まえ，学習の基盤作りに向けて課題となる資質・能力は何かを明確にし，カリキュラム・マネジメントの中でその育成が図られるように努めていくことが求められる。

(2) 現代的な諸課題に対応して求められる資質・能力（第１章第２の２の(2)）

> (2) 各学校においては，児童や学校，地域の実態及び児童の発達の段階を考慮し，豊かな人生の実現や災害等を乗り越えて次代の社会を形成することに向けた現代的な諸課題に対応して求められる資質・能力を，教科等横断的な視点で育成していくことができるよう，各学校の特色を生かした教育課程の編成を図るものとする。

本項は，「生きる力」の育成という教育の目標を，各学校の特色を生かした教育課程の編成により具体化していくに当たり，豊かな人生の実現や災害等を乗り越えて次代の社会を形成することに向けた現代的な諸課題に照らして必要となる資質・能力を，それぞれの教科等の役割を明確にしながら，教科等横断的な視点で育んでいくことができるようにすることを示している。

特に，未曽有の大災害となった東日本大震災や平成28年の熊本地震をはじめとする災害等による困難を乗り越え次代の社会を形成するという大きな役割を担う児童に，現代的な諸課題に対応して求められる資質・能力を教科等横断的に育成することが一層重要となっている。そのため，今回の改訂では，例えば，放射線の科学的な理解や科学的に探究する態度（中学校理科），電力等の供給における県内外の協力について考察すること（小学校社会科），健康の成り立ちについての理解（中学校保健体育科），食品の選択についての理解（中学校技術・家庭科（家庭分野）），情報と情報の関係（小学校，中学校国語科）や情報の信頼性の確かめ方（中学校国語科）などの内容の充実を図っており，放射線に関する科学的な理解や科学的に思考し，情報を正しく理解する力を育成することとしている。

このような現代的な諸課題に対応して求められる資質・能力として，中央教育審議会答申では

- 健康・安全・食に関する力
- 主権者として求められる力
- 新たな価値を生み出す豊かな創造性
- グローバル化の中で多様性を尊重するとともに，現在まで受け継がれてきた我が国固有の領土や歴史について理解し，伝統や文化を尊重しつつ，多様な他者と協働しながら目標に向かって挑戦する力
- 地域や社会における産業の役割を理解し地域創生等に生かす力
- 自然環境や資源の有限性等の中で持続可能な社会をつくる力
- 豊かなスポーツライフを実現する力

などが考えられるとされたところである。

　各学校においては，児童や学校，地域の実態及び児童の発達の段階を考慮して学校の特色を生かした目標や指導の重点を計画し，教育課程を編成・実施していくことが求められる。
（答申で例示された現代的な諸課題に対応して求められる資質・能力に関して，具体的に教科等横断的に教育内容を構成する例として付録6参照）

●3　教育課程の編成における共通的事項

(1) 内容等の取扱い
① 内容の取扱いの原則（第1章第2の3の(1)のア，イ，ウ）

> ア　第2章以下に示す各教科，道徳科，外国語活動及び特別活動の内容に関する事項は，特に示す場合を除き，いずれの学校においても取り扱わなければならない。

　本項は，学習指導要領に示されている各教科，道徳科，外国語活動及び特別活動の内容の取扱いについて示したものである。すなわち，学習指導要領は国が定める教育課程の基準であり，各学校において教育課程を編成，実施する際には，学習指導要領の各教科，道徳科，外国語活動及び特別活動の内容に関する事項は，第2章以下に特に示している場合を除き，必ず取り扱わなければならないことを規定したものである。教育課程の編成に当たっては，まず学習指導要領に示している事項を十分研究することが必要である。

　学習指導要領では，各教科，道徳科，外国語活動及び特別活動の目標を実現するために必要な中核的な内容を示すにとどめているので，各学校においては，配当できる授業時数を考慮しつつ，児童の心身の発達の段階や特性及び地域の実態

を踏まえ，具体的な指導内容を確定し，適切に配置しなければならない。

> イ　学校において特に必要がある場合には，第2章以下に示していない内容を加えて指導することができる。また，第2章以下に示す内容の取扱いのうち内容の範囲や程度等を示す事項は，全ての児童に対して指導するものとする内容の範囲や程度等を示したものであり，学校において特に必要がある場合には，この事項にかかわらず加えて指導することができる。ただし，これらの場合には，第2章以下に示す各教科，道徳科，外国語活動及び特別活動の目標や内容の趣旨を逸脱したり，児童の負担過重となったりすることのないようにしなければならない。

　本項は，前項を踏まえた上で，学校において特に必要であると認められる場合には，学習指導要領に示していない内容でも，これを加えて教育課程を編成，実施することができることを示しているものである。前項と本項を合わせて学習指導要領に示す内容の取扱いの基本的な原則を示しているものである。すなわち，学習指導要領に示している内容は，全ての児童に対して確実に指導しなければならないものであると同時に，児童の学習状況などその実態等に応じて，学習指導要領に示していない内容を加えて指導することも可能である（学習指導要領の「基準性」）。

　このように，学習指導要領の基準性が明確に示されている趣旨を踏まえ，学習指導要領に示している，全ての児童に対して指導するものとする内容の確実な定着を図り，さらに「知識及び技能」を深めたり高めたりするとともに，「思考力，判断力，表現力等」を豊かにし，学習意欲を一層高めたりすることが期待される。

　また，学習指導要領に示した各教科，道徳科，外国語活動及び特別活動並びに各学年の目標や内容の趣旨を逸脱しないことが必要である。すなわち，学習指導要領に示している内容を児童が理解するために関連のある事柄などについての指導を行うことであって，全く関連のない事柄を脈絡無く教えることは避けなければならない。さらに，これらの指導によって，児童の負担が過重となったりすることのないよう，十分に留意しなければならない。

> ウ　第2章以下に示す各教科，道徳科，外国語活動及び特別活動の内容に掲げる事項の順序は，特に示す場合を除き，指導の順序を示すものではないので，学校においては，その取扱いについて適切な工夫を加

> えるものとする。

　学習指導要領の第2章以下に示す各教科等の学年別の内容に掲げる事項は、それぞれの教科等の内容を体系的に示す観点から整理して示しているものであり、その順序は、特に示す場合を除き、指導の順序を示すものではない。したがって、各学校においては、各指導事項の関連を十分検討し、児童の発達の段階や特性及び学校や地域の実態を考慮するとともに、教科書との関連も考慮して、指導の順序やまとめ方に工夫を加え、効果的な指導ができるよう指導内容を組織し指導計画を作成することが必要である。

② 学年の目標及び内容をまとめて示した教科の内容の取扱い（第1章第2の3の(1)のエ）

> エ　学年の内容を2学年まとめて示した教科及び外国語活動の内容は、2学年間かけて指導する事項を示したものである。各学校においては、これらの事項を児童や学校、地域の実態に応じ、2学年間を見通して計画的に指導することとし、特に示す場合を除き、いずれかの学年に分けて、又はいずれの学年においても指導するものとする。

　学習指導要領では、国語、生活、音楽、図画工作、家庭、体育及び外国語の各教科、外国語活動については、学年の目標及び内容を2学年まとめて示している。これは、これらの教科等が具体的な活動や体験を伴うなどの特性を有していることや実施の経験からみてより弾力的な取扱いがふさわしいことなどを考慮し、学校において地域や学校及び児童の実態に応じた創意工夫を生かした指導が一層できやすくすることを意図したものである。

　したがって、各学校においては、これらの教科等の目標及び内容に示している指導事項を十分検討するとともに、児童の発達の特性及び学校や地域の実態を考慮し、2学年間を見通した適切な指導計画を作成し効果的な指導ができるようにする必要がある。その際、内容に示している指導事項については、音楽科における共通教材、体育科の保健に関する指導事項、生活科や家庭科における特定の指導事項などのように特に示す場合を除き、いずれかの学年に分けて指導したり、いずれの学年においても指導したりして、確実に身に付けるようにすることが大切である。

③ 複式学級の場合の教育課程編成の特例（第1章第2の3の(1)のオ）

> オ　学校において2以上の学年の児童で編制する学級について特に必要がある場合には，各教科及び道徳科の目標の達成に支障のない範囲内で，各教科及び道徳科の目標及び内容について学年別の順序によらないことができる。

複式学級の場合においても，児童の学年に応じた教育課程を編成することが必要である。

しかし，複式学級が2以上の学年の児童で学級を編制する関係上，各教科及び道徳科の学年別の目標や内容をそのまま学年の順序で指導できない場合があることも考慮して，指導形態や指導方法の工夫をできやすくする観点から，本項において「学校において2以上の学年の児童で編制する学級について特に必要がある場合には，各教科及び道徳科の目標の達成に支障のない範囲内で，各教科及び道徳科の目標及び内容について学年別の順序によらないことができる。」こととしている。なお，外国語活動については，第3学年及び第4学年の2学年まとめて目標及び内容を示し，学年別の順序については定めていないため本項では規定していない。また，特別活動については，今回の改訂に当たり，目標及び内容を学年別には定めないこととしたため本項では規定していない。

学年別の順序によらないことができるのは，複式学級において「特に必要がある場合」で，「各教科及び道徳科の目標の達成に支障のない範囲内」に限られていることに留意する必要がある。

④ 道徳教育の内容（第1章第2の3の(1)のカ）

> カ　道徳科を要として学校の教育活動全体を通じて行う道徳教育の内容は，第3章特別の教科道徳の第2に示す内容とし，その実施に当たっては，第6に示す道徳教育に関する配慮事項を踏まえるものとする。

ア　内容の位置付け

道徳教育の内容は，「第3章特別の教科道徳」の「第2　内容」に示すとおりである。これらの内容項目は，児童の発達の段階や児童を取り巻く状況等を考慮して，小学校の6年間に児童が自己の生き方を考え，よりよく「生きる力」を育む上で重要と考えられる道徳的価値を含む内容を平易に表現したものである。

これらの内容項目は，教師と児童が人間としてのよりよい生き方を求め，共に考え，共に語り合い，その実行に努めるための共通の課題である。また，学校の教育活動全体の中で，様々な場や機会を捉え，多様な方法によって進められる学習を通して，児童自らが調和的な道徳性を養うためのものでもある。

　学校における道徳教育は，道徳科を要として全教育活動において，児童一人一人の道徳性を養うものである。したがって，これらの内容項目は，児童自らが成長を実感でき，これからの課題や目標を見付けられるような工夫の下に，道徳科はもとより，各教科，外国語活動，総合的な学習の時間及び特別活動で行われる道徳教育において，それぞれの特質に応じて適切に指導されなければならない。

　なお，それぞれの内容項目は指導に当たり取り扱う内容であって，目標とする姿を表すものではない。したがって，児童に対して一方的に内容項目を教え込むような指導は適切ではない。指導に当たっては，内容項目に含まれる道徳的価値について一般的な意味を理解させるだけではなく，発達の段階を踏まえつつ，その意義などについて自己との関わりや社会的な背景なども含め多面的・多角的な視点から考えさせることにより，児童の道徳的な判断力や心情，主体的に道徳的な実践を行う意欲と態度を育むよう努める必要がある。

　このことを通じ，児童が自らの生活の中で出会う様々な場面において，人間としてよりよく生きようとする立場から，主体的な判断に基づき適切な実践を行うことができるようになることが重要である。したがって，各内容項目について児童の実態を基に把握し直し，指導上の課題を児童の視点に立って具体的に捉えるなど，児童自身が道徳的価値の自覚を深め発展させていくことができるよう，実態に基づく課題に即した指導をしていくことが大切である。

イ　内容項目の重点的な取扱い

　道徳科を要として学校の教育活動全体を通じて行う道徳教育を，全教職員が共通理解して一体となって推進するためには，学校として育てようとする児童の姿を明らかにしなければならない。その上で，校長の方針に基づいて，学校の道徳教育の目標を設定して指導することが大切である。

　その際，学校の道徳教育の目標に基づいて指導すべき内容を検討することになるが，道徳科においても，その目標を踏まえ，重点的に指導する内容項目を設定し，計画的，発展的に指導できるようにすることが必要である。また，各教科等においても，それぞれの特質に応じて，関連する道徳的価値に

関する内容項目や学校としての重点的に指導する内容項目を考慮し，意図的，計画的に取り上げるようにすることが求められる。そのようにして，学校の教育活動全体を通じ，学校としての道徳教育で重点的に取り扱う内容やその生かし方の特色が明確になった指導を行うよう心掛けることが大切である。

なお，内容項目の取扱いについては，「第3章特別の教科道徳」の「第2 内容」において詳しく示している。

(2) 授業時数等の取扱い

各教科等の指導は一定の時間内で行われるものであり，これらに対する授業時数の配当は，教育課程編成の上で重要な要素である。各教科等の授業時数については，学校教育法施行規則において各教科等の年間授業時数の標準を定め，学習指導要領において年間の授業週数などを定めている。また，学習指導要領では，特別活動のうち，児童会活動，クラブ活動及び学校行事については，それらの内容に応じ，適切な授業時数を充てるものとし，また，給食，休憩などの時間については，学校において工夫を加え，適切に定めるものとしている。

各学校においては，これらを踏まえ，学校の教育課程全体のバランスを図りながら，児童や学校及び地域の実態等を考慮し，学習指導要領に基づいて各教科等の教育活動を適切に実施するための授業時数を具体的に定め，適切に配当する必要がある。その際，授業時数の確保を単に形式的に行うのではなく，個に応じた指導などの指導方法・指導体制や教材等の工夫改善を行うなど授業等の質的な改善を図ることにより各教科等の指導に必要な時間を実質的に確保する必要がある。

① 各教科等の年間授業時数

各学年における各教科，道徳科，外国語活動，総合的な学習の時間及び特別活動の年間の授業時数並びに各学年の年間の総授業時数は，学校教育法施行規則第51条において次のように定めている。この年間の総授業時数は，学校週5日制を前提として定めたものである。

> 第51条　小学校（第52条の2第2項に規定する中学校連携型小学校及び第79条の9第2項に規定する中学校併設型小学校を除く。）の各学年における各教科，道徳，外国語活動，総合的な学習の時間及び特別活動のそれぞれの授業時数並びに各学年におけるこれらの総授業時数は，別表第1に定める授業時数を標準とする。

別表第１（第51条関係）

| 区分 | 各教科の授業時数 ||||||||| 特別の教科である道徳の授業時数 | 外国語活動の授業時数 | 総合的な学習の時間の授業時数 | 特別活動の授業時数 | 総授業時数 |
	国語	社会	算数	理科	生活	音楽	図画工作	家庭	体育	外国語					
第1学年	306		136		102	68	68		102		34			34	850
第2学年	315		175		105	70	70		105		35			35	910
第3学年	245	70	175	90		60	60		105		35	35	70	35	980
第4学年	245	90	175	105		60	60		105		35	35	70	35	1015
第5学年	175	100	175	105		50	50	60	90	70	35		70	35	1015
第6学年	175	105	175	105		50	50	55	90	70	35		70	35	1015

備考
1　この表の授業時数の１単位時間は，45分とする。
2　特別活動の授業時数は，小学校学習指導要領で定める学級活動（学校給食に係るものを除く。）に充てるものとする。
3　第50条第２項の場合において，特別の教科である道徳のほかに宗教を加えるときは，宗教の授業時数をもつてこの表の特別の教科である道徳の授業時数の一部に代えることができる。（別表第２から別表第２の３まで及び別表第４の場合においても同様とする。）

　第１章総則第２の３(1)アのとおり，学習指導要領第２章以下に示す各教科，道徳科，外国語活動及び特別活動の内容に関する事項は，特に示す場合を除き，いずれの学校においても取り扱わなければならないものである。別表第１に定めている授業時数は，学習指導要領で示している各教科等の内容を指導するのに要する時数を基礎とし，学校運営の実態などの条件も十分考慮しながら定めたものであり，各学校において年度当初の計画段階から別表第１に定めている授業時数を下回って教育課程を編成することは，上記のような学習指導要領の基準性の観点から適当とは考えられない。
　しかしながら，このことは単に別表第１に示されている各教科等の授業時数を形式的に確保すればよいということを意味するものではない。各学校において，この別表第１に示されている授業時数を踏まえ，児童及び学校や地域の実態を考慮しつつ，さらには個に応じた指導などの指導方法・指導体制や，教材等の工夫改善など授業等の質的な改善を図りながら，学習指導要領に基づき教育課程を適

切に実施し指導するために必要な時間を実質的に確保するという視点が重要である。なお，その際，学校において適切に授業時数を配当する必要がある特別活動の児童会活動，クラブ活動，学校行事や給食，休憩の時間等を含む教育課程全体のバランスを図ることが必要であるのは言うまでもない。

なお，学校教育法施行規則第51条において，別表第1に定めている授業時数が標準授業時数と規定されているのは，①指導に必要な時間を実質的に確保するという考え方を踏まえ，各学校においては，児童や地域の実態を十分に考慮して，児童の負担過重にならない限度で別表第1に定めている授業時数を上回って教育課程を編成し，実際に上回った授業時数で指導することが可能であること，②別表第1に定めている授業時数を踏まえて教育課程を編成したものの災害や流行性疾患による学級閉鎖等の不測の事態により当該授業時数を下回った場合，その確保に努力することは当然であるが，下回ったことのみをもって学校教育法施行規則第51条及び別表第1に反するものとはしないといった趣旨を制度上明確にしたものである。

特に，①については，学習指導要領のねらいが十分実現されていないと判断される場合には，指導方法・指導体制の工夫改善を図りながら，標準を上回る適切な指導時間を確保するなど，指導内容の確実な定着を図ることに努めることが必要である。その際，年間の行事予定や各教科等の年間指導計画，その実施，改善の状況等について，保護者をはじめ地域住民等に対して積極的に情報提供することも重要である。

なお，別表第1は，各教科等のそれぞれの授業時数だけでなく，各学年の総授業時数も標準として定めている。したがって，個々の教科等の授業時数と同様に総授業時数についてもその確保を図ることが求められる。各学校においては，このような考え方に立って，授業時数を適切に配当した教育課程を編成するとともに，その実施に当たっても，実際に必要な指導時間を確保するよう，学年や学期，月ごと等に授業時数の実績の管理や学習の状況の把握を行うなど，その状況等について自ら点検及び評価を行い，改善に努める必要がある。

このほか，授業時数の確保に当たっては，各学校において，教師が教材研究，指導の打合せ，地域との連絡調整等に充てる時間を可能な限り確保するため，会議等の持ち方や時間割の工夫など時間の効果的・効率的な利用等に配慮することなどに留意することが求められる。

② 年間の授業週数（第1章第2の3の(2)のア）

> ア　各教科等の授業は，年間35週（第1学年については34週）以上にわ

> たって行うよう計画し，週当たりの授業時数が児童の負担過重にならないようにするものとする。ただし，各教科等や学習活動の特質に応じ効果的な場合には，夏季，冬季，学年末等の休業日の期間に授業日を設定する場合を含め，これらの授業を特定の期間に行うことができる。

　各教科等の授業時数を年間35週（第１学年については34週）以上にわたって行うように計画することとしているのは，各教科等の授業時数を年間35週以上にわたって配当すれば，学校教育法施行規則別表第１において定めている年間の授業時数について児童の負担過重にならない程度に，週当たり，１日当たりの授業時数を平均化することができることを考慮したものである。したがって，各教科等の授業時数を35週にわたって平均的に配当するほか，児童の実態や教科等の特性を考慮して週当たりの授業時数の配当に工夫を加えることも考えられる。各学校においてはこの規定を踏まえ，地域や学校及び児童の実態等を考慮し，必要な指導時間を確保するため，適切な週にわたって各教科等の授業を計画することが必要である。

　前回の改訂においては，各教科等や学習活動の特質に応じ効果的な場合には，「夏季，冬季，学年末等の休業日の期間に授業日を設定する場合を含め，」これらの授業を特定の期間に行うことができることを示した。これは，教科等や学習活動によっては年間を通ずることなく，夏季，冬季，学年末，農繁期等の休業日の期間に授業日を設定することも含め，特定の期間に集中して行った方が効果的な場合もあることを考慮したものであり，今回の改訂においても引き続き同様の規定としている。

③ 特別活動の授業時数（第１章第２の３の(2)のイ）

> イ　特別活動の授業のうち，児童会活動，クラブ活動及び学校行事については，それらの内容に応じ，年間，学期ごと，月ごとなどに適切な授業時数を充てるものとする。

　特別活動のうち，児童会活動，クラブ活動及び学校行事の授業時数については，学校教育法施行規則では定められていないが，第１章総則第２の３(2)イにおいて，児童会活動，クラブ活動及び学校行事の授業時数については，それらの内容に応じ，年間，学期ごと，月ごとなどに適切な授業時数を充てることとしている。これは，これらの活動の性質上学校ごとの特色ある実施が望まれるもので

あり，その授業時数を全国一律に標準として定めることは必ずしも適切でないことによるものである。

クラブ活動については，年間35週以上にわたって実施するものと規定されていた時期もあったが，平成10年の改訂において，学校や地域の実情等を考慮しつつ，児童の興味・関心を踏まえて計画し実施できるよう，学校において適切な授業時数を充てることにした。

したがって，児童会活動，クラブ活動及び学校行事については，各学校において地域や学校の実態を考慮して実施する活動内容との関わりにおいて授業時数を定める必要がある。なお，学校行事については，第6章特別活動において，「児童や学校，地域の実態に応じて，2に示す行事の種類ごとに，行事及びその内容を重点化するとともに，各行事の趣旨を生かした上で，行事間の関連や統合を図るなど精選して実施すること。」としており，学校においてはそのことに留意して授業時数を定めることが大切である。

④ 授業の1単位時間（第1章第2の3の(2)のウの(ｱ)）

> (ｱ) 各教科等のそれぞれの授業の1単位時間は，各学校において，各教科等の年間授業時数を確保しつつ，児童の発達の段階及び各教科等や学習活動の特質を考慮して適切に定めること。

授業の1単位時間すなわち日常の授業の1コマを何分にするかについては，児童の学習についての集中力や持続力，指導内容のまとまり，学習活動の内容等を考慮して，どの程度が最も指導の効果を上げ得るかという観点から決定する必要がある。このため，各教科等の授業の1単位時間は，各学年及び各教科等の年間授業時数を確保しつつ，児童の発達の段階及び各教科等や学習活動の特質を考慮して，各学校において定めることとしている。

各授業時数の1単位時間を定めるに当たっては，学校教育法施行規則第51条別表第1に定める授業時数の1単位時間は45分とするとの規定は従前どおりとしており，総則でいう「年間授業時数を確保しつつ」という意味は，あくまでも授業時数の1単位時間を45分として計算した学校教育法施行規則第51条別表第1に定める授業時数を確保するという意味であることに留意する必要がある。すなわち，各教科等の年間授業時数は各教科等の内容を指導するのに実質的に必要な時間であり，これを確保することは前提条件として考慮されなければならないということである。また，具体的な授業の1単位時間は，指導内容のまとまりや学習活動の内容を考慮して教育効果を高める観点に立って，教育的な配慮に基づき定

められなければならない。

さらに，授業の１単位時間の運用については，学校の管理運営上支障をきたさないよう教育課程全体にわたって検討を加える必要がある。

児童会活動，クラブ活動及び学校行事については，前項で述べたように学校教育法施行規則で年間授業時数が定められていないことから，この規定は適用されないが，これらについても，各学校において，指導内容や児童の発達の段階，さらには児童の学習負担などに十分配慮して適切な時間を定めることになるのは言うまでもない。

⑤ 短い時間を活用して行う指導（第１章第２の３の (2) のウの (イ)）

> (イ) 各教科等の特質に応じ，10分から15分程度の短い時間を活用して特定の教科等の指導を行う場合において，教師が，単元や題材など内容や時間のまとまりを見通した中で，その指導内容の決定や指導の成果の把握と活用等を責任をもって行う体制が整備されているときは，その時間を当該教科等の年間授業時数に含めることができること。

本項では，各教科等の特質に応じ，10分から15分程度の短い時間を活用して特定の教科等の指導を行う際の配慮事項を示している。具体的には，例えば15分の短時間を活用した授業や，45分と15分の組み合わせによる60分授業など，児童の発達の段階及び学習内容に応じて特定の教科等の指導を行う場合には，教師が単元や題材など内容や時間のまとまりを見通した中で，その指導内容の決定や指導の成果の把握と活用等を行う校内体制が整備されているときは，当該時間を当該教科等の年間授業時数に含めることができることとするものである。

このうち特に10分から15分程度の短い時間により特定の教科等の指導を行う場合については，当該教科や学習活動の特質に照らし妥当かどうかの教育的な配慮に基づいた判断が必要であり，例えば，道徳科や特別活動（学級活動）の授業を毎日10分から15分程度の短い時間を活用して行うことは，通常考えられない。また，外国語学習の特質を踏まえ，短時間の授業を行う際は，まとまりのある授業時間を確保した上で，両者の関連性を明確にする必要がある。このため，年間35単位時間，週当たり１単位時間の外国語活動を短時間で実施することは，上記のようなまとまりのある授業時間を確保する観点から困難である。なお，10分から15分程度の短い時間を活用して児童が自らの興味や関心に応じて選んだ図書について読書活動を実施するなど指導計画に位置付けることなく行われる活動は，授業時数外の教育活動となることは言うまでもない。

なお,各教科等における短時間を活用した授業時間の設定に際しての留意点を示すと次のとおりとなる。

【授業時間設定に際しての留意点】
- 各教科等の特質を踏まえた検討を行うこと
- 単元や題材など内容や時間のまとまりの中に適切に位置付けることにより,バランスの取れた資質・能力の育成に努めること
- 授業のねらいを明確にして実施すること
- 教科書や,教科書と関連づけた教材を開発するなど,適切な教材を用いること

⑥ 給食,休憩などの時間（第1章第2の3の(2)のウの(ウ)）

> (ウ) 給食,休憩などの時間については,各学校において工夫を加え,適切に定めること。

給食,休憩などの時間については,各学校において工夫を加え,適切に定めることとしている。学校全体の生活時間や日課について工夫を加えるとともに,地域や学校の実態に応じ,給食,休憩の時間の設定を工夫する必要がある。

⑦ 時間割の弾力的な編成（第1章第2の3の(2)のウの(エ)）

> (エ) 各学校において,児童や学校,地域の実態,各教科等や学習活動の特質等に応じて,創意工夫を生かした時間割を弾力的に編成できること。

本項は,各学校においては,時間割を年間で固定するのではなく,児童や学校,地域の実態,各教科等や学習活動の特質等に応じ,弾力的に組み替えることに配慮する必要があることを示している。

また,「年間の授業週数」については年間35週以上にわたって行うことなく特定の期間に行うことができること（第1章総則第2の3(2)ア）,「授業の1単位時間」については各学校において定めること（第1章第2の3(2)ウ(ア)）をそれぞれ規定しており,各学校においては児童や学校,地域の実態及び各教科等や学習活動の特質等に応じ,弾力的な教育課程を編成し,実施することができる。

なお,平成20年1月の中央教育審議会の答申において,「各教科の年間の標準

授業時数を定めるに当たっては、子どもの学習や生活のリズムの形成や学校の教育課程編成上の利便の観点から、週単位で固定した時間割で教育課程を編成し学習する方がより効果的・効率的であることを踏まえ、可能な限り35の倍数にすることが望ましい」との提言がなされた。この答申を踏まえ、前回の改訂より、例外はあるものの、各教科等の年間の標準授業時数を35の倍数にすることを基本とした。

⑧ 年間授業日数

年間の授業日数は、各教科等の授業時数が適切に確保されるとともに、週当たりの授業時数が児童の負担にならないよう配慮して定めるべきものである。

ところで、年間授業日数については、国の基準では直接定めていないが、通常は休業日を除いた日が授業日として考えられている。休業日については、学校教育法施行令及び学校教育法施行規則で次のように定められている。

学校教育法施行令
第29条　公立の学校（大学を除く。以下この条において同じ。）の学期並びに夏季、冬季、学年末、農繁期等における休業日又は家庭及び地域における体験的な学習活動その他の学習活動のための休業日（次項において「体験的学習活動等休業日」という。）は、市町村又は都道府県の設置する学校にあつては当該市町村又は都道府県の教育委員会が、公立大学法人の設置する高等専門学校にあつては当該公立大学法人の理事長が定める。
2　市町村又は都道府県の教育委員会は、体験的学習活動等休業日を定めるに当たつては、家庭及び地域における幼児、児童、生徒又は学生の体験的な学習活動その他の学習活動の体験的学習活動等休業日における円滑な実施及び充実を図るため、休業日の時期を適切に分散させて定めることその他の必要な措置を講ずるよう努めるものとする。

学校教育法施行規則
第61条　公立小学校における休業日は、次のとおりとする。ただし、第3号に掲げる日を除き、当該学校を設置する地方公共団体の教育委員会が必要と認める場合は、この限りでない。
　一　国民の祝日に関する法律（昭和23年法律第178号）に規定する日
　二　日曜日及び土曜日
　三　学校教育法施行令第29条第1項の規定により教育委員会が定める日
第62条　私立小学校における学期及び休業日は、当該学校の学則で定める。

各教育委員会及び各学校においては，これらの規定等を踏まえて休業日を定める必要がある。また，年間授業日数については，学習指導要領で示している各教科等の内容の指導に支障のないよう，適切な日数を確保する必要がある。

　なお，休業日の設定に当たっては，必要な授業時数の確保及び児童への効果的な指導の実現の観点はもとより，児童や学校，地域の実態を踏まえつつ，地域の年中行事その他の様々な学習や体験の機会の確保等に配慮することも大切である。

⑨ 総合的な学習の時間の実施による特別活動の代替（第1章第2の3の(2)のエ）

> エ　総合的な学習の時間における学習活動により，特別活動の学校行事に掲げる各行事の実施と同様の成果が期待できる場合においては，総合的な学習の時間における学習活動をもって相当する特別活動の学校行事に掲げる各行事の実施に替えることができる。

　総合的な学習の時間においては，児童や学校，地域の実態等に応じて，教科等の枠を超えた横断的・総合的な学習や児童の興味・関心等に基づく学習を行うなど創意工夫を生かした教育活動を行うこととしている。

　今回の改訂においては，各学校で定める総合的な学習の時間の目標について，「各学校における教育目標を踏まえ，総合的な学習の時間を通して育成を目指す資質・能力を示す」とともに，「他教科等の目標及び内容との違いに留意しつつ，他教科等で育成を目指す資質・能力との関連を重視する」こととしており（第5章総合的な学習の時間第2の3(1)及び(2)），各学校の教育目標と直接つながる重要な役割を位置付けている。

　また，特に他教科等との関係について，「他教科等の目標及び内容との違いに留意しつつ，第1の目標並びに第2の各学校において定める目標及び内容を踏まえた適切な学習活動を行うこと」と規定し（第5章総合的な学習の時間第3の1(4)），他教科等と連携しながら，問題の解決や探究活動を行うという総合的な学習の時間の特質を十分に踏まえた活動を展開する必要を示した。同様に，言語活動の充実との関係では，「探究的な学習の過程においては，他者と協働して課題を解決しようとする学習活動や，言語により分析し，まとめたり表現したりするなどの学習活動が行われるようにすること。」と規定している（第5章総合的な学習の時間第3の2(2)）。これらを前提として，総合的な学習の時間においては，自然体験やボランティア活動などの社会体験，ものづくり，生産活動などの

体験活動，観察・実験，見学や調査，発表や討論などの学習活動を積極的に取り入れることの必要性を明らかにし，その際は，体験活動を探究的な学習の過程に適切に位置付けることを求めている。

総合的な学習の時間において，例えば，自然体験活動やボランティア活動を行う場合において，これらの活動は集団活動の形態をとる場合が多く，よりよい人間関係の形成や公共の精神の育成など，特別活動の趣旨も踏まえた活動とすることが考えられる。すなわち，

- 総合的な学習の時間に行われる自然体験活動は，環境や自然を課題とした問題の解決や探究活動として行われると同時に，「自然の中での集団宿泊活動などの平素と異なる生活環境にあって，見聞を広め，自然や文化などに親しむとともに，よりよい人間関係を築くなどの集団生活の在り方や公衆道徳などについての体験を積むことができる」遠足・集団宿泊的行事と，
- 総合的な学習の時間に行われるボランティア活動は，社会との関わりを考える学習活動として行われると同時に，「勤労の尊さや生産の喜びを体得するとともに，ボランティア活動などの社会奉仕の精神を養う体験が得られる」勤労生産・奉仕的行事と，

それぞれ同様の成果も期待できると考えられる。このような場合，総合的な学習の時間とは別に，特別活動として改めてこれらの体験活動を行わないとすることも考えられる。このため，本項により，総合的な学習の時間の実施による特別活動の代替を認めている。

なお，本項の記述は，総合的な学習の時間において，総合的な学習の時間と特別活動の両方の趣旨を踏まえた体験活動を実施した場合に特別活動の代替を認めるものであって，特別活動において体験活動を実施したことをもって総合的な学習の時間の代替を認めるものではない。また，総合的な学習の時間において体験活動を行ったことのみをもって特別活動の代替を認めるものでもなく，よりよい人間関係の形成や公共の精神の育成といった特別活動の趣旨を踏まえる必要があることは言うまでもない。このほか，例えば，補充学習のような専ら特定の教科等の知識及び技能の習得を図る学習活動や運動会のような特別活動の健康安全・体育的行事の準備などを総合的な学習の時間に行うことは，総合的な学習の時間の趣旨になじまないことは第5章総合的な学習の時間に示すとおりである。

(3) 指導計画の作成等に当たっての配慮事項（第1章第2の3の(3)）

> (3) 指導計画の作成等に当たっての配慮事項
> 　　各学校においては，次の事項に配慮しながら，学校の創意工夫を生

かし,全体として,調和のとれた具体的な指導計画を作成するものとする。

　教育課程は,各教科,道徳科,外国語活動,総合的な学習の時間及び特別活動について,それらの目標やねらいを実現するように,教育の内容を学年段階に応じ授業時数との関連において総合的に組織した学校の教育計画であり,それを具体化した計画が指導計画であると考えることができる。学校における実際の作成の過程においては両者を区別しにくい面もあるが,指導方法や使用教材も含めて具体的な指導により重点を置いて作成したものが指導計画であると言うことができる。

　すなわち,指導計画は,各教科,道徳科,外国語活動,総合的な学習の時間及び特別活動のそれぞれについて,学年ごとあるいは学級ごとなどに,指導目標,指導内容,指導の順序,指導方法,使用教材,指導の時間配当等を定めたより具体的な計画である。指導計画には,年間指導計画や2年間にわたる長期の指導計画から,学期ごと,月ごと,週ごと,単位時間ごと,あるいは単元,題材,主題ごとの指導案に至るまで各種のものがある。

　各学校においては,第1章総則及び第2章以下の各章に示された指導計画の作成に関する配慮事項などに十分配慮し,地域や学校の実態を考慮して,創意工夫を生かし,全体として調和のとれた具体的な指導計画を作成しなければならない。

　指導計画の作成に当たっては,第1章総則第2の3(3)に特に配慮する必要がある事項を次の4項目にわたり示しているので,これらの事項に留意する必要がある。

① 資質・能力を育む効果的な指導（第1章第2の3の(3)のア）

　ア　各教科等の指導内容については,(1)のアを踏まえつつ,単元や題材など内容や時間のまとまりを見通しながら,そのまとめ方や重点の置き方に適切な工夫を加え,第3の1に示す主体的・対話的で深い学びの実現に向けた授業改善を通して資質・能力を育む効果的な指導ができるようにすること。

　本項は,各学校において指導計画を作成するに当たり,各教科等の目標と指導内容の関連を十分研究し,単元や題材など内容や時間のまとまりを見通しながら,まとめ方などを工夫したり,内容の重要度や児童の学習の実態に応じてその

取扱いに軽重を加えたりして，主体的・対話的で深い学びの実現に向けた授業改善を通して資質・能力を育む効果的な指導を行うことができるように配慮することを示している。

第2章の各教科の目標及び内容に関する事項は，各学年において全ての児童に対して指導すべき事項を類型や系統性を考慮し，整理して示したものである。これらの指導事項は，第1章総則第2の3(1)アに示しているように「特に示す場合を除き，いずれの学校においても取り扱わなければならない」ものである。しかし，第1章総則第2の3(1)ウに示しているように，各教科の学年別の内容に掲げる事項の順序は，「特に示す場合を除き，指導の順序を示すものではないので，学校においては，その取扱いについて適切な工夫を加えるものとする。」としている。

こうした工夫は，単元や題材など内容や時間のまとまりを見通し，その中でどのような資質・能力の育成を目指すのかを踏まえて行われるものであり，教える場面と考えさせる場面を関連付けながら適切に内容を組み立てていくことも重要となる。その際，教材・教具の工夫や，児童の理解度の把握なども重要になる。

なお，前回の改訂において，従前本項に規定されていた「教材等の精選を図」る旨の記述は削除された。同改訂においては授業時数の増加が図られたが，これは指導内容の量的な増加だけに伴うものではなく，反復学習等による基礎的・基本的な知識及び技能の確実な習得や，観察・実験，レポートの作成といった知識及び技能の活用を図る学習活動の質的な充実のために必要な時間も併せて確保するためのものであった。今回の改訂においても，こうした質・量両面からの学習の充実を図るという前回改訂の考え方を受け継いでおり，そのためには，教科書や各種教材等についても，質・量両面からの充実が必要であるとの考え方に立っているところである。

② 各教科等及び各学年相互間の関連（第1章第2の3の(3)のイ）

> イ　各教科等及び各学年相互間の関連を図り，系統的，発展的な指導ができるようにすること。

指導計画は，各教科，道徳科，外国語活動，総合的な学習の時間及び特別活動のそれぞれについて作成されるものである。小学校教育の目標はこれらの全ての教育活動の成果が統合されてはじめて達成されるものである。したがって，個々の指導計画は，各教科，道徳科，外国語活動，総合的な学習の時間及び特別活動それぞれの固有の目標やねらいの実現を目指すと同時に，他の教育活動との関連

や学年間の関連を十分図るように作成される必要がある。そのためには，各教科，道徳科，外国語活動及び特別活動それぞれの目標，指導内容の関連を検討し，指導内容が不必要に重複したり，重要な指導内容が欠落したりしないように配慮するとともに，指導の時期，時間配分，指導方法などに関しても相互の関連を考慮した上で計画が立てられることが大切である。総合的な学習の時間についても第5章総合的な学習の時間に示された目標などについて，各教科，道徳科，外国語活動及び特別活動の目標や内容との関連を検討し，各学校の実態に応じた目標及び内容を定めるとともに，指導計画を作成する必要がある。

　各教科等において，系統的，発展的な指導を行うことは，児童の発達の段階に応じ，その目標やねらいを効果的に実現するために必要である。各教科，道徳科，外国語活動及び特別活動の内容は，学年間の系統性，発展性について十分配慮されているので，各学校においては，それを十分研究し，それらの指導計画を作成する際，学年相互の関連を図り，指導の効果を高めるよう配慮する必要がある。また，各教科，道徳科，外国語活動及び特別活動の各学年の内容として示している指導事項は，特に示す場合を除き，指導の順序を示しているものではないので，学校においては，創意工夫を加え，児童の発達の段階や特性及び学校や地域の実態を考慮し，系統的，発展的な指導が進められるよう指導内容を具体的に組織，配列することが必要である。総合的な学習の時間の指導計画作成に際しても，横断的・総合的な課題，児童の興味・関心に基づく課題，地域や学校の特色に応じた課題などについて，発達の段階にふさわしい学習活動が進められるように創意工夫を図る必要がある。このように，指導内容の組織や配列に当たっては，当該学年全体や全学年を見通した上で行うことが大切である。

　学校においては，学校の教育目標との関連を図りながら，指導計画の作成者相互で必要な連絡を適宜行い，学校全体として組織的に進めることが大切である。

③　学年の目標及び内容を2学年まとめて示した教科等の指導計画（第1章第2の3の(3)のウ）

> ウ　学年の内容を2学年まとめて示した教科及び外国語活動については，当該学年間を見通して，児童や学校，地域の実態に応じ，児童の発達の段階を考慮しつつ，効果的，段階的に指導するようにすること。

　国語，生活，音楽，図画工作，家庭，体育及び外国語の各教科並びに外国語活動については，学年の目標及び内容を2学年まとめて示している。第1章総則第

2の3(1)エにおいては,これらの教科等の内容は,2学年間かけて指導する事項を示したものであり,各学校においては,これらの事項を児童や学校,地域の実態に応じ,2学年間を見通して計画的に指導することとしている。したがって,特に示されている場合を除き,いずれかの学年に分けて指導したり,いずれかの学年においても指導したりするものとしている。

この趣旨を受けて,これらの教科等については,2学年間を見通した指導計画を作成し,児童や学校,地域の実態に応じ,児童の発達の段階を考慮し,創意工夫を生かした学習を展開することによって,これらの教科等の目標を効果的,段階的に実現するようにすることとしたものである。

内容を2学年まとめて示しているのは,2学年の幅の中で内容の取り上げ方に創意工夫が必要になるということである。例えば,いずれの学年でも素材や題材を変えて繰り返し指導されるもの,児童や地域の実態等から扱う学年を一方の学年にするもの,飼育や栽培活動のように長い期間をかけて学習活動を展開するもの等,教科等や指導内容の特質等を生かした多様な取り上げ方が考えられる。その際,2学年間を見通して児童の発達の段階や教育課題を考慮しながら,例えば平易なものから,あるいは身近なものから段階的に内容を配列するなど工夫をすることが大切である。また,低学年と中学年,中学年と高学年それぞれの発達の段階に応じた指導においても,全体として段階的にその目標やねらいの実現を目指して効果的に指導が行われるように内容を位置付け,指導計画を作成することも大切である。

④ 合科的・関連的な指導（第1章第2の3の(3)のエ）

> エ 児童の実態等を考慮し,指導の効果を高めるため,児童の発達の段階や指導内容の関連性等を踏まえつつ,合科的・関連的な指導を進めること。

本項は,教育課程全体を見渡して教科等間の連携を図った指導を行い,教科等横断的な指導を推進していくための具体的な工夫として,合科的・関連的な指導を進めることを示している。

学校教育において目指している全人的な「生きる力」を児童に育んでいくためには,各教科等の特質に応じた資質・能力の育成を図っていくことと同時に,各教科等で身に付けた資質・能力を様々な場面で統合的に働かせることができるよう,知識と生活との結び付きや教科等横断的な視点を重視した教育を行っていくことが必要である。そのためには,教科等の目標や内容の一部についてこれらを

併せて指導を行ったり，関連させて指導を進めたりすることが効果的である場合も考えられる。

学習指導要領における「合科的・関連的な指導」については，次のように理解する必要がある。

すなわち，合科的な指導は，教科のねらいをより効果的に実現するための指導方法の一つである。単元又は１コマの時間の中で，複数の教科の目標や内容を組み合わせて，学習活動を展開するものである。また，関連的な指導は，教科等別に指導するに当たって，各教科等の指導内容の関連を検討し，指導の時期や指導の方法などについて相互の関連を考慮して指導するものである。

低学年においては，第１章総則第２の４(1)に示すとおり，幼児期の教育との円滑な接続を図る観点からも，合科的・関連的な指導の工夫を進め，指導の効果を一層高めるようにする必要があり，各教科等の章における指導計画の作成と内容の取扱いにおいても，合科的・関連的な指導の工夫についてそれぞれ示されている。特に，小学校入学当初においては，スタートカリキュラムとして，生活科を中心とした合科的・関連的な指導や，１コマを45分ではなく短い時間に区切って設定するなど，工夫が重要である旨を規定している。

中学年以上においても，児童の興味・関心が広がり，思考が次第に総合的になる発達の段階を考慮し，各教科等間の目標や内容の関連をより幅広く押さえ，指導計画を弾力的に作成し，合科的・関連的な指導を進めるなど創意工夫した指導を行うことが大切である。また，総合的な学習の時間における学習活動が，各教科等の目標や内容と関連をもつとき，指導の時期を考慮したり，題材の取り上げ方を工夫したりして関連的に指導することもできる。

合科的・関連的な指導についての指導計画の作成に当たっては，各教科等の目標，内容等を検討し，各教科等の指導の年間の見通しに立って，その教材や学習活動の関連性を具体的に確認するとともに，指導内容が広がり過ぎて焦点が定まらず十分な成果が上がらなかったり，児童に過重になったりすることのないように留意する必要がある。

合科的・関連的な指導を行うに当たっては，児童が自然な形で意欲的に学習に取り組めるような学習課題を設定するとともに，課題選択の場を設けたり，教科書を工夫して使用したり，その指導に適した教材を作成したりして，指導の効果を高めるようにすることが必要である。

なお，合科的な指導に要する授業時数は，原則としてそれに関連する教科の授業時数から充当することになる。指導に要する授業時数をあらかじめ算定し，関連する教科を教科ごとに指導する場合の授業時数の合計とおおむね一致するように計画する必要がある。

4　学校段階等間の接続

(1) 幼児期の教育との接続及び低学年における教育全体の充実（第1章第2の4の(1)）

> (1) 幼児期の終わりまでに育ってほしい姿を踏まえた指導を工夫することにより，幼稚園教育要領等に基づく幼児期の教育を通して育まれた資質・能力を踏まえて教育活動を実施し，児童が主体的に自己を発揮しながら学びに向かうことが可能となるようにすること。
> 　また，低学年における教育全体において，例えば生活科において育成する自立し生活を豊かにしていくための資質・能力が，他教科等の学習においても生かされるようにするなど，教科等間の関連を積極的に図り，幼児期の教育及び中学年以降の教育との円滑な接続が図られるよう工夫すること。特に，小学校入学当初においては，幼児期において自発的な活動としての遊びを通して育まれてきたことが，各教科等における学習に円滑に接続されるよう，生活科を中心に，合科的・関連的な指導や弾力的な時間割の設定など，指導の工夫や指導計画の作成を行うこと。

　本項は，幼稚園教育要領や幼保連携型認定こども園教育・保育要領，保育所保育指針（以下「幼稚園教育要領等」という。）に基づく幼児期の教育と小学校教育の円滑な接続の重要性を示している。

　小学校低学年は，幼児期の教育を通じて身に付けたことを生かしながら教科等の学びにつなぎ，児童の資質・能力を伸ばしていく時期である。幼稚園教育要領等においては，「知識及び技能の基礎」，「思考力，判断力，表現力等の基礎」，「学びに向かう力，人間性等」の三つの柱から構成される資質・能力を一体的に育むように努めることや，幼児期の教育を通して資質・能力が育まれている幼児の具体的な姿を幼児期の終わりまでに育ってほしい姿として示している。

　この幼児期の終わりまでに育ってほしい姿を手掛かりに幼稚園の教師等と子供の成長を共有することを通して，幼児期から児童期への発達の流れを理解することが大切である。

　小学校においては，幼児期の終わりまでに育ってほしい姿を踏まえた指導を工夫することにより児童が主体的に自己を発揮しながら学びに向かい，幼児期の教育を通して育まれた資質・能力を更に伸ばしていくことができるようにすることが重要である。

その際，低学年における学びの特質を踏まえて，自立し生活を豊かにしていくための資質・能力を育むことを目的としている生活科と各教科等の関連を図るなど，低学年における教育課程全体を見渡して，幼児期の教育及び中学年以降の教育との円滑な接続が図られるように工夫する必要がある。特に，小学校の入学当初においては，幼児期の遊びを通じた総合的な指導を通じて育まれてきたことが，各教科等における学習に円滑に接続されるよう，スタートカリキュラムを児童や学校，地域の実情を踏まえて編成し，その中で，生活科を中心に，合科的・関連的な指導や弾力的な時間割の設定など，指導の工夫や指導計画の作成を行うことが求められる。

こうした幼児期の終わりまでに育ってほしい姿との関連や，スタートカリキュラムの編成の工夫については，各教科等の章における指導計画の作成と内容の取扱いにおいても示されているところである。

(2) 中学校教育及びその後の教育との接続，義務教育学校等の教育課程（第1章第2の4の(2)）

> (2) 中学校学習指導要領及び高等学校学習指導要領を踏まえ，中学校教育及びその後の教育との円滑な接続が図られるよう工夫すること。特に，義務教育学校，中学校連携型小学校及び中学校併設型小学校においては，義務教育9年間を見通した計画的かつ継続的な教育課程を編成すること。

本項は，中学校学習指導要領及び高等学校学習指導要領を踏まえた，中学校教育及びその後の教育との円滑な接続の重要性について示している。

小学校及び中学校の義務教育段階においては，教育基本法第5条第2項が規定する「各個人の有する能力を伸ばしつつ社会において自立的に生きる基礎」及び「国家及び社会の形成者として必要とされる基本的な資質」を卒業段階までに育むことができるよう，学校教育法並びに小学校学習指導要領及び中学校学習指導要領に示すところに従い，小学校及び中学校9年間を通じて育成を目指す資質・能力を明確化し，その育成を高等学校教育等のその後の学びに円滑に接続させていくことが求められる。

したがって①小学校教育には，学級担任が児童の生活全般に関わりながら，各教科等の指導を含めた児童の育ちを全般的に支えることを通して，幼児期の教育を通して育まれた資質・能力を受け継ぎ，児童に義務教育としての基礎的な資質・能力の育成を目指した教育を行うことが，②中学校教育には，学級担任によ

る日常的な指導と教科担任による専門性を踏まえた指導とを行う中で，小学校教育の成果を受け継ぎ，生徒に義務教育9年間を見通して必要な資質・能力の育成を目指す教育を行うことがそれぞれ求められる。このような観点から，小学校と中学校の接続に際しては，義務教育9年間を見通して児童生徒に必要な資質・能力を育むことを目指した取組が求められる。具体的には，例えば同一中学校区内の小学校と中学校の間の連携を深めるため，次のような工夫が考えられる。

- 学校運営協議会や地域学校協働本部等の各種会議の合同開催を通じて，各学校で育成を目指す資質・能力や教育目標，それらに基づく教育課程編成の基本方針などを，学校，保護者，地域間で共有して改善を図ること。
- 校長・副校長・教頭の管理職の間で，各学校で育成を目指す資質・能力や教育目標，それらに基づく教育課程編成の基本方針などを共有し，改善を図ること。
- 教職員の合同研修会を開催し，地域で育成を目指す資質・能力を検討しながら，各教科等や各学年の指導の在り方を考えるなど，指導の改善を図ること。
- 同一中学校区内での保護者間の連携・交流を深め，取組の成果を共有していくこと。

特に，義務教育学校，中学校連携型小学校及び中学校併設型小学校においては，こうした工夫にとどまらず，9年間を見通した計画的かつ継続的な教育課程を編成し，小学校と中学校とで一体的な教育内容と指導体制を確立して特色ある教育活動を展開していくことが重要となる。

第3節　教育課程の実施と学習評価

● 1　主体的・対話的で深い学びの実現に向けた授業改善

(1) 主体的・対話的で深い学びの実現に向けた授業改善（第1章第3の1の(1)）

> (1) 第1の3の(1)から(3)までに示すことが偏りなく実現されるよう，単元や題材など内容や時間のまとまりを見通しながら，児童の主体的・対話的で深い学びの実現に向けた授業改善を行うこと。
>
> 　特に，各教科等において身に付けた知識及び技能を活用したり，思考力，判断力，表現力等や学びに向かう力，人間性等を発揮させたりして，学習の対象となる物事を捉え思考することにより，各教科等の特質に応じた物事を捉える視点や考え方（以下「見方・考え方」という。）が鍛えられていくことに留意し，児童が各教科等の特質に応じた見方・考え方を働かせながら，知識を相互に関連付けてより深く理解したり，情報を精査して考えを形成したり，問題を見いだして解決策を考えたり，思いや考えを基に創造したりすることに向かう過程を重視した学習の充実を図ること。

　本項は，各教科等の指導に当たって，(1) 知識及び技能が習得されるようにすること，(2) 思考力，判断力，表現力等を育成すること，(3) 学びに向かう力，人間性等を涵養することが偏りなく実現されるよう，単元や題材など内容や時間のまとまりを見通しながら，児童の主体的・対話的で深い学びの実現に向けた授業改善を行うこと，その際，各教科等の「見方・考え方」を働かせ，各教科等の学習の過程を重視して充実を図ることを示している。

　平成26年11月20日の中央教育審議会への諮問「初等中等教育における教育課程の基準等の在り方について」において，具体的な審議事項として，育成すべき資質・能力を確実に育むための学習・指導方法はどうあるべきか，特に今後の「アクティブ・ラーニング」の具体的な在り方についてどのように考えるかを示した。これを受けて，中央教育審議会では，我が国の学校教育の様々な実践や各種の調査結果，学術的な研究成果等を踏まえて検討が行われ，児童に必要な資質・能力を育むための学びの質に着目し，授業改善の取組を活性化していく視点として「主体的・対話的で深い学び」を位置付けた。「主体的な学び」，「対話的な学

び」,「深い学び」の視点は,各教科等における優れた授業改善等の取組に共通し,かつ普遍的な要素である。

　児童に求められる資質・能力を育成することを目指した授業改善の取組は,これまでも多くの実践が重ねられており,主体的・対話的で深い学びの実現に向けた授業改善を行うことが,そうした着実に取り組まれてきた実践を否定し,全く異なる指導方法を導入しなければならないことであると捉える必要はない。また,授業の方法や技術の改善のみを意図するものではなく,児童に求められる資質・能力を育むために,児童や学校の実態,指導の内容に応じ,「主体的な学び」,「対話的な学び」,「深い学び」の視点から授業改善を図ることが重要である。

　主体的・対話的で深い学びの実現に向けた授業改善の具体的な内容については,中央教育審議会答申において,以下の三つの視点に立った授業改善を行うことが示されている。教科等の特質を踏まえ,具体的な学習内容や児童の状況等に応じて,これらの視点の具体的な内容を手掛かりに,質の高い学びを実現し,学習内容を深く理解し,資質・能力を身に付け,生涯にわたって能動的(アクティブ)に学び続けるようにすることが求められている。

① 学ぶことに興味や関心を持ち,自己のキャリア形成の方向性と関連付けながら,見通しをもって粘り強く取り組み,自己の学習活動を振り返って次につなげる「主体的な学び」が実現できているかという視点。

② 子供同士の協働,教職員や地域の人との対話,先哲の考え方を手掛かりに考えること等を通じ,自己の考えを広げ深める「対話的な学び」が実現できているかという視点。

③ 習得・活用・探究という学びの過程の中で,各教科等の特質に応じた「見方・考え方」を働かせながら,知識を相互に関連付けてより深く理解したり,情報を精査して考えを形成したり,問題を見いだして解決策を考えたり,思いや考えを基に創造したりすることに向かう「深い学び」が実現できているかという視点。

　また,主体的・対話的で深い学びは,必ずしも1単位時間の授業の中で全てが実現されるものではなく,単元や題材など内容や時間のまとまりを見通して,例えば,主体的に学習に取り組めるよう学習の見通しを立てたり学習したことを振り返ったりして自身の学びや変容を自覚できる場面をどこに設定するか,対話によって自分の考えなどを広げたり深めたりする場面をどこに設定するか,学びの深まりをつくりだすために,児童が考える場面と教師が教える場面をどのように組み立てるか,といった観点で授業改善を進めることが重要となる。すなわち,主体的・対話的で深い学びの実現に向けた授業改善を考えることは単元や題材など内容や時間のまとまりをどのように構成するかというデザインを考えることに

他ならない。

　主体的・対話的で深い学びの実現を目指して授業改善を進めるに当たり，特に「深い学び」の視点に関して，各教科等の学びの深まりの鍵となるのが「見方・考え方」である。各教科等の特質に応じた物事を捉える視点や考え方である「見方・考え方」は，新しい知識及び技能を既にもっている知識及び技能と結び付けながら社会の中で生きて働くものとして習得したり，思考力，判断力，表現力等を豊かなものとしたり，社会や世界にどのように関わるかの視座を形成したりするために重要なものであり，習得・活用・探究という学びの過程の中で働かせることを通じて，より質の高い深い学びにつなげることが重要である。

　なお，各教科等の解説において示している各教科等の特質に応じた「見方・考え方」は，当該教科等における主要なものであり，「深い学び」の視点からは，それらの「見方・考え方」を踏まえながら，学習内容等に応じて柔軟に考えることが重要である。

　また，思考・判断・表現の過程には，
- 物事の中から問題を見いだし，その問題を定義し解決の方向性を決定し，解決方法を探して計画を立て，結果を予測しながら実行し，振り返って次の問題発見・解決につなげていく過程
- 精査した情報を基に自分の考えを形成し表現したり，目的や状況等に応じて互いの考えを伝え合い，多様な考えを理解したり，集団としての考えを形成したりしていく過程
- 思いや考えを基に構想し，意味や価値を創造していく過程

の大きく三つがあると考えられる。

　各教科等の特質に応じて，こうした学習の過程を重視して，具体的な学習内容，単元や題材の構成や学習の場面等に応じた方法について研究を重ね，ふさわしい方法を選択しながら，工夫して実践できるようにすることが重要である。

　このため，今回の改訂においては，各教科等の指導計画の作成上の配慮事項として，当該教科等の特質に応じた主体的・対話的で深い学びを実現するための授業改善について示している。具体的には，各教科等の「第3　指導計画の作成と内容の取扱い」の指導計画の作成に当たっての配慮事項として，共通に「単元（題材）など内容や時間のまとまりを見通して，その中で育む資質・能力の育成に向けて，児童の主体的・対話的で深い学びの実現を図るようにすること」とした上で，当該教科等の特質に応じてどのような学習活動等の充実を図るよう配慮することが求められるかを示している。

- 「言葉による見方・考え方を働かせ，言語活動を通して，言葉の特徴や使い方などを理解し自分の思いや考えを深める学習の充実を図ること」（国語科）

- 「問題解決への見通しをもつこと，社会的事象の見方・考え方を働かせ，事象の特色や意味などを考え概念などに関する知識を獲得すること，学習の過程や成果を振り返り学んだことを活用することなど，学習の問題を追究・解決する活動の充実を図ること」（社会科）
- 「数学的な見方・考え方を働かせながら，日常の事象を数理的に捉え，算数の問題を見いだし，問題を自立的，協働的に解決し，学習の過程を振り返り，概念を形成するなどの学習の充実を図ること」（算数科）
- 「理科の学習過程の特質を踏まえ，理科の見方・考え方を働かせ，見通しをもって観察，実験を行うことなどの，問題を科学的に解決しようとする学習の充実を図ること」（理科）
- 「児童が具体的な活動や体験を通して，身近な生活に関わる見方・考え方を生かし，自分と地域の人々，社会及び自然との関わりが具体的に把握できるような学習活動の充実を図ることとし，校外での活動を積極的に取り入れること」（生活科）
- 「音楽的な見方・考え方を働かせ，他者と協働しながら，音楽表現を生み出したり音楽を聴いてそのよさなどを見いだしたりするなど，思考，判断し，表現する一連の過程を大切にした学習の充実を図ること」（音楽科）
- 「造形的な見方・考え方を働かせ，表現及び鑑賞に関する資質・能力を相互に関連させた学習の充実を図ること」（図画工作科）
- 「生活の営みに係る見方・考え方を働かせ，知識を生活体験等と関連付けてより深く理解するとともに，日常生活の中から問題を見いだして様々な解決方法を考え，他者と意見交流し，実践を評価・改善して，新たな課題を見いだす過程を重視した学習の充実を図ること」（家庭科）
- 「体育や保健の見方・考え方を働かせ，運動や健康についての自己の課題を見付け，その解決のための活動を選んだり工夫したりする活動の充実を図ること」（体育科）
- 「具体的な課題等を設定し，児童が外国語によるコミュニケーションにおける見方・考え方を働かせながら，コミュニケーションの目的や場面，状況などを意識して活動を行い，英語の音声や語彙，表現などの知識を，五つの領域における実際のコミュニケーションにおいて活用する学習の充実を図ること」（外国語科）
- 「具体的な課題等を設定し，児童が外国語によるコミュニケーションにおける見方・考え方を働かせながら，コミュニケーションの目的や場面，状況などを意識して活動を行い，英語の音声や語彙，表現などの知識を，三つの領域における実際のコミュニケーションにおいて活用する学習の充実を図る

こと」(外国語活動)
- 「児童や学校，地域の実態等に応じて，児童が探究的な見方・考え方を働かせ，教科等の枠を超えた横断的・総合的な学習や児童の興味・関心等に基づく学習を行うなど創意工夫を生かした教育活動の充実を図ること」(総合的な学習の時間)
- 「よりよい人間関係の形成，よりよい集団生活の構築や社会への参画及び自己実現に資するよう，児童が集団や社会の形成者としての見方・考え方を働かせ，様々な集団活動に自主的，実践的に取り組む中で，互いのよさや個性，多様な考えを認め合い，等しく合意形成に関わり役割を担うようにすることを重視すること」(特別活動)

こうした学習は，これまでも各教科等における授業改善の取組の中で充実が図られてきたものであり，今回の改訂においてはそうした蓄積を踏まえ，各教科等において行われる学習活動の質を更に改善・充実させていくための視点として示している。

前述のように，このような学びの質を高めるための授業改善の取組については，既に多くの実践が積み重ねられてきており，具体的な授業の在り方は，児童の発達の段階や学習課題等により様々である。単元や題材など内容や時間のまとまりを見通した学習を行うに当たり基礎となるような，基礎的・基本的な知識及び技能の習得に課題が見られる場合には，それを身に付けさせるために，児童の学びを深めたり主体性を引き出したりといった工夫を重ねながら，確実な習得を図ることが求められる。児童の実際の状況を踏まえながら，資質・能力を育成するために多様な学習活動を組み合わせて授業を組み立てていくことが重要であり，例えば高度な社会課題の解決だけを目指したり，そのための討論や対話といった学習活動を行ったりすることのみが主体的・対話的で深い学びではない点に留意が必要である。

(2) 言語環境の整備と言語活動の充実（第1章第3の1の(2)）

> (2) 第2の2の(1)に示す言語能力の育成を図るため，各学校において必要な言語環境を整えるとともに，国語科を要としつつ各教科等の特質に応じて，児童の言語活動を充実すること。あわせて，(7)に示すとおり読書活動を充実すること。

本項は，第1章総則第2の2(1)において学習の基盤となる資質・能力として言語能力を育成することを示していることを受けて，教育課程の編成に当たり，

各学校において学校生活全体における言語環境を整えるとともに，言語能力を育成する中核的な教科である国語科を要として，各教科等の特質に応じた言語活動を充実すること，あわせて，言語能力を向上させる重要な活動である読書活動を充実させることを示している。

　前回の改訂においては，知識及び技能と思考力，判断力，表現力等をバランスよく育むため，基礎的・基本的な知識及び技能の習得とそれらを活用する学習活動やその成果を踏まえた探究活動を充実させることとし，これらの学習が全て言語により行われるものであることから，言語に関する能力の育成を重視して各教科等における言語活動を充実させることとした。

　今回の改訂においても，言語は児童の学習活動を支える重要な役割を果たすものであり，言語能力は全ての教科等における資質・能力の育成や学習の基盤となるものであると位置付けている。

　その上で，言語能力の育成を図るために，各学校において取組が求められる事項を示している。

　具体的には，言語環境を整えることである。児童の言語活動は，児童を取り巻く言語環境によって影響を受けることが大きいので，学校生活全体における言語環境を望ましい状態に整えておくことが大切である。学校生活全体における言語環境の整備としては，例えば，教師との関わりに関係することとして，①教師は正しい言葉で話し，黒板などに正確で丁寧な文字を書くこと，②校内の掲示板やポスター，児童に配布する印刷物において用語や文字を適正に使用すること，③校内放送において，適切な言葉を使って簡潔に分かりやすく話すこと，④より適切な話し言葉や文字が用いられている教材を使用すること，⑤教師と児童，児童相互の話し言葉が適切に用いられているような状況をつくること，⑥児童が集団の中で安心して話ができるような教師と児童，児童相互の好ましい人間関係を築くことなどに留意する必要がある。なお，言語環境をはじめ学校教育活動を通じ，色のみによる識別に頼った表示方法をしないなどの配慮も必要である。また，小学校段階では，教師の話し言葉などが児童の言語活動に与える影響が大きいので，それを適切にするよう留意することが大切である。

　次に，言語能力を育成する中核的な教科である国語科を要として各教科等において言語活動の充実を図ることである。国語科では，「知識及び技能」や「思考力，判断力，表現力等」の資質・能力をどのような言語活動を通して育成するかを言語活動例として示している。また，各教科等においても，

- 「社会的事象の特色や意味，社会に見られる課題などについて，多角的に考えたことや選択・判断したことを論理的に説明したり，立場や根拠を明確にして議論したりするなど言語活動に関わる学習を一層重視すること」（社

会科）
- 「思考力，判断力，表現力等を育成するため，各学年の内容の指導に当たっては，具体物，図，言葉，数，式，表，グラフなどを用いて考えたり，説明したり，互いに自分の考えを表現し伝え合ったり，学び合ったり，高め合ったりするなどの学習活動を積極的に取り入れるようにすること」（算数科）
- 「問題を見いだし，予想や仮説，観察，実験などの方法について考えたり説明したりする学習活動，観察，実験の結果を整理し考察する学習活動，科学的な言葉や概念を使用して考えたり説明したりする学習活動などを重視することによって，言語活動が充実するようにすること」（理科）
- 「身近な人々，社会及び自然に関する活動の楽しさを味わうとともに，それらを通して気付いたことや楽しかったことについて，言葉，絵，動作，劇化などの多様な方法により表現し，考えられるようにすること」（生活科）
- 「音楽によって喚起されたイメージや感情，音楽表現に対する思いや意図，音楽を聴いて感じ取ったことや想像したことなどを伝え合い共感するなど，音や音楽及び言葉によるコミュニケーションを図り，音楽科の特質に応じた言語活動を適切に位置付けられるよう指導を工夫すること」（音楽科）
- 「感じたことや思ったこと，考えたことなどを，話したり聞いたり話し合ったりする，言葉で整理するなどの言語活動を充実すること」（図画工作科）
- 「衣食住など生活の中の様々な言葉を実感を伴って理解する学習活動や，自分の生活における課題を解決するために言葉や図表などを用いて生活をよりよくする方法を考えたり，説明したりするなどの学習活動の充実を図ること」（家庭科）
- 「筋道を立てて練習や作戦について話し合うことや，身近な健康の保持増進について話し合うことなど，コミュニケーション能力や論理的な思考力の育成を促すための言語活動を積極的に行うことに留意すること」（体育科）

などそれぞれの教科の特質に応じた言語活動の充実について記述されている。

また，外国語活動及び今回の改訂において新たに教科とした外国語科においては，実際に英語を用いた言語活動を通して，「知識及び技能」を身に付けるとともに，それらを活用して「思考力，判断力，表現力等」を育成するための言語活動の例を示すなど，言語活動を通してコミュニケーションを図る素地及び基礎となる資質・能力を育成することを目指すこととしている。

さらに，道徳科では「児童が多様な感じ方や考え方に接する中で，考えを深め，判断し，表現する力などを育むことができるよう，自分の考えを基に話し合ったり書いたりするなどの言語活動を充実すること」を，総合的な学習の時間では「探究的な学習の過程においては，他者と協働して課題を解決しようとする

学習活動や，言語により分析し，まとめたり表現したりするなどの学習活動が行われるようにすること」を，特別活動では「体験活動を通して気付いたことなどを振り返り，まとめたり，発表し合ったりするなどの事後の活動を充実すること」をそれぞれ重視している。

　このように言語活動は，言語能力を育成するとともに，各教科等の指導を通して育成を目指す資質・能力を身に付けるために充実を図るべき学習活動である。前述（本解説第3章第3節1の(1)）のとおり，主体的・対話的で深い学びの実現に向けた授業改善を進めるに当たっては，単元や題材など内容や時間のまとまりを見通して，各教科等の特質に応じた言語活動をどのような場面で，またどのような工夫を行い取り入れるかを考え，計画的・継続的に改善・充実を図ることが期待される。

　また，読書は，多くの語彙や多様な表現を通して様々な世界に触れ，これを疑似的に体験したり知識を獲得したりして，新たな考え方に出合うことを可能にするものであり，言語能力を向上させる重要な活動の一つである。そのため，本項において，読書活動の充実について規定し，具体的な充実の在り方については，学校図書館等の活用と関連付けて第1章総則第3の1(7)に規定している。

　こうした，読書活動の充実や，前述の児童の言語環境の整備のためにも，学校図書館の充実を図ることが重要である。

(3) コンピュータ等や教材・教具の活用，コンピュータの基本的な操作やプログラミングの体験（第1章第3の1の(3)）

> (3) 第2の2の(1)に示す情報活用能力の育成を図るため，各学校において，コンピュータや情報通信ネットワークなどの情報手段を活用するために必要な環境を整え，これらを適切に活用した学習活動の充実を図ること。また，各種の統計資料や新聞，視聴覚教材や教育機器などの教材・教具の適切な活用を図ること。
> 　あわせて，各教科等の特質に応じて，次の学習活動を計画的に実施すること。
> 　ア　児童がコンピュータで文字を入力するなどの学習の基盤として必要となる情報手段の基本的な操作を習得するための学習活動
> 　イ　児童がプログラミングを体験しながら，コンピュータに意図した処理を行わせるために必要な論理的思考力を身に付けるための学習活動

児童に第1章総則第2の2(1)に示す情報活用能力の育成を図るためには，各学校において，コンピュータや情報通信ネットワークなどの情報手段及びこれらを日常的・効果的に活用するために必要な環境を整えるとともに，各教科等においてこれらを適切に活用した学習活動の充実を図ることが重要である。また，教師がこれらの情報手段に加えて，各種の統計資料や新聞，視聴覚教材や教育機器などの教材・教具を適切に活用することが重要である。

　今日，コンピュータ等の情報技術は急激な進展を遂げ，人々の社会生活や日常生活に浸透し，スマートフォンやタブレットPC等に見られるように情報機器の使いやすさの向上も相まって，子供たちが情報を活用したり発信したりする機会も増大している。将来の予測は困難であるが，情報技術は今後も飛躍的に進展し，常に新たな機器やサービスが生まれ社会に浸透していくこと，人々のあらゆる活動によって極めて膨大な情報（データ）が生み出され蓄積されていくことが予想される。このことにより，職業生活ばかりでなく，学校での学習や生涯学習，家庭生活，余暇生活など人々のあらゆる活動において，さらには自然災害等の非常時においても，そうした機器やサービス，情報を適切に選択・活用していくことが不可欠な社会が到来しつつある。

　そうした社会において，児童が情報を主体的に捉えながら，何が重要かを主体的に考え，見いだした情報を活用しながら他者と協働し，新たな価値の創造に挑んでいけるようにするため，情報活用能力の育成が極めて重要となっている。第1章総則第2の2(1)に示すとおり，情報活用能力は「学習の基盤となる資質・能力」であり，確実に身に付けさせる必要があるとともに，身に付けた情報活用能力を発揮することにより，各教科等における主体的・対話的で深い学びへとつながっていくことが期待されるものである。今回の改訂においては，コンピュータや情報通信ネットワークなどの情報手段の活用について，こうした情報活用能力の育成もそのねらいとするとともに，人々のあらゆる活動に今後一層浸透していく情報技術を，児童が手段として学習や日常生活に活用できるようにするため，各教科等においてこれらを適切に活用した学習活動の充実を図ることとしている。

　各教科等の指導に当たっては，教師がこれらの情報手段のほか，各種の統計資料や新聞，視聴覚教材や教育機器などの教材・教具の適切な活用を図ることも重要である。各教科等における指導が，児童の主体的・対話的で深い学びへとつながっていくようにするためには，必要な資料の選択が重要であり，とりわけ信頼性が高い情報や整理されている情報，正確な読み取りが必要な情報などを授業に活用していくことが必要であることから，今回の改訂において，各種の統計資料と新聞を特に例示している。これらの教材・教具を有効，適切に活用するために

は，教師は機器の操作等に習熟するだけではなく，それぞれの教材・教具の特性を理解し，指導の効果を高める方法について絶えず研究することが求められる。

また，小学校においては特に，情報手段の基本的な操作の習得に関する学習活動及びプログラミングの体験を通して論理的思考力を身に付けるための学習活動を，カリキュラム・マネジメントにより各教科等の特質に応じて計画的に実施することとしている。

各教科等の学習においてコンピュータや情報通信ネットワークなどの情報手段を活用していくに当たっては，少なくとも児童が学習活動に支障のない程度にこれら情報手段の操作を身に付けている必要がある。このため，小学校段階ではそれらの情報手段に慣れ親しませることから始め，学習活動を円滑に進めるために必要な程度の速さでのキーボードなどによる文字の入力，電子ファイルの保存・整理，インターネット上の情報の閲覧や電子的な情報の送受信や共有などの基本的な操作を確実に身に付けさせるための学習活動を，カリキュラム・マネジメントにより各教科等の特質に応じて計画的に実施していくことが重要である。それとともに，文章を編集したり図表を作成したりする学習活動，様々な方法で情報を収集して調べたり比較したりする学習活動，情報手段を使った情報の共有や協働的な学習活動，情報手段を適切に活用して調べたものをまとめたり発表したりする学習活動などを充実していくことが重要である。その際，総合的な学習の時間の探究的な学習の過程において「コンピュータで文字を入力するなどの学習の基盤として必要となる情報手段の基本的な操作を習得し，情報や情報手段を主体的に選択し活用できるよう配慮すること」（第5章総合的な学習の時間第3の2(3)）とされていること，さらに国語科のローマ字の指導に当たってこのこととの関連が図られるようにすること（第2章第1節国語第3の2(1)ウ）とされていることなどを踏まえる必要がある。

また，子供たちが将来どのような職業に就くとしても時代を越えて普遍的に求められる「プログラミング的思考」（自分が意図する一連の活動を実現するために，どのような動きの組合せが必要であり，一つ一つの動きに対応した記号を，どのように組み合わせたらいいのか，記号の組合せをどのように改善していけば，より意図した活動に近づくのか，といったことを論理的に考えていく力）を育むため，小学校においては，児童がプログラミングを体験しながら，コンピュータに意図した処理を行わせるために必要な論理的思考力を身に付けるための学習活動を計画的に実施することとしている。その際，小学校段階において学習活動としてプログラミングに取り組むねらいは，プログラミング言語を覚えたり，プログラミングの技能を習得したりといったことではなく，論理的思考力を育むとともに，プログラムの働きやよさ，情報社会がコンピュータをはじめとす

る情報技術によって支えられていることなどに気付き，身近な問題の解決に主体的に取り組む態度やコンピュータ等を上手に活用してよりよい社会を築いていこうとする態度などを育むこと，さらに，教科等で学ぶ知識及び技能等をより確実に身に付けさせることにある。したがって，教科等における学習上の必要性や学習内容と関連付けながら計画的かつ無理なく確実に実施されるものであることに留意する必要があることを踏まえ，小学校においては，教育課程全体を見渡し，プログラミングを実施する単元を位置付けていく学年や教科等を決定する必要がある。なお，小学校学習指導要領では，算数科，理科，総合的な学習の時間において，児童がプログラミングを体験しながら，論理的思考力を身に付けるための学習活動を取り上げる内容やその取扱いについて例示しているが（第2章第3節算数第3の2(2)及び同第4節理科第3の2(2)，第5章総合的な学習の時間第3の2(9)），例示以外の内容や教科等においても，プログラミングを学習活動として実施することが可能であり，プログラミングに取り組むねらいを踏まえつつ，学校の教育目標や児童の実情等に応じて工夫して取り入れていくことが求められる。

また，こうした学習活動を実施するに当たっては，地域や民間等と連携し，それらの教育資源を効果的に活用していくことも重要である。

第1章総則第2の2(1)においては，「情報活用能力（情報モラルを含む。）」として，情報活用能力に情報モラルが含まれることを特に示している。携帯電話・スマートフォンやSNSが子供たちにも急速に普及する中で，インターネット上での誹謗中傷やいじめ，インターネット上の犯罪や違法・有害情報の問題の深刻化，インターネット利用の長時間化等を踏まえ，情報モラルについて指導することが一層重要となっている。

情報モラルとは，「情報社会で適正な活動を行うための基になる考え方と態度」であり，具体的には，他者への影響を考え，人権，知的財産権など自他の権利を尊重し情報社会での行動に責任をもつことや，犯罪被害を含む危険の回避など情報を正しく安全に利用できること，コンピュータなどの情報機器の使用による健康との関わりを理解することなどである。このため，情報発信による他人や社会への影響について考えさせる学習活動，ネットワーク上のルールやマナーを守ることの意味について考えさせる学習活動，情報には自他の権利があることを考えさせる学習活動，情報には誤ったものや危険なものがあることを考えさせる学習活動，健康を害するような行動について考えさせる学習活動などを通じて，児童に情報モラルを確実に身に付けさせるようにすることが必要である。その際，情報の収集，判断，処理，発信など情報を活用する各場面での情報モラルについて学習させることが重要である。また，情報技術やサービスの変化，児童の

インターネットの使い方の変化に伴い，学校や教師はその実態や影響に係る最新の情報の入手に努め，それに基づいた適切な指導に配慮することが必要である。併せて児童の発達の段階に応じて，例えば，インターネット上に発信された情報は基本的には広く公開される可能性がある，どこかに記録が残り完全に消し去ることはできないといった，情報や情報技術の特性についての理解に基づく情報モラルを身に付けさせ，将来の新たな機器やサービス，あるいは危険の出現にも適切に対応できるようにすることが重要である。さらに，情報モラルに関する指導は，道徳科や特別活動のみで実施するものではなく，各教科等との連携や，さらに生徒指導との連携も図りながら実施することが重要である。

情報手段を活用した学習活動を充実するためには，国において示す整備指針等を踏まえつつ，校内のICT環境の整備に努め，児童も教師もいつでも使えるようにしておくことが重要である。すなわち，学習者用コンピュータのみならず，例えば大型提示装置を各普通教室と特別教室に常設する，安定的に稼働するネットワーク環境を確保するなど，学校と設置者とが連携して，情報機器を適切に活用した学習活動の充実に向けた整備を進めるとともに，教室内での配置等も工夫して，児童や教師が情報機器の操作に手間取ったり時間がかかったりすることなく活用できるよう工夫することにより，日常的に活用できるようにする必要がある。

さらに，児童が安心して情報手段を活用できるよう，情報機器にフィルタリング機能の措置を講じたり，個人情報の漏えい等の情報セキュリティ事故が生じることのないよう，学校において取り得る対策を十全に講じたりすることなどが必要である。

加えて，情報活用能力の育成や情報手段の活用を進める上では，地域の人々や民間企業等と連携し協力を得ることが特に有効であり，プログラミング教育等の実施を支援するため官民が連携した支援体制が構築されるなどしていることから，これらも活用して学校外の人的・物的資源の適切かつ効果的な活用に配慮することも必要である。

(4) 見通しを立てたり，振り返ったりする学習活動（第1章第3の1の(4)）

> (4) 児童が学習の見通しを立てたり学習したことを振り返ったりする活動を，計画的に取り入れるように工夫すること。

本項は，児童が自主的に学ぶ態度を育み，学習意欲の向上に資する観点から，各教科等の指導に当たり，児童が学習の見通しを立てたり学習したことを振り

返ったりする活動を計画的に取り入れるように工夫することが重要であることを示している。

前回の改訂では,教育基本法第6条第2項(「教育を受ける者が,学校生活を営む上で必要な規律を重んずるとともに,自ら進んで学習に取り組む意欲を高めることを重視して行われなければならない」)及び学校教育法第30条第2項(「主体的に学習に取り組む態度を養うことに,特に意を用いなければならない」)を踏まえ,児童の学習意欲の向上を重視し,この規定を設けた。

今回の改訂においても,引き続き児童の学習意欲の向上を重視しており,主体的・対話的で深い学びの実現に向けた授業改善を進めるに当たって,特に主体的な学びとの関係からは,児童が学ぶことに興味や関心をもつことや,見通しをもって粘り強く取り組むこと,自己の学習活動を振り返って次につなげることなどが重要になることから,各教科等の指導に当たり,本項の規定を踏まえる必要がある。

具体的には,例えば,各教科等の指導に当たっては,児童が学習の見通しを立てたり,児童が当該授業で学習した内容を振り返る機会を設けることや,児童が家庭において学習の見通しを立てて予習をしたり学習した内容を振り返って復習する機会を設けることなどの取組が重要である。これらの指導を通じ,児童の学習習慣の定着や学習意欲の向上が図られ学習内容が確実に定着し,各教科等で目指す資質・能力の育成にも資するものと考えられる。

(5) 体験活動(第1章第3の1の(5))

> (5) 児童が生命の有限性や自然の大切さ,主体的に挑戦してみることや多様な他者と協働することの重要性などを実感しながら理解することができるよう,各教科等の特質に応じた体験活動を重視し,家庭や地域社会と連携しつつ体系的・継続的に実施できるよう工夫すること。

社会構造等の急速な変化による予測困難な時代にあって,また,少子高齢化等が進み成熟社会を迎えている我が国において,これからの学校教育には,児童に知・徳・体のバランスのとれた資質・能力を育成することが一層重要となっている。

資質・能力を偏りなく育成していくに当たり,「学びに向かう力,人間性等」を育む観点からは,体験活動の充実が重要である。「学びに向かう力,人間性等」は「知識及び技能」,「思考力,判断力,表現力等」をどのような方向性で働かせていくのかを決定付ける重要な要素であることから,本項において,各教科

等の特質に応じた体験活動を重視し，家庭や地域社会と連携しつつ体系的・継続的に実施できるよう工夫することを示している。

　児童を取り巻く地域や家庭の環境，情報環境等が劇的に変化し，児童が自然の中で豊かな体験をしたり，文化芸術を体験して感性を高めたりする機会が限られているとの指摘がされている。それにより，例えば生命の有限性を実感することや異年齢の幼児児童生徒が協働する経験が少なくなり，現実的には学校教育が児童がそうした経験をすることができる数少ない場となっている。

　前回の改訂において，体験活動は言語活動とともに重要なものとして位置付けられたが，今回の改訂においては，前述の児童を取り巻く環境等を踏まえ，児童が生命の有限性や自然の大切さ，主体的に挑戦してみることや多様な他者と協働することの重要性などを実感しながら理解することができるようにすることを重視し，集団の中で体系的・継続的な活動を行うことのできる学校の場を生かして，地域・家庭と連携・協働して，体験活動の機会を確保していくことを示している。

　学校において体系的・継続的に体験活動を実施していくためには，各教科等の特質に応じて教育課程を編成していくことが必要である。

　このため，生活科や総合的な学習の時間，特別活動はもとより，例えば，社会科では「観察や見学，聞き取りなどの調査活動を含む具体的な体験を伴う学習やそれに基づく表現活動の一層の充実を図ること」，理科では「生物，天気，川，土地などの指導に当たっては，野外に出掛け地域の自然に親しむ活動や体験的な活動を多く取り入れる」，家庭科では「調理や製作等の手順の根拠について考えたり，実践する喜びを味わったりするなどの実践的・体験的な活動を充実すること」等の教科等の特質に応じた体験を伴う学習活動の充実を図ることとしている。

　また，体験活動を継続的に実施していくためには，その時間の確保も課題となる。この点では，各教科等の指導に当たり教科等の特質に応じた体験を伴う学習の時間を確保するだけでなく，時間割の弾力的な編成（第1章総則第2の3(2)ウ(エ)）や合科的・関連的な指導（第1章総則第2の3(3)エ）の規定等を踏まえ，例えば，自然体験や社会体験を行う長期集団宿泊活動において，各教科等の内容に関わる体験を伴う学習や探究的な活動が効果的に展開できると期待される場合，教科等の学習を含む計画を立て，授業時数に含めて扱う柔軟な年間指導計画を作成するなど，学校の教育活動の全体を通して体験活動の機会の充実を図る工夫をすることも考えられる。このように，各教科等の特質やその関連を踏まえ，児童の様々な学習機会がより効果的なものとなるようにしていくことは，カリキュラム・マネジメントの重要な視点である。

なお，このような体験活動を効果的に実施していくためには，その意義や効果について家庭や地域と共有し，連携・協働することが重要である。また，これらの学習を展開するに当たっては，学習の内容と児童の発達の段階に応じて安全への配慮を十分に行わなければならない。

(6) 課題選択及び自主的，自発的な学習の促進（第1章第3の1の(6)）

> (6) 児童が自ら学習課題や学習活動を選択する機会を設けるなど，児童の興味・関心を生かした自主的，自発的な学習が促されるよう工夫すること。

　本項は，各教科等の指導を通して資質・能力の三つの柱をバランスよく育成していくため，児童が自ら学習課題や学習活動を選択する機会を設けるなど，児童の興味・関心を生かした自主的，自発的な学習が促されるよう，教育課程の実施上の工夫を行うことを示している。

　各教科等の指導においては，基礎的・基本的な知識及び技能の確実な習得に留意しつつ，児童の興味・関心を生かした学習指導を展開することが大切である。児童の興味・関心を生かすことは，児童の学習意欲を喚起する上で有効であり，また，それは自主的，自発的な学習を促すことにつながると考えられるからである。この意味で各教科等の指導においては，学習することの意味の適切な指導を行いつつ，基礎的・基本的な知識及び技能の確実な習得を図るとともに，自主的，自発的な学習を促すことによって，児童が学習の目的を自覚し，学習における進歩の状況を意識し，進んで学習しようとする態度が育つよう配慮することが大切である。

　具体的には，各教科等の指導において，基礎的・基本的な知識及び技能の確実な定着を図るとともに，これらの活用を図る学習活動を行うに当たって，児童が主体的に自分の生活体験や興味・関心をもとに課題を見付け，自分なりに方法を選択して解決に取り組むことができるように配慮することが考えられる。

　例えば，社会科では，「地域の実態を生かし，児童が興味・関心をもって学習に取り組めるようにすること」を，算数科では数学的活動の配慮事項として「算数の問題を解決する方法を理解するとともに，自ら問題を見いだし，解決するための構想を立て，実践し，その結果を評価・改善する機会を設けること」を，家庭科では「家庭や地域との連携を図り，児童が身に付けた知識及び技能などを日常生活に活用できるよう配慮すること」を，体育科では，「運動や健康についての自己の課題を見付け，その解決のための活動を選んだり工夫したりする活動の

充実を図ること」を示している。また，道徳科では，「児童が自ら道徳性を養う中で，自らを振り返って成長を実感したり，これからの課題や目標を見付けたりすることができるよう工夫すること」が重要である。

さらに，総合的な学習の時間でも，主体的・対話的で深い学びの実現に向けて授業改善を進めるに当たり，児童の興味・関心等に基づく学習を行うなど創意工夫を生かした教育活動の充実を図ることが重要である。

なお，これらの指導は，児童の自立心や自律性を育む上で重要であることを踏まえ，その充実に努めるとともに，児童の実態に応じ，きめ細かな相談に応じたり様々な情報を提供することにも配慮する必要がある。

(7) 学校図書館，地域の公共施設の利活用（第1章第3の1の(7)）

> (7) 学校図書館を計画的に利用しその機能の活用を図り，児童の主体的・対話的で深い学びの実現に向けた授業改善に生かすとともに，児童の自主的，自発的な学習活動や読書活動を充実すること。また，地域の図書館や博物館，美術館，劇場，音楽堂等の施設の活用を積極的に図り，資料を活用した情報の収集や鑑賞等の学習活動を充実すること。

学校図書館については，学校教育において欠くことのできない基礎的な設備であり，①児童の想像力を培い，学習に対する興味・関心等を呼び起こし，豊かな心や人間性，教養，創造力等を育む自由な読書活動や読書指導の場である「読書センター」としての機能，②児童の自主的・自発的かつ協働的な学習活動を支援したり，授業の内容を豊かにしてその理解を深めたりする「学習センター」としての機能，③児童や教職員の情報ニーズに対応したり，児童の情報の収集・選択・活用能力を育成したりする「情報センター」としての機能を有している。

また，これからの学校図書館には，読書活動の推進のために利活用されることに加え，調べ学習や新聞を活用した学習など，各教科等の様々な授業で活用されることにより，学校における言語活動や探究活動の場となり，主体的・対話的で深い学びの実現に向けた授業改善に資する役割が一層期待されている。

学校においては，このような学校図書館に期待されている役割が最大限に発揮できるようにすることが重要であり，学校図書館が児童が落ち着いて読書を行うことができる，安らぎのある環境や知的好奇心を醸成する開かれた学びの場としての環境として整えられるよう努めることが大切である。また，各教科等において，学校図書館の機能を計画的に利活用し，児童の自主的・自発的な学習活動や

読書活動を充実するよう努めることが大切である。その際，各教科等を横断的に捉え，学校図書館の利活用を基にした情報活用能力を学校全体として計画的かつ体系的に指導するよう努めることが望まれる。さらに，教育課程との関連を踏まえた学校図書館の利用指導・読書指導・情報活用に関する各種指導計画等に基づき，計画的・継続的に学校図書館の利活用が図られるよう努めることが大切である。

　こういった学校図書館の利活用を進めるに当たって，学校図書館における図書館資料の充実と，学校図書館の運営等に当たる司書教諭及び学校司書の配置の充実やその資質・能力の向上の双方を図ることが大切である。図書館資料については，図書資料のほか，雑誌，新聞，視聴覚資料，電子資料（各種記録媒体に記録・保存された資料，ネットワーク情報資源（ネットワークを介して得られる情報コンテンツ）等）等の図書以外の資料が含まれており，これらの資料について，発達障害を含む障害のある児童の年齢や能力等に配慮することも含め，児童の発達の段階等を踏まえ，教育課程の展開に寄与するとともに，児童の健全な教養の育成に資する資料構成と十分な資料規模を備えるよう努めることが大切である。また，司書教諭及び学校司書については，学校図書館がその機能を十分に発揮できるよう，学校図書館の館長としての役割も担う校長のリーダーシップの下，各者がそれぞれの立場で求められている役割を果たした上で，互いに連携・協力し，組織的に取り組むよう努めることが大切である。

　主体的・対話的で深い学びの実現に向けた授業改善を進めるに当たっては，学校図書館の活用に加えて，資料調査や本物の芸術に触れる鑑賞の活動等を充実させるため，地域の図書館，博物館，美術館，劇場，音楽堂等の施設を積極的に活用することも重要である。なお，本項においては「劇場，音楽堂等の活性化に関する法律」（平成24年法律第49号）を踏まえ「劇場，音楽堂等」としているが，こうした公共の施設の名称や施設が有する機能は地域によって多様であるため，ここに規定する施設に限らず児童の学習の充実に資する観点から幅広く活用を図ることが期待される。

● 2 　学習評価の充実

(1) 指導の評価と改善（第1章第3の2の(1)）

> (1) 児童のよい点や進歩の状況などを積極的に評価し，学習したことの意義や価値を実感できるようにすること。また，各教科等の目標の実現に向けた学習状況を把握する観点から，単元や題材など内容や時間のまとまりを見通しながら評価の場面や方法を工夫して，学習の過程や成果を評価し，指導の改善や学習意欲の向上を図り，資質・能力の育成に生かすようにすること。

　本項と次項は，学習評価の実施に当たっての配慮事項を示している。

　学習評価は，学校における教育活動に関し，児童の学習状況を評価するものである。「児童にどういった力が身に付いたか」という学習の成果を的確に捉え，教師が指導の改善を図るとともに，児童自身が自らの学習を振り返って次の学習に向かうことができるようにするためにも，学習評価の在り方は重要であり，教育課程や学習・指導方法の改善と一貫性のある取組を進めることが求められる。

　評価に当たっては，いわゆる評価のための評価に終わることなく，教師が児童のよい点や進歩の状況などを積極的に評価し，児童が学習したことの意義や価値を実感できるようにすることで，自分自身の目標や課題をもって学習を進めていけるように，評価を行うことが大切である。

　実際の評価においては，各教科等の目標の実現に向けた学習の状況を把握するために，指導内容や児童の特性に応じて，単元や題材など内容や時間のまとまりを見通しながら評価の場面や方法を工夫し，学習の過程の適切な場面で評価を行う必要がある。その際には，学習の成果だけでなく，学習の過程を一層重視することが大切である。特に，他者との比較ではなく児童一人一人のもつよい点や可能性などの多様な側面，進歩の様子などを把握し，学年や学期にわたって児童がどれだけ成長したかという視点を大切にすることも重要である。

　また，教師による評価とともに，児童による学習活動としての相互評価や自己評価などを工夫することも大切である。相互評価や自己評価は，児童自身の学習意欲の向上にもつながることから重視する必要がある。

　今回の改訂では，各教科等の目標を資質・能力の三つの柱で再整理しており，平成28年12月の中央教育審議会答申において，目標に準拠した評価を推進するため，観点別学習状況の評価について，「知識・技能」，「思考・判断・表現」，「主体的に学習に取り組む態度」の3観点に整理することが提言されている。

その際，ここでいう「知識」には，個別の事実的な知識のみではなく，それらが相互に関連付けられ，さらに社会の中で生きて働く知識となるものが含まれている点に留意が必要である。

　また，資質・能力の三つの柱の一つである「学びに向かう力，人間性等」には①「主体的に学習に取り組む態度」として観点別学習状況の評価（学習状況を分析的に捉える）を通じて見取ることができる部分と，②観点別学習状況の評価や評定にはなじまず，こうした評価では示しきれないことから個人内評価（個人のよい点や可能性，進歩の状況について評価する）を通じて見取る部分があることにも留意する必要がある。

　このような資質・能力のバランスのとれた学習評価を行っていくためには，指導と評価の一体化を図る中で，論述やレポートの作成，発表，グループでの話合い，作品の制作等といった多様な活動を評価の対象とし，ペーパーテストの結果にとどまらない，多面的・多角的な評価を行っていくことが必要である。

(2) 学習評価に関する工夫（第1章第3の2の(2)）

> (2) 創意工夫の中で学習評価の妥当性や信頼性が高められるよう，組織的かつ計画的な取組を推進するとともに，学年や学校段階を越えて児童の学習の成果が円滑に接続されるように工夫すること。

　学習評価の実施に当たっては，評価結果が評価の対象である児童の資質・能力を適切に反映しているものであるという学習評価の妥当性や信頼性が確保されていることが重要である。また，学習評価は児童の学習状況の把握を通して，指導の改善に生かしていくことが重要であり，学習評価を授業改善や組織運営の改善に向けた学校教育全体の取組に位置付けて組織的かつ計画的に取り組むことが必要である。

　このため，学習評価の妥当性や信頼性が高められるよう，例えば，評価規準や評価方法等について，事前に教師同士で検討するなどして明確にすること，評価に関する実践事例を蓄積し共有していくこと，評価結果についての検討を通じて評価に係る教師の力量の向上を図ることなどに，学校として組織的かつ計画的に取り組むことが大切である。さらに，学校が保護者に，評価に関する仕組みについて事前に説明したり，評価結果についてより丁寧に説明したりするなどして，評価に関する情報をより積極的に提供し保護者の理解を図ることも信頼性の向上の観点から重要である。

　また，学年や学校段階を越えて児童の学習の成果が円滑に接続されるようにす

ることは，学習評価の結果をその後の指導に生かすことに加えて，児童自身が成長や今後の課題を実感できるようにする観点からも重要なことである。

このため，学年間で児童の学習の成果が共有され円滑な接続につながるよう，指導要録への適切な記載や学校全体で一貫した方針の下で学習評価に取り組むことが大切である。

さらに，今回の改訂は学校間の接続も重視しており，進学時に児童の学習評価がより適切に引き継がれるよう努めていくことが重要である。例えば，法令の定めに基づく指導要録の写し等の適切な送付に加えて，今回の改訂では，特別活動の指導に当たり，学校，家庭及び地域における学習や生活の見通しを立て，学んだことを振り返りながら，新たな学習や生活への意欲につなげたり，将来の生き方を考えたりする活動を行うこととし，その際，児童が活動を記録し蓄積する教材等を活用することとしており（第6章特別活動第2〔学級活動〕の3(2)），そうした教材を学校段階を越えて活用することで児童の学習の成果を円滑に接続させることが考えられる。

第4節　児童の発達の支援

1　児童の発達を支える指導の充実

(1) 学級経営，児童の発達の支援（第1章第4の1の(1)）

> (1) 学習や生活の基盤として，教師と児童との信頼関係及び児童相互のよりよい人間関係を育てるため，日頃から学級経営の充実を図ること。また，主に集団の場面で必要な指導や援助を行うガイダンスと，個々の児童の多様な実態を踏まえ，一人一人が抱える課題に個別に対応した指導を行うカウンセリングの双方により，児童の発達を支援すること。
>
> 　あわせて，小学校の低学年，中学年，高学年の学年の時期の特長を生かした指導の工夫を行うこと。

　学校は，児童にとって伸び伸びと過ごせる楽しい場でなければならない。児童一人一人は興味や関心などが異なることを前提に，児童が自分の特徴に気付き，よい所を伸ばし，自己肯定感をもちながら，日々の学校生活を送ることができるようにすることが重要である。

　学級は，児童にとって学習や学校生活の基盤であり，学級担任の教師の営みは重要である。学級担任の教師は，学校・学年経営を踏まえて，調和のとれた学級経営の目標を設定し，指導の方向及び内容を学級経営案として整えるなど，学級経営の全体的な構想を立てるようにする必要がある。

　学級経営を行う上で最も重要なことは学級の児童一人一人の実態を把握すること，すなわち確かな児童理解である。学級担任の教師の，日ごろのきめ細かい観察を基本に，面接など適切な方法を用いて，一人一人の児童を客観的かつ総合的に認識することが児童理解の第一歩である。日ごろから，児童の気持ちを理解しようとする学級担任の教師の姿勢は，児童との信頼関係を築く上で極めて重要であり，愛情をもって接していくことが大切である。

　また，学級を一人一人の児童にとって存在感を実感できる場としてつくりあげることが大切である。すなわち，児童の規範意識を育成するため，必要な場面では，学級担任の教師が毅然とした対応を行いつつ，相手の身になって考え，相手のよさを見付けようと努める学級，互いに協力し合い，自分の力を学級全体のために役立てようとする学級，言い換えれば，児童相互の好ましい人間関係を育て

ていく上で，学級の風土を支持的な風土につくり変えていくことが大切である。さらに，集団の一員として，一人一人の児童が安心して自分の力を発揮できるよう，日ごろから，児童に自己存在感や自己決定の場を与え，その時その場で何が正しいかを判断し，自ら責任をもって行動できる能力を培うことが大切である。

なお，教師の意識しない言動や価値観が，児童に感化を及ぼすこともあり，この見えない部分での教師と児童との人間関係にも十分配慮する必要がある。

学級経営に当たって，学級担任の教師は，校長や副校長，教頭の指導の下，学年の教師や生徒指導の主任，さらに養護教諭など他の教職員と連携しながら学級経営を進めることが大切であり，開かれた学級経営の実現を目指す必要がある。また，充実した学級経営を進めるに当たっては，家庭や地域社会との連携を密にすることが大切である。特に保護者との間で，学級通信や保護者会，家庭訪問などによる相互の交流を通して，児童理解，児童に対する指導の在り方について共通理解をしておく必要がある。

全ての児童が学校や学級の生活によりよく適応し，豊かな人間関係の中で有意義な生活を築くことができるようにし，児童一人一人の興味や関心，発達や学習の課題等を踏まえ，児童の発達を支え，その資質・能力を高めていくことは重要なことである。

このため，児童の発達の特性や教育活動の特性を踏まえて，あらかじめ適切な時期や機会を設定し，主に集団の場面で必要な指導や援助を行うガイダンスと，個々の児童が抱える課題を受け止めながら，その解決に向けて，主に個別の会話・面談や言葉がけを通して指導や援助を行うカウンセリングの双方により，児童の発達を支援することが重要である。

第6章特別活動の「第3　指導計画の作成と内容の取扱い」の2(3)において「学校生活への適応や人間関係の形成などについては，主に集団の場面で必要な指導や援助を行うガイダンスと，個々の児童の多様な実態を踏まえ，一人一人が抱える課題に個別に対応した指導を行うカウンセリング（教育相談を含む。）の双方の趣旨を踏まえて指導を行うこと。」とあるが，このような特別活動における配慮をはじめ，各教科等でもその機能を生かすなど，学校の教育活動全体を通じてガイダンスとカウンセリングの機能を充実していくことが大切である。

ガイダンスの機能の充実を図ることは，全ての児童が学校や学級の生活によりよく適応し，豊かな人間関係の中で有意義な生活を築くようにするとともに，選択や決定，主体的な活動に関して適切な指導・援助を与えることによって，現在及び将来の生き方を考え行動する態度や能力を育てる上で，極めて重要な意味をもつものである。具体的には，学習活動など学校生活への適応，好ましい人間関係の形成，学業等における選択，自己の生き方などに関わって，児童がよりよく適応し，主体的な選択やよりよい自己決定ができるよう，適切な情報提供や案

内・説明，活動体験，各種の援助・相談活動などを学校として進めていくものであり，単なる事前の説明や資料配布に限定されるものではない。

各学校においては，計画的・組織的な取組によってガイダンスの機能を充実させることによって，一人一人の児童に関し，学校や学級の生活によりよく適応させ，これから取り組むことになる諸活動に対して主体的な活動への意欲をもたせ，自己実現に関わって必要とされる資質や能力，態度を身に付けるようにし，共に学び，活動することを通して存在感や自己実現の喜びの感じられる生活を築かせる中でよりよい発達を促すことが重要である。

特に，ガイダンスの機能の充実について配慮の求められる教育活動としては，例えば，次のようなものが考えられる。

　ア　入学時，新学期開始時期において，教師と児童及び児童相互の好ましい人間関係が生まれるように配慮するとともに，児童自身が学校や学級における諸活動や集団の意義，内容などについて十分に理解し，自発的によりよい生活に取り組むことができるよう創意工夫すること。

　イ　新たな学習や各種の学習活動の開始時期などにおいて，児童がこれから始まる学習に対して積極的な意欲をもち，主体的に活動に取り組むことができるよう各教科等において十分に配慮すること。

また，カウンセリングの機能を充実させることによって，児童一人一人の教育上の問題等について，本人又はその保護者などにその望ましい在り方についての助言を通して，子供たちのもつ悩みや困難の解決を援助し，児童の発達に即して，好ましい人間関係を育て，生活によりよく適応させ，人格の成長への援助を図ることは重要なことである。

カウンセリングの実施に当たっては，個々の児童の多様な実態や一人一人が抱える課題やその背景などを把握すること，早期発見・早期対応に留意すること，スクールカウンセラー等の活用や関係機関等との連携などに配慮することが必要である。

小学校の６年間は児童の発達にとって大きな幅のある期間であり，低学年，中学年，高学年の発達の段階に応じて，それぞれの特長があることから，その特長を生かした指導の工夫を行うことが重要である。

例えば，低学年では，自分でしなければならないことができるようになるとともに，幼児期の自己中心性は残っているが，他の児童の立場を認めたり，理解したりする能力も徐々に発達してくる。善悪の判断や具体的な行動については，教師や保護者の影響を受ける部分が大きいものの，行ってよいことと悪いことの理解ができるようになる。このため，行ってよいことと悪いことの区別がしっかりと自覚でき，社会生活上のきまりが確実に身に付くよう繰り返し指導するなどの

指導上の工夫を行うことが求められる。

　中学年では，社会的な活動範囲が広がり，地域の施設や行事に興味を示し，自然等への関心も増えてくるとともに，自分の行為の善悪について，ある程度反省しながら認識できるようになる。このため，自分を内省できる力を身に付け，自分の特徴を自覚し，そのよい所を伸ばそうとする意識を高められるよう指導するなどの指導上の工夫を行うことが求められる。

　高学年では，相手の身になって人の心を思いやる共感能力が発達してくるとともに，自律的な態度が発達し，自分の行為を自分の判断で決定しようとすることに伴い，責任感が強くなり批判的な能力も備わってくる。このため，教師は児童の自律的な傾向を適切に育てるように配慮することが求められる。また，様々な生徒指導上の課題等が早期化しており，中学校からではなく，小学校高学年からの対応もより一層必要となっている。

(2) 生徒指導の充実（第1章第4の1の(2)）

> (2) 児童が，自己の存在感を実感しながら，よりよい人間関係を形成し，有意義で充実した学校生活を送る中で，現在及び将来における自己実現を図っていくことができるよう，児童理解を深め，学習指導と関連付けながら，生徒指導の充実を図ること。

　生徒指導は，学校の教育目標を達成するために重要な機能の一つであり，一人一人の児童の人格を尊重し，個性の伸長を図りながら，社会的資質や行動力を高めるように指導，援助するものである。すなわち，生徒指導は，全ての児童のそれぞれの人格のよりよき発達を目指すとともに，学校生活が全ての児童にとって有意義で興味深く，充実したものになるようにすることを目指すものであり，単なる児童の問題行動への対応という消極的な面だけにとどまるものではない。

　学校教育において，生徒指導は学習指導と並んで重要な意義をもつものであり，また，両者は相互に深く関わっている。各学校においては，生徒指導が，一人一人の児童の健全な成長を促し，児童自ら現在及び将来における自己実現を図っていくための自己指導能力の育成を目指すという生徒指導の積極的な意義を踏まえ，学校の教育活動全体を通じ，学習指導と関連付けながら，その一層の充実を図っていくことが必要である。

　生徒指導を進めていく上で，その基盤となるのは児童一人一人についての児童理解の深化を図ることである。一人一人の児童はそれぞれ違った能力・適性，興味・関心等をもっている。また，児童の生育環境も将来の夢や希望等も異なる。

それ故，児童理解においては，児童を多面的・総合的に理解していくことが重要であり，学級担任の教師の日ごろの人間的な触れ合いに基づくきめ細かい観察や面接などに加えて，学年の教師，専科担当教師，養護教諭などによるものを含めて，広い視野から児童理解を行うことが大切である。児童一人一人の不安や悩みに目を向け，児童の内面に対する共感的理解をもって児童理解を深めることが大切である。

　児童理解の深化とともに，教師と児童との信頼関係を築くことも生徒指導を進める基盤である。教師と児童の信頼関係は，日ごろの人間的な触れ合いと児童と共に歩む教師の姿勢，授業等における児童の充実感・成就感を生み出す指導，児童の特性や状況に応じた的確な指導と不正や反社会的行動に対する毅然とした教師の態度などを通じて形成されていくものである。その信頼関係をもとに，児童の自己開示も高まり，教師の児童理解も一層深まっていくのである。

　また，学校教育は，集団での活動や生活を基本とするものであり，学級や学校での児童相互の人間関係の在り方は，児童の健全な成長と深く関わっている。児童一人一人が自己の存在感を実感しながら，共感的な人間関係を育み，自己決定の場を豊かにもち，自己実現を図っていける望ましい集団の実現は極めて重要である。すなわち，自他の個性を尊重し，互いの身になって考え，相手のよさを見付けようと努める集団，互いに協力し合い，主体的によりよい人間関係を形成していこうとする集団，言い換えれば，好ましい人間関係を基礎に豊かな集団生活が営まれる学級や学校の教育的環境を形成することは，生徒指導の充実の基盤であり，かつ生徒指導の重要な目標の一つでもある。教育機能としての生徒指導は，教育課程の特定の領域における指導ではなく，教育課程の全領域において行わなければならないものである。特別活動における学級活動などは，集団や社会の一員としてよりよい生活を築くための自主的，実践的な学習の場であるとともに，自己の生き方についての考えを深め，自己を生かす能力を養う場であり，生徒指導のための中核的な時間となると考えられるが，あくまでも学校の教育活動全体を通じて生徒指導の機能が発揮できるようにすることが大切であり，教育課程の編成に当たっては，この点に十分配慮する必要がある。

　さらに，分かる喜びや学ぶ意義を実感できない授業は児童にとって苦痛であり，児童の劣等感を助長し，情緒の不安定をもたらし，様々な問題行動を生じさせる原因となることも考えられる。教師は，児童一人一人の特性を十分把握した上で，他の教師の助言や協力を得て，指導技術の向上，指導方法や指導体制などの工夫改善を図り，日ごろの学習指導を一層充実させることが大切である。

　生徒指導を進めるに当たっては，全教職員の共通理解を図り，学校としての協力体制・指導体制を築くとともに，家庭や地域社会及び関係機関等との連携・協

力を密にし，児童の健全育成を広い視野から考える開かれた生徒指導の推進を図ることが重要である。そのためには，保護者との間で学校だよりや学級・学年通信等，あるいはPTAの会報，保護者会などにより相互の交流を通して，児童理解，児童に対する指導の在り方等について共通理解をしておく必要がある。また，地域懇談会や関係機関等との懇談会などを通して交流と連携を深めるなど，日ごろから生徒指導の充実に取り組むことが必要である。

(3) キャリア教育の充実（第1章第4の1の(3)）

> (3) 児童が，学ぶことと自己の将来とのつながりを見通しながら，社会的・職業的自立に向けて必要な基盤となる資質・能力を身に付けていくことができるよう，特別活動を要としつつ各教科等の特質に応じて，キャリア教育の充実を図ること。

　本項は，児童に学校で学ぶことと社会との接続を意識させ，一人一人の社会的・職業的自立に向けて必要な基盤となる資質・能力を育み，キャリア発達を促すキャリア教育の充実を図ることを示している。

　学校教育においては，キャリア教育の理念が浸透してきている一方で，これまで学校の教育活動全体で行うとされてきた意図が十分に理解されず，指導場面が曖昧にされてしまい，また，狭義の「進路指導」との混同により，特に特別活動において進路に関連する内容が存在しない小学校においては，体系的に行われてこなかったという課題もある。また，将来の夢を描くことばかりに力点が置かれ，「働くこと」の現実や必要な資質・能力の育成につなげていく指導が軽視されていたりするのではないか，といった指摘もある。

　こうした指摘等を踏まえて，キャリア教育を効果的に展開していくためには，特別活動の学級活動を要としながら，総合的な学習の時間や学校行事，道徳科や各教科における学習，個別指導としての教育相談等の機会を生かしつつ，学校の教育活動全体を通じて必要な資質・能力の育成を図っていく取組が重要になる。

　また，将来の生活や社会と関連付けながら，見通しをもったり，振り返ったりする機会を設けるなど主体的・対話的で深い学びの実現に向けた授業改善を進めることがキャリア教育の視点からも求められる。

　さらに，本改訂ではキャリア教育の要となる特別活動の学級活動の内容に(3)一人一人のキャリア形成と自己実現を設けている。その実施に際しては次の2点に留意することが重要である。

　一つ目は，総則において，特別活動が学校教育全体で行うキャリア教育の要と

しての役割を担うことを位置付けた趣旨を踏まえることである。キャリア教育の要としての役割を担うこととは，キャリア教育が学校教育全体を通して行うものであるという前提のもと，これからの学びや自己の生き方を見通し，これまでの活動を振り返るなど，教育活動全体の取組を自己の将来や社会づくりにつなげていくための役割を果たすことである。この点に留意して学級活動の指導に当たることが重要である。

　二つ目は，学級活動の (3) の内容は，キャリア教育の視点からの小・中・高等学校のつながりが明確になるよう整理することにより設けたものであるということである。ここで扱う内容については，将来に向けた自己実現に関わるものであり，一人一人の主体的な意思決定を大切にする活動である。中学校，高等学校へのつながりを考慮しながら，小学校段階として適切なものを内容として設定している。キャリア教育は，教育活動全体の中で基礎的・汎用的能力を育むものであることから，夢を持つことや職業調べなどの固定的な活動だけに終わらないようにすることが大切である。

　学校の教育活動全体を通じて行うキャリア教育を効果的に進めていくためには，校長のリーダーシップのもと，校内の組織体制を整備し，学年や学校全体の教師が共通の認識に立って指導計画の作成に当たるなど，それぞれの役割・立場において協力して指導に当たることが重要である。

　また，キャリア教育は，児童に将来の生活や社会，職業などとの関連を意識させる学習であることから，その実施に当たっては，職場見学や社会人講話などの機会の確保が不可欠である。「社会に開かれた教育課程」の理念のもと，幅広い地域住民等（キャリア教育や学校との連携をコーディネートする専門人材，高齢者，若者，PTA・青少年団体，企業・NPO 等）と目標やビジョンを共有し，連携・協働して児童を育てていくことが求められる。

　さらに，キャリア教育を進めるに当たり，家庭・保護者の役割やその影響の大きさを考慮し，家庭・保護者との共通理解を図りながら進めることが重要である。その際，各学校は，保護者が児童の進路や職業に関する情報を必ずしも十分に得られていない状況等を踏まえて，産業構造や進路を巡る環境の変化等の現実に即した情報を提供して共通理解を図った上で，将来，児童が社会の中での自分の役割を果たしながら，自分らしい生き方を実現していくための働きかけを行うことが必要である。

(4) 指導方法や指導体制の工夫改善など個に応じた指導の充実（第1章 第4の1の(4)）

> (4) 児童が，基礎的・基本的な知識及び技能の習得も含め，学習内容を確実に身に付けることができるよう，児童や学校の実態に応じ，個別学習やグループ別学習，繰り返し学習，学習内容の習熟の程度に応じた学習，児童の興味・関心等に応じた課題学習，補充的な学習や発展的な学習などの学習活動を取り入れることや，教師間の協力による指導体制を確保することなど，指導方法や指導体制の工夫改善により，個に応じた指導の充実を図ること。その際，第3の1の(3)に示す情報手段や教材・教具の活用を図ること。

　児童はそれぞれ能力・適性，興味・関心，性格等が異なっており，また，知識，思考，価値，心情，技能，行動等も異なっている。児童が学習内容を自分のものとして働かせることができるように身に付けるためには，教師はこのような個々の児童の特性等を十分理解し，それに応じた指導を行うことが必要であり，指導方法の工夫改善を図ることが求められる。それによって，児童一人一人の資質・能力を偏りなく育成し，その後の学習や生活に生かすことができるようにすることが大切である。また，児童が主体的に学習を進められるようになるためには，学習内容のみならず，学習方法への注意を促し，それぞれの児童が自分にふさわしい学習方法を模索するような態度を育てることも必要となる。そのための児童からの相談にも個別に応じることが望まれる。なお，こうした指導方法の工夫は全ての児童に対応するものであるが，学習の遅れがちな児童には特に配慮する必要がある。

　個に応じた指導のための指導方法や指導体制については，児童の実態，学校の実態などに応じて，学校が一体となって工夫改善を進めていくことが重要である。すなわち，各学校は，その環境や教職員の構成，施設・設備などがそれぞれ異なっているが，それらに応じて最も効果的な方法を工夫し，組織体としての総合的な力を発揮していくことが大切である。学校には，校長，副校長，教頭，主幹教諭，指導教諭，教諭，養護教諭や栄養教諭など専門性を有する教職員がおり，これら全ての教職員が協力して児童の指導に当たることが必要である。指導体制の充実は，学習指導や生徒指導などに幅広くわたるものであり，学校全体が，共通理解の下に協力して教育活動を進めていかなくてはならない。

　指導体制の工夫改善を進める上で校長の果たす役割は大きいので，校長は指導力を発揮して，指導体制の活性化を図るよう努めることが必要である。また，校

長や副校長，教頭が授業の指導を行ったり参加したり，学習指導について経験豊かな指導教諭などの教師が他の学級の授業を支援したりするなど，様々な工夫をすることが求められる。さらに，指導案の作成，授業研究などを学年会や教科部会，学校全体などで行い，広く意見を交わし合い，教師間で情報の共有を図るような機会を設け，それぞれの役割分担を明確にすることも，より効果的な指導を行うためには大切である。なお，教師が教材研究，指導の打合せ，地域との連絡調整などに充てる時間を可能な限り確保できるよう，会議のもち方や時間割の工夫など時間の効果的・効率的な利用等に配慮することも重要である。

指導方法については，児童の発達の段階や学習の実態などに配慮しながら，従来から取り組まれてきた一斉指導に加え，個別指導やグループ別指導といった学習形態の導入，理解の状況に応じた繰り返し指導，学習内容の習熟の程度に応じた指導，児童の興味・関心や理解の状況に応じた課題学習，補充的な学習や発展的な学習などの学習活動を取り入れた指導などを柔軟かつ多様に導入することが重要である。

学習内容の習熟の程度に応じた指導については，教科等により児童の習熟の程度に差が生じやすいことを考慮し，それぞれの児童の習熟の程度に応じたきめ細かな指導方法を工夫して着実な理解を図っていくことが大切であることから，これらの指導方法等が例示されているものであるが，その指導については，学級内で学習集団を編成する場合と学級の枠を超えて学習集団を編成する場合が考えられる。その実施に当たっては，学校の実情や児童の発達の段階等に応じ，必要な教科について適宜弾力的に行うものであり，実施時期，指導方法，評価の在り方等について十分検討した上で実施するなどの配慮が必要である。また，各学校で学習内容の習熟の程度に応じた指導を実施する際には，児童に優越感や劣等感を生じさせたり，学習集団による学習内容の分化が長期化・固定化するなどして学習意欲を低下させたりすることのないように十分留意する必要がある。また，学習集団の編成の際は，教師が一方的に児童を割り振るのではなく，児童の興味・関心等に応じ，自分で課題や集団を選ぶことができるよう配慮することも重要である。その際，児童が自分の能力・適性に全く合致しない課題や集団を選ぶようであれば，教師は適切な助言を行うなどの工夫を行うことが大切である。また，保護者に対しては，指導内容・指導方法の工夫改善等を示した指導計画，期待される学習の充実に係る効果，導入の理由等を事前に説明するなどの配慮が望まれる。なお，小学校は義務教育段階であるということを考慮し，基本的な学級編制を変更しないことが適当である。

児童の興味・関心等に応じた課題学習，補充的な学習や発展的な学習などの学習活動を取り入れた指導を実施する際には，それぞれのねらいを明らかにし，授

業で扱う内容と学習指導要領に示す各教科等の目標と内容との関係を明確にして取り組むことが大切である。特に，補充的な学習を取り入れた指導を行う際には，様々な指導方法や指導体制の工夫改善を進め，当該学年までに学習する内容の確実な定着を図ることが必要であるし，発展的な学習を取り入れた指導を行う際には，児童の負担過重とならないように配慮するとともに，学習内容の理解を一層深め，広げるという観点から適切に導入することが大切である。このほかにも，教材・教具の工夫や開発，コンピュータ等の教育機器の活用，指導の過程における形成的評価などの評価の工夫など児童の実態や指導の場面に応じ，多方面にわたる対応が求められる。

　また，指導体制の工夫に当たっては，教師一人一人にも得意の分野など様々な特性があるので，それを生かしたり，学習形態によっては，教師が協力して指導したりすることにより，指導の効果を高めるようにすることが大切である。その具体例としては，専科指導やティーム・ティーチング，合同授業，交換授業などが考えられ，各学校の実態に応じて工夫することが望ましい。また，食育その他の心身の健康の保持増進に関する指導においてこれらについての専門性を有する養護教諭や栄養教諭の積極的な参画・協力を得たりすること，学校内にとどまらず，学校外の様々な分野の専門家の参加・協力を得たりすることなど様々な工夫を行い，指導の効果を高めることが大切である。

　コンピュータ等の情報手段は適切に活用することにより個に応じた指導の充実にも有効であることから，今回の改訂において，指導方法や指導体制の工夫改善により個に応じた指導の充実を図る際に，第1章総則第3の1(3)に示す情報手段や教材・教具の活用を図ることとしている。情報手段の活用の仕方は様々であるが，例えば大型提示装置で教師が教材等を分かりやすく示すことは，児童の興味・関心を喚起したり，課題をつかませたりする上で有効である。さらに，学習者用コンピュータによってデジタル教科書やデジタル教材等を活用することにより個に応じた指導を更に充実していくことが可能である。その際，学習内容の習熟の程度に応じて難易度の異なる課題に個別に取り組ませるといった指導のみならず，例えば，観察・実験を記録した映像や実技の模範を示す映像，外国語の音声等を，児童が納得を得るまで必要な箇所を選んで繰り返し視聴したり，分かったことや考えたことをワープロソフトやプレゼンテーションソフトを用いてまとめたり，さらにそれらをグループで話し合い整理したりするといった多様な学習活動を展開することが期待される。

　なお，コンピュータや大型提示装置等で用いるデジタル教材は教師間での共有が容易であり，教材作成の効率化を図ることができるとともに，教師一人一人の得意分野を生かして教材を作成し共有して，さらにその教材を用いた指導につい

ても教師間で話し合い共有することにより，学校全体の指導の充実を図ることもできることから，こうした取組を積極的に進めることが期待される。

2 特別な配慮を必要とする児童への指導

(1) 障害のある児童などへの指導
① 児童の障害の状態等に応じた指導の工夫（第1章第4の2の(1)のア）

> ア　障害のある児童などについては，特別支援学校等の助言又は援助を活用しつつ，個々の児童の障害の状態等に応じた指導内容や指導方法の工夫を組織的かつ計画的に行うものとする。

学校教育法第81条第1項では，幼稚園，小学校，中学校，高等学校等において，障害のある児童生徒等に対し，障害による学習上又は生活上の困難を克服するための教育を行うことが規定されている。

また，我が国においては，「障害者の権利に関する条約」に掲げられている教育の理念の実現に向けて，障害のある児童の就学先決定の仕組みの改正なども踏まえ，通常の学級にも，障害のある児童のみならず，教育上特別の支援を必要とする児童が在籍している可能性があることを前提に，全ての教職員が特別支援教育の目的や意義について十分に理解することが不可欠である。

そこで，今回の改訂では，特別支援教育に関する教育課程編成の基本的な考え方や個に応じた指導を充実させるための教育課程実施上の留意事項などが一体的に分かるよう，学習指導要領の示し方について充実を図ることとした。

障害のある児童などには，視覚障害，聴覚障害，知的障害，肢体不自由，病弱・身体虚弱，言語障害，情緒障害，自閉症，LD（学習障害），ADHD（注意欠陥多動性障害）などのほか，学習面又は行動面において困難のある児童で発達障害の可能性のある者も含まれている。このような障害の種類や程度を的確に把握した上で，障害のある児童などの「困難さ」に対する「指導上の工夫の意図」を理解し，個に応じた様々な「手立て」を検討し，指導に当たっていく必要がある。また，このような考え方は学習状況の評価に当たって児童一人一人の状況をきめ細かに見取っていく際にも参考となる。その際に，小学校学習指導要領解説の各教科等編のほか，文部科学省が作成する「教育支援資料」などを参考にしながら，全ての教師が障害に関する知識や配慮等についての正しい理解と認識を深め，障害のある児童などに対する組織的な対応ができるようにしていくことが重要である。

例えば，弱視の児童についての体育科におけるボール運動の指導や理科における観察・実験の指導，難聴や言語障害の児童についての国語科における音読の指導や音楽科における歌唱の指導，肢体不自由の児童についての体育科における実技の指導や家庭科における実習の指導，病弱・身体虚弱の児童についての図画工作科や体育科におけるアレルギー等に配慮した指導など，児童の障害の状態や特性及び心身の発達の段階等（以下，「障害の状態等」という。）に応じて個別的に特別な配慮が必要である。また，読み書きや計算などに困難があるLD（学習障害）の児童についての国語科における書き取りや，算数科における筆算や暗算の指導などの際に，活動の手順を示したシートを手元に配付するなどの配慮により対応することが必要である。さらに，ADHD（注意欠陥多動性障害）や自閉症の児童に対して，話して伝えるだけでなく，メモや絵などを付加する指導などの配慮も必要である。

　このように障害の種類や程度を十分に理解して指導方法の工夫を行うことが大切である。

　一方，障害の種類や程度によって一律に指導内容や指導方法が決まるわけではない。特別支援教育において大切な視点は，児童一人一人の障害の状態等により，学習上又は生活上の困難が異なることに十分留意し，個々の児童の障害の状態等に応じた指導内容や指導方法の工夫を検討し，適切な指導を行うことであると言える。

　そこで，校長は，特別支援教育実施の責任者として，校内委員会を設置して，特別支援教育コーディネーターを指名し，校務分掌に明確に位置付けるなど，学校全体の特別支援教育の体制を充実させ，効果的な学校運営に努める必要がある。その際，各学校において，児童の障害の状態等に応じた指導を充実させるためには，特別支援学校等に対し専門的な助言又は援助を要請するなどして，計画的，組織的に取り組むことが重要である。

　こうした点を踏まえ，各教科等の指導計画に基づく内容や方法を見通した上で，個に応じた指導内容や指導方法を計画的に検討し実施することが大切である。

　さらに，障害のある児童などの指導に当たっては，担任を含む全ての教師間において，個々の児童に対する配慮等の必要性を共通理解するとともに，教師間の連携に努める必要がある。また，集団指導において，障害のある児童など一人一人の特性等に応じた必要な配慮等を行う際は，教師の理解の在り方や指導の姿勢が，学級内の児童に大きく影響することに十分留意し，学級内において温かい人間関係づくりに努めながら，「特別な支援の必要性」の理解を進め，互いの特徴を認め合い，支え合う関係を築いていくことが大切である。

なお，今回の改訂では，総則のほか，各教科等においても，「第3　指導計画の作成と内容の取扱い」に当該教科等の指導における障害のある児童などに対する学習活動を行う場合に生じる困難さに応じた指導内容や指導方法の工夫を計画的，組織的に行うことが規定されたことに留意する必要がある。

②　特別支援学級における特別の教育課程（第1章第4の2の(1)のイ）

> イ　特別支援学級において実施する特別の教育課程については，次のとおり編成するものとする。
> 　(ｱ)　障害による学習上又は生活上の困難を克服し自立を図るため，特別支援学校小学部・中学部学習指導要領第7章に示す自立活動を取り入れること。
> 　(ｲ)　児童の障害の程度や学級の実態等を考慮の上，各教科の目標や内容を下学年の教科の目標や内容に替えたり，各教科を，知的障害者である児童に対する教育を行う特別支援学校の各教科に替えたりするなどして，実態に応じた教育課程を編成すること。

特別支援学級は，学校教育法第81条第2項の規定による，知的障害者，肢体不自由者，身体虚弱者，弱視者，難聴者，その他障害のある者で，特別支援学級において教育を行うことが適当なものである児童を対象とする学級であるとともに，小学校の学級の一つであり，学校教育法に定める小学校の目的及び目標を達成するものでなければならない。

ただし，対象となる児童の障害の種類や程度等によっては，障害のない児童に対する教育課程をそのまま適用することが必ずしも適当でない場合があることから，学校教育法施行規則第138条では，「小学校，中学校若しくは義務教育学校又は中等教育学校の前期課程における特別支援学級に係る教育課程については，特に必要がある場合は，第50条第1項，第51条，第52条，第52条の3，第72条，第73条，第74条，第74条の3，第76条，第79条の5及び第107条の規定にかかわらず，特別の教育課程によることができる。」と規定している。

今回の改訂では，特別支援学級において実施する特別の教育課程の編成に係る基本的な考え方について新たに示した。

(ｱ)では，児童が自立を目指し，障害による学習上又は生活上の困難を主体的に改善・克服するために必要な知識及び技能，態度及び習慣を養い，もって心身の調和的発達の基盤を培うことをねらいとした，特別支援学校小学部・中学部学習指導要領第7章に示す自立活動を取り入れることを規定している。特別支援学

校小学部・中学部学習指導要領では，自立活動の内容として，「健康の保持」，「心理的な安定」，「人間関係の形成」，「環境の把握」，「身体の動き」及び「コミュニケーション」の六つの区分の下に27項目を設けている。自立活動の内容は，各教科等のようにその全てを取り扱うものではなく，個々の児童の障害の状態等の的確な把握に基づき，障害による学習上又は生活上の困難を主体的に改善・克服するために必要な項目を選定して取り扱うものである。よって，児童一人一人に個別の指導計画を作成し，それに基づいて指導を展開する必要がある。

　個別の指導計画の作成の手順や様式は，それぞれの学校が児童の障害の状態，発達や経験の程度，興味・関心，生活や学習環境などの実態を的確に把握し，自立活動の指導の効果が最もあがるように考えるべきものである。したがって，ここでは，手順の一例を示すこととする。

> （手順の一例）
> 　a　個々の児童の実態を的確に把握する。
> 　b　実態把握に基づいて得られた指導すべき課題や課題相互の関連を整理する。
> 　c　個々の実態に即した指導目標を設定する。
> 　d　特別支援学校小学部・中学部学習指導要領第7章第2の内容から，個々の児童の指導目標を達成させるために必要な項目を選定する。
> 　e　選定した項目を相互に関連付けて具体的な指導内容を設定する。

　今回の改訂を踏まえ，自立活動における個別の指導計画の作成について更に理解を促すため，「特別支援学校学習指導要領解説　自立活動編」においては，上記の各過程において，どのような観点で整理していくか，発達障害を含む多様な障害に対する児童等の例を充実し解説しているので参照することも大切である。

　(イ)では，学級の実態や児童の障害の状態等を考慮の上，特別支援学校小学部・中学部学習指導要領第1章の第8節「重複障害者等に関する教育課程の取扱い」を参考にし，各教科の目標や内容を下学年の教科の目標に替えたり，学校教育法施行規則第126条の2を参考にし，各教科を，知的障害者である児童に対する教育を行う特別支援学校の各教科に替えたりするなどして，実態に応じた教育課程を編成することを規定した。

　これらの特別の教育課程に関する規定を参考にする際には，特別支援学級は，小学校の学級の一つであり，通常の学級と同様，第1章総則第1の1の目標を達成するために，第2章以下に示す各教科，道徳科，外国語活動及び特別活動の内容に関する事項は，特に示す場合を除き，いずれの学校においても取り扱うこと

が前提となっていることを踏まえる必要がある。その上で，なぜ，その規定を参考にするということを選択したのか，保護者等に対する説明責任を果たしたり，指導の継続性を担保したりする観点から，理由を明らかにしながら教育課程の編成を工夫することが大切であり，教育課程を評価し改善する上でも重要である。ここでは，知的障害者である児童の実態に応じた各教科の目標を設定するための手続きの例を示すこととする。

> （各教科の目標設定に至る手続きの例）
> a 小学校学習指導要領の第2章各教科に示されている目標及び内容について，次の手順で児童の習得状況や既習事項を確認する。
> ・当該学年の各教科の目標及び内容について
> ・当該学年より前の各学年の各教科の目標及び内容について
> b aの学習が困難又は不可能な場合，特別支援学校小学部・中学部学習指導要領の第2章第2款第1に示されている知的障害者である児童を教育する特別支援学校小学部の各教科の目標及び内容についての取扱いを検討する。
> c 児童の習得状況や既習事項を踏まえ，小学校卒業までに育成を目指す資質・能力を検討し，在学期間に提供すべき教育内容を十分見極める。
> d 各教科の目標及び内容の系統性を踏まえ，教育課程を編成する。

なお，特別支援学級について，特別の教育課程を編成する場合であって，文部科学大臣の検定を経た教科用図書を使用することが適当でない場合には，当該特別支援学級を置く学校の設置者の定めるところにより，他の適切な教科用図書を使用することができるようになっている（学校教育法施行規則第139条）。

③ 通級による指導における特別の教育課程（第1章第4の2の(1)のウ）

> ウ 障害のある児童に対して，通級による指導を行い，特別の教育課程を編成する場合には，特別支援学校小学部・中学部学習指導要領第7章に示す自立活動の内容を参考とし，具体的な目標や内容を定め，指導を行うものとする。その際，効果的な指導が行われるよう，各教科等と通級による指導との関連を図るなど，教師間の連携に努めるものとする。

通級による指導は，小学校の通常の学級に在籍している障害のある児童に対して，各教科等の大部分の授業を通常の学級で行いながら，一部の授業について当該児童の障害に応じた特別の指導を特別の指導の場（通級指導教室）で行う教育形態である。

　通級による指導の対象となる者は，学校教育法施行規則第140条各号の一に該当する児童（特別支援学級の児童を除く。）で，具体的には，言語障害者，自閉症者，情緒障害者，弱視者，難聴者，学習障害者，注意欠陥多動性障害者，肢体不自由者，病弱者及び身体虚弱者である。

　通級による指導を行う場合には，学校教育法施行規則第50条第1項（第79条の6第1項において準用する場合を含む。），第51条，第52条（第79条の6第1項において準用する場合を含む。），第52条の3，第72条（第79条の6第2項及び第108条第1項において準用する場合を含む。），第73条，第74条（第79条の6第2項及び第108条第1項において準用する場合を含む。），第74条の3，第76条，第79条の5（第79条の12において準用する場合を含む。），第83条及び第84条（第108条第2項において準用する場合を含む。）並びに第107条（第117条において準用する場合を含む。）の規定にかかわらず，特別の教育課程によることができ，障害による特別の指導を，小学校の教育課程に加え，又は，その一部に替えることができる（学校教育法施行規則第140条，平成5年文部省告示第7号，平成18年文部科学省告示第54号，平成19年文部科学省告示第146号，平成28年文部科学省告示第176号）。

　今回の改訂では，通級による指導を行い，特別の教育課程を編成する場合について，「特別支援学校小学部・中学部学習指導要領第7章に示す自立活動の内容を参考とし，具体的な目標や内容を定め，指導を行うものとする。」という規定が新たに加わった。したがって，指導に当たっては，特別支援学校小学部・中学部学習指導要領第7章に示す自立活動の6区分27項目の内容を参考とし，本解説第3章第4節の2(1)②で述べたとおり，児童一人一人に，障害の状態等の的確な把握に基づいた自立活動における個別の指導計画を作成し，具体的な指導目標や指導内容を定め，それに基づいて指導を展開する必要がある。

　なお，「学校教育法施行規則第140条の規定による特別の教育課程について定める件の一部を改正する告示」（平成28年文部科学省告示第176号）において，それまで「特に必要があるときは，障害の状態に応じて各教科の内容を補充するための特別の指導を含むものとする。」と規定されていた趣旨が，単に各教科の学習の遅れを取り戻すための指導など，通級による指導とは異なる目的で指導を行うことができると解釈されることのないよう「特に必要があるときは，障害の状態に応じて各教科の内容を取り扱いながら行うことができる」と改正された。つま

り，通級による指導の内容について，各教科の内容を取り扱う場合であっても，障害による学習上又は生活上の困難の改善又は克服を目的とする指導であるとの位置付けが明確化されたところである。

通級による指導に係る授業時数は，年間35単位時間から280単位時間までを標準としているほか，学習障害者及び注意欠陥多動性障害者については，年間10単位時間から280単位時間までを標準としている。

また，「その際，効果的な指導が行われるよう，各教科等と通級による指導との関連を図るなど，教師間の連携に努めるものとする。」とは，児童が在籍する通常の学級の担任と通級による指導の担当教師とが随時，学習の進捗状況等について情報交換を行うとともに，通級による指導の効果が，通常の学級においても波及することを目指していくことが重要である。

児童が在籍校以外の小学校又は特別支援学校の小学部において特別の指導を受ける場合には，当該児童が在籍する小学校の校長は，これら他校で受けた指導を，特別の教育課程に係る授業とみなすことができる（学校教育法施行規則第141条）。このように児童が他校において指導を受ける場合には，当該児童が在籍する小学校の校長は，当該特別の指導を行う学校の校長と十分協議の上で，教育課程を編成するとともに，定期的に情報交換を行うなど，学校間及び担当教師間の連携を密に教育課程の編成，実施，評価，改善を行っていく必要がある。

なお，公立義務教育諸学校の学級編制及び教職員定数の標準に関する法律の一部改正（平成29年3月）により，通級による指導のための基礎定数が新設され，指導体制の充実が図られている。

④ 個別の教育支援計画や個別の指導計画の作成と活用（第1章第4の2の(1)のエ）

> エ　障害のある児童などについては，家庭，地域及び医療や福祉，保健，労働等の業務を行う関係機関との連携を図り，長期的な視点で児童への教育的支援を行うために，個別の教育支援計画を作成し活用することに努めるとともに，各教科等の指導に当たって，個々の児童の実態を的確に把握し，個別の指導計画を作成し活用することに努めるものとする。特に，特別支援学級に在籍する児童や通級による指導を受ける児童については，個々の児童の実態を的確に把握し，個別の教育支援計画や個別の指導計画を作成し，効果的に活用するものとする。

個別の教育支援計画及び個別の指導計画は，障害のある児童など一人一人に対

するきめ細やかな指導や支援を組織的・継続的かつ計画的に行うために重要な役割を担っている。

　今回の改訂では，特別支援学級に在籍する児童や通級による指導を受ける児童に対する二つの計画の作成と活用について，これまでの実績を踏まえ，全員について作成することとした。

　また，通常の学級においては障害のある児童などが在籍している。このため，通級による指導を受けていない障害のある児童などの指導に当たっては，個別の教育支援計画及び個別の指導計画を作成し，活用に努めることとした。

　そこで，個別の教育支援計画及び個別の指導計画について，それぞれの意義，位置付け及び作成や活用上の留意点などについて示す。

① 個別の教育支援計画

　平成15年度から実施された障害者基本計画においては，教育，医療，福祉，労働等の関係機関が連携・協力を図り，障害のある児童の生涯にわたる継続的な支援体制を整え，それぞれの年代における児童の望ましい成長を促すため，個別の支援計画を作成することが示された。この個別の支援計画のうち，幼児児童生徒に対して，教育機関が中心となって作成するものを，個別の教育支援計画という。

　障害のある児童などは，学校生活だけでなく家庭生活や地域での生活を含め，長期的な視点で幼児期から学校卒業後までの一貫した支援を行うことが重要である。このため，教育関係者のみならず，家庭や医療，福祉などの関係機関と連携するため，それぞれの側面からの取組を示した個別の教育支援計画を作成し活用していくことが考えられる。具体的には，障害のある児童などが生活の中で遭遇する制約や困難を改善・克服するために，本人及び保護者の意向や将来の希望などを踏まえ，在籍校のみならず，例えば，家庭，医療機関における療育事業及び福祉機関における児童発達支援事業において，実際にどのような支援が必要で可能であるか，支援の目標を立て，それぞれが提供する支援の内容を具体的に記述し，支援の内容を整理したり，関連付けたりするなど関係機関の役割を明確にすることとなる。

　このように，個別の教育支援計画の作成を通して，児童に対する支援の目標を長期的な視点から設定することは，学校が教育課程の編成の基本的な方針を明らかにする際，全教職員が共通理解をすべき大切な情報となる。また，在籍校において提供される教育的支援の内容については，教科等横断的な視点から個々の児童の障害の状態等に応じた指導内容や指導方法の工夫を検討する際の情報として個別の指導計画に生かしていくことが重要である。

個別の教育支援計画の活用に当たっては、例えば、就学前に作成される個別の支援計画を引き継ぎ、適切な支援の目的や教育的支援の内容を設定したり、進路先に在学中の支援の目的や教育的支援の内容を伝えたりするなど、就学前から就学時、そして進学先まで、切れ目ない支援に生かすことが大切である。その際、個別の教育支援計画には、多くの関係者が関与することから、保護者の同意を事前に得るなど個人情報の適切な取扱いに十分留意することが必要である。

② 個別の指導計画

個別の指導計画は、個々の児童の実態に応じて適切な指導を行うために学校で作成されるものである。個別の指導計画は、教育課程を具体化し、障害のある児童など一人一人の指導目標、指導内容及び指導方法を明確にして、きめ細やかに指導するために作成するものである。

今回の改訂では、総則のほか、各教科等の指導において、「第3 指導計画の作成と内容の取扱い」として、当該教科等の指導における障害のある児童などに対する学習活動を行う場合に生じる困難さに応じた指導内容や指導方法の工夫を計画的、組織的に行うことが規定された。このことを踏まえ、通常の学級に在籍する障害のある児童などの各教科等の指導に当たっては、適切かつ具体的な個別の指導計画の作成に努める必要がある。

特別支援学級における各教科等の指導に当たっては、適切かつ具体的な個別の指導計画を作成するものとする。また、各教科の一部又は全部を、知的障害者である児童に対する教育を行う特別支援学校の各教科に替えた場合、知的障害者である児童に対する教育を行う特別支援学校の各教科の各段階の目標及び内容を基にして、個別の指導計画に基づき、一人一人の実態等に応じた具体的な指導目標及び指導内容を設定することが必要である。

なお、通級による指導において、特に、他校において通級による指導を受ける場合には、学校間及び担当教師間の連携の在り方を工夫し、個別の指導計画に基づく評価や情報交換等が円滑に行われるよう配慮する必要がある。

各学校においては、個別の教育支援計画と個別の指導計画を作成する目的や活用の仕方に違いがあることに留意し、二つの計画の位置付けや作成の手続きなどを整理し、共通理解を図ることが必要である。また、個別の教育支援計画及び個別の指導計画については、実施状況を適宜評価し改善を図っていくことも不可欠である。

こうした個別の教育支援計画と個別の指導計画の作成・活用システムを校内で構築していくためには、障害のある児童などを担任する教師や特別支援教育

コーディネーターだけに任せるのではなく，全ての教師の理解と協力が必要である。学校運営上の特別支援教育の位置付けを明確にし，学校組織の中で担任する教師が孤立することのないよう留意する必要がある。このためには，校長のリーダーシップのもと，学校全体の協力体制づくりを進めたり，全ての教師が二つの計画についての正しい理解と認識を深めたりして，教師間の連携に努めていく必要がある。

(2) 海外から帰国した児童や外国人の児童の指導
① 学校生活への適応等（第1章第4の2の(2)のア）

> ア　海外から帰国した児童などについては，学校生活への適応を図るとともに，外国における生活経験を生かすなどの適切な指導を行うものとする。

　国際化の進展に伴い，学校では帰国児童や外国人児童に加え，両親のいずれかが外国籍であるなどのいわゆる外国につながる児童の受入れが多くなっている。これらの児童の多くは，異文化における生活経験等を通して，我が国の社会とは異なる言語や生活習慣，行動様式を身に付けているが，一人一人の実態は，それぞれの言語的・文化的背景，年齢，就学形態や教育内容・方法，さらには家庭の教育方針などによって様々である。このため，これらの児童の受入れに当たっては，一人一人の実態を的確に把握し，当該児童が自信や誇りをもって学校生活において自己実現を図ることができるように配慮することが大切である。

　帰国児童や外国人児童，外国につながる児童は，他の児童が経験していない異文化での貴重な生活経験をもっている。外国での生活や異文化に触れた経験や，これらを通じて身に付けた見方や考え方，感情や情緒，外国語の能力などの特性を，本人の各教科等の学習に生かすことができるよう配慮することが大切である。また，本人に対するきめ細かな指導とともに，他の児童についても，帰国児童や外国人児童，外国につながる児童と共に学ぶことを通じて，互いの長所や特性を認め，広い視野をもって異文化を理解し共に生きていこうとする姿勢を育てるよう配慮することが大切である。そして，このような相互啓発を通じて，互いに尊重し合う態度を育て，国際理解を深めるとともに，国際社会に生きる人間として望ましい能力や態度を育成することが期待される。このような機会としては，外国語活動や外国語科などにおいて，外国語に触れたり，外国の生活や文化などに慣れ親しんだりする国際理解などに関する体験的な学習活動を進める際に配慮を行うことなどが考えられるほか，例えば社会科や音楽科などの教科や道徳

科，総合的な学習の時間での学習活動，特別活動における学校行事やクラブ活動などが考えられ，児童や学校の実態等に応じて適宜工夫することが必要である。

② 日本語の習得に困難のある児童への通級による指導（第1章第4の2の(2)のイ）

> イ 日本語の習得に困難のある児童については，個々の児童の実態に応じた指導内容や指導方法の工夫を組織的かつ計画的に行うものとする。特に，通級による日本語指導については，教師間の連携に努め，指導についての計画を個別に作成することなどにより，効果的な指導に努めるものとする。

帰国児童や外国人児童，外国につながる児童の中には，日本語の能力が不十分であったり，日常的な会話はできていても学習に必要な日本語の能力が十分ではなく，学習活動への参加に支障が生じたりする場合がある。このため，児童が日本語を用いて学校生活を営むとともに，学習に取り組むことができるよう，一人一人の日本語の能力を的確に把握しつつ各教科等や日本語の指導の目標を明確に示し，きめ細かな指導を行うことが大切である。また，このような考え方は学習状況の評価に当たって児童一人一人の状況をきめ細かに見取っていく際にも参考となる。

平成26年に学校教育法施行規則が改正され，日本語の習得に困難がある児童に対し，日本語の能力に応じた特別の指導を行うための特別の教育課程を編成し，実施することが可能となった。この制度を活用しながら，児童の実態に応じた指導内容や指導方法の工夫を組織的・計画的に行うことが必要である。例えば，指導内容については，学校生活に必要な基礎的な日本語の習得のための指導を行ったり，各教科等の指導と学習のために必要な日本語の習得のための指導を統合して行ったりするなどの工夫が考えられる。指導方法については，通級による指導，通常の学級における日本語の能力に配慮した指導，放課後等を活用した指導などの工夫が考えられる。

児童が在籍し，大半の時間を過ごすことになる通常の学級における指導に当たっては，一人一人の児童の日本語の能力などに応じ，①授業において使われている日本語や学習内容を認識できるようにするための支援，②学習したことを構造化して理解・定着できるようにするための支援，③理解したことを適切に表現できるようにするための支援，④自ら学習を自律的に行うことができるようにするための支援，⑤学習や生活に必要な心理的安定のための情意面の支援といった

側面からの支援が求められる。このため，通常の学級の担当教師には，例えば，ゆっくりはっきり話す，児童の日本語による発話を促すなどの配慮，絵や図などの視覚的支援の活用，学習目的や流れが分かるワークシートの活用などの教材の工夫，児童の日本語習得状況や学習理解度の把握に基づいた指導計画の作成など，児童の状況に応じた支援を行うことが考えられる。

　通級による日本語指導は，学校教育法施行規則第56条の２に基づく特別の教育課程を編成することにより，日本語の習得に困難のある児童を在籍学級以外の教室などにおいて，学校生活や学習に必要な日本語の能力を高める指導や，日本語の能力に応じた各教科等の指導などを行うものである。この場合には，対象となる児童に対する通常の学級における指導と通級による日本語指導の双方を効果的に行うため，それぞれの担当教師同士が日本語の習得状況を含めた児童の状態や変化について密接に情報交換を行うなどの連携に努め，指導の充実を図ることが重要と言える。さらに，他校において指導を受ける場合には，学校間及び担当教師間の連携の在り方を工夫し，情報交換等が円滑に行われるよう配慮する必要がある。また，通級による指導を担当する教師が中心となり，個々の児童の日本語の能力や学校生活への適応状況を含めた生活・学習の状況，学習への姿勢・態度等の多面的な把握に基づき，指導の目標及び指導内容を明確にした指導計画（個別の指導計画）を通常の学級の担当教師等と連携して作成し，学習評価を行うなど，教職員の共通理解の下にきめ細かな指導を行うことが求められる。

　さらに，通常の学級における指導，通級による日本語指導のいずれの場合においても，言葉の問題とともに生活習慣の違いなどによる児童の不適応の問題が生じる場合もあるので，教師自身が当該児童の言語的・文化的背景に関心をもち，理解しようとする姿勢を保ち，温かい対応を図るとともに，当該児童を取り巻く人間関係を好ましいものにするよう学級経営等において配慮する必要がある。また，外国人児童や外国につながる児童については，課外において当該国の言語や文化の学習の機会を設けることなどにも配慮することが大切である。

　これらの日本語の習得に困難のある児童の指導を効果的に行うためには，児童の在籍する通常の学級の教師，通級による日本語指導を担当する教師や学校管理職など，全ての教職員が協力しながら，学校全体で取り組む体制を構築することが重要である。また，日本語教育や母語によるコミュニケーションなどの専門性を有する学校外の専門人材の参加・協力を得ることも大切である。

　なお，公立義務教育諸学校の学級編制及び教職員定数の標準に関する法律の一部改正（平成29年３月）により，通級による日本語指導のための基礎定数が新設され，指導体制の充実が図られている。

(3) 不登校児童への配慮
① 個々の児童の実態に応じた支援（第1章第4の2の(3)のア）

> ア　不登校児童については，保護者や関係機関と連携を図り，心理や福祉の専門家の助言又は援助を得ながら，社会的自立を目指す観点から，個々の児童の実態に応じた情報の提供その他の必要な支援を行うものとする。

「義務教育の段階における普通教育に相当する教育の機会の確保等に関する法律」第3条第2号及び第3号において，「不登校児童生徒が行う多様な学習活動の実情を踏まえ，個々の不登校児童生徒の状況に応じた必要な支援が行われるようにすること」，「不登校児童生徒が安心して教育を十分に受けられるよう，学校における環境の整備が図られるようにすること」と規定されている。また，同法第7条に基づき教育機会の確保等に関する施策を総合的に推進することを目的とした「義務教育の段階における普通教育に相当する教育の機会の確保等に関する基本指針」を文部科学省において策定している。

不登校児童については，これらの法令等に基づき適切に支援を行うことが求められる。その際，留意する点については以下のとおりである。

不登校は，取り巻く環境によっては，どの児童にも起こり得ることとして捉える必要がある。また，不登校とは，多様な要因・背景により，結果として不登校状態になっているということであり，その行為を「問題行動」と判断してはならない。加えて，不登校児童が悪いという根強い偏見を払拭し，学校・家庭・社会が不登校児童に寄り添い共感的理解と受容の姿勢をもつことが，児童の自己肯定感を高めるためにも重要である。

また，不登校児童については，個々の状況に応じた必要な支援を行うことが必要であり，登校という結果のみを目標にするのではなく，児童や保護者の意思を十分に尊重しつつ，児童が自らの進路を主体的に捉えて，社会的に自立することを目指す必要がある。

不登校児童への支援の際は，不登校のきっかけや継続理由，学校以外の場において行っている学習活動の状況等について，家庭訪問も含めた継続的な把握が必要である。

さらに，不登校児童の状況によっては休養が必要な場合があることも留意しつつ，学校以外の多様で適切な学習活動の重要性も踏まえ，個々の状況に応じた学習活動等が行われるよう支援することが必要である。例えば，いじめられている児童の緊急避難としての欠席が弾力的に認められてもよく，そのような場合に

は，その後の学習に支障がないように配慮する必要がある。あわせて，不登校児童の保護者に対し，不登校児童への支援を行う機関や保護者の会などに関する情報提供及び指導要録上の出席扱いや通学定期乗車券の取扱等を周知することも重要である。

　加えて，家庭で多くの時間を過ごしている不登校児童に対しては，その状況を見極め，当該児童及び保護者との信頼関係を構築しつつ，必要な情報提供や助言，ICT等を通じた支援，家庭等への訪問による支援を行うことが重要である。

　さらに，不登校児童が自らの意思で登校した場合は，温かい雰囲気で迎え入れられるよう配慮するとともに，保健室，相談室や学校図書館等も活用しつつ，安心して学校生活を送ることができるような支援を行うことが重要である。

　こうした支援を行うためには，学級担任のみならず教育相談担当教師など他の教師がスクールカウンセラーやスクールソーシャルワーカー等の専門スタッフ等と連携・分担し学校全体で行うことが必要である。加えて，必要に応じ，福祉，医療及び民間の団体等の関係機関や関係者間と情報共有を行うほか，学校間の引継ぎを行うなどして継続した組織的・計画的な支援を行うことが重要である。その際，学校は，当該児童や保護者と話し合うなどして「児童理解・教育支援シート」等を作成することが望ましい。

②　不登校児童の実態に配慮した教育課程の編成（第1章第4の2の(3)のイ）

> イ　相当の期間小学校を欠席し引き続き欠席すると認められる児童を対象として，文部科学大臣が認める特別の教育課程を編成する場合には，児童の実態に配慮した教育課程を編成するとともに，個別学習やグループ別学習など指導方法や指導体制の工夫改善に努めるものとする。

　相当の期間小学校を欠席し引き続き欠席すると認められる児童を対象として，その実態に配慮した特別の教育課程を編成し，教育を実施する場合は，学校教育法施行規則第56条に基づき，文部科学大臣の指定が必要となる。

　この特別の教育課程においても，憲法，教育基本法の理念を踏まえ，学校教育法に定める学校教育の目標の達成に努める必要がある。

　また，特別の教育課程を実施する際は，不登校児童の状況に配慮し，例えば，不登校児童の学習状況に合わせた個別学習，グループ別学習，家庭訪問や保護者への支援等個々の児童の実態に即した支援，学校外の学習プログラムの積極的な活用など指導方法や指導体制の工夫改善に努めることが求められる。

第5節　学校運営上の留意事項

● 1　教育課程の改善と学校評価等

①　カリキュラム・マネジメントの実施と学校評価との関連付け（第1章第5の1のア）

> ア　各学校においては，校長の方針の下に，校務分掌に基づき教職員が適切に役割を分担しつつ，相互に連携しながら，各学校の特色を生かしたカリキュラム・マネジメントを行うよう努めるものとする。また，各学校が行う学校評価については，教育課程の編成，実施，改善が教育活動や学校運営の中核となることを踏まえ，カリキュラム・マネジメントと関連付けながら実施するよう留意するものとする。

　本項は，カリキュラム・マネジメントを，校長の方針の下に，全教職員の適切な役割分担と連携に基づき行うとともに，学校評価と関連付けて行うことを示している。

　カリキュラム・マネジメントは，本解説第3章第1節の4において示すように，学校教育に関わる様々な取組を，教育課程を中心に据えて組織的かつ計画的に実施し，教育活動の質の向上につなげていくものである。「校長の方針の下に」としているのは，カリキュラム・マネジメントは校長が定める学校の教育目標など教育課程の編成の基本的な方針や校務分掌等に基づき行われることを示しており，全教職員が適切に役割を分担し，相互に連携することが必要である。その上で，児童の実態や地域の実情，指導内容を踏まえて効果的な年間指導計画等の在り方や，授業時間や週時程の在り方等について，校内研修等を通じて研究を重ねていくことも重要であり，こうした取組が学校の特色を創り上げていくこととなる。

　また，各学校におけるカリキュラム・マネジメントの取組は，学校が担う様々な業務の効率化を伴ってより充実することができる。この点からも，「校長の方針の下」に学校の業務改善を図り，指導の体制を整えていくことが重要となる。

　次に，各学校が行う学校評価は，学校教育法第42条において「教育活動その他の学校運営の状況について評価を行い，その結果に基づき学校運営の改善を図るため必要な措置を講ずる」と規定されており，教育課程の編成，実施，改善は教育活動や学校運営の中核となることを踏まえ，教育課程を中心として教育活動の

質の向上を図るカリキュラム・マネジメントは学校評価と関連付けて実施することが重要である。

　学校評価の実施方法は，学校教育法施行規則第66条から第68条までに，自己評価・学校関係者評価の実施・公表，評価結果の設置者への報告について定めるとともに，文部科学省では法令上の規定等を踏まえて「学校評価ガイドライン〔平成28年改訂〕」（平成28年3月文部科学省）を作成している。同ガイドラインでは，具体的にどのような評価項目・指標等を設定するかは各学校が判断するべきこととしつつ，その設定について検討する際の視点となる例が12分野にわたり示されている。学校評価をカリキュラム・マネジメントと関連付けて実施する観点からは，教育課程・学習指導に係る項目はもとより，当該教育課程を効果的に実施するための人的又は物的な体制の確保の状況なども重要である。各学校は，例示された項目を網羅的に取り入れるのではなく，その重点目標を達成するために必要な項目・指標等を精選して設定することが期待され，こうした例示も参照しながら各教科等の授業の状況や教育課程等の状況を評価し改善につなげていくことが求められる。

　学校教育法
第42条　小学校は，文部科学大臣の定めるところにより当該小学校の教育活動その他の学校運営の状況について評価を行い，その結果に基づき学校運営の改善を図るため必要な措置を講ずることにより，その教育水準の向上に努めなければならない。
第43条　小学校は，当該小学校に関する保護者及び地域住民その他の関係者の理解を深めるとともに，これらの者との連携及び協力の推進に資するため，当該小学校の教育活動その他の学校運営の状況に関する情報を積極的に提供するものとする。

　学校教育法施行規則
第66条　小学校は，当該小学校の教育活動その他の学校運営の状況について，自ら評価を行い，その結果を公表するものとする。
2　前項の評価を行うに当たつては，小学校は，その実情に応じ，適切な項目を設定して行うものとする。
第67条　小学校は，前条第1項の規定による評価の結果を踏まえた当該小学校の児童の保護者その他の当該小学校の関係者（当該小学校の職員を除く。）による評価を行い，その結果を公表するよう努めるものとする。
第68条　小学校は，第66条第1項の規定による評価の結果及び前条の規定により評価を行つた場合はその結果を，当該小学校の設置者に報告するものとする。

(参考：学校評価ガイドラインにおける教育課程の評価)

　文部科学省が作成する「学校評価ガイドライン」では，各学校や設置者において評価項目・指標等の設定について検討する際の視点となる例として考えられるものを便宜的に分類した学校運営における以下の12分野ごとに例示している。

①教育課程・学習指導，②キャリア教育（進路指導），③生徒指導，④保健管理，⑤安全管理，⑥特別支援教育，⑦組織運営，⑧研修（資質向上の取組），⑨教育目標・学校評価，⑩情報提供，⑪保護者，地域住民等との連携，⑫環境整備

　これらの例示を参考にしつつ，具体的にどのような評価項目・指標等を設定するかは各学校が判断するべきであるが，各学校は設定した学校の教育目標の実現に向けた教育課程や人的又は物的な体制に関わる評価項目・指標について，例示された項目を網羅的に取り入れるのではなく，真に必要な項目・指標等を精選して設定することが期待される。

（例えば「教育課程・学習指導」については，以下の項目が例示されている）

■　教育課程・学習指導
○　各教科等の授業の状況
- 説明，板書，発問など，各教師の授業の実施方法
- 視聴覚教材や教育機器などの教材・教具の活用
- 体験的な学習や問題解決的な学習，児童の興味・関心を生かした自主的・自発的な学習の状況
- 個別指導やグループ別指導，習熟度に応じた指導，児童の興味・関心等に応じた課題学習，補充的な学習や発展的な学習などの個に応じた指導の方法等の状況
- ティーム・ティーチング指導などにおける教師間の協力的な指導の状況
- 学級内における児童の様子や，学習に適した環境に整備されているかなど，学級経営の状況
- コンピュータや情報通信ネットワークを効果的に活用した授業の状況
- 学習指導要領や各教育委員会が定める基準にのっとり，児童の発達の段階に即した指導に関する状況
- 授業や教材の開発に地域の人材など外部人材を活用し，よりよい

ものとする工夫の状況

○　教育課程等の状況
・　学校の教育課程の編成・実施の考え方についての教職員間の共通理解の状況
・　児童の学力・体力の状況を把握し，それを踏まえた取組の状況
・　児童の学習について観点別学習状況の評価や評定などの状況
・　学校図書館の計画的利用や，読書活動の推進の取組状況
・　体験活動，学校行事などの管理・実施体制の状況
・　部活動など教育課程外の活動の管理・実施体制の状況
・　必要な教科等の指導体制の整備，授業時数の配当の状況
・　学習指導要領や各教育委員会が定める基準にのっとり，児童の発達の段階に即した指導の状況
・　教育課程の編成・実施の管理の状況（例：教育課程の実施に必要な，教科等ごと等の年間の指導計画や週案などが適切に作成されているかどうか）
・　児童の実態を踏まえた，個別指導やグループ別指導，習熟度に応じた指導，補充的な学習や発展的な学習など，個に応じた指導の計画状況
・　幼小連携，小中連携など学校間の円滑な接続に関する工夫の状況
・　（データ等）学力調査等の結果
・　（データ等）運動・体力調査の結果
・　（データ等）児童の学習についての観点別学習状況の評価・評定の結果

②　各分野における学校の全体計画等との関連付け（第1章第5の1のイ）

> イ　教育課程の編成及び実施に当たっては，学校保健計画，学校安全計画，食に関する指導の全体計画，いじめの防止等のための対策に関する基本的な方針など，各分野における学校の全体計画等と関連付けながら，効果的な指導が行われるように留意するものとする。

　本項は，教育課程の編成及び実施に当たり，法令等の定めにより学校が策定すべき各分野の全体計画等と関連付けて，当該全体計画等に示す教育活動が効果的

に実施されるようにすることを示している。

　各学校は，法令等の定めにより，学校保健計画，学校安全計画，食に関する指導の全体計画，いじめの防止等のための対策に関する基本的な方針など，各分野における学校の全体計画等を策定することとされている。これらの全体計画等には，児童への指導に関する事項や学校運営に関する事項を位置付けることとなる。そのため，教育課程の編成及び実施に当たっては，これらの全体計画等との関連付けを十分に行うことで，カリキュラム・マネジメントの充実が図られ，より効果的な指導を実現することにつながる。

〔学校保健計画〕
学校保健安全法
（学校保健計画の策定等）
第5条　学校においては，児童生徒等及び職員の心身の健康の保持増進を図るため，児童生徒等及び職員の健康診断，環境衛生検査，児童生徒等に対する指導その他保健に関する事項について計画を策定し，これを実施しなければならない。

〔学校安全計画〕
学校保健安全法
（学校安全計画の策定等）
第27条　学校においては，児童生徒等の安全の確保を図るため，当該学校の施設及び設備の安全点検，児童生徒等に対する通学を含めた学校生活その他の日常生活における安全に関する指導，職員の研修その他学校における安全に関する事項について計画を策定し，これを実施しなければならない。

〔食に関する指導の全体計画〕
学校給食法
第10条　栄養教諭は，児童又は生徒が健全な食生活を自ら営むことができる知識及び態度を養うため，学校給食において摂取する食品と健康の保持増進との関連性についての指導，食に関して特別の配慮を必要とする児童又は生徒に対する個別的な指導その他の学校給食を活用した食に関する実践的な指導を行うものとする。この場合において，校長は，当該指導が効果的に行われるよう，学校給食と関連付けつつ当該義務教育諸学校における食に関する指導の全体的な計画を作成することその他の必要な措置を講ずるものとする。

〔いじめの防止等のための対策に関する基本的な方針〕
いじめ防止対策推進法
（学校いじめ防止基本方針）
第13条　学校は，いじめ防止基本方針又は地方いじめ防止基本方針を参酌し，その学校の実情に応じ，当該学校におけるいじめの防止等のための対策に関する基本的な方針を定めるものとする。

2　家庭や地域社会との連携及び協働と学校間の連携

①　家庭や地域社会との連携及び協働と世代を越えた交流の機会（第1章第5の2のア）

> ア　学校がその目的を達成するため，学校や地域の実態等に応じ，教育活動の実施に必要な人的又は物的な体制を家庭や地域の人々の協力を得ながら整えるなど，家庭や地域社会との連携及び協働を深めること。また，高齢者や異年齢の子供など，地域における世代を越えた交流の機会を設けること。

　教育基本法には，第13条において「学校，家庭及び地域住民その他の関係者は，教育におけるそれぞれの役割と責任を自覚するとともに，相互の連携及び協力に努めるものとする。」と規定されている。また，学校教育法には，「小学校は，当該小学校に関する保護者及び地域住民その他の関係者の理解を深めるとともに，これらの者との連携及び協力の推進に資するため，当該小学校の教育活動その他の学校運営の状況に関する情報を積極的に提供するものとする。」と規定されている（同法第43条）。このように，学校がその目的を達成するためには，家庭や地域の人々とともに児童を育てていくという視点に立ち，家庭，地域社会との連携を深め，学校内外を通じた児童の生活の充実と活性化を図ることが大切である。また，学校，家庭，地域社会がそれぞれ本来の教育機能を発揮し，全体としてバランスのとれた教育が行われることが重要である。

　そのためには，教育活動の計画や実施の場面では，家庭や地域の人々の積極的な協力を得て児童にとって大切な学習の場である地域の教育資源や学習環境を一層活用していくことが必要である。また，各学校の教育方針や特色ある教育活動，児童の状況などについて家庭や地域の人々に適切に情報発信し理解や協力を得たり，家庭や地域の人々の学校運営などに対する意見を的確に把握して自校の教育活動に生かしたりすることが大切である。その際，家庭や地域社会が担うべ

きものや担った方がよいものは家庭や地域社会が担うように促していくなど，相互の意思疎通を十分に図ることが必要である。さらに，家庭や地域社会における児童の生活の在り方が学校教育にも大きな影響を与えていることを考慮し，休業日も含め学校施設の開放，地域の人々や児童向けの学習機会の提供，地域社会の一員としての教師のボランティア活動を通して，家庭や地域社会に積極的に働きかけ，それぞれがもつ本来の教育機能が総合的に発揮されるようにすることも大切である。

　また，都市化や核家族化の進行により，日常の生活において，児童が高齢者と交流する機会は減少している。そのため，学校は児童が高齢者と自然に触れ合い交流する機会を設け，高齢者に対する感謝と尊敬の気持ちや思いやりの心を育み，高齢者から様々な生きた知識や人間の生き方を学んでいくことが大切である。高齢者との交流としては，例えば，授業や学校行事などに地域の高齢者を招待したり，高齢者福祉施設などを訪問したりして，高齢者の豊かな体験に基づく話を聞き，介護の簡単な手伝いをするなどといった体験活動が考えられる。また，異年齢の子供など地域の様々な人々との世代を越えた交流を図っていくことも考えられる。

　こうした取組を進めるに当たっては，総合的な学習の時間や特別活動などを有意義に活用するとともに，学校は介護や福祉の専門家の協力を求めたり，地域社会や学校外の関係施設や団体で働く人々と連携したりして，積極的に交流を進めていくことが大切である。

② 学校相互間の連携や交流（第1章第5の2のイ）

> イ　他の小学校や，幼稚園，認定こども園，保育所，中学校，高等学校，特別支援学校などとの間の連携や交流を図るとともに，障害のある幼児児童生徒との交流及び共同学習の機会を設け，共に尊重し合いながら協働して生活していく態度を育むようにすること。

　学校同士が相互に連携を図り，積極的に交流を深めることによって，学校生活をより豊かにするとともに，児童の人間関係や経験を広げるなど広い視野に立った適切な教育活動を進めていくことが必要である。その際には，近隣の学校のみならず異なった地域の学校同士において，あるいは同一校種だけでなく異校種間においても，このような幅広い連携や交流が考えられる。

　学校間の連携としては，例えば，同一市区町村等の学校同士が学習指導や生徒指導のための連絡会を設けたり，合同の研究会や研修会を開催したりすることな

どが考えられる。その際，幼稚園や認定こども園，保育所，中学校との間で相互に幼児児童生徒の実態や指導の在り方などについて理解を深めることは，それぞれの学校段階の役割の基本を再確認することとなるとともに，広い視野に立って教育活動の改善・充実を図っていく上で極めて有意義であり，幼児児童生徒に対する一貫性のある教育を相互に連携し協力し合って推進するという新たな発想や取組が期待される。

学校同士の交流としては，例えば，近隣の小学校や幼稚園，認定こども園，保育所，校区の中学校と学校行事，クラブ活動や部活動，自然体験活動，ボランティア活動などを合同で行ったり，自然や社会環境が異なる学校同士が相互に訪問したり，コンピュータや情報通信ネットワークなどを活用して交流したり，特別支援学校などとの交流を図ったりすることなどが考えられる。これらの活動を通じ，学校全体が活性化するとともに，児童が幅広い体験を得，視野を広げることにより，豊かな人間形成を図っていくことが期待される。

障害者基本法第16条第3項にも規定するとおり，障害のある幼児児童生徒との交流及び共同学習は，児童が障害のある幼児児童生徒とその教育に対する正しい理解と認識を深めるための絶好の機会であり，同じ社会に生きる人間として，お互いを正しく理解し，共に助け合い，支え合って生きていくことの大切さを学ぶ場でもあると考えられる。特別支援学校との交流の内容としては，例えば，学校行事や学習を中心に活動を共にする直接的な交流及び共同学習のほか，文通や作品の交換といった間接的な交流及び共同学習が考えられる。なお，交流及び共同学習の実施に当たっては，双方の学校同士が十分に連絡を取り合い，指導計画に基づく内容や方法を事前に検討し，各学校や障害のある幼児児童生徒一人一人の実態に応じた様々な配慮を行うなどして，組織的に計画的，継続的な交流及び共同学習を実施することが大切である。

また，特別支援学級の児童との交流及び共同学習は，日常の様々な場面で活動を共にすることが可能であり，双方の児童の教育的ニーズを十分把握し，校内の協力体制を構築し，効果的な活動を設定することなどが大切である。

第6節　道徳教育推進上の配慮事項

1　道徳教育の指導体制と全体計画

(1) 道徳教育の指導体制（第1章第6の1の前段）

> 1　各学校においては，第1の2の(2)に示す道徳教育の目標を踏まえ，道徳教育の全体計画を作成し，校長の方針の下に，道徳教育の推進を主に担当する教師（以下「道徳教育推進教師」という。）を中心に，全教師が協力して道徳教育を展開すること。

ア　校長の方針の明確化

　道徳教育は，第1章総則第1の2(2)に示すように，学校の教育活動全体で行うものであり，学校の教育課程の管理者である校長は，その指導力を発揮し，学校の道徳教育の基本的な方針を全教師に明確に示すことが必要である。校長は道徳教育の改善・充実を視野におきながら，関係法規や社会的な要請，学校や地域社会の実情，児童の道徳性に関わる実態，家庭や地域社会の期待などを踏まえ，学校の教育目標との関わりで，道徳教育の基本的な方針等を明示しなければならない。

　校長が道徳教育の方針を明示することにより，全教師が道徳教育の重要性についての認識を深めるとともに，学校の道徳教育の重点や推進すべき方向について共通に理解し，具体的な指導を行うことができる。また，校長の方針は，全教師が協力して学校の道徳教育の諸計画を作成し，展開し，その不断の改善，充実を図っていく上でのよりどころになるものである。

イ　道徳教育推進教師を中心とした全教師による協力体制の整備
　(ｱ)　道徳教育推進教師の役割

　　道徳教育推進教師には，学校の教育活動全体を通じて行う道徳教育を推進する上での中心となり，全教師の参画，分担，協力の下に，その充実が図られるよう働きかけていくことが望まれる。機能的な協力体制を整えるためには，道徳教育推進教師の役割を明確にしておく必要があり，その役割としては，以下に示すような事柄が考えられる。

　　・　道徳教育の指導計画の作成に関すること
　　・　全教育活動における道徳教育の推進，充実に関すること

- 道徳科の充実と指導体制に関すること
- 道徳用教材の整備・充実・活用に関すること
- 道徳教育の情報提供や情報交換に関すること
- 道徳科の授業公開など家庭や地域社会との連携に関すること
- 道徳教育の研修の充実に関すること
- 道徳教育における評価に関すること　など

　各教師がそれぞれの役割を自覚しその役割を進んで果たす上でも，機能的な協力体制を整えることは重要である。

　なお，道徳教育推進教師については，その職務の内容に鑑み，校長が適切に任ずるとともに，学校の実態に応じて人数等に工夫を加えるなどの創意工夫した対応が求められる。さらに，道徳教育推進教師の研修や近隣の学校の道徳教育推進教師との連携等も積極的に進め，道徳教育の充実に努めることが大切である。

(イ)　協力体制の充実

　学校が組織体として一体となって道徳教育を進めるためには，校長の明確な方針と道徳教育推進教師等の役割の明確化とともに，全教師が指導力を発揮し，協力して道徳教育を展開できる体制を整える必要がある。例えば，学校全体の道徳教育を推進するための組織や家庭や地域社会との連携等の推進上の課題にあわせた組織を設けたり，各学年段階や校務分掌ごとに推進するための体制を整えたりするなど，学校の実情に応じて全教師が積極的に関わることができる機能的な協力体制を構築することが大切である。

(2) 道徳教育の全体計画（第1章第6の1の後段）

> 　なお，道徳教育の全体計画の作成に当たっては，児童や学校，地域の実態を考慮して，学校の道徳教育の重点目標を設定するとともに，道徳科の指導方針，第3章特別の教科道徳の第2に示す内容との関連を踏まえた各教科，外国語活動，総合的な学習の時間及び特別活動における指導の内容及び時期並びに家庭や地域社会との連携の方法を示すこと。

ア　全体計画の意義

　道徳教育の全体計画は，学校における道徳教育の基本的な方針を示すとともに，学校の教育活動全体を通して，道徳教育の目標を達成するための方策を総合的に示した教育計画である。

　学校における道徳教育の中軸となるのは，学校の設定する道徳教育の基本方針である。全体計画は，その基本方針を具現化し，学校としての道徳教育の目

標を達成するために，どのようなことを重点的に推進するのか，各教育活動はどのような役割を分担し関連を図るのか，家庭や地域社会との連携をどう進めていくのかなどについて総合的に示すものでなければならない。

このような全体計画は，特に次の諸点において重要な意義をもつ。

(ア) 人格の形成及び国家，社会の形成者として必要な資質の育成を図る場として学校の特色や実態及び課題に即した道徳教育が展開できる

各学校においては，様々な教育の営みが人格の形成や国家，社会の形成者として必要な資質の育成につながっていることを意識し，特色があり，課題を押さえた道徳教育の充実を図ることができる。

(イ) 学校における道徳教育の重点目標を明確にして推進することができる

学校としての重点目標を明確にし，それを全教師が共有することにより，学校の教育活動全体で行う道徳教育に方向性をもたせることができる。

(ウ) 道徳教育の要としての道徳科の位置付けや役割が明確になる

道徳科で進めるべきことを押さえるとともに，教育活動相互の関連を図ることができる。また，全体計画は，道徳科の年間指導計画を作成するよりどころにもなる。

(エ) 全教師による一貫性のある道徳教育が組織的に展開できる

全教師が全体計画の作成に参加し，その活用を図ることを通して，道徳教育の方針やそれぞれの役割についての理解が深まり，組織的で一貫した道徳教育の展開が可能となる。

(オ) 家庭や地域社会との連携を深め，保護者や地域の人々の積極的な参加や協力を可能にする

全体計画を公表し，家庭や地域社会の理解を得ることにより，家庭や地域社会と連携し，その協力を得ながら道徳教育の充実を図ることができる。

イ 全体計画の内容

全体計画は，各学校において，校長の明確な方針の下に，道徳教育推進教師が中心となって，全教師の参加と協力により創意と英知を結集して作成されるものである。作成に当たっては，上記の意義を踏まえて次の事項を含めることが望まれる。

(ア) 基本的把握事項

計画作成に当たって把握すべき事項として，次の内容が挙げられる。

- 教育関係法規の規定，時代や社会の要請や課題，教育行政の重点施策
- 学校や地域社会の実態と課題，教職員や保護者の願い
- 児童の実態と課題

(イ) 具体的計画事項

基本的把握事項を踏まえ，各学校が全体計画に示すことが望まれる事項として，次の諸点を挙げることができる。

- 学校の教育目標，道徳教育の重点目標，各学年の重点目標
- 道徳科の指導の方針
- 年間指導計画を作成する際の観点や重点目標に関わる内容の指導の工夫，校長や教頭等の参加，他の教師との協力的な指導
- 各教科，外国語活動，総合的な学習の時間及び特別活動などにおける道徳教育の指導の方針，内容及び時期

  重点内容項目との関連や各教科等の指導計画を作成する際の道徳教育の観点を記述する。また，各教科等の方針に基づいて進める道徳性の育成に関わる指導の内容及び時期を整理して示す。
- 特色ある教育活動や豊かな体験活動における指導の方針，内容及び時期

  学校や地域社会の特色を生かした取組や集団宿泊活動，ボランティア活動，自然体験活動などの体験活動や実践活動における道徳性を養うための方針を示す。また，その内容及び時期等を整理して示すことも考えられる。
- 学級，学校の人間関係，環境の整備や生活全般における指導の方針

  日常的な学級経営を充実させるための具体的な計画等を記述する。
- 家庭，地域社会，他の学校や関係機関との連携の方法

  協力体制や道徳科の授業公開，広報活動，保護者や地域の人々の参加や協力の内容及び時期，具体的な計画等を記述する。
- 道徳教育の推進体制

  道徳教育推進教師の位置付けも含めた全教師による推進体制を示す。
- その他

  例えば，次年度の計画に生かすための評価の記入欄，研修計画や重点的指導に関する添付資料等を記述する。

なお，全体計画を一覧表にして示す場合は，必要な各事項について文章化したり具体化したりしたものを加えるなどの工夫が望まれる。例えば，各教科等における道徳教育に関わる指導の内容及び時期を整理したもの，道徳教育に関わる体験活動や実践活動の時期等が一覧できるもの，道徳教育の推進体制や家庭や地域社会等との連携のための活動等が分かるものを別葉にして加えるなどして，年間を通して具体的に活用しやすいものとすることが考えられる。

また，作成した全体計画は，家庭や地域の人々の積極的な理解と協力を得るとともに，様々な意見を聞き一層の改善に役立てるために，その趣旨や概要等

を学校通信に掲載したり，ホームページで紹介したりするなど，積極的に公開していくことが求められる。

ウ　全体計画作成上の創意工夫と留意点

全体計画の作成に当たっては，理念だけに終わることなく，具体的な指導に生きて働くものになるよう，体制を整え，全教師で創意工夫を生かして，特に次のことに留意しながら作業を進めることが大切である。

(ア)　校長の明確な方針の下に道徳教育推進教師を中心として全教師の協力・指導体制を整える

学校における道徳教育は，人格の基盤となる道徳性を養うものであり，学校の教育活動全体で指導し，家庭や地域社会との連携の下に進めねばならないことから，特に校長が指導力を発揮し，道徳教育推進教師が中心となって全教師が全体計画の作成に積極的に参画するよう体制を整える必要がある。

(イ)　道徳教育や道徳科の特質を理解し，教師の意識の高揚を図る

全教師が，道徳教育及び道徳科の重要性や特質について理解を深められるよう，関係する教育法規や教育課程の仕組み，時代や社会の要請，児童の実態，保護者や地域の人々の意見等について十分研修を行い，教師自身の日常的な指導の中での課題が明確になるようにする。そのことを通して，全体計画の作成に関わる教師の意識の高揚を図ることができ，その積極的な活用につなげることができる。

(ウ)　各学校の特色を生かして重点的な道徳教育が展開できるようにする

全体計画の作成に当たっては，学校や地域社会の実態を踏まえ，各学校の課題を明らかにし，道徳教育の重点目標や各学年の指導の重点を明確にするなど，各学校の特色が生かされるよう創意工夫することが大切である。

第1章総則第6の2には，今日的課題と学年段階ごとの発達上の課題を踏まえて重点的な指導を行う観点が示されている。各学校においては，それぞれの実態に応じて，学年段階ごとに第3章特別の教科道徳の第2の内容に示す内容項目の指導を通して，全体としてこれらの観点の指導が充実するよう工夫する必要がある。

また，道徳科の年間指導計画の作成に当たっても，全体計画に示した重点的な指導が反映されるよう配慮することが求められる。

(エ)　学校の教育活動全体を通じた道徳教育の相互の関連性を明確にする

各教科，外国語活動，総合的な学習の時間及び特別活動における道徳教育を，道徳科の内容との関連で捉え，道徳科が要としての役割を果たせるよう計画を工夫することが重要である。

また，学校教育全体において，豊かな体験活動がなされるよう計画するとともに，体験活動を生かした道徳科が効果的に展開されるよう道徳科の年間指導計画等においても創意工夫することが大切である。
(オ) 家庭や地域社会，学校間交流，関係諸機関等との連携に努める
　　全体計画を具体化するには，保護者，地域の人々の協力が不可欠である。
　　また，近接の幼稚園や保育所，小・中・高等学校，特別支援学校などとの連携や交流を図り，共通の関心の下に指導を行うとともに，福祉施設，企業等との連携や交流を深めることも大切であり，それらが円滑に行われるような体制等を工夫することが求められる。
(カ) 計画の実施及び評価・改善のための体制を確立する
　　全体計画は，学校における道徳教育の基本を示すものである。したがって，頻繁に変更することは適切ではないが，評価し，改善の必要があれば直ちにそれに着手できる体制を整えておくことが大切である。また，全教師による一貫性のある道徳教育を推進するためには，校内の研修体制を充実させ，全体計画の具体化や評価，改善に当たって必要となる事項についての理解を深める必要がある。

(3) 各教科等における指導の基本方針

　学校における道徳教育は，道徳科を要として学校の教育活動全体を通じて行われる。

　各教科等でどのように道徳教育を行うかについては，学校の創意工夫によるところであるが，各教科等は，各教科等の目標に基づいてそれぞれに固有の指導を充実させる過程で，道徳性が養われることを考え，見通しをもって指導することが重要である。

　各教科等の指導を通じて児童の道徳性を養うためには，教師の用いる言葉や児童への接し方，授業に臨む姿勢や熱意といった教師の態度や行動による感化とともに，次のような視点が挙げられる。

　ア　道徳教育と各教科等の目標，内容及び教材との関わり
　　各教科等の目標や内容には，児童の道徳性を養うことに関わりの深い事柄が含まれている。各教科等において道徳教育を適切に行うためには，まず，それぞれの特質に応じて道徳の内容に関わる事項を明確にする必要がある。それらに含まれる道徳的価値を意識しながら学校独自の重点内容項目を踏まえて指導することにより，道徳教育の効果も一層高めることができる。
　イ　学習活動や学習態度への配慮
　　各教科等では，それぞれの授業を通して学習態度や学習習慣が育てられて

いく。その視点から，児童が伸び伸びとかつ真剣に学習に打ち込めるよう留意し，思いやりがあり，自主的かつ協力的な学級の雰囲気や人間関係となるよう配慮することが大切である。話合いの中で自分の考えをしっかりと発表すると同時に友達の意見に耳を傾けること，各自で，あるいは協同して課題に最後まで取り組むことなどは，各教科等の学習効果を高めるとともに，望ましい道徳性を養うことにもなる。

このように，学習活動や学習態度への配慮に関わる指導について道徳的価値を視点に行うことが考えられる。

なお，学校教育の様々な場面において，具体的な道徳的習慣や道徳的行為について指導を行うことがあるが，その際に最終的なねらいとしているのは，指導を通じてそれらの意義を理解し，自らの判断により，進んで適切な実践ができるような道徳性を養うことである。

(4) 各教科等における道徳教育

各教科等における道徳教育については，第2章各教科，第4章外国語活動，第5章総合的な学習の時間及び第6章特別活動における「第3　指導計画の作成と内容の取扱い」に，第3章特別の教科道徳の第2に示す内容についてそれぞれの特質に応じて適切に指導することが示されているが，具体的には，次のような配慮をすることが求められる。

ア　国語科

国語で正確に理解したり適切に表現したりする資質・能力を育成する上で，日常生活における人との関わりの中で伝え合う力を高めることは，学校の教育活動全体で道徳教育を進めていくための基盤となるものである。また，思考力や想像力を養うこと及び言語感覚を豊かにすることは，道徳的心情や道徳的判断力を養う基本になる。さらに，我が国の言語文化に関わり，国語を尊重してその能力の向上を図る態度を養うことは，伝統と文化を尊重し，それらを育んできた我が国と郷土を愛することなどにつながるものである。

教材選定の観点として，第2章第1節国語の第3の3(2)に，道徳性の育成に資する項目を国語科の特質に応じて示している。

イ　社会科

地域や我が国の歴史や伝統と文化を通して社会生活について理解することや，多角的な思考や理解を通して，地域社会に対する誇りと愛情，我が国の国土と歴史に対する愛情を涵養することは，伝統と文化を尊重し，それらを育んできた我が国と郷土を愛することなどにつながるものである。また，国際社会に生きる平和で民主的な国家及び社会の形成者としての自覚をもち，

自他の人格を尊重し，社会的義務や責任を重んじ，公正に判断しようとする態度や能力などの公民としての資質・能力の基礎を養うことは，主として集団や社会との関わりに関する内容などと密接に関係するものである。

ウ　算数科

算数科の目標にある「日常の事象を数理的に捉え見通しをもち筋道を立てて考察する力」を育てることは，道徳的な判断力の育成にも資するものである。また，「算数で学んだことを生活や学習に活用しようとする態度」を育てることは，工夫して生活や学習をしようとする態度を育てることにも資するものである。

エ　理科

栽培や飼育などの体験活動を通して自然を愛する心情を育てることは，生命を尊重し，自然環境の保全に寄与する態度の育成につながるものである。また，見通しをもって観察，実験を行うことや，問題解決の力を育てることは，道徳的判断力や真理を大切にしようとする態度の育成にも資するものである。

オ　生活科

自分自身，身近な人々，社会及び自然と直接関わる活動や体験を通して，自然に親しみ，生命を大切にするなど自然との関わりに関心をもつこと，自分のよさや可能性に気付くなど自分自身について考えさせること，生活上のきまり，言葉遣い，振る舞いなど生活上必要な習慣を身に付け，自立し生活を豊かにしていくための資質・能力を育成することなど，いずれも道徳教育と密接な関わりをもつものである。

カ　音楽科

音楽科の「第1　目標」(3)に，「音楽活動の楽しさを体験することを通して，音楽を愛好する心情と音楽に対する感性を育むともに，音楽に親しむ態度を養い，豊かな情操を培う」と示している。音楽を愛好する心情や音楽に対する感性は，美しいものや崇高なものを尊重する心につながるものであり，また，音楽科の学習指導を通して培われる豊かな情操は，道徳性の基盤を養うものである。

音楽科で取り扱う共通教材は，我が国の伝統や文化，自然や四季の美しさや，夢や希望をもって生きることの大切さなどを含んでおり，道徳的心情の育成に資するものである。

キ　図画工作科

図画工作科においては，「第1　目標」(3)において「つくりだす喜びを味わうとともに，感性を育み，楽しく豊かな生活を創造しようとする態度を養

い，豊かな情操を培う」と示している。つくりだす喜びを味わうようにすることは，美しいものや崇高なものを尊重する心につながるものである。また，造形的な創造による豊かな情操は，道徳性の基盤を養うものである。

ク　家庭科

日常生活に必要な基礎的な知識や技能を身に付け，生活をよりよくしようと工夫する資質・能力を育てることは，生活習慣の大切さを知り，自分の生活を見直すことにつながるものである。また，家庭生活を大切にする心情を育むことは，家族を敬愛し，楽しい家庭をつくり，家族の役に立つことをしようとすることにつながるものである。

ケ　体育科

自己の課題の解決に向けて運動したり，集団で楽しくゲームを行ったりすることを通して，最後まで粘り強く取り組む，気持ちのよい挨拶をする，仲間と協力する，勝敗を受け入れる，フェアなプレイを大切にする，仲間の考えや取組を理解するなどの態度が養われる。

健康・安全についての理解は，生活習慣の大切さを知り，自己の生活を見直すことにつながるものである。

コ　外国語科

外国語科においては，第1の目標(3)として「外国語の背景にある文化に対する理解を深め，他者に配慮しながら，主体的に外国語を用いてコミュニケーションを図ろうとする態度を養う」と示している。「外国語の背景にある文化に対する理解を深め」ることは，世界の中の日本人としての自覚をもち，国際的視野に立って，世界の平和と人類の幸福に貢献することにつながるものである。また，「他者に配慮」することは，外国語の学習を通して，他者を配慮し受け入れる寛容の精神や平和・国際貢献などの精神を獲得し，多面的思考ができるような人材を育てることにつながる。

サ　外国語活動

外国語活動においては，第1の目標(3)として「外国語を通して，言語やその背景にある文化に対する理解を深め，相手に配慮しながら，主体的に外国語を用いてコミュニケーションを図ろうとする態度を養う」と示している。「外国語を通して，言語やその背景にある文化に対する理解を深め」ることは，世界の中の日本人としての自覚をもち，国際的視野に立って，世界の平和と人類の幸福に貢献することにつながるものである。また，「相手に配慮」することは，外国語の学習を通して，相手に配慮し受け入れる寛容の精神や平和・国際貢献などの精神を獲得し，多面的思考ができるような人材を育てることにつながる。

シ　総合的な学習の時間

総合的な学習の時間においては，目標を「探究的な見方・考え方を働かせ，横断的・総合的な学習を行うことを通して，よりよく課題を解決し，自己の生き方を考えていくための資質・能力を次のとおり育成する」とし，育成を目指す資質・能力の三つの柱を示している。

総合的な学習の時間の内容は，各学校で定めるものであるが，目標を実現するにふさわしい探究課題については，例えば，国際理解，情報，環境，福祉・健康などの現代的な諸課題に対応する横断的・総合的な課題，地域の人々の暮らし，伝統と文化など地域や学校の特色に応じた課題，児童の興味・関心に基づく課題などを踏まえて設定することが考えられる。児童が，横断的・総合的な学習を探究的な見方・考え方を働かせて行うことを通して，このような現代社会の課題などに取り組み，これらの学習が自己の生き方を考えることにつながっていくことになる。

また，探究課題の解決を通して育成を目指す資質・能力については，主体的に判断して学習活動を進めたり，粘り強く考え解決しようとしたり，自己の目標を実現しようとしたり，他者と協調して生活しようとしたりする資質・能力を育てることも重要であり，このような資質・能力の育成は道徳教育につながるものである。

ス　特別活動

特別活動における学級や学校生活における集団活動や体験的な活動は，日常生活における道徳的な実践の指導を行う重要な機会と場であり，道徳教育において果たす役割は大きい。特別活動の目標には，「集団活動に自主的，実践的に取り組み」「互いのよさや可能性を発揮」「集団や自己の生活上の課題を解決」など，道徳教育でもねらいとする内容が含まれている。また，目指す資質・能力には，「多様な他者との協働」「人間関係」「自己の生き方」「自己実現」など，道徳教育がねらいとする内容と共通している面が多く含まれており，道徳教育において果たすべき役割は極めて大きい。

具体的には，例えば，多様な他者の意見を尊重しようとする態度，自己の役割や責任を果たして生活しようとする態度，よりよい人間関係を形成しようとする態度，みんなのために進んで働こうとする態度，自分たちできまりや約束をつくって守ろうとする態度，目標をもって諸問題を解決しようとする態度，自己のよさや可能性を大切にして集団活動を行おうとする態度などは，集団活動を通して身に付けたい道徳性である。

特に，学級活動については，道徳教育の各学年段階における配慮事項を踏まえて，学級活動における各学年段階の指導における配慮事項を示している。

また，学級活動の内容(1)の「学級や学校の生活づくりへの参画」は，学級や学校の生活上の諸課題を見いだし，これを自主的に取り上げ，協力して解決していく自発的，自治的な活動である。このような児童による自発的，自治的な活動によって，よりよい人間関係の形成やよりよい生活づくりに参画する態度などに関わる道徳性を身に付けることができる。学級活動の内容(2)の「日常の生活や学習への適応と自己の成長及び健康安全」では，基本的な生活習慣の形成やよりよい人間関係の形成，心身ともに健康で安全な生活態度の形成，食育の観点を踏まえた学校給食と望ましい食習慣の形成を示している。また学級活動(3)の「一人一人のキャリア形成と自己実現」では，現在や将来に希望や目標をもって生きる意欲や態度の形成，社会参画意識の醸成や働くことの意義の理解，主体的な学習態度の形成と学校図書館等の活用を示している。これらのことについて，自らの生活を振り返り，自己の目標を定め，粘り強く取り組み，よりよい生活態度を身に付けようとすることは，道徳性を養うことと密接に関わるものである。

　児童会活動においては，異年齢の児童が学校におけるよりよい生活を築くために，諸問題を見いだし，これを自主的に取り上げ，協力して解決していく自発的，自治的な児童会活動は，異年齢によるよりよい人間関係の形成やよりよい学校生活づくりに参画する態度などに関わる道徳性を養うことができる。

2　指導内容の重点化（第1章第6の2）

> 2　各学校においては，児童の発達の段階や特性等を踏まえ，指導内容の重点化を図ること。その際，各学年を通じて，自立心や自律性，生命を尊重する心や他者を思いやる心を育てることに留意すること。また，各学年段階においては，次の事項に留意すること。
> (1) 第1学年及び第2学年においては，挨拶などの基本的な生活習慣を身に付けること，善悪を判断し，してはならないことをしないこと，社会生活上のきまりを守ること。
> (2) 第3学年及び第4学年においては，善悪を判断し，正しいと判断したことを行うこと，身近な人々と協力し助け合うこと，集団や社会のきまりを守ること。
> (3) 第5学年及び第6学年においては，相手の考え方や立場を理解して支え合うこと，法やきまりの意義を理解して進んで守ること，集

> 団生活の充実に努めること，伝統と文化を尊重し，それらを育んで
> きた我が国と郷土を愛するとともに，他国を尊重すること。

　道徳教育を進めるに当たっては，児童の発達の段階や特性等を踏まえるとともに，学校，地域社会等の実態や課題に応じて，学校としての指導の重点に基づき各学年段階の指導内容についての重点化を図ることが大切である。

　どのような内容を重点的に指導するかは，最終的には，各学校が学校の実情や児童の実態などを踏まえ決定するものであるが，その際には社会的な要請や今日的課題についても考慮し，次のような配慮を行うことが求められる。

(1) 各学年を通じて配慮すること

　小学校においては，生きる上で基盤となる道徳的価値観の形成を図る指導を徹底するとともに自己の生き方についての指導を充実する観点から，各学年を通じて，自立心や自律性，生命を尊重する心，他者を思いやる心の育成に配慮することが大切である。

　自立心や自律性は，児童がよりよい生き方を目指し，人格を形成していく上で核となるものであり，自己の生き方や人間関係を広げ，社会に参画をしていく上でも基盤となる重要な要素である。特に，小学校の段階では，児童が自己を肯定的に受け止め，自分の生活を見直し，将来に向けて夢や希望をもち，よりよい生活や社会をつくり出そうとする態度の育成が求められている。その際，児童が自己理解を深め，自己を肯定的に受け止めることと，自己に責任をもち，自律的な態度をもつことの両面を調和のとれた形で身に付けていくことができるようにすることが重要である。

　生命を尊重する心は，生命の尊厳を感得し，生命ある全てのものを尊重しようとする心のことである。生命を尊重する心の育成は，道徳教育を進めるに当たって特に留意しなければならないこととして生命に対する畏敬の念を生かすことを示しているように，豊かな心を育むことの根本に置かれる重要な課題の一つである。いじめによる自殺などが社会的な問題となっている現在，児童が生きることを喜ぶとともに，生命に関する問題として老いや死などについて考え，他者と共に生命の尊さについて自覚を深めていくことは，特に重要な課題である。

　他を思いやる心は，児童が自立した一人の人間として人生を他者と共に，よりよく生きる人格形成を図る道徳教育の充実を目指す上で不可欠なものである。相手の気持ちや立場を推し量り自分の思いを相手に向けることは，よりよい人間関係を築くために重要である。

(2) 学年段階ごとに配慮すること

各学年を通じて配慮することに加えて,各学年段階においては,次の事項に留意することが求められる。

　ア　第1学年及び第2学年

　　第1学年及び第2学年の段階では,挨拶などの基本的な生活習慣を身に付けることや善悪を判断し,してはならないことをしないこと,社会生活上のきまりを守ることについて配慮して指導に当たることが求められる。

　　基本的な生活習慣は,健全な生活を送る上で必要なものであり,健康や安全に関わること,物の活用や整理整頓に関わることなどがあるが,小学校生活の入門期で身に付くような指導をすることが求められる。

　　善悪を判断し,してはならないことをしないことは,例えば,うそを言わない,人を傷付けない,人のものを盗まないなど,人としてしてはならないことや善悪について自覚し,その上に立って社会生活上のきまりを守ることができるよう指導することが大切である。第1学年及び第2学年の段階では,幼児期の教育との接続に配慮するとともに,家庭と連携しながら,これらの内容を繰り返し指導することが大切である。

　イ　第3学年及び第4学年

　　第3学年及び第4学年では,善悪を判断し,正しいと判断したことを行うこと,身近な人々と協力し助け合うこと,集団や社会のきまりを守ることに配慮して指導に当たることが求められる。

　　一般に,この段階の児童は,学校生活に慣れ,行動範囲や人間関係が広がり活動的になる。他方,社会的認識能力をはじめ思考力が発達し,視野が拡大するとともに,内省する心も育ってくると言われる。第1学年及び第2学年の重点を踏まえた指導の充実を基本として,特に身近な人々と協力し助け合うこと,さらには集団や社会のきまりを守ることについて理解し,自ら判断できる力を育てることへの配慮が求められる。

　ウ　第5学年及び第6学年

　　第5学年及び第6学年では,相手の考え方や立場を理解して支え合うこと,法やきまりの意義を理解して進んで守ること,集団生活の充実に努めること,伝統と文化を尊重し,それらを育んできた我が国と郷土を愛するとともに,他国を尊重することに配慮することが大切になる。

　　この段階は,小学校教育の完成期であり高学年段階の児童としての自覚ある行動が求められる。第3学年及び第4学年の重点を踏まえた指導の充実を基本として,日本人としての自覚をもって我が国の伝統と文化を理解し,それらを育んできた我が国と郷土を愛するとともに他国の伝統と文化を尊重す

ることなどに関する指導に配慮することが求められる。この時期の児童は，知識欲も旺盛で，集団における自己の役割の自覚も大いに進む。自己や社会の未来への夢や目標を抱き，理想を求めて主体的に生きていく力の育成が図られるよう，それまでの学年における指導を踏まえ，中学校段階との接続も視野に入れ，特に国家・社会の一員としての自覚を育てることを重視した適切な指導を行う必要がある。

3 豊かな体験活動の充実といじめの防止（第1章第6の3）

> 3 学校や学級内の人間関係や環境を整えるとともに，集団宿泊活動やボランティア活動，自然体験活動，地域の行事への参加などの豊かな体験を充実すること。また，道徳教育の指導内容が，児童の日常生活に生かされるようにすること。その際，いじめの防止や安全の確保等にも資することとなるよう留意すること。

(1) 学校や学級内の人間関係や環境

児童の道徳性は，日々の人間関係の中で養われる。学校や学級における人的な環境は，主に教師と児童及び児童相互の関わりにおいて形成される。

また，教室や校舎・校庭などの物的な環境は，人的な環境とともに児童の道徳性を養うことに深く関わっている。児童が学級や学校を学習し生活する場として自覚するための環境整備に努めることが求められる。

ア 教師と児童の人間関係

児童の道徳性の多くの部分は，日々の人間関係の中で養われる。学校や学級における人的な環境は，主に教師と児童及び児童相互の関わりにおいて形成される。

教師と児童の人間関係は，教師に対する児童の尊敬と共感，児童に対する教師の教育的愛情，そして相互の信頼が基本になる。教師自身がよりよく生きようとする姿勢を示したり，教師が児童を尊重し児童から学ぼうとする姿勢を見せたりすることで信頼が強化される。そのためにも，教師と児童が共に語り合うことのできる場を日常から設定し，児童を理解する有効な機会となるようにすることが大切である。

イ 児童相互の人間関係

児童相互の人間関係を豊かにするには，相互の交流を深め，互いが伸び伸びと生活できる状況をつくることが大切である。児童一人一人が互いに認め

合い，励まし合い，学び合う場と機会を意図的に設けるとともに，教師は児童の人間関係が常に変化していることに留意しつつ，座席換えやグループ編成の在り方などについても適切に見直しを図る必要がある。また，異学年間の交流を図ることは，児童相互による道徳教育の機会を増すことになる。

　ウ　環境の整備

　児童の道徳性を養う上で，人的な環境とともに物的な環境も大切である。具体的には，言語環境の充実，整理整頓され掃除の行き届いた校舎や教室の整備，児童が親しみをもって接することのできる身近な動植物の飼育栽培，各種掲示物の工夫などは，児童の道徳性を養う上で，大きな効果が期待できる。各学校や各学級においては，計画的に環境の充実・整備に取り組むとともに，日頃から児童の道徳性を養うという視点で学校や教室の環境の整備に努めたい。

　また，学校や学級の環境の充実・整備を教職員だけが中心となって進めるだけでなく，児童自らが自分たちの学級や学校の環境の充実・整備を積極的に行うことができるよう，特別活動等とも関連を図りながら指導することも大切である。

(2) 豊かな体験の充実

　集団生活を通して協力して役割を果たすことの大切さなどを考える集団宿泊活動，社会の一員であるという自覚と互いが支え合う社会の仕組みを考え，自分自身をも高めるためのボランティア活動，自然や動植物を愛し，大切にする心を育てるための自然体験活動など，様々な体験活動の充実が求められている。各学校においては，学校の教育活動全体において学校の実情や児童の実態を考慮し，豊かな体験の積み重ねを通して児童の道徳性が養われるよう配慮することが大切である。その際には，児童に体験活動を通して道徳教育に関わるどのような内容を指導するのか指導の意図を明確にしておくことが必要であり，実施計画にもこのことを明記することが求められる。

　さらに，地域社会の行事への参加も，幅広い年齢層の人々と接し，人々の生活，文化，伝統に親しみ，地域社会に対する愛着を高めるだけでなく，地域社会への貢献などを通じて社会に参画する態度を育てるなど，児童にとっては道徳性を養う豊かな体験となる。具体的には，学校行事や総合的な学習の時間などでの体験活動として，自治会や社会教育施設など地域社会の関係機関・団体等で行う地域社会振興の行事や奉仕活動，自然体験活動，防災訓練などに学校や学年として参加することなどが考えられる。その場合には，その行事の性格や内容を事前に把握し，学校の目標や年間の指導計画との関連を明確にしながら児童の豊かな

体験が充実するよう進めることが大切である。

(3) 道徳教育の指導内容と児童の日常生活

　道徳教育で養う道徳性は，自己の生き方を考え，主体的な判断の下に行動し，自立した人間として他者と共によりよく生きるための基盤となるものである。日常生活においても，人から言われるからといった理由や周りのみんながしているからといった理由ではなく，物事を多面的，多角的に考え，自らの判断により，適切な行為を選択し，実践するなど，道徳教育の指導内容が児童の日常生活に生かされるようにすることが大切である。

　特に，いじめの防止や安全の確保といった課題についても，道徳教育や道徳科の特質を生かし，よりよく生きるための基盤となる道徳性を養うことで，児童がそれらの課題に主体的に関わることができるようにしていくことが大切である。

　ア　いじめの防止

　　いじめは，児童の心身の健全な発達に重大な影響を及ぼし，ともすると不登校や自殺などを引き起こす背景ともなる深刻な問題である。子供から大人まで，社会全体でいじめの防止等の指導を充実させていく必要がある。その対応として，いじめ防止対策推進法が公布され，平成25年9月から施行されている。各学校では，いじめ防止対策推進法に基づき，いじめ防止等のための対策に関する基本的な方針を定め，いじめの防止及び早期発見，早期対応に学校が一丸となって取り組むことが求められている。

　　いじめの防止等と道徳教育との関連を考えた場合，同法第15条の中に「児童等の豊かな情操と道徳心を培い，心の通う対人交流の能力の素地を養うことがいじめの防止に資することを踏まえ，全ての教育活動を通じた道徳教育及び体験活動等の充実を図らなければならない」と示されている。

　　すなわち，道徳教育においては，道徳科を要とし，教育活動全体を通して，生命を大切にする心や互いを認め合い，協力し，助け合うことのできる信頼感や友情を育むことをはじめとし，節度ある言動，思いやりの心，寛容な心などをしっかりと育てることが大切である。そして，学んだことが，日々の生活の中で，よりよい人間関係やいじめのない学級生活を実現するために自分たちにできることを相談し協力して実行したり，いじめに対してその間違いに気付き，友達と力を合わせ，教師や家族に相談しながら正していこうとしたりするなど，いじめの防止等に児童が主体的に関わる態度へとつながっていくのである。

　　なお，道徳教育の全体計画を立案するに当たっても，いじめの防止等に向けた道徳教育の進め方について具体的に示し，教職員の共通理解を図ること

が大切である。

これらのことを踏まえ，第1学年及び第2学年で，「自分の特徴に気付くこと」や「自分の好き嫌いにとらわれないで接すること」，第3学年及び第4学年で，「自分の考えや意見を相手に伝えるとともに，相手のことを理解し，自分と異なる意見も大切にすること」や「誰に対しても分け隔てをせず，公正，公平な態度で接すること」，第5学年及び第6学年で，「よりよく生きようとする人間の強さや気高さを理解し，人間として生きる喜びを感じること」について，新たに内容項目を追加した。

イ　安全の確保

児童自身が日常生活全般における安全確保のために必要な事項を実践的に理解し，生命尊重を基盤として，生涯を通じて安全な生活を送る基礎を培うとともに，進んで安全で安心な社会づくりに参加し貢献できるような資質や能力を育てることは，次世代の安全文化の構築にとって重要なことである。

道徳教育においては，自律的に判断することやよく考えて行動し，節度，節制に心掛けることの大切さ，生きている喜びや生命のかけがえのなさなど生命の尊さの自覚，力を合わせよりよい集団や社会の実現に努めようとする社会参画の精神などを深めることが，自他の安全に配慮して安全な行動をとったり，自ら危険な環境を改善したり，安全で安心な社会づくりに向けて学校，家庭及び地域社会の安全活動に進んで参加し，貢献したりするなど，児童が安全の確保に積極的に関わる態度につながる。交通事故及び犯罪，自然災害から身を守ることや危機管理など安全に関する指導に当たっては，学校の安全教育の目標や全体計画，各教科等との関連などを考えながら進めることが大切である。

4　家庭や地域社会との連携（第1章第6の4）

> 4　学校の道徳教育の全体計画や道徳教育に関する諸活動などの情報を積極的に公表したり，道徳教育の充実のために家庭や地域の人々の積極的な参加や協力を得たりするなど，家庭や地域社会との共通理解を深め，相互の連携を図ること。

(1) 道徳教育に関わる情報発信

学校で行う道徳教育は，自立した人間として他者と共によりよく生きるための基盤となる道徳性を養うことを目標として行われる。このような道徳性は学校生

活だけに限られたものではなく，家庭や地域社会においても，児童の具体的な行動を支える内面的な資質である。そのため，学校で行う道徳教育をより強化するためには，家庭や地域社会との連携，協力が重要になる。その際には，学校と家庭や地域社会が児童の道徳性を養う上での共通理解を図ることが不可欠である。

　道徳教育は学校が主体的に行う教育活動であることから，学校が道徳教育の方針を家庭や地域社会に伝え，理解と協力を得るようにしなければならない。

　具体的には，学校通信で校長の方針に基づいて作成した道徳教育の全体計画を示したり，道徳教育の成果としての児童のよさや成長の様子を知らせたりすることが考えられる。また，学校のホームページなどインターネットを活用した情報発信も家庭や地域社会に周知する上で効果的である。

(2) 家庭や地域社会との相互連携

　道徳教育の主体は学校であるが，学校の道徳教育の充実を図るためには，家庭や地域社会との連携，協力が必要である。学校の道徳教育に関わる情報発信と併せて，学校の実情に応じて相互交流の場を設定することが望まれる。例えば，学校での道徳教育の実情について説明したり，家庭や地域社会における児童のよさや成長などを知らせてもらったりする情報交換会を定例化し，児童の道徳性の発達や学校，家庭，地域社会の願いを交流し合う機会をもつことが考えられる。また，こうした情報交換で把握した問題点や要望などに着目した講演会の開催なども有効である。

　また，学校運営協議会制度などを活用して，学校の道徳教育の成果などを具体的に報告し，それについて意見を得るようにすることも考えられる。また，それらを学校評価に生かし道徳教育の改善を図るとともに，学校が家庭や地域社会と連携する方法を検討することも考えられる。学校，家庭，地域社会が連携して道徳教育の充実を図ることにより，保護者や地域の人々の道徳教育に関わる意識が高まることも期待できる。

（資　　料）

学習指導要領等の改訂の経過

　平成29年の小学校学習指導要領の改訂は，昭和22年に「教科課程，教科内容及びその取扱い」の基準として，初めて学習指導要領が編集，刊行されて以来，昭和26年，33年，43年，52年，平成元年，10年，20年の全面改訂に続く８回目の全面改訂である。

　昭和22年３月に学校教育法が制定されて，小学校教育は根本的な変革がなされ，教育課程についても大きな改革がなされた。
　すなわち，同年５月に学校教育法施行規則が制定され，学校教育法第20条の規定に基づいて教育課程（当時は「教科課程」と称していた。）に関する基本的な事項を定めるとともに，教育課程の基準としての学習指導要領を試案の形で作成した。

(1) 昭和22年の学習指導要領

　この最初の学習指導要領については，昭和22年３月に一般編が刊行され，同年内に算数科，家庭科，社会科，図画工作科，理科，音楽科及び国語科の各編が相次いで刊行され，昭和24年には体育科編が刊行された。この最初の学習指導要領における特色は次のとおりである。
　ア　従来の修身（公民），日本歴史及び地理を廃止し，新たに社会科を設けたこと。
　　　社会科は，児童が自分たちの社会に正しく適応し，その中で望ましい人間関係を実現し，進んで自分たちの属する共同社会を進歩向上させることができるように，社会生活を理解させ，社会的態度や社会的能力を養うことを目標とした。
　イ　新たに家庭科を設けたこと。
　　　家庭科は，従来女子だけに課していた裁縫や家事と異なり，男女共に課し，望ましい家族関係の理解と家族の一員としての自覚の下に，家庭生活に必要な技術を修めて生活の向上を図る態度や能力を養うことを目標とした。
　ウ　新たに自由研究を設けたこと。
　　　自由研究は，児童の自発的な活動を促すために，教師の指導の下に児童がそれぞれの興味と能力に応じて，教科の発展として行う活動や学年の区別なく同好の者が集まって行うクラブ活動などを行う時間として設けた。

資　料

エ　各教科の授業時数を改めたこと。

　　授業時数については，指導に弾力性をもたせるという趣旨から，各教科とも年間の総時数で表し，1年間を35週とした場合の週当たりの授業時数を併せて示した。また，日課表を作成する上で1単位時間を特に固定せず，学習の進み方などの必要に応じて変化のある学習が行われるようにした。

(2) 昭和26年の改訂

　昭和22年の学習指導要領は，戦後の教育改革の急に迫られて極めて短時日の間に作成されたもので，例えば，教科間の関連が十分図られていなかったことなどの問題があった。そこで，昭和23年以降学習指導要領の使用状況の調査を行う一方，実験学校における研究，編集委員会による問題点の研究などを行い，その改訂作業を始めた。さらに，昭和24年には，小学校，中学校及び高等学校の教育課程に関する事項の調査審議を行うための教育課程審議会を文部省に設け，同審議会から，昭和25年6月には小学校家庭科の存否，毛筆習字の課程の取扱い，自由研究の存否，総授業時数の改正などについて，昭和26年1月には道徳教育の振興について答申を受けた。

　このような経過を経て，学習指導要領は，昭和26年に全面的に改訂され，昭和22年の場合と同様に，一般編と各教科編に分けて試案の形で刊行された。その改訂の主な特色は次のとおりである。

ア　各教科の配当授業時数については，教科を学習の基礎となる教科（国語，算数），社会や自然についての問題解決を図る教科（社会，理科），主として創造的な表現活動を行う教科（音楽，図画工作，家庭），健康の保持増進を図る教科（体育）の4つの経験領域に分け，これらに充てる授業時数を教科の総授業時数に対する比率で示すこととし，教科と教科以外の総授業時数の基準を2個学年ごとにまとめて示したこと。

イ　家庭科（第5，第6学年）は他の教科と著しく重複する目標や指導内容を整理して存置することとしたこと。

ウ　毛筆習字は，国語学習の一部として第4学年から課すことができるようにしたこと。

エ　自由研究を発展的に解消し，教科の学習では達成されない目標に対する諸活動を包括して教科以外の活動とし，それらの活動を例示したこと。

　　また，道徳教育については，昭和26年の教育課程審議会の答申に基づいて，「道徳教育のための手引書要綱」を作成するとともに，学習指導要領一般編において，道徳教育は学校教育のあらゆる機会に指導すべきであるとし，社会科をはじめ各教科の道徳教育についての役割を明確にした。さらに，健康

教育についても同様に一般編において，教科，教科以外の活動を含めてあらゆる機会を通じて行われることが望ましいとした。

なお，この学習指導要領においては，昭和22年の学習指導要領の「教科課程」という用語に代えて「教育課程」という用語が用いられた。

その後，昭和28年に教育課程審議会から社会科の改善に関する答申を受け，「社会科の改善についての方策」を発表するとともに，この方策に沿って学習指導要領社会科編の改訂を行い，昭和30年12月に刊行した。この改訂においては，社会科における道徳教育の在り方を一層明確にするとともに，地理，歴史教育の系統性，指導内容の学年別配当を明らかにし，また，政治，経済，社会等については，小学校段階としての範囲を明確にするとともに世界的な視野に立った国民的自覚を促すことなどを強調した。

(3) 昭和33年の改訂

昭和26年の学習指導要領については，全教科を通じて，戦後の新教育の潮流となっていた経験主義や単元学習に偏り過ぎる傾向があり，各教科のもつ系統性を重視すべきではないかという問題があった。また，授業時数の定め方に幅があり過ぎるということもあり，地域による学力差が目立ち，国民の基礎教育という観点から基礎学力の充実が叫ばれるようになった。そのほか，基礎学力の充実に関連し科学技術教育の振興が叫ばれ，理科，算数の改善が要請された。

このような点を改善するため，昭和31年に教育課程審議会に「小学校・中学校教育課程の改善について」諮問し，昭和33年3月に同審議会から答申を受け，学習指導要領を全面的に改訂し，昭和36年4月から実施した。

学習指導要領の改訂に先だち，昭和33年8月に学校教育法施行規則の一部を改正した。その改正の要点は次のとおりである。

　ア　学習指導要領は，教育課程の基準として文部大臣が公示するものであると改め，学校教育法，同法施行規則，告示という法体系を整備して教育課程の基準としての性格を一層明確にしたこと。

　イ　小学校の教育課程は，各教科，道徳，特別教育活動及び学校行事等によって編成するということを明示したこと。

　ウ　小学校における各教科及び道徳の年間最低授業時数を明示したこと。

このように，従来は学習指導要領で規定していた事項を学校教育法施行規則において規定したのも，昭和33年の改訂の特色の一つである。

また，学習指導要領は，従来は一般編及び各教科編から成っていたが，この改訂において一つの告示にまとめ，教育課程の基準として必要な事項を規定するにとどめた。

昭和33年の改訂は，独立国家の国民としての正しい自覚をもち，個性豊かな文化の創造と民主的な国家及び社会の建設に努め，国際社会において真に信頼され，尊敬されるような日本人の育成を目指して行った。その改訂の特色は次のとおりである。

　ア　道徳の時間を特設して，道徳教育を徹底して行うようにしたこと。
　イ　基礎学力の充実を図るために，国語，算数の内容を再検討してその充実を図るとともに授業時数を増やしたこと。
　ウ　科学技術教育の向上を図るために，算数，理科の充実を図ったこと。
　エ　地理，歴史教育を充実改善したこと。
　オ　情操の陶冶，身体の健康，安全の指導を充実したこと。
　カ　小・中学校の教育の内容の一貫性を図ったこと。
　キ　各教科の目標及び指導内容を精選し，基本的な事項の学習に重点を置いたこと。
　ク　教育課程の最低基準を示し，義務教育の水準の維持を図ったこと。

(4) 昭和43年の改訂

　昭和33年の改訂後，我が国の国民生活の向上，文化の発展，社会情勢の進展はめざましいものがあり，また，我が国の国際的地位の向上とともにその果たすべき役割もますます大きくなりつつあった。そこで，教育内容の一層の向上を図り，時代の要請に応えるとともに，さらに，実施の経験にかんがみ，児童の発達の段階や個性，能力に即し，学校の実情に適合するように改善を行う必要があった。

　このため，昭和40年6月に教育課程審議会に「小学校，中学校の教育課程の改善について」諮問し，同審議会から昭和42年10月に答申を受け，昭和43年7月に学校教育法施行規則の一部を改正するとともに学習指導要領を全面的に改訂し，昭和46年4月から実施した。

　学校教育法施行規則の主な改正点は，次のとおりである。

　ア　小学校の教育課程は，国語，社会，算数，理科，音楽，図画工作，家庭及び体育の各教科，道徳並びに特別活動によって編成するものとしたこと。
　イ　小学校の各学年における各教科及び道徳の授業時数を，最低時数から標準時数に改めたこと。
　ウ　小学校の教育課程に関し，その改善に資する研究を行うため特に必要があり，かつ，児童の教育上適切な配慮がなされていると文部大臣が認める場合においては，文部大臣が別に定めるところにより，小学校学習指導要領等によらないことができることとしたこと。

また，この学習指導要領の改訂の方針は次のとおりである。

ア　小学校の教育は，教育基本法及び学校教育法の示すところに基づいて人間形成における基礎的な能力の伸長を図り，国民育成の基礎を養うものであるとしたこと。

イ　人間形成の上から調和と統一のある教育課程の実現を図ったこと。すなわち，基本的な知識や技能を習得させるとともに，健康や体力の増進を図り，正しい判断力や創造性，豊かな情操や強い意志の素地を養い，さらには，国家及び社会について正しい理解と愛情を育てるものとしたこと。

ウ　指導内容は，義務教育9年間を見通し，小学校段階として有効・適切な基本的な事項に精選したこと。この場合，特に時代の進展に応ずるようにしたこと。

(5) 昭和52年の改訂

　昭和43年の改訂後，我が国の学校教育は急速な発展を遂げ，昭和48年度には高等学校への進学率が90パーセントを超えるに至り，このような状況にどのように対応するかということが課題となっていた。また，学校教育が知識の伝達に偏る傾向があるとの指摘もあり，真の意味における知育を充実し，児童生徒の知・徳・体の調和のとれた発達をどのように図っていくかということが課題になっていた。

　そこで，昭和48年11月に教育課程審議会に「小学校，中学校及び高等学校の教育課程の改善について」諮問を行い，昭和51年12月に答申を受けた。答申においては，教育課程の基準の改善は，自ら考え正しく判断できる児童生徒の育成ということを重視しながら，次のようなねらいの達成を目指して行う必要があるとした。

①　人間性豊かな児童生徒を育てること。
②　ゆとりのあるしかも充実した学校生活が送れるようにすること。
③　国民として必要とされる基礎的・基本的な内容を重視するとともに児童生徒の個性や能力に応じた教育が行われるようにすること。

　この答申を受けて，昭和52年7月23日に学校教育法施行規則の一部を改正するとともに，小学校学習指導要領を全面的に改訂し，昭和55年4月から実施した。

　この改訂においては，自ら考え正しく判断できる力をもつ児童生徒の育成を重視し，次のような方針により改善を行った。

①　道徳教育や体育を一層重視し，知・徳・体の調和のとれた人間性豊かな児童生徒の育成を図ることとしたこと。
　　豊かな人間性を育てる上で必要な資質や徳性を児童の発達の段階に応じて

十分身に付けるようにするため，各教科等の目標の設定や指導内容の構成に当たって，これらの資質や徳性の涵養に特に配慮した。

② 各教科の基礎的・基本的事項を確実に身に付けられるように教育内容を精選し，創造的な能力の育成を図ることとしたこと。

各教科の指導内容については，次の4つの観点に立って，各学年段階において確実に身に付けさせるべき基礎的・基本的な事項に精選した。

ア　小・中・高等学校の指導内容の関連と学習の適時性を考慮して，各学年段階間の指導内容の再配分や精選を行った。

イ　各学年にわたって取り扱うことになっていた指導内容は必要に応じて集約化を図った。

ウ　各教科の指導内容の領域区分を整理統合した。

エ　各教科の目標を中核的なものに絞り，それを達成するための指導事項を基礎的・基本的なものに精選した。

③ ゆとりのある充実した学校生活を実現するため，各教科の標準授業時数を削減し，地域や学校の実態に即して授業時数の運用に創意工夫を加えることができるようにしたこと。

ゆとりのあるしかも充実した学校生活を実現するため，各教科の指導内容を精選するとともに，学校教育法施行規則の一部を改正し，第4学年では週当たり2単位時間，第5，6学年では4単位時間の標準授業時数の削減が行われた。このことによって，学校の教育活動にゆとりがもてるようにするとともに，地域や学校の実態に応じ創意を生かした教育活動が展開できるようにした。

④ 学習指導要領に定める各教科等の目標，内容を中核的事項にとどめ，教師の自発的な創意工夫を加えた学習指導が十分展開できるようにしたこと。

各教科等の目標や指導内容について中核的な事項のみを示すにとどめ，また，内容の取扱いについて指導上の留意事項や指導方法に関する事項などを大幅に削除した。このような大綱化を図ることによって学校や教師の創意工夫の余地を拡大した。

(6) 平成元年の改訂

昭和52年の改訂後，科学技術の進歩と経済の発展は，物質的な豊かさを生むとともに，情報化，国際化，価値観の多様化，核家族化，高齢化など，社会の各方面に大きな変化をもたらすに至った。しかも，これらの変化は，今後ますます拡大し，加速化することが予想された。

このような社会の変化に対応する観点から教育内容の見直しを行うことが求め

られていた。

そこで,昭和60年9月に教育課程審議会に「幼稚園,小学校,中学校及び高等学校の教育課程の基準の改善について」諮問を行い,昭和62年12月に答申を受けた。答申においては,次の諸点に留意して改善を図ることを提言している。

① 豊かな心をもち,たくましく生きる人間の育成を図ること。
② 自ら学ぶ意欲と社会の変化に主体的に対応できる能力の育成を重視すること。
③ 国民として必要とされる基礎的・基本的な内容を重視し,個性を生かす教育の充実を図ること。
④ 国際理解を深め,我が国の文化と伝統を尊重する態度の育成を重視すること。

この答申を受けて,平成元年3月15日に学校教育法施行規則の一部を改正するとともに,小学校学習指導要領を全面的に改訂し,平成4年4月から実施した。

学校教育法施行規則の主な改正点は,第1学年及び第2学年に,新教科として生活科を設定することとし,これに伴い,第1学年及び第2学年の社会及び理科は廃止したことである。各教科等の授業時数については,各学年の年間の総授業時数は変更しないが,第1学年及び第2学年に新設する生活科については,第1学年102単位時間,第2学年105単位時間をそれぞれ充てるとともに,第1学年及び第2学年において,国語の力の充実を図るため,国語の授業時数を第1学年34単位時間,第2学年35単位時間それぞれ増やした。

この改訂においては,生涯学習の基盤を培うという観点に立ち,21世紀を目指し社会の変化に自ら対応できる心豊かな人間の育成を図ることを基本的なねらいとし,次の方針により行った。

① 教育活動全体を通じて,児童の発達の段階や各教科等の特性に応じ,豊かな心をもち,たくましく生きる人間の育成を図ること。

これからの社会において自主的,自律的に生きる力を育てるため,道徳を中心にして各教科や特別活動においても,それぞれの特質に応じて,内容や指導方法の改善を図ることに配慮した。

② 国民として必要とされる基礎的・基本的な内容を重視し,個性を生かす教育を充実するとともに,幼稚園教育や中学校教育との関連を緊密にして各教科等の内容の一貫性を図ること。

各教科の内容については,小学校段階において確実に身に付けさせるべき基礎的・基本的な内容に一層の精選を図るとともに,基礎的・基本的な内容を児童一人一人に確実に身に付けさせるようにするため,個に応じた指導など指導方法の改善を図ることとした。また,個性を生かすためには,児童一

資 料

人一人が自分のものの見方や考え方をもつようにすることが大切であり，各教科において思考力，判断力，表現力等の能力の育成や，自ら学ぶ意欲や主体的な学習の仕方を身に付けさせることを重視した。
③ 社会の変化に主体的に対応できる能力の育成や創造性の基礎を培うことを重視するとともに，自ら学ぶ意欲を高めるようにすること。

各教科の内容については，これからの社会の変化に主体的に対応できるよう，思考力，判断力，表現力等の能力の育成を重視することとした。

また，生涯学習の基礎を培う観点から，学ぶことの楽しさや成就感を体得させ自ら学ぶ意欲を育てるため体験的な学習や問題解決的な学習を重視して各教科の内容の改善を行った。
④ 我が国の文化と伝統を尊重する態度の育成を重視するとともに，世界の文化や歴史についての理解を深め，国際社会に生きる日本人としての資質を養うこと。

我が国の文化と伝統に対する理解と関心を深め，それを大切にする態度の育成を図るとともに，日本人としての自覚やものの見方，考え方についての基礎を培う観点から，各教科等の内容の改善を図ることとした。その一環として，国旗及び国歌の指導については，日本人としての自覚を高め国家社会への帰属意識を涵養するとともに，国際社会において信頼される日本人を育てる観点から，その充実を図ることとした。

(7) 平成10年の改訂

平成8年の中央教育審議会の「21世紀を展望した我が国の教育の在り方について」の第1次答申は，21世紀を展望し，我が国の教育について，［ゆとり］の中で［生きる力］をはぐくむことを重視することを提言した。［生きる力］について，同答申は「いかに社会が変化しようと，自分で課題を見つけ，自ら学び，自ら考え，主体的に判断し，行動し，よりよく問題を解決する資質や能力」，「自らを律しつつ，他人とともに協調し，他人を思いやる心や感動する心など，豊かな人間性」，そして，「たくましく生きるための健康や体力」を重要な要素として挙げた。また，同答申は［ゆとり］の中で［生きる力］をはぐくむ観点から，完全学校週5日制の導入を提言するとともに，そのねらいを実現するためには，教育内容の厳選が是非とも必要であるとしている。

そこで，平成8年8月に教育課程審議会に「幼稚園，小学校，中学校，高等学校，盲学校，聾学校及び養護学校の教育課程の基準の改善について」諮問を行い，平成10年7月に答申を受けた。答申においては，次の諸点に留意して改善を図ることを提言している。

① 豊かな人間性や社会性，国際社会に生きる日本人としての自覚の育成を重視すること。
② 多くの知識を一方的に教え込む教育を転換し，子どもたちの自ら学び自ら考える力の育成を重視すること。
③ ゆとりのある教育活動を展開する中で，基礎・基本の確実な定着を図り，個性を生かす教育の充実を図ること。
④ 各学校が創意工夫を生かし特色ある教育，特色ある学校づくりを進めること。

この答申を受けて，平成10年12月14日に学校教育法施行規則の一部を改正するとともに，小学校学習指導要領を全面的に改訂し，平成14年4月から実施した。

学校教育法施行規則の主な改正点は，第一に，各学校が，地域や学校，児童の実態等に応じて，横断的・総合的な学習や児童の興味・関心等に基づく学習など創意工夫を生かした教育活動を行う時間として，第3学年以上の各学年に「総合的な学習の時間」を創設したこと，第二に，各学年の年間総授業時数については，完全学校週5日制が実施されることに伴う土曜日分を縮減した時数とし，従前より各学年とも年間70単位時間（第1学年にあっては68単位時間），週当たりに換算して2単位時間削減することとし，また，各学年の各教科，道徳，特別活動及び総合的な学習の時間ごとの授業時数についての改正を行ったこと，第三に，第3学年以上においても合科的な指導を進めることができるようにしたこと，の3点である。

この改訂においては，平成14年度から実施される完全学校週5日制の下で，各学校がゆとりの中で特色ある教育を展開し，児童に豊かな人間性や基礎・基本を身に付け，個性を生かし，自ら学び自ら考える力などの「生きる力」を培うことを基本的なねらいとして，次の方針により行った。

① 豊かな人間性や社会性，国際社会に生きる日本人としての自覚を育成すること。

　児童の人間としての調和のとれた育成とともに国際社会の中で日本人としての自覚をもち主体的に生きていく上で必要な資質や能力の基礎を培う観点から，社会や体育，道徳，特別活動等において，それぞれの特質に応じて，内容や指導方法の改善を図ることに配慮した。

② 自ら学び，自ら考える力を育成すること。

　これからの学校教育においては，多くの知識を教え込むことになりがちであった教育の基調を転換し，児童に自ら学び自ら考える力を育成することを重視した教育を行うことが必要との観点から，総合的な学習の時間の創設のほか，各教科において体験的な学習や問題解決的な学習の充実を図った。

資　料

③　ゆとりのある教育活動を展開する中で，基礎・基本の確実な定着を図り，個性を生かす教育を充実すること。

　完全学校週5日制を円滑に実施し，生涯学習の考え方を進めていくため，時間的にも精神的にもゆとりのある教育活動が展開される中で，児童が基礎・基本をじっくり学習できるようにするとともに，興味・関心に応じた学習に主体的に取り組むことができるようにする必要がある。このような観点から，年間総授業時数の削減，各教科の教育内容を授業時数の縮減以上に厳選し基礎的・基本的な内容に絞り，ゆとりの中でじっくり学習しその確実な定着を図るようにすることなどの改善を図った。また，児童が学習内容を確実に身に付けることができるよう個別指導やグループ別指導，繰り返し指導，教師の協力的な指導など指導方法や指導体制を工夫改善し個に応じた指導を充実することを総則に示した。

④　各学校が創意工夫を生かし特色ある教育，特色ある学校づくりを進めること。

　児童一人一人の個性を生かす教育を行うためには，各学校が児童や地域の実態等を十分踏まえ，創意工夫を存分に生かした特色ある教育活動を展開することが大切である。このような観点から，総合的な学習の時間の創設や授業の1単位時間や授業時数の運用の弾力化，国語等の教科の目標や内容を2学年まとめるなどの大綱化といった改善を図った。

(8) 平成20年の改訂

　平成20年の改訂にあたっては，いわゆる知識基盤社会化やグローバル化の進展が予想される21世紀においては，アイディアなど知識そのものや人材をめぐる国際競争が加速する一方で，異なる文化や文明との共存や国際協力の必要性が増大するため，確かな学力，豊かな人間性，健やかな体の調和を重視する「生きる力」の育成がますます重要となることなどを踏まえた検討が行われた。具体的には平成17年2月に文部科学大臣から，21世紀を生きる子供たちの教育の充実を図るため，教員の資質・能力の向上や教育条件の整備などと併せて，国の教育課程の基準全体の見直しについて検討するよう，中央教育審議会に対して要請があり，同年4月から審議が開始された。この間，教育基本法改正（平成18年12月），学校教育法改正（平成19年6月）が行われ，知・徳・体のバランス（教育基本法第2条第1号）とともに，基礎的・基本的な知識・技能，思考力・判断力・表現力等及び学習意欲を重視し（学校教育法第30条第2項），学校教育においてはこれらを調和的にはぐくむことが必要である旨が法律上規定された。中央教育審議会においては，このような教育の根本にさかのぼった法改正を踏まえた審議が行

われ，平成20年1月に「幼稚園，小学校，中学校，高等学校及び特別支援学校の学習指導要領等の改善について」答申を行った。この答申においては，

① 改正教育基本法等を踏まえた学習指導要領改訂
② 「生きる力」という理念の共有
③ 基礎的・基本的な知識・技能の習得
④ 思考力・判断力・表現力等の育成
⑤ 確かな学力を確立するために必要な授業時数の確保
⑥ 学習意欲の向上や学習習慣の確立
⑦ 豊かな心や健やかな体の育成のための指導の充実

を基本的な考え方として，各学校段階や各教科等にわたる学習指導要領の改善の方向性が示された。

　上記答申を受けて平成20年3月28日に学校教育法施行規則の一部を改正するとともに，小学校学習指導要領を全面的に改訂し，平成23年4月から実施した。

　学校教育法施行規則の主な改正点は，第一に，外国語活動を通じて、児童が積極的にコミュニケーションを図る態度を育成し，言語・文化に関する理解を深めるために小学校第5・6学年に「外国語活動」を新設したこと，第二に，各学年の授業時数について第1学年にあっては年間68単位時間，第2学年にあっては70単位時間，第3学年から第6学年にあっては年間35単位時間増加したこと，第三に，構造改革特別区域研究開発学校設置事業（いわゆる「特区研発」）について，「構造改革特別区域基本方針」（平成18年4月）を踏まえ，同様の特例措置を内閣総理大臣が認定する手続きを経なくても文部科学大臣の指定により実施することを可能とした（いわゆる「教育課程特例校」）こと，の3点である。

　学習指導要領については，次のような基本方針により改善を行った。

① 教育基本法改正で明確となった教育の理念を踏まえ「生きる力」を育成すること。

　前述のように「生きる力」という理念は，知識基盤社会の時代において，ますます重要となっていることから，これを継承し，生きる力を支える確かな学力，豊かな心，健やかな体の調和のとれた育成を重視した。このため，総則の「教育課程編成の一般方針」として，引き続き「各学校において，児童に生きる力をはぐくむことを目指」すこととし，児童の発達の段階を考慮しつつ，知・徳・体の調和のとれた育成を重視することを示した。

　また，教育基本法改正により，教育の理念として，新たに，公共の精神を尊ぶこと，環境の保全に寄与すること，伝統と文化を尊重し，それらをはぐくんできた我が国と郷土を愛するとともに，他国を尊重し，国際社会の平和と発展に寄与することが規定されたことなどを踏まえ，内容の充実を行った。

資料

②　知識・技能の習得と思考力・判断力・表現力等の育成のバランスを重視すること。

　確かな学力の育成に向けて，基礎的・基本的な知識・技能を確実に習得させること，これらを活用して課題を解決するために必要な思考力，判断力，表現力その他の能力をはぐくむことの双方のバランスを重視した。このため，各教科において基礎的・基本的な知識・技能の習得を重視するとともに，観察・実験やレポートの作成，論述など知識・技能の活用を図る学習活動を充実すること，さらに総合的な学習の時間を中心として行われる，教科等の枠を超えた横断的・総合的な課題について各教科等で習得した知識・技能を相互に関連付けながら解決するといった探究活動の質的な充実を図ることなどにより思考力・判断力・表現力等を育成することとした。また，これらの学習を通じて，その基盤となるのは言語に関する能力であり，国語科のみならず，各教科等においてその育成を重視した。さらに，学習意欲を向上させ，主体的に学習に取り組む態度を養うとともに，家庭との連携を図りながら，学習習慣を確立することを重視した。

　以上のような観点から，国語，社会，算数及び理科の授業時数を増加するとともに，高学年に外国語活動を新設した。

③　道徳教育や体育などの充実により，豊かな心や健やかな体を育成すること。

　豊かな心や健やかな体の育成については，家庭や地域の実態（教育力の低下）を踏まえ，学校における道徳教育や体育などの充実を図った。

　具体的には，道徳教育については，道徳の時間を要(かなめ)として学校の教育活動全体を通じて行うものであることを明確化した上で，発達の段階に応じた指導内容の重点化や体験活動の推進，道徳教育推進教師（道徳教育の推進を主に担当する教師）を中心に全教師が協力して道徳教育を展開することの明確化，先人の伝記，自然，伝統と文化，スポーツなど児童が感動を覚える教材の開発と活用などにより充実することを示した。また，体育については，児童が自ら進んで運動に親しむ資質や能力を身に付け，心身を鍛えることができるようにすることが大切であることから，低・中学年において授業時数を増加し，生涯にわたって運動やスポーツを豊かに実践していくことと体力の向上に関する指導の充実を図るとともに，心身の健康の保持増進に関する指導に加え，学校における食育の推進や安全に関する指導を総則に新たに規定するなどの改善を行った。

付録

目次

- 付録1：参考法令
  - 教育基本法
  - 学校教育法（抄）
  - 学校教育法施行令（抄）
  - 学校教育法施行規則（抄）
  - 地方教育行政の組織及び運営に関する法律（抄）
- 付録2：小学校学習指導要領
  - 前文
  - 第1章　総則
- 付録3：中学校学習指導要領　第1章　総則
- 付録4：小学校学習指導要領　第3章　特別の教科　道徳
- 付録5：「道徳の内容」の学年段階・学校段階の一覧表
- 付録6：現代的な諸課題に関する教科等横断的な教育内容についての参考資料
- 付録7：幼稚園教育要領

教育基本法

平成十八年十二月二十二日法律第百二十号

　我々日本国民は，たゆまぬ努力によって築いてきた民主的で文化的な国家を更に発展させるとともに，世界の平和と人類の福祉の向上に貢献することを願うものである。

　我々は，この理想を実現するため，個人の尊厳を重んじ，真理と正義を希求し，公共の精神を尊び，豊かな人間性と創造性を備えた人間の育成を期するとともに，伝統を継承し，新しい文化の創造を目指す教育を推進する。

　ここに，我々は，日本国憲法の精神にのっとり，我が国の未来を切りひら拓く教育の基本を確立し，その振興を図るため，この法律を制定する。

第一章　教育の目的及び理念

（教育の目的）

第一条　教育は，人格の完成を目指し，平和で民主的な国家及び社会の形成者として必要な資質を備えた心身ともに健康な国民の育成を期して行われなければならない。

（教育の目標）

第二条　教育は，その目的を実現するため，学問の自由を尊重しつつ，次に掲げる目標を達成するよう行われるものとする。

　一　幅広い知識と教養を身に付け，真理を求める態度を養い，豊かな情操と道徳心を培うとともに，健やかな身体を養うこと。

　二　個人の価値を尊重して，その能力を伸ばし，創造性を培い，自主及び自律の精神を養うとともに，職業及び生活との関連を重視し，勤労を重んずる態度を養うこと。

　三　正義と責任，男女の平等，自他の敬愛と協力を重んずるとともに，公共の精神に基づき，主体的に社会の形成に参画し，その発展に寄与する態度を養うこと。

　四　生命を尊び，自然を大切にし，環境の保全に寄与する態度を養うこと。

　五　伝統と文化を尊重し，それらをはぐくんできた我が国と郷土を愛するとともに，他国を尊重し，国際社会の平和と発展に寄与する態度を養うこと。

（生涯学習の理念）

第三条　国民一人一人が，自己の人格を磨き，豊かな人生を送ることができるよう，その生涯にわたって，あらゆる機会に，あらゆる場所において学習することができ，その成果を適切に生かすことのできる社会の実現が図られなければならない。

（教育の機会均等）

第四条　すべて国民は，ひとしく，その能力に応じた教育を受ける機会を与えられなければならず，人種，信条，性別，社会的身分，経済的地位又は門地によって，教育上差別されない。

2　国及び地方公共団体は，障害のある者が，その障害の状態に応じ，十分な教育を受けられるよう，教育上必要な支援を講じなければならない。

3　国及び地方公共団体は，能力があるにもかかわらず，経済的理由によって修学が困難な者に対して，奨学の措置を講じなければならない。

第二章　教育の実施に関する基本

（義務教育）

第五条　国民は，その保護する子に，別に法律で定めるところにより，普通教育を受けさせる義務を負う。

2　義務教育として行われる普通教育は，各個人の有する能力を伸ばしつつ社会において自立的に生きる基礎を培い，また，国家及び社会の形成者として必要とされる基本的な資質を養うことを目的として行われるものとする。

3　国及び地方公共団体は，義務教育の機会を保障し，その水準を確保するため，適切な役割分担及び相互の協力の下，その実施に責任を負う。

4　国又は地方公共団体の設置する学校における義務教育については，授業料を徴収しない。

（学校教育）

第六条　法律に定める学校は，公の性質を有するものであって，国，地方公共団体及び法律に定める法人のみが，これを設置することができる。

2　前項の学校においては，教育の目標が達成されるよう，教育を受ける者の心身の発達に応じて，体系的な教育が組織的に行われなければならない。この場合において，教育を受ける者が，学校生活を営む上で必要な規律を重んずるとともに，自ら進んで学習に取り組む意欲を高めることを重視して行われなければならない。

（大学）

第七条　大学は，学術の中心として，高い教養と専門的能力を培うとともに，深く真理を探究して新たな知見を創造し，これらの成果を広く社会に提供することにより，社会の発展に寄与するものとする。

2　大学については，自主性，自律性その他の大学における教育及び研究の特性が尊重されなければならない。

（私立学校）

第八条　私立学校の有する公の性質及び学校教育において果たす重要な役割にかんがみ，国及び地方公共団体は，その自主性を尊重しつつ，助成その他の適当な方法によって私立学校教育の振興に努めなければならない。

（教員）

第九条　法律に定める学校の教員は，自己の崇高な使命を深く自覚し，絶えず研究と修養に励み，その職責の遂行に努めなければならない。

2　前項の教員については，その使命と職責の重要性にかんがみ，その身分は尊重され，待遇の適正が期せられるとともに，養成と研修の充実が図られなければならない。

（家庭教育）

第十条　父母その他の保護者は，子の教育について第一義的責任を有するものであって，生活のために必要な習慣を身に付けさせるとともに，自立心を育成し，心身の調和のとれた発達を図るよう努めるものとする。

2　国及び地方公共団体は，家庭教育の自主性を尊重しつつ，保護者に対する学習の機会及び情報の提供その他の家庭教育を支援するために必要な施策を講ずるよう努めなければならない。

（幼児期の教育）

第十一条　幼児期の教育は，生涯にわたる人格形成の基礎を培う重要なものであることにかんがみ，国及び地方公共団体は，幼児の健やかな成長に資する良好な環境の整備その他適当な方法によって，その振興に努めなければならない。

（社会教育）

第十二条　個人の要望や社会の要請にこたえ，社会において行われる教育は，国及び地方公共団体によって奨励されなければならない。

2　国及び地方公共団体は，図書館，博物館，公民館その他の社会教育施設の設置，学校の施設の利用，学習の機会及び情報の提供その他の適当な方法によって社会教育の振興に努めなければならない。

（学校，家庭及び地域住民等の相互の連携協力）

第十三条　学校，家庭及び地域住民その他の関係者は，教育におけるそれぞれの役割と責任を自覚するとともに，相互の連携及び協力に努めるものとする。

（政治教育）

第十四条　良識ある公民として必要な政治的教養は，教育上尊重されなければならない。

2　法律に定める学校は，特定の政党を支持し，又はこれに反対するための政治教育その他政治的活動をしてはならない。

（宗教教育）

第十五条　宗教に関する寛容の態度，宗教に関する一般的な教養及び宗教の社会生活における地位は，教育上尊重されなければならない。

2　国及び地方公共団体が設置する学校は，特定の宗教のための宗教教育その他宗教的活動をしてはならない。

第三章　教育行政

（教育行政）

第十六条　教育は，不当な支配に服することなく，この法律及び他の法律の定めるところにより行われるべきものであり，教育行政は，国と地方公共団体との適切な役割分担及び相互の協力の下，公正かつ適正に行われなければならない。

2　国は，全国的な教育の機会均等と教育水準の維持向上を図るため，教育に関する施策を総合的に策定し，実施しなければならない。

3　地方公共団体は，その地域における教育の振興を図るため，その実情に応じた教育に関する施策を策定し，実施しなければならない。

4　国及び地方公共団体は，教育が円滑かつ継続的に実施されるよう，必要な財政上の措置を講じなければならない。

（教育振興基本計画）

第十七条　政府は，教育の振興に関する施策の総合的かつ計画的な推進を図るため，教育の振興に関する施策についての基本的な方針及び講ずべき施策その他必要な事項について，基本的な計画を定め，これを国会に報告するとともに，公表しなければならない。

2　地方公共団体は，前項の計画を参酌し，その地域の実情に応じ，当該地方公共団体における教育の振興のための施策に関する基本的な計画を定めるよう努めなければならない。

第四章　法令の制定

第十八条　この法律に規定する諸条項を実施するため，必要な法令が制定されなければならない。

学校教育法（抄）

昭和二十二年三月三十一日法律第二十六号
一部改正：平成二十九年五月三十一日法律第四十一号

第二章　義務教育

第二十一条　義務教育として行われる普通教育は，教育基本法（平成十八年法律第百二十号）第五条第二項に規定する目的を実現するため，次に掲げる目標を達成するよう行われるものとする。

一　学校内外における社会的活動を促進し，自主，自律及び協同の精神，規範意識，公正な判断力並びに公共の精神に基づき主体的に社会の形成に参画し，その発展に寄与する態度を養うこと。

二　学校内外における自然体験活動を促進し，生命及び自然を尊重する精神並びに環境の保全に寄与する態度を養うこと。

三　我が国と郷土の現状と歴史について，正しい理解に導き，伝統と文化を尊重し，それらをはぐくんできた我が国と郷土を愛する態度を養うとともに，進んで外国の文化の理解を通じて，他国を尊重し，国際社会の平和と発展に寄与する態度を養うこと。

四　家族と家庭の役割，生活に必要な衣，食，住，情報，産業その他の事項について基礎的な理解と技能を養うこと。

五　読書に親しませ，生活に必要な国語を正しく理解し，使用する基礎的な能力を養うこと。

六　生活に必要な数量的な関係を正しく理解し，処理する基礎的な能力を養うこと。

七　生活にかかわる自然現象について，観察及び実験を通じて，科学的に理解し，処理する基礎的な能力を養うこと。

八　健康，安全で幸福な生活のために必要な習慣を養うとともに，運動を通じて体力を養い，心身の調和的発達を図ること。

九　生活を明るく豊かにする音楽，美術，文芸その他の芸術について基礎的な理解と技能を養うこと。

十　職業についての基礎的な知識と技能，勤労を重んずる態度及び個性に応じて将来の進路を選択する能力を養うこと。

第四章　小学校

第二十九条　小学校は，心身の発達に応じて，義務教育として行われる普通教育のうち基礎的なものを施すことを目的とする。

第三十条　小学校における教育は，前条に規定する目的を実現するために必要な程度にお

いて第二十一条各号に掲げる目標を達成するよう行われるものとする。

② 前項の場合においては，生涯にわたり学習する基盤が培われるよう，基礎的な知識及び技能を習得させるとともに，これらを活用して課題を解決するために必要な思考力，判断力，表現力その他の能力をはぐくみ，主体的に学習に取り組む態度を養うことに，特に意を用いなければならない。

第三十一条　小学校においては，前条第一項の規定による目標の達成に資するよう，教育指導を行うに当たり，児童の体験的な学習活動，特にボランティア活動など社会奉仕体験活動，自然体験活動その他の体験活動の充実に努めるものとする。この場合において，社会教育関係団体その他の関係団体及び関係機関との連携に十分配慮しなければならない。

第三十二条　小学校の修業年限は，六年とする。

第三十三条　小学校の教育課程に関する事項は，第二十九条及び第三十条の規定に従い，文部科学大臣が定める。

第四十二条　小学校は，文部科学大臣の定めるところにより当該小学校の教育活動その他の学校運営の状況について評価を行い，その結果に基づき学校運営の改善を図るため必要な措置を講ずることにより，その教育水準の向上に努めなければならない。

第四十三条　小学校は，当該小学校に関する保護者及び地域住民その他の関係者の理解を深めるとともに，これらの者との連携及び協力の推進に資するため，当該小学校の教育活動その他の学校運営の状況に関する情報を積極的に提供するものとする。

第五章の二　義務教育学校

第四十九条の二　義務教育学校は，心身の発達に応じて，義務教育として行われる普通教育を基礎的なものから一貫して施すことを目的とする。

第四十九条の三　義務教育学校における教育は，前条に規定する目的を実現するため，第二十一条各号に掲げる目標を達成するよう行われるものとする。

第四十九条の四　義務教育学校の修業年限は，九年とする。

第四十九条の五　義務教育学校の課程は，これを前期六年の前期課程及び後期三年の後期課程に区分する。

第四十九条の六　義務教育学校の前期課程における教育は，第四十九条の二に規定する目的のうち，心身の発達に応じて，義務教育として行われる普通教育のうち基礎的なものを施すことを実現するために必要な程度において第二十一条各号に掲げる目標を達成するよう行われるものとする。

② 義務教育学校の後期課程における教育は，第四十九条の二に規定する目的のうち，前期課程における教育の基礎の上に，心身の発達に応じて，義務教育として行われる普通

教育を施すことを実現するため，第二十一条各号に掲げる目標を達成するよう行われるものとする。

第四十九条の七　義務教育学校の前期課程及び後期課程の教育課程に関する事項は，第四十九条の二，第四十九条の三及び前条の規定並びに次条において読み替えて準用する第三十条第二項の規定に従い，文部科学大臣が定める。

第四十九条の八　第三十条第二項，第三十一条，第三十四条から第三十七条まで及び第四十二条から第四十四条までの規定は，義務教育学校に準用する。この場合において，第三十条第二項中「前項」とあるのは「第四十九条の三」と，第三十一条中「前条第一項」とあるのは「第四十九条の三」と読み替えるものとする。

第八章　特別支援教育

第八十一条　幼稚園，小学校，中学校，高等学校及び中等教育学校においては，次項各号のいずれかに該当する幼児，児童及び生徒その他教育上特別の支援を必要とする幼児，児童及び生徒に対し，文部科学大臣の定めるところにより，障害による学習上又は生活上の困難を克服するための教育を行うものとする。

②　小学校，中学校，高等学校及び中等教育学校には，次の各号のいずれかに該当する児童及び生徒のために，特別支援学級を置くことができる。

一　知的障害者
二　肢体不自由者
三　身体虚弱者
四　弱視者
五　難聴者
六　その他障害のある者で，特別支援学級において教育を行うことが適当なもの

③　前項に規定する学校においては，疾病により療養中の児童及び生徒に対して，特別支援学級を設け，又は教員を派遣して，教育を行うことができる。

学校教育法施行令（抄）

昭和二十八年十月三十一日政令第三四十号
一部改正：平成二十九年九月十三日政令第二百三十八号

第三章　認可，届出等

第二節　学期，休業日及び学校廃止後の書類の保存

（学期及び休業日）

第二十九条　公立の学校（大学を除く。以下この条において同じ。）の学期並びに夏季，冬季，学年末，農繁期等における休業日又は家庭及び地域における体験的な学習活動その他の学習活動のための休業日（次項において「体験的学習活動等休業日」という。）は，市町村又は都道府県の設置する学校にあつては当該市町村又は都道府県の教育委員会が，公立大学法人の設置する学校にあつては当該公立大学法人の理事長が定める。

2　市町村又は都道府県の教育委員会は，体験的学習活動等休業日を定めるに当たつては，家庭及び地域における幼児，児童，生徒又は学生の体験的な学習活動その他の学習活動の体験的学習活動等休業日における円滑な実施及び充実を図るため，休業日の時期を適切に分散させて定めることその他の必要な措置を講ずるよう努めるものとする。

学校教育法施行規則（抄）

昭和二十二年五月二十三日文部省令第十一号
一部改正：平成二十九年三月三十一日文部科学省令第二十号
平成三十年八月二十七日文部科学省令第二十七号

第四章　小学校

第二節　教育課程

第五十条　小学校の教育課程は，国語，社会，算数，理科，生活，音楽，図画工作，家庭，体育及び外国語の各教科（以下この節において「各教科」という。），特別の教科である道徳，外国語活動，総合的な学習の時間並びに特別活動によつて編成するものとする。

2　私立の小学校の教育課程を編成する場合は，前項の規定にかかわらず，宗教を加えることができる。この場合においては，宗教をもつて前項の特別の教科である道徳に代えることができる。

第五十一条　小学校（第五十二条の二第二項に規定する中学校連携型小学校及び第七十九条の九第二項に規定する中学校併設型小学校を除く。）の各学年における各教科，特別の教科である道徳，外国語活動，総合的な学習の時間及び特別活動のそれぞれの授業時数並びに各学年におけるこれらの総授業時数は，別表第一に定める授業時数を標準とする。

第五十二条　小学校の教育課程については，この節に定めるもののほか，教育課程の基準として文部科学大臣が別に公示する小学校学習指導要領によるものとする。

第五十二条の二　小学校（第七十九条の九第二項に規定する中学校併設型小学校を除く。）においては，中学校における教育との一貫性に配慮した教育を施すため，当該小学校の設置者が当該中学校の設置者との協議に基づき定めるところにより，教育課程を編成することができる。

2　前項の規定により教育課程を編成する小学校（以下「中学校連携型小学校」という。）は，第七十四条の二第一項の規定により教育課程を編成する中学校と連携し，その教育課程を実施するものとする。

第五十二条の三　中学校連携型小学校の各学年における各教科，道徳，外国語活動，総合的な学習の時間及び特別活動のそれぞれの授業時数並びに各学年におけるこれらの総授業時数は，別表第二の二に定める授業時数を標準とする。

第五十二条の四　中学校連携型小学校の教育課程については，この章に定めるもののほか，教育課程の基準の特例として文部科学大臣が別に定めるところによるものとする。

第五十三条　小学校においては，必要がある場合には，一部の各教科について，これらを合わせて授業を行うことができる。

第五十三条　小学校においては，必要がある場合には，一部の各教科について，これらを合わせて授業を行うことができる。

第五十四条　児童が心身の状況によつて履修することが困難な各教科は，その児童の心身の状況に適合するように課さなければならない。

第五十五条　小学校の教育課程に関し，その改善に資する研究を行うため特に必要があり，かつ，児童の教育上適切な配慮がなされていると文部科学大臣が認める場合においては，文部科学大臣が別に定めるところにより，第五十条第一項，第五十一条（中学校連携型小学校にあつては第五十二条の三，第七十九条の九第二項に規定する中学校併設型小学校にあつては第七十九条の十二において準用する第七十九条の五第一項）又は第五十二条の規定によらないことができる。

第五十五条の二　文部科学大臣が，小学校において，当該小学校又は当該小学校が設置されている地域の実態に照らし，より効果的な教育を実施するため，当該小学校又は当該地域の特色を生かした特別の教育課程を編成して教育を実施する必要があり，かつ，当該特別の教育課程について，教育基本法（平成十八年法律第百二十号）及び学校教育法第三十条第一項の規定等に照らして適切であり，児童の教育上適切な配慮がなされているものとして文部科学大臣が定める基準を満たしていると認める場合においては，文部科学大臣が別に定めるところにより，第五十条第一項，第五十一条（中学校連携型小学校にあつては第五十二条の三，第七十九条の九第二項に規定する中学校併設型小学校にあつては第七十九条の十二において準用する第七十九条の五第一項）又は第五十二条の規定の全部又は一部によらないことができる。

第五十六条　小学校において，学校生活への適応が困難であるため相当の期間小学校を欠席し引き続き欠席すると認められる児童を対象として，その実態に配慮した特別の教育課程を編成して教育を実施する必要があると文部科学大臣が認める場合においては，文部科学大臣が別に定めるところにより，第五十条第一項，第五十一条（中学校連携型小学校にあつては第五十二条の三，第七十九条の九第二項に規定する中学校併設型小学校にあつては第七十九条の十二において準用する第七十九条の五第一項）又は第五十二条の規定によらないことができる。

第五十六条の二　小学校において，日本語に通じない児童のうち，当該児童の日本語を理解し，使用する能力に応じた特別の指導を行う必要があるものを教育する場合には，文部科学大臣が別に定めるところにより，第五十条第一項，第五十一条（中学校連携型小学校にあつては第五十二条の三，第七十九条の九第二項に規定する中学校併設型小学校にあつては第七十九条の十二において準用する第七十九条の五第一項）及び第五十二条の規定にかかわらず，特別の教育課程によることができる。

第五十六条の三　前条の規定により特別の教育課程による場合においては，校長は，児童が設置者の定めるところにより他の小学校，義務教育学校の前期課程又は特別支援学校

の小学部において受けた授業を，当該児童の在学する小学校において受けた当該特別の教育課程に係る授業とみなすことができる。

第五十六条の四　小学校において，学齢を経過した者のうち，その者の年齢，経験又は勤労の状況その他の実情に応じた特別の指導を行う必要があるものを夜間その他特別の時間において教育する場合には，文部科学大臣が別に定めるところにより，第五十条第一項，第五十一条（中学校連携型小学校にあつては第五十二条の三，第七十九条の九第二項に規定する中学校併設型小学校にあつては第七十九条の十二において準用する第七十九条の五第一項）及び第五十二条の規定にかかわらず，特別の教育課程によることができる。

第三節　学年及び授業日

第六十一条　公立小学校における休業日は，次のとおりとする。ただし，第三号に掲げる日を除き，当該学校を設置する地方公共団体の教育委員会（公立大学法人の設置する小学校にあつては，当該公立大学法人の理事長。第三号において同じ。）が必要と認める場合は，この限りでない。
　一　国民の祝日に関する法律（昭和二十三年法律第百七十八号）に規定する日
　二　日曜日及び土曜日
　三　学校教育法施行令第二十九条第一項の規定により教育委員会が定める日
第六十二条　私立小学校における学期及び休業日は，当該学校の学則で定める。

第五節　学校評価

第六十六条　小学校は，当該小学校の教育活動その他の学校運営の状況について，自ら評価を行い，その結果を公表するものとする。
2　前項の評価を行うに当たつては，小学校は，その実情に応じ，適切な項目を設定して行うものとする。
第六十七条　小学校は，前条第一項の規定による評価の結果を踏まえた当該小学校の児童の保護者その他の当該小学校の関係者（当該小学校の職員を除く。）による評価を行い，その結果を公表するよう努めるものとする。
第六十八条　小学校は，第六十六条第一項の規定による評価の結果及び前条の規定により評価を行つた場合はその結果を，当該小学校の設置者に報告するものとする。

第五章　中学校

第七十四条　中学校の教育課程については，この章に定めるもののほか，教育課程の基準として文部科学大臣が別に公示する中学校学習指導要領によるものとする。

第七十四条の二　中学校（併設型中学校，第七十五条第二項に規定する連携型中学校及び第七十九条の九第二項に規定する小学校併設型中学校を除く。）においては，小学校における教育との一貫性に配慮した教育を施すため，当該中学校の設置者が当該小学校の設置者との協議に基づき定めるところにより，教育課程を編成することができる。

2　前項の規定により教育課程を編成する中学校（以下「小学校連携型中学校」という。）は，中学校連携型小学校と連携し，その教育課程を実施するものとする。

第七十四条の三　小学校連携型中学校の各学年における各教科，道徳，総合的な学習の時間及び特別活動のそれぞれの授業時数並びに各学年におけるこれらの総授業時数は，別表第二の三に定める授業時数を標準とする。

第七十四条の四　小学校連携型中学校の教育課程については，この章に定めるもののほか，教育課程の基準の特例として文部科学大臣が別に定めるところによるものとする。

第五章の二　義務教育学校並びに中学校併設型小学校及び小学校併設型中学校

第一節　義務教育学校

第七十九条の二　義務教育学校の前期課程の設備，編制その他設置に関する事項については，小学校設置基準の規定を準用する。

2　義務教育学校の後期課程の設備，編制その他設置に関する事項については，中学校設置基準の規定を準用する。

第七十九条の三　義務教育学校の学級数は，十八学級以上二十七学級以下を標準とする。ただし，地域の実態その他により特別の事情のあるときは，この限りでない。

第七十九条の四　義務教育学校の分校の学級数は，特別の事情のある場合を除き，八学級以下とし，前条の学級数に算入しないものとする。

第七十九条の五　次条第一項において準用する第五十条第一項に規定する義務教育学校の前期課程の各学年における各教科，道徳，外国語活動，総合的な学習の時間及び特別活動のそれぞれの授業時数並びに各学年におけるこれらの総授業時数は，別表第二の二に定める授業時数を標準とする。

2　次条第二項において準用する第七十二条に規定する義務教育学校の後期課程の各学年における各教科，道徳，総合的な学習の時間及び特別活動のそれぞれの授業時数並びに

各学年におけるこれらの総授業時数は，別表第二の三に定める授業時数を標準とする。

第七十九条の六　義務教育学校の前期課程の教育課程については，第五十条，第五十二条の規定に基づき文部科学大臣が公示する小学校学習指導要領及び第五十五条から第五十六条の四までの規定を準用する。この場合において，第五十五条から第五十六条までの規定中「第五十条第一項，第五十一条（中学校連携型小学校にあつては第五十二条の三，第七十九条の九第二項に規定する中学校併設型小学校にあつては第七十九条の十二において準用する第七十九条の五第一項）又は第五十二条」とあるのは「第七十九条の五第一項又は第七十九条の六第一項において準用する第五十条第一項若しくは第五十二条の規定に基づき文部科学大臣が公示する小学校学習指導要領」と，第五十五条の二中「第三十条第一項」とあるのは「第四十九条の六第一項」と，第五十六条の二及び第五十六条の四中「第五十条第一項，第五十一条（中学校連携型小学校にあつては第五十二条の三，第七十九条の九第二項に規定する中学校併設型小学校にあつては第七十九条の十二において準用する第七十九条の五第一項）及び第五十二条」とあるのは「第七十九条の五第一項並びに第七十九条の六第一項において準用する第五十条第一項及び第五十二条の規定に基づき文部科学大臣が公示する小学校学習指導要領」と読み替えるものとする。

2　義務教育学校の後期課程の教育課程については，第五十条第二項，第五十五条から第五十六条の四まで及び第七十二条の規定並びに第七十四条の規定に基づき文部科学大臣が公示する中学校学習指導要領の規定を準用する。この場合において，第五十五条から第五十六条までの規定中「第五十条第一項，第五十一条（中学校連携型小学校にあつては第五十二条の三，第七十九条の九第二項に規定する中学校併設型小学校にあつては第七十九条の十二において準用する第七十九条の五第一項）又は第五十二条」とあるのは「第七十九条の五第二項又は第七十九条の六第二項において準用する第七十二条若しくは第七十四条の規定に基づき文部科学大臣が公示する中学校学習指導要領」と，第五十五条の二中「第三十条第一項」とあるのは「第四十九条の六第二項」と，第五十六条の二及び第五十六条の四中「第五十条第一項，第五十一条（中学校連携型小学校にあつては第五十二条の三，第七十九条の九第二項に規定する中学校併設型小学校にあつては第七十九条の十二において準用する第七十九条の五第一項）及び第五十二条」とあるのは「第七十九条の五第二項並びに第七十九条の六第二項において準用する第七十二条及び第七十四条の規定に基づき文部科学大臣が公示する中学校学習指導要領」と，第五十六条の四中「他の小学校，義務教育学校の前期課程又は特別支援学校の小学部」とあるのは「他の中学校，義務教育学校の後期課程，中等教育学校の前期課程又は特別支援学校の中学部」と読み替えるものとする。

第七十九条の七　義務教育学校の教育課程については，この章に定めるもののほか，教育課程の基準の特例として文部科学大臣が別に定めるところによるものとする。

第七十九条の八　第四十三条から第四十九条まで，第五十三条，第五十四条，第五十七条から第七十一条まで（第六十九条を除く。）及び第七十八条の規定は，義務教育学校に準用する。

2　第七十八条の二の規定は，義務教育学校の後期課程に準用する。

第二節　中学校併設型小学校及び小学校併設型中学校

第七十九条の九　同一の設置者が設置する小学校（中学校連携型小学校を除く。）及び中学校（併設型中学校，小学校連携型中学校及び連携型中学校を除く。）においては，義務教育学校に準じて，小学校における教育と中学校における教育を一貫して施すことができる。

2　前項の規定により中学校における教育と一貫した教育を施す小学校（以下「中学校併設型小学校」という。）及び同項の規定により小学校における教育と一貫した教育を施す中学校（以下「小学校併設型中学校」という。）においては，小学校における教育と中学校における教育を一貫して施すためにふさわしい運営の仕組みを整えるものとする。

第七十九条の十　中学校併設型小学校の教育課程については，第四章に定めるもののほか，教育課程の基準の特例として文部科学大臣が別に定めるところによるものとする。

2　小学校併設型中学校の教育課程については，第五章に定めるもののほか，教育課程の基準の特例として文部科学大臣が別に定めるところによるものとする。

第七十九条の十一　中学校併設型小学校及び小学校併設型中学校においては，小学校における教育と中学校における教育を一貫して施すため，設置者の定めるところにより，教育課程を編成するものとする。

第七十九条の十二　第七十九条の五第一項の規定は中学校併設型小学校に，同条第二項の規定は小学校併設型中学校に準用する。

第八章　特別支援教育

第百三十四条の二　校長は，特別支援学校に在学する児童等について個別の教育支援計画（学校と医療，保健，福祉，労働等に関する業務を行う関係機関及び民間団体（次項において「関係機関等」という。）との連携の下に行う当該児童等に対する長期的な支援に関する計画をいう。）を作成しなければならない。

2　校長は，前項の規定により個別の教育支援計画を作成するに当たつては，当該児童等又はその保護者の意向を踏まえつつ，あらかじめ，関係機関等と当該児童等の支援に関する必要な情報の共有を図らなければならない。

第百三十八条　小学校，中学校若しくは義務教育学校又は中等教育学校の前期課程における特別支援学級に係る教育課程については，特に必要がある場合は，第五十条第一項（第七十九条の六第一項において準用する場合を含む。），第五十一条，第五十二条（第七十九条の六第一項において準用する場合を含む。），第五十二条の三，第七十二条（第七十九条の六第二項及び第百八条第一項において準用する場合を含む。），第七十三条，第七十四条（第七十九条の六第二項及び第百八条第一項において準用する場合を含む。），第七十四条の三，第七十六条，第七十九条の五（第七十九条の十二において準用する場合を含む。）及び第百七条（第百十七条において準用する場合を含む。）の規定にかかわらず，特別の教育課程によることができる。

第百三十九条の二　第百三十四条の二の規定は，小学校，中学校若しくは義務教育学校又は中等教育学校の前期課程における特別支援学級の児童又は生徒について準用する。

第百四十条　小学校，中学校，義務教育学校，高等学校又は中等教育学校において，次の各号のいずれかに該当する児童又は生徒（特別支援学級の児童及び生徒を除く。）のうち当該障害に応じた特別の指導を行う必要があるものを教育する場合には，文部科学大臣が別に定めるところにより，第五十条第一項（第七十九条の六第一項において準用する場合を含む。），第五十一条，第五十二条（第七十九条の六第一項において準用する場合を含む。），第五十二条の三，第七十二条（第七十九条の六第二項及び第百八条第一項において準用する場合を含む。），第七十三条，第七十四条（第七十九条の六第二項及び第百八条第一項において準用する場合を含む。），第七十四条の三，第七十六条，第七十九条の五（第七十九条の十二において準用する場合を含む。），第八十三条及び第八十四条（第百八条第二項において準用する場合を含む。）並びに第百七条（第百十七条において準用する場合を含む。）の規定にかかわらず，特別の教育課程によることができる。

一　言語障害者
二　自閉症者
三　情緒障害者
四　弱視者
五　難聴者
六　学習障害者
七　注意欠陥多動性障害者
八　その他障害のある者で，この条の規定により特別の教育課程による教育を行うことが適当なもの

第百四十一条　前条の規定により特別の教育課程による場合においては，校長は，児童又は生徒が，当該小学校，中学校，義務教育学校，高等学校又は中等教育学校の設置者の定めるところにより他の小学校，中学校，義務教育学校，高等学校，中等教育学校又は

特別支援学校の小学部，中学部若しくは高等部において受けた授業を，当該小学校，中学校，義務教育学校，高等学校又は中等教育学校において受けた当該特別の教育課程に係る授業とみなすことができる。

第百四十一条の二　第百三十四条の二の規定は，第百四十条の規定により特別の指導が行われている児童又は生徒について準用する。

附　則（平成二十九年三月三十一日文部科学省令第二十号）

この省令は，平成三十二年四月一日から施行する。

別表第一（第五十一条関係）

区　　　分		第1学年	第2学年	第3学年	第4学年	第5学年	第6学年
各教科の授業時数	国　語	306	315	245	245	175	175
	社　会			70	90	100	105
	算　数	136	175	175	175	175	175
	理　科			90	105	105	105
	生　活	102	105				
	音　楽	68	70	60	60	50	50
	図画工作	68	70	60	60	50	50
	家　庭					60	55
	体　育	102	105	105	105	90	90
	外国語					70	70
特別の教科である道徳の授業時数		34	35	35	35	35	35
外国語活動の授業時数				35	35		
総合的な学習の時間の授業時数				70	70	70	70
特別活動の授業時数		34	35	35	35	35	35
総授業時数		850	910	980	1015	1015	1015

備考
一　この表の授業時数の一単位時間は，四十五分とする。
二　特別活動の授業時数は，小学校学習指導要領で定める学級活動（学校給食に係るものを除く。）に充てるものとする。
三　第五十条第二項の場合において，特別の教科である道徳のほかに宗教を加えるときは，宗教の授業時数をもってこの表の特別の教科である道徳の授業時数の一部に代えることができる。（別表第二及び別表第四の場合においても同様とする。）

地方教育行政の組織及び運営に関する法律（抄）

昭和三十一年六月三十日法律第百六十二号
一部改正：平成二十九年五月十七日法律第二十九号

第三章　教育委員会及び地方公共団体の長の職務権限

（教育委員会の職務権限）

第二十一条　教育委員会は，当該地方公共団体が処理する教育に関する事務で，次に掲げるものを管理し，及び執行する。

一　教育委員会の所管に属する第三十条に規定する学校その他の教育機関（以下「学校その他の教育機関」という。）の設置，管理及び廃止に関すること。

二　教育委員会の所管に属する学校その他の教育機関の用に供する財産（以下「教育財産」という。）の管理に関すること。

三　教育委員会及び教育委員会の所管に属する学校その他の教育機関の職員の任免その他の人事に関すること。

四　学齢生徒及び学齢児童の就学並びに生徒，児童及び幼児の入学，転学及び退学に関すること。

五　教育委員会の所管に属する学校の組織編制，教育課程，学習指導，生徒指導及び職業指導に関すること。

六　教科書その他の教材の取扱いに関すること。

七　校舎その他の施設及び教具その他の設備の整備に関すること。

八　校長，教員その他の教育関係職員の研修に関すること。

九　校長，教員その他の教育関係職員並びに生徒，児童及び幼児の保健，安全，厚生及び福利に関すること。

十　教育委員会の所管に属する学校その他の教育機関の環境衛生に関すること。

十一　学校給食に関すること。

十二　青少年教育，女性教育及び公民館の事業その他社会教育に関すること。

十三　スポーツに関すること。

十四　文化財の保護に関すること。

十五　ユネスコ活動に関すること。

十六　教育に関する法人に関すること。

十七　教育に係る調査及び基幹統計その他の統計に関すること。

十八　所掌事務に係る広報及び所掌事務に係る教育行政に関する相談に関すること。

十九　前各号に掲げるもののほか，当該地方公共団体の区域内における教育に関する事務に関すること。

（私立学校に関する事務に係る都道府県委員会の助言又は援助）

第二十七条の五　都道府県知事は，第二十二条第三号に掲げる私立学校に関する事務を管理し，及び執行するに当たり，必要と認めるときは，当該都道府県委員会に対し，学校教育に関する専門的事項について助言又は援助を求めることができる。

第四章　教育機関

第一節　通則

（学校等の管理）

第三十三条　教育委員会は，法令又は条例に違反しない限度において，その所管に属する学校その他の教育機関の施設，設備，組織編制，教育課程，教材の取扱その他学校その他の教育機関の管理運営の基本的事項について，必要な教育委員会規則を定めるものとする。この場合において，当該教育委員会規則で定めようとする事項のうち，その実施のためには新たに予算を伴うこととなるものについては，教育委員会は，あらかじめ当該地方公共団体の長に協議しなければならない。

2　前項の場合において，教育委員会は，学校における教科書以外の教材の使用について，あらかじめ，教育委員会に届け出させ，又は教育委員会の承認を受けさせることとする定を設けるものとする。

第五章　文部科学大臣及び教育委員会相互間の関係等

（文部科学大臣又は都道府県委員会の指導，助言及び援助）

第四十八条　地方自治法第二百四十五条の四第一項の規定によるほか，文部科学大臣は都道府県又は市町村に対し，都道府県委員会は市町村に対し，都道府県又は市町村の教育に関する事務の適正な処理を図るため，必要な指導，助言又は援助を行うことができる。

2　前項の指導，助言又は援助を例示すると，おおむね次のとおりである。

　一　学校その他の教育機関の設置及び管理並びに整備に関し，指導及び助言を与えること。

　二　学校の組織編制，教育課程，学習指導，生徒指導，職業指導，教科書その他の教材の取扱いその他学校運営に関し，指導及び助言を与えること。

　三　学校における保健及び安全並びに学校給食に関し，指導及び助言を与えること。

　四　教育委員会の委員及び校長，教員その他の教育関係職員の研究集会，講習会その他研修に関し，指導及び助言を与え，又はこれらを主催すること。

五　生徒及び児童の就学に関する事務に関し，指導及び助言を与えること。

六　青少年教育，女性教育及び公民館の事業その他社会教育の振興並びに芸術の普及及び向上に関し，指導及び助言を与えること。

七　スポーツの振興に関し，指導及び助言を与えること。

八　指導主事，社会教育主事その他の職員を派遣すること。

九　教育及び教育行政に関する資料，手引書等を作成し，利用に供すること。

十　教育に係る調査及び統計並びに広報及び教育行政に関する相談に関し，指導及び助言を与えること。

十一　教育委員会の組織及び運営に関し，指導及び助言を与えること。

3　文部科学大臣は，都道府県委員会に対し，第一項の規定による市町村に対する指導，助言又は援助に関し，必要な指示をすることができる。

4　地方自治法第二百四十五条の四第三項の規定によるほか，都道府県知事又は都道府県委員会は文部科学大臣に対し，市町村長又は市町村委員会は文部科学大臣又は都道府県委員会に対し，教育に関する事務の処理について必要な指導，助言又は援助を求めることができる。

（是正の要求の方式）

第四十九条　文部科学大臣は，都道府県委員会又は市町村委員会の教育に関する事務の管理及び執行が法令の規定に違反するものがある場合又は当該事務の管理及び執行を怠るものがある場合において，児童，生徒等の教育を受ける機会が妨げられていることその他の教育を受ける権利が侵害されていることが明らかであるとして地方自治法第二百四十五条の五第一項若しくは第四項の規定による求め又は同条第二項の指示を行うときは，当該教育委員会が講ずべき措置の内容を示して行うものとする。

付録1

小学校学習指導要領　前文

　教育は，教育基本法第1条に定めるとおり，人格の完成を目指し，平和で民主的な国家及び社会の形成者として必要な資質を備えた心身ともに健康な国民の育成を期すという目的のもと，同法第2条に掲げる次の目標を達成するよう行われなければならない。

1　幅広い知識と教養を身に付け，真理を求める態度を養い，豊かな情操と道徳心を培うとともに，健やかな身体を養うこと。
2　個人の価値を尊重して，その能力を伸ばし，創造性を培い，自主及び自律の精神を養うとともに，職業及び生活との関連を重視し，勤労を重んずる態度を養うこと。
3　正義と責任，男女の平等，自他の敬愛と協力を重んずるとともに，公共の精神に基づき，主体的に社会の形成に参画し，その発展に寄与する態度を養うこと。
4　生命を尊び，自然を大切にし，環境の保全に寄与する態度を養うこと。
5　伝統と文化を尊重し，それらをはぐくんできた我が国と郷土を愛するとともに，他国を尊重し，国際社会の平和と発展に寄与する態度を養うこと。

　これからの学校には，こうした教育の目的及び目標の達成を目指しつつ，一人一人の児童が，自分のよさや可能性を認識するとともに，あらゆる他者を価値のある存在として尊重し，多様な人々と協働しながら様々な社会的変化を乗り越え，豊かな人生を切り拓き，持続可能な社会の創り手となることができるようにすることが求められる。このために必要な教育の在り方を具体化するのが，各学校において教育の内容等を組織的かつ計画的に組み立てた教育課程である。

　教育課程を通して，これからの時代に求められる教育を実現していくためには，よりよい学校教育を通してよりよい社会を創るという理念を学校と社会とが共有し，それぞれの学校において，必要な学習内容をどのように学び，どのような資質・能力を身に付けられるようにするのかを教育課程において明確にしながら，社会との連携及び協働によりその実現を図っていくという，社会に開かれた教育課程の実現が重要となる。

　学習指導要領とは，こうした理念の実現に向けて必要となる教育課程の基準を大綱的に定めるものである。学習指導要領が果たす役割の一つは，公の性質を有する学校における教育水準を全国的に確保することである。また，各学校がその特色を生かして創意工夫を重ね，長年にわたり積み重ねられてきた教育実践や学術研究の蓄積を生かしながら，児童や地域の現状や課題を捉え，家庭や地域社会と協力して，学習指導要領を踏まえた教育活動の更なる充実を図っていくことも重要である。

　児童が学ぶことの意義を実感できる環境を整え，一人一人の資質・能力を伸ばせるようにしていくことは，教職員をはじめとする学校関係者はもとより，家庭や地域の人々も含め，様々な立場から児童や学校に関わる全ての大人に期待される役割である。幼児期の教育の基礎の上に，中学校以降の教育や生涯にわたる学習とのつながりを見通しながら，児童の学習の在り方を展望していくために広く活用されるものとなることを期待して，ここに小学校学習指導要領を定める。

小学校学習指導要領　第1章　総則

● 第1　小学校教育の基本と教育課程の役割

1　各学校においては，教育基本法及び学校教育法その他の法令並びにこの章以下に示すところに従い，児童の人間として調和のとれた育成を目指し，児童の心身の発達の段階や特性及び学校や地域の実態を十分考慮して，適切な教育課程を編成するものとし，これらに掲げる目標を達成するよう教育を行うものとする。

2　学校の教育活動を進めるに当たっては，各学校において，第3の1に示す主体的・対話的で深い学びの実現に向けた授業改善を通して，創意工夫を生かした特色ある教育活動を展開する中で，次の(1)から(3)までに掲げる事項の実現を図り，児童に生きる力を育むことを目指すものとする。

(1)　基礎的・基本的な知識及び技能を確実に習得させ，これらを活用して課題を解決するために必要な思考力，判断力，表現力等を育むとともに，主体的に学習に取り組む態度を養い，個性を生かし多様な人々との協働を促す教育の充実に努めること。その際，児童の発達の段階を考慮して，児童の言語活動など，学習の基盤をつくる活動を充実するとともに，家庭との連携を図りながら，児童の学習習慣が確立するよう配慮すること。

(2)　道徳教育や体験活動，多様な表現や鑑賞の活動等を通して，豊かな心や創造性の涵養を目指した教育の充実に努めること。

学校における道徳教育は，特別の教科である道徳（以下「道徳科」という。）を要として学校の教育活動全体を通じて行うものであり，道徳科はもとより，各教科，外国語活動，総合的な学習の時間及び特別活動のそれぞれの特質に応じて，児童の発達の段階を考慮して，適切な指導を行うこと。

道徳教育は，教育基本法及び学校教育法に定められた教育の根本精神に基づき，自己の生き方を考え，主体的な判断の下に行動し，自立した人間として他者と共によりよく生きるための基盤となる道徳性を養うことを目標とすること。

道徳教育を進めるに当たっては，人間尊重の精神と生命に対する畏敬の念を家庭，学校，その他社会における具体的な生活の中に生かし，豊かな心をもち，伝統と文化を尊重し，それらを育んできた我が国と郷土を愛し，個性豊かな文化の創造を図るとともに，平和で民主的な国家及び社会の形成者として，公共の精神を尊び，社会及び国家の発展に努め，他国を尊重し，国際社会の平和と発展や環境の保全に貢献し未来を拓く主体性のある日本人の育成に資することとなるよう特に留意すること。

(3)　学校における体育・健康に関する指導を，児童の発達の段階を考慮して，学校の教育活動全体を通じて適切に行うことにより，健康で安全な生活と豊かなスポーツライフの実現を目指した教育の充実に努めること。特に，学校における食育の推進並びに体力の向上に関する指導，安全に関する指導及び心身の健康の保持増進に関する指導については，体育科，家庭科及び特別活動の時間はもとより，各教科，道徳科，外国語活動及び総合的な学習の時間などにおいてもそれぞれの特質に応じて適切に行うよう努めること。また，それらの指導を通して，家庭や地域社会との連携を図りながら，日常生活において適切な体育・健康に関する活動の実践を促し，生涯を通じて健康・安全で活力ある生活を送るための基礎が培われるよう配慮すること。

3　2の(1)から(3)までに掲げる事項の実現を図り，豊かな創造性を備え持続可能な社会の創り手となることが期待される児童に，生きる力を育むことを目指すに当たっては，学校教育全体並びに各教科，道徳科，外国語活動，総合的な学習の時間及び特別活動（以下「各教科等」とい

う。ただし，第2の3の(2)のア及びウにおいて，特別活動については学級活動（学校給食に係るものを除く。）に限る。）の指導を通してどのような資質・能力の育成を目指すのかを明確にしながら，教育活動の充実を図るものとする。その際，児童の発達の段階や特性等を踏まえつつ，次に掲げることが偏りなく実現できるようにするものとする。
    (1) 知識及び技能が習得されるようにすること。
    (2) 思考力，判断力，表現力等を育成すること。
    (3) 学びに向かう力，人間性等を涵養すること。
4 　各学校においては，児童や学校，地域の実態を適切に把握し，教育の目的や目標の実現に必要な教育の内容等を教科等横断的な視点で組み立てていくこと，教育課程の実施状況を評価してその改善を図っていくこと，教育課程の実施に必要な人的又は物的な体制を確保するとともにその改善を図っていくことなどを通して，教育課程に基づき組織的かつ計画的に各学校の教育活動の質の向上を図っていくこと（以下「カリキュラム・マネジメント」という。）に努めるものとする。

● 第2　教育課程の編成

1 　各学校の教育目標と教育課程の編成
　　教育課程の編成に当たっては，学校教育全体や各教科等における指導を通して育成を目指す資質・能力を踏まえつつ，各学校の教育目標を明確にするとともに，教育課程の編成についての基本的な方針が家庭や地域とも共有されるよう努めるものとする。その際，第5章総合的な学習の時間の第2の1に基づき定められる目標との関連を図るものとする。
2 　教科等横断的な視点に立った資質・能力の育成
  (1) 各学校においては，児童の発達の段階を考慮し，言語能力，情報活用能力（情報モラルを含む。），問題発見・解決能力等の学習の基盤となる資質・能力を育成していくことができるよう，各教科等の特質を生かし，教科等横断的な視点から教育課程の編成を図るものとする。
  (2) 各学校においては，児童や学校，地域の実態及び児童の発達の段階を考慮し，豊かな人生の実現や災害等を乗り越えて次代の社会を形成することに向けた現代的な諸課題に対応して求められる資質・能力を，教科等横断的な視点で育成していくことができるよう，各学校の特色を生かした教育課程の編成を図るものとする。
3 　教育課程の編成における共通的事項
  (1) 内容等の取扱い
    ア　第2章以下に示す各教科，道徳科，外国語活動及び特別活動の内容に関する事項は，特に示す場合を除き，いずれの学校においても取り扱わなければならない。
    イ　学校において特に必要がある場合には，第2章以下に示していない内容を加えて指導することができる。また，第2章以下に示す内容の取扱いのうち内容の範囲や程度等を示す事項は，全ての児童に対して指導するものとする内容の範囲や程度等を示したものであり，学校において特に必要がある場合には，この事項にかかわらず加えて指導することができる。ただし，これらの場合には，第2章以下に示す各教科，道徳科，外国語活動及び特別活動の目標や内容の趣旨を逸脱したり，児童の負担過重となったりすることのないようにしなければならない。
    ウ　第2章以下に示す各教科，道徳科，外国語活動及び特別活動の内容に掲げる事項の順序は，特に示す場合を除き，指導の順序を示すものではないので，学校においては，その取扱いについて適切な工夫を加えるものとする。

エ 学年の内容を２学年まとめて示した教科及び外国語活動の内容は，２学年間かけて指導する事項を示したものである。各学校においては，これらの事項を児童や学校，地域の実態に応じ，２学年間を見通して計画的に指導することとし，特に示す場合を除き，いずれかの学年に分けて，又はいずれの学年においても指導するものとする。

オ 学校において２以上の学年の児童で編制する学級について特に必要がある場合には，各教科及び道徳科の目標の達成に支障のない範囲内で，各教科及び道徳科の目標及び内容について学年別の順序によらないことができる。

カ 道徳科を要として学校の教育活動全体を通じて行う道徳教育の内容は，第３章特別の教科道徳の第２に示す内容とし，その実施に当たっては，第６に示す道徳教育に関する配慮事項を踏まえるものとする。

(2) 授業時数等の取扱い

ア 各教科等の授業は，年間35週（第１学年については34週）以上にわたって行うよう計画し，週当たりの授業時数が児童の負担過重にならないようにするものとする。ただし，各教科等や学習活動の特質に応じ効果的な場合には，夏季，冬季，学年末等の休業日の期間に授業日を設定する場合を含め，これらの授業を特定の期間に行うことができる。

イ 特別活動の授業のうち，児童会活動，クラブ活動及び学校行事については，それらの内容に応じ，年間，学期ごと，月ごとなどに適切な授業時数を充てるものとする。

ウ 各学校の時間割については，次の事項を踏まえ適切に編成するものとする。

(ア) 各教科等のそれぞれの授業の１単位時間は，各学校において，各教科等の年間授業時数を確保しつつ，児童の発達の段階及び各教科等や学習活動の特質を考慮して適切に定めること。

(イ) 各教科等の特質に応じ，10分から15分程度の短い時間を活用して特定の教科等の指導を行う場合において，教師が，単元や題材など内容や時間のまとまりを見通した中で，その指導内容の決定や指導の成果の把握と活用等を責任をもって行う体制が整備されているときは，その時間を当該教科等の年間授業時数に含めることができること。

(ウ) 給食，休憩などの時間については，各学校において工夫を加え，適切に定めること。

(エ) 各学校において，児童や学校，地域の実態，各教科等や学習活動の特質等に応じて，創意工夫を生かした時間割を弾力的に編成できること。

エ 総合的な学習の時間における学習活動により，特別活動の学校行事に掲げる各行事の実施と同様の成果が期待できる場合においては，総合的な学習の時間における学習活動をもって相当する特別活動の学校行事に掲げる各行事の実施に替えることができる。

(3) 指導計画の作成等に当たっての配慮事項

各学校においては，次の事項に配慮しながら，学校の創意工夫を生かし，全体として，調和のとれた具体的な指導計画を作成するものとする。

ア 各教科等の指導内容については，(1)のアを踏まえつつ，単元や題材など内容や時間のまとまりを見通しながら，そのまとめ方や重点の置き方に適切な工夫を加え，第３の１に示す主体的・対話的で深い学びの実現に向けた授業改善を通して資質・能力を育む効果的な指導ができるようにすること。

イ 各教科等及び各学年相互間の関連を図り，系統的，発展的な指導ができるようにすること。

ウ 学年の内容を２学年まとめて示した教科及び外国語活動については，当該学年間を見通して，児童や学校，地域の実態に応じ，児童の発達の段階を考慮しつつ，効果的，段階的に指導するようにすること。

エ　児童の実態等を考慮し，指導の効果を高めるため，児童の発達の段階や指導内容の関連性等を踏まえつつ，合科的・関連的な指導を進めること。

4　学校段階等間の接続

教育課程の編成に当たっては，次の事項に配慮しながら，学校段階等間の接続を図るものとする。

(1) 幼児期の終わりまでに育ってほしい姿を踏まえた指導を工夫することにより，幼稚園教育要領等に基づく幼児期の教育を通して育まれた資質・能力を踏まえて教育活動を実施し，児童が主体的に自己を発揮しながら学びに向かうことが可能となるようにすること。

また，低学年における教育全体において，例えば生活科において育成する自立し生活を豊かにしていくための資質・能力が，他教科等の学習においても生かされるようにするなど，教科等間の関連を積極的に図り，幼児期の教育及び中学年以降の教育との円滑な接続が図られるよう工夫すること。特に，小学校入学当初においては，幼児期において自発的な活動としての遊びを通して育まれてきたことが，各教科等における学習に円滑に接続されるよう，生活科を中心に，合科的・関連的な指導や弾力的な時間割の設定など，指導の工夫や指導計画の作成を行うこと。

(2) 中学校学習指導要領及び高等学校学習指導要領を踏まえ，中学校教育及びその後の教育との円滑な接続が図られるよう工夫すること。特に，義務教育学校，中学校連携型小学校及び中学校併設型小学校においては，義務教育9年間を見通した計画的かつ継続的な教育課程を編成すること。

● 第3　教育課程の実施と学習評価

1　主体的・対話的で深い学びの実現に向けた授業改善

各教科等の指導に当たっては，次の事項に配慮するものとする。

(1) 第1の3の(1)から(3)までに示すことが偏りなく実現されるよう，単元や題材など内容や時間のまとまりを見通しながら，児童の主体的・対話的で深い学びの実現に向けた授業改善を行うこと。

特に，各教科等において身に付けた知識及び技能を活用したり，思考力，判断力，表現力等や学びに向かう力，人間性等を発揮させたりして，学習の対象となる物事を捉え思考することにより，各教科等の特質に応じた物事を捉える視点や考え方（以下「見方・考え方」という。）が鍛えられていくことに留意し，児童が各教科等の特質に応じた見方・考え方を働かせながら，知識を相互に関連付けてより深く理解したり，情報を精査して考えを形成したり，問題を見いだして解決策を考えたり，思いや考えを基に創造したりすることに向かう過程を重視した学習の充実を図ること。

(2) 第2の2の(1)に示す言語能力の育成を図るため，各学校において必要な言語環境を整えるとともに，国語科を要としつつ各教科等の特質に応じて，児童の言語活動を充実すること。あわせて，(7)に示すとおり読書活動を充実すること。

(3) 第2の2の(1)に示す情報活用能力の育成を図るため，各学校において，コンピュータや情報通信ネットワークなどの情報手段を活用するために必要な環境を整え，これらを適切に活用した学習活動の充実を図ること。また，各種の統計資料や新聞，視聴覚教材や教育機器などの教材・教具の適切な活用を図ること。

あわせて，各教科等の特質に応じて，次の学習活動を計画的に実施すること。

ア　児童がコンピュータで文字を入力するなどの学習の基盤として必要となる情報手段の基本

　　　　的な操作を習得するための学習活動
　　イ　児童がプログラミングを体験しながら，コンピュータに意図した処理を行わせるために必要な論理的思考力を身に付けるための学習活動
(4) 児童が学習の見通しを立てたり学習したことを振り返ったりする活動を，計画的に取り入れるように工夫すること。
(5) 児童が生命の有限性や自然の大切さ，主体的に挑戦してみることや多様な他者と協働することの重要性などを実感しながら理解することができるよう，各教科等の特質に応じた体験活動を重視し，家庭や地域社会と連携しつつ体系的・継続的に実施できるよう工夫すること。
(6) 児童が自ら学習課題や学習活動を選択する機会を設けるなど，児童の興味・関心を生かした自主的，自発的な学習が促されるよう工夫すること。
(7) 学校図書館を計画的に利用しその機能の活用を図り，児童の主体的・対話的で深い学びの実現に向けた授業改善に生かすとともに，児童の自主的，自発的な学習活動や読書活動を充実すること。また，地域の図書館や博物館，美術館，劇場，音楽堂等の施設の活用を積極的に図り，資料を活用した情報の収集や鑑賞等の学習活動を充実すること。

2　学習評価の充実
　学習評価の実施に当たっては，次の事項に配慮するものとする。
(1) 児童のよい点や進歩の状況などを積極的に評価し，学習したことの意義や価値を実感できるようにすること。また，各教科等の目標の実現に向けた学習状況を把握する観点から，単元や題材など内容や時間のまとまりを見通しながら評価の場面や方法を工夫して，学習の過程や成果を評価し，指導の改善や学習意欲の向上を図り，資質・能力の育成に生かすようにすること。
(2) 創意工夫の中で学習評価の妥当性や信頼性が高められるよう，組織的かつ計画的な取組を推進するとともに，学年や学校段階を越えて児童の学習の成果が円滑に接続されるように工夫すること。

● 第4　児童の発達の支援

1　児童の発達を支える指導の充実
　教育課程の編成及び実施に当たっては，次の事項に配慮するものとする。
(1) 学習や生活の基盤として，教師と児童との信頼関係及び児童相互のよりよい人間関係を育てるため，日頃から学級経営の充実を図ること。また，主に集団の場面で必要な指導や援助を行うガイダンスと，個々の児童の多様な実態を踏まえ，一人一人が抱える課題に個別に対応した指導を行うカウンセリングの双方により，児童の発達を支援すること。
　　あわせて，小学校の低学年，中学年，高学年の学年の時期の特長を生かした指導の工夫を行うこと。
(2) 児童が，自己の存在感を実感しながら，よりよい人間関係を形成し，有意義で充実した学校生活を送る中で，現在及び将来における自己実現を図っていくことができるよう，児童理解を深め，学習指導と関連付けながら，生徒指導の充実を図ること。
(3) 児童が，学ぶことと自己の将来とのつながりを見通しながら，社会的・職業的自立に向けて必要な基盤となる資質・能力を身に付けていくことができるよう，特別活動を要としつつ各教科等の特質に応じて，キャリア教育の充実を図ること。
(4) 児童が，基礎的・基本的な知識及び技能の習得も含め，学習内容を確実に身に付けることができるよう，児童や学校の実態に応じ，個別学習やグループ別学習，繰り返し学習，学習内容

の習熟の程度に応じた学習，児童の興味・関心等に応じた課題学習，補充的な学習や発展的な学習などの学習活動を取り入れることや，教師間の協力による指導体制を確保することなど，指導方法や指導体制の工夫改善により，個に応じた指導の充実を図ること。その際，第3の1の(3)に示す情報手段や教材・教具の活用を図ること。
2 特別な配慮を必要とする児童への指導
  (1) 障害のある児童などへの指導
    ア 障害のある児童などについては，特別支援学校等の助言又は援助を活用しつつ，個々の児童の障害の状態等に応じた指導内容や指導方法の工夫を組織的かつ計画的に行うものとする。
    イ 特別支援学級において実施する特別の教育課程については，次のとおり編成するものとする。
      (ｱ) 障害による学習上又は生活上の困難を克服し自立を図るため，特別支援学校小学部・中学部学習指導要領第7章に示す自立活動を取り入れること。
      (ｲ) 児童の障害の程度や学級の実態等を考慮の上，各教科の目標や内容を下学年の教科の目標や内容に替えたり，各教科を，知的障害者である児童に対する教育を行う特別支援学校の各教科に替えたりするなどして，実態に応じた教育課程を編成すること。
    ウ 障害のある児童に対して，通級による指導を行い，特別の教育課程を編成する場合には，特別支援学校小学部・中学部学習指導要領第7章に示す自立活動の内容を参考とし，具体的な目標や内容を定め，指導を行うものとする。その際，効果的な指導が行われるよう，各教科等と通級による指導との関連を図るなど，教師間の連携に努めるものとする。
    エ 障害のある児童などについては，家庭，地域及び医療や福祉，保健，労働等の業務を行う関係機関との連携を図り，長期的な視点で児童への教育的支援を行うために，個別の教育支援計画を作成し活用することに努めるとともに，各教科等の指導に当たって，個々の児童の実態を的確に把握し，個別の指導計画を作成し活用することに努めるものとする。特に，特別支援学級に在籍する児童や通級による指導を受ける児童については，個々の児童の実態を的確に把握し，個別の教育支援計画や個別の指導計画を作成し，効果的に活用するものとする。
  (2) 海外から帰国した児童などの学校生活への適応や，日本語の習得に困難のある児童に対する日本語指導
    ア 海外から帰国した児童などについては，学校生活への適応を図るとともに，外国における生活経験を生かすなどの適切な指導を行うものとする。
    イ 日本語の習得に困難のある児童については，個々の児童の実態に応じた指導内容や指導方法の工夫を組織的かつ計画的に行うものとする。特に，通級による日本語指導については，教師間の連携に努め，指導についての計画を個別に作成することなどにより，効果的な指導に努めるものとする。
  (3) 不登校児童への配慮
    ア 不登校児童については，保護者や関係機関と連携を図り，心理や福祉の専門家の助言又は援助を得ながら，社会的自立を目指す観点から，個々の児童の実態に応じた情報の提供その他の必要な支援を行うものとする。
    イ 相当の期間小学校を欠席し引き続き欠席すると認められる児童を対象として，文部科学大臣が認める特別の教育課程を編成する場合には，児童の実態に配慮した教育課程を編成するとともに，個別学習やグループ別学習など指導方法や指導体制の工夫改善に努めるものとする。

第5 学校運営上の留意事項

1 教育課程の改善と学校評価等
   ア 各学校においては，校長の方針の下に，校務分掌に基づき教職員が適切に役割を分担しつつ，相互に連携しながら，各学校の特色を生かしたカリキュラム・マネジメントを行うよう努めるものとする。また，各学校が行う学校評価については，教育課程の編成，実施，改善が教育活動や学校運営の中核となることを踏まえ，カリキュラム・マネジメントと関連付けながら実施するよう留意するものとする。
   イ 教育課程の編成及び実施に当たっては，学校保健計画，学校安全計画，食に関する指導の全体計画，いじめの防止等のための対策に関する基本的な方針など，各分野における学校の全体計画等と関連付けながら，効果的な指導が行われるように留意するものとする。
2 家庭や地域社会との連携及び協働と学校間の連携
   教育課程の編成及び実施に当たっては，次の事項に配慮するものとする。
   ア 学校がその目的を達成するため，学校や地域の実態等に応じ，教育活動の実施に必要な人的又は物的な体制を家庭や地域の人々の協力を得ながら整えるなど，家庭や地域社会との連携及び協働を深めること。また，高齢者や異年齢の子供など，地域における世代を越えた交流の機会を設けること。
   イ 他の小学校や，幼稚園，認定こども園，保育所，中学校，高等学校，特別支援学校などとの間の連携や交流を図るとともに，障害のある幼児児童生徒との交流及び共同学習の機会を設け，共に尊重し合いながら協働して生活していく態度を育むようにすること。

第6 道徳教育に関する配慮事項

道徳教育を進めるに当たっては，道徳教育の特質を踏まえ，前項までに示す事項に加え，次の事項に配慮するものとする。
1 各学校においては，第1の2の(2)に示す道徳教育の目標を踏まえ，道徳教育の全体計画を作成し，校長の方針の下に，道徳教育の推進を主に担当する教師（以下「道徳教育推進教師」という。）を中心に，全教師が協力して道徳教育を展開すること。なお，道徳教育の全体計画の作成に当たっては，児童や学校，地域の実態を考慮して，学校の道徳教育の重点目標を設定するとともに，道徳科の指導方針，第3章特別の教科道徳の第2に示す内容との関連を踏まえた各教科，外国語活動，総合的な学習の時間及び特別活動における指導の内容及び時期並びに家庭や地域社会との連携の方法を示すこと。
2 各学校においては，児童の発達の段階や特性等を踏まえ，指導内容の重点化を図ること。その際，各学年を通じて，自立心や自律性，生命を尊重する心や他者を思いやる心を育てることに留意すること。また，各学年段階においては，次の事項に留意すること。
(1) 第1学年及び第2学年においては，挨拶などの基本的な生活習慣を身に付けること，善悪を判断し，してはならないことをしないこと，社会生活上のきまりを守ること。
(2) 第3学年及び第4学年においては，善悪を判断し，正しいと判断したことを行うこと，身近な人々と協力し助け合うこと，集団や社会のきまりを守ること。
(3) 第5学年及び第6学年においては，相手の考え方や立場を理解して支え合うこと，法やきまりの意義を理解して進んで守ること，集団生活の充実に努めること，伝統と文化を尊重し，それらを育んできた我が国と郷土を愛するとともに，他国を尊重すること。
3 学校や学級内の人間関係や環境を整えるとともに，集団宿泊活動やボランティア活動，自然体

験活動，地域の行事への参加などの豊かな体験を充実すること。また，道徳教育の指導内容が，児童の日常生活に生かされるようにすること。その際，いじめの防止や安全の確保等にも資することとなるよう留意すること。

4 学校の道徳教育の全体計画や道徳教育に関する諸活動などの情報を積極的に公表したり，道徳教育の充実のために家庭や地域の人々の積極的な参加や協力を得たりするなど，家庭や地域社会との共通理解を深め，相互の連携を図ること。

中学校学習指導要領　第1章　総則

第1　中学校教育の基本と教育課程の役割

1　各学校においては，教育基本法及び学校教育法その他の法令並びにこの章以下に示すところに従い，生徒の人間として調和のとれた育成を目指し，生徒の心身の発達の段階や特性及び学校や地域の実態を十分考慮して，適切な教育課程を編成するものとし，これらに掲げる目標を達成するよう教育を行うものとする。

2　学校の教育活動を進めるに当たっては，各学校において，第3の1に示す主体的・対話的で深い学びの実現に向けた授業改善を通して，創意工夫を生かした特色ある教育活動を展開する中で，次の(1)から(3)までに掲げる事項の実現を図り，生徒に生きる力を育むことを目指すものとする。

(1)　基礎的・基本的な知識及び技能を確実に習得させ，これらを活用して課題を解決するために必要な思考力，判断力，表現力等を育むとともに，主体的に学習に取り組む態度を養い，個性を生かし多様な人々との協働を促す教育の充実に努めること。その際，生徒の発達の段階を考慮して，生徒の言語活動など，学習の基盤をつくる活動を充実するとともに，家庭との連携を図りながら，生徒の学習習慣が確立するよう配慮すること。

(2)　道徳教育や体験活動，多様な表現や鑑賞の活動等を通して，豊かな心や創造性のかん涵養を目指した教育の充実に努めること。

　　学校における道徳教育は，特別の教科である道徳（以下「道徳科」という。）を要として学校の教育活動全体を通じて行うものであり，道徳科はもとより，各教科，総合的な学習の時間及び特別活動のそれぞれの特質に応じて，生徒の発達の段階を考慮して，適切な指導を行うこと。

　　道徳教育は，教育基本法及び学校教育法に定められた教育の根本精神に基づき，人間としての生き方を考え，主体的な判断の下に行動し，自立した人間として他者と共によりよく生きるための基盤となる道徳性を養うことを目標とすること。

　　道徳教育を進めるに当たっては，人間尊重の精神と生命に対する畏敬の念を家庭，学校，その他社会における具体的な生活の中に生かし，豊かな心をもち，伝統と文化を尊重し，それらを育んできた我が国と郷土を愛し，個性豊かな文化の創造を図るとともに，平和で民主的な国家及び社会の形成者として，公共の精神を尊び，社会及び国家の発展に努め，他国を尊重し，国際社会の平和と発展や環境の保全に貢献し未来を拓く主体性のある日本人の育成に資することとなるよう特に留意すること。

(3)　学校における体育・健康に関する指導を，生徒の発達の段階を考慮して，学校の教育活動全体を通じて適切に行うことにより，健康で安全な生活と豊かなスポーツライフの実現を目指した教育の充実に努めること。特に，学校における食育の推進並びに体力の向上に関する指導，安全に関する指導及び心身の健康の保持増進に関する指導については，保健体育科，技術・家庭科及び特別活動の時間はもとより，各教科，道徳科及び総合的な学習の時間などにおいてもそれぞれの特質に応じて適切に行うよう努めること。また，それらの指導を通して，家庭や地域社会との連携を図りながら，日常生活において適切な体育・健康に関する活動の実践を促し，生涯を通じて健康・安全で活力ある生活を送るための基礎が培われるよう配慮すること。

3　2の(1)から(3)までに掲げる事項の実現を図り，豊かな創造性を備え持続可能な社会の創り手となることが期待される生徒に，生きる力を育むことを目指すに当たっては，学校教育全体並びに各教科，道徳科，総合的な学習の時間及び特別活動（以下「各教科等」という。ただし，第

2の3の(2)のア及びウにおいて，特別活動については学級活動（学校給食に係るものを除く。）に限る。）の指導を通してどのような資質・能力の育成を目指すのかを明確にしながら，教育活動の充実を図るものとする。その際，生徒の発達の段階や特性等を踏まえつつ，次に掲げることが偏りなく実現できるようにするものとする。
(1) 知識及び技能が習得されるようにすること。
(2) 思考力，判断力，表現力等を育成すること。
(3) 学びに向かう力，人間性等を涵養すること。
4 各学校においては，生徒や学校，地域の実態を適切に把握し，教育の目的や目標の実現に必要な教育の内容等を教科等横断的な視点で組み立てていくこと，教育課程の実施状況を評価してその改善を図っていくこと，教育課程の実施に必要な人的又は物的な体制を確保するとともにその改善を図っていくことなどを通して，教育課程に基づき組織的かつ計画的に各学校の教育活動の質の向上を図っていくこと（以下「カリキュラム・マネジメント」という。）に努めるものとする。

● 第2 教育課程の編成

1 各学校の教育目標と教育課程の編成
　教育課程の編成に当たっては，学校教育全体や各教科等における指導を通して育成を目指す資質・能力を踏まえつつ，各学校の教育目標を明確にするとともに，教育課程の編成についての基本的な方針が家庭や地域とも共有されるよう努めるものとする。その際，第4章総合的な学習の時間の第2の1に基づき定められる目標との関連を図るものとする。
2 教科等横断的な視点に立った資質・能力の育成
(1) 各学校においては，生徒の発達の段階を考慮し，言語能力，情報活用能力（情報モラルを含む。），問題発見・解決能力等の学習の基盤となる資質・能力を育成していくことができるよう，各教科等の特質を生かし，教科等横断的な視点から教育課程の編成を図るものとする。
(2) 各学校においては，生徒や学校，地域の実態及び生徒の発達の段階を考慮し，豊かな人生の実現や災害等を乗り越えて次代の社会を形成することに向けた現代的な諸課題に対応して求められる資質・能力を，教科等横断的な視点で育成していくことができるよう，各学校の特色を生かした教育課程の編成を図るものとする。
3 教育課程の編成における共通的事項
(1) 内容等の取扱い
　ア 第2章以下に示す各教科，道徳科及び特別活動の内容に関する事項は，特に示す場合を除き，いずれの学校においても取り扱わなければならない。
　イ 学校において特に必要がある場合には，第2章以下に示していない内容を加えて指導することができる。また，第2章以下に示す内容の取扱いのうち内容の範囲や程度等を示す事項は，全ての生徒に対して指導するものとする内容の範囲や程度等を示したものであり，学校において特に必要がある場合には，この事項にかかわらず加えて指導することができる。ただし，これらの場合には，第2章以下に示す各教科，道徳科及び特別活動の目標や内容の趣旨を逸脱したり，生徒の負担過重となったりすることのないようにしなければならない。
　ウ 第2章以下に示す各教科，道徳科及び特別活動の内容に掲げる事項の順序は，特に示す場合を除き，指導の順序を示すものではないので，学校においては，その取扱いについて適切な工夫を加えるものとする。
　エ 学校において2以上の学年の生徒で編制する学級について特に必要がある場合には，各教

科の目標の達成に支障のない範囲内で，各教科の目標及び内容について学年別の順序によらないことができる。

オ　各学校においては，生徒や学校，地域の実態を考慮して，生徒の特性等に応じた多様な学習活動が行えるよう，第2章に示す各教科や，特に必要な教科を，選択教科として開設し生徒に履修させることができる。その場合にあっては，全ての生徒に指導すべき内容との関連を図りつつ，選択教科の授業時数及び内容を適切に定め選択教科の指導計画を作成し，生徒の負担過重となることのないようにしなければならない。また，特に必要な教科の名称，目標，内容などについては，各学校が適切に定めるものとする。

カ　道徳科を要として学校の教育活動全体を通じて行う道徳教育の内容は，第3章特別の教科道徳の第2に示す内容とし，その実施に当たっては，第6に示す道徳教育に関する配慮事項を踏まえるものとする。

(2) 授業時数等の取扱い

ア　各教科等の授業は，年間35週以上にわたって行うよう計画し，週当たりの授業時数が生徒の負担過重にならないようにするものとする。ただし，各教科等や学習活動の特質に応じ効果的な場合には，夏季，冬季，学年末等の休業日の期間に授業日を設定する場合を含め，これらの授業を特定の期間に行うことができる。

イ　特別活動の授業のうち，生徒会活動及び学校行事については，それらの内容に応じ，年間，学期ごと，月ごとなどに適切な授業時数を充てるものとする。

ウ　各学校の時間割については，次の事項を踏まえ適切に編成するものとする。

(ｱ) 各教科等のそれぞれの授業の1単位時間は，各学校において，各教科等の年間授業時数を確保しつつ，生徒の発達の段階及び各教科等や学習活動の特質を考慮して適切に定めること。

(ｲ) 各教科等の特質に応じ，10分から15分程度の短い時間を活用して特定の教科等の指導を行う場合において，当該教科等を担当する教師が，単元や題材など内容や時間のまとまりを見通した中で，その指導内容の決定や指導の成果の把握と活用等を責任をもって行う体制が整備されているときは，その時間を当該教科等の年間授業時数に含めることができること。

(ｳ) 給食，休憩などの時間については，各学校において工夫を加え，適切に定めること。

(ｴ) 各学校において，生徒や学校，地域の実態，各教科等や学習活動の特質等に応じて，創意工夫を生かした時間割を弾力的に編成できること。

エ　総合的な学習の時間における学習活動により，特別活動の学校行事に掲げる各行事の実施と同様の成果が期待できる場合においては，総合的な学習の時間における学習活動をもって相当する特別活動の学校行事に掲げる各行事の実施に替えることができる。

(3) 指導計画の作成等に当たっての配慮事項

各学校においては，次の事項に配慮しながら，学校の創意工夫を生かし，全体として，調和のとれた具体的な指導計画を作成するものとする。

ア　各教科等の指導内容については，(1)のアを踏まえつつ，単元や題材など内容や時間のまとまりを見通しながら，そのまとめ方や重点の置き方に適切な工夫を加え，第3の1に示す主体的・対話的で深い学びの実現に向けた授業改善を通して資質・能力を育む効果的な指導ができるようにすること。

イ　各教科等及び各学年相互間の関連を図り，系統的，発展的な指導ができるようにすること。

4　学校段階間の接続

教育課程の編成に当たっては，次の事項に配慮しながら，学校段階間の接続を図るものとする。
(1) 小学校学習指導要領を踏まえ，小学校教育までの学習の成果が中学校教育に円滑に接続され，義務教育段階の終わりまでに育成することを目指す資質・能力を，生徒が確実に身に付けることができるよう工夫すること。特に，義務教育学校，小学校連携型中学校及び小学校併設型中学校においては，義務教育9年間を見通した計画的かつ継続的な教育課程を編成すること。
(2) 高等学校学習指導要領を踏まえ，高等学校教育及びその後の教育との円滑な接続が図られるよう工夫すること。特に，中等教育学校，連携型中学校及び併設型中学校においては，中等教育6年間を見通した計画的かつ継続的な教育課程を編成すること。

●第3 教育課程の実施と学習評価

1 主体的・対話的で深い学びの実現に向けた授業改善
　各教科等の指導に当たっては，次の事項に配慮するものとする。
(1) 第1の3の(1)から(3)までに示すことが偏りなく実現されるよう，単元や題材など内容や時間のまとまりを見通しながら，生徒の主体的・対話的で深い学びの実現に向けた授業改善を行うこと。
　特に，各教科等において身に付けた知識及び技能を活用したり，思考力，判断力，表現力等や学びに向かう力，人間性等を発揮させたりして，学習の対象となる物事を捉え思考することにより，各教科等の特質に応じた物事を捉える視点や考え方（以下「見方・考え方」という。）が鍛えられていくことに留意し，生徒が各教科等の特質に応じた見方・考え方を働かせながら，知識を相互に関連付けてより深く理解したり，情報を精査して考えを形成したり，問題を見いだして解決策を考えたり，思いや考えを基に創造したりすることに向かう過程を重視した学習の充実を図ること。
(2) 第2の2の(1)に示す言語能力の育成を図るため，各学校において必要な言語環境を整えるとともに，国語科を要としつつ各教科等の特質に応じて，生徒の言語活動を充実すること。あわせて，(7)に示すとおり読書活動を充実すること。
(3) 第2の2の(1)に示す情報活用能力の育成を図るため，各学校において，コンピュータや情報通信ネットワークなどの情報手段を活用するために必要な環境を整え，これらを適切に活用した学習活動の充実を図ること。また，各種の統計資料や新聞，視聴覚教材や教育機器などの教材・教具の適切な活用を図ること。
(4) 生徒が学習の見通しを立てたり学習したことを振り返ったりする活動を，計画的に取り入れるように工夫すること。
(5) 生徒が生命の有限性や自然の大切さ，主体的に挑戦してみることや多様な他者と協働することの重要性などを実感しながら理解することができるよう，各教科等の特質に応じた体験活動を重視し，家庭や地域社会と連携しつつ体系的・継続的に実施できるよう工夫すること。
(6) 生徒が自ら学習課題や学習活動を選択する機会を設けるなど，生徒の興味・関心を生かした自主的，自発的な学習が促されるよう工夫すること。
(7) 学校図書館を計画的に利用しその機能の活用を図り，生徒の主体的・対話的で深い学びの実現に向けた授業改善に生かすとともに，生徒の自主的，自発的な学習活動や読書活動を充実すること。また，地域の図書館や博物館，美術館，劇場，音楽堂等の施設の活用を積極的に図り，資料を活用した情報の収集や鑑賞等の学習活動を充実すること。

2 学習評価の充実

学習評価の実施に当たっては,次の事項に配慮するものとする。

(1) 生徒のよい点や進歩の状況などを積極的に評価し,学習したことの意義や価値を実感できるようにすること。また,各教科等の目標の実現に向けた学習状況を把握する観点から,単元や題材など内容や時間のまとまりを見通しながら評価の場面や方法を工夫して,学習の過程や成果を評価し,指導の改善や学習意欲の向上を図り,資質・能力の育成に生かすようにすること。

(2) 創意工夫の中で学習評価の妥当性や信頼性が高められるよう,組織的かつ計画的な取組を推進するとともに,学年や学校段階を越えて生徒の学習の成果が円滑に接続されるように工夫すること。

第4 生徒の発達の支援

1 生徒の発達を支える指導の充実

教育課程の編成及び実施に当たっては,次の事項に配慮するものとする。

(1) 学習や生活の基盤として,教師と生徒との信頼関係及び生徒相互のよりよい人間関係を育てるため,日頃から学級経営の充実を図ること。また,主に集団の場面で必要な指導や援助を行うガイダンスと,個々の生徒の多様な実態を踏まえ,一人一人が抱える課題に個別に対応した指導を行うカウンセリングの双方により,生徒の発達を支援すること。

(2) 生徒が,自己の存在感を実感しながら,よりよい人間関係を形成し,有意義で充実した学校生活を送る中で,現在及び将来における自己実現を図っていくことができるよう,生徒理解を深め,学習指導と関連付けながら,生徒指導の充実を図ること。

(3) 生徒が,学ぶことと自己の将来とのつながりを見通しながら,社会的・職業的自立に向けて必要な基盤となる資質・能力を身に付けていくことができるよう,特別活動を要としつつ各教科等の特質に応じて,キャリア教育の充実を図ること。その中で,生徒が自らの生き方を考え主体的に進路を選択することができるよう,学校の教育活動全体を通じ,組織的かつ計画的な進路指導を行うこと。

(4) 生徒が,基礎的・基本的な知識及び技能の習得も含め,学習内容を確実に身に付けることができるよう,生徒や学校の実態に応じ,個別学習やグループ別学習,繰り返し学習,学習内容の習熟の程度に応じた学習,生徒の興味・関心等に応じた課題学習,補充的な学習や発展的な学習などの学習活動を取り入れることや,教師間の協力による指導体制を確保することなど,指導方法や指導体制の工夫改善により,個に応じた指導の充実を図ること。その際,第3の1の(3)に示す情報手段や教材・教具の活用を図ること。

2 特別な配慮を必要とする生徒への指導

(1) 障害のある生徒などへの指導

ア 障害のある生徒などについては,特別支援学校等の助言又は援助を活用しつつ,個々の生徒の障害の状態等に応じた指導内容や指導方法の工夫を組織的かつ計画的に行うものとする。

イ 特別支援学級において実施する特別の教育課程については,次のとおり編成するものとする。

(ｱ) 障害による学習上又は生活上の困難を克服し自立を図るため,特別支援学校小学部・中学部学習指導要領第7章に示す自立活動を取り入れること。

(ｲ) 生徒の障害の程度や学級の実態等を考慮の上,各教科の目標や内容を下学年の教科の目

標や内容に替えたり，各教科を，知的障害者である生徒に対する教育を行う特別支援学校の各教科に替えたりするなどして，実態に応じた教育課程を編成すること。

　　ウ　障害のある生徒に対して，通級による指導を行い，特別の教育課程を編成する場合には，特別支援学校小学部・中学部学習指導要領第7章に示す自立活動の内容を参考とし，具体的な目標や内容を定め，指導を行うものとする。その際，効果的な指導が行われるよう，各教科等と通級による指導との関連を図るなど，教師間の連携に努めるものとする。

　　エ　障害のある生徒などについては，家庭，地域及び医療や福祉，保健，労働等の業務を行う関係機関との連携を図り，長期的な視点で生徒への教育的支援を行うために，個別の教育支援計画を作成し活用することに努めるとともに，各教科等の指導に当たって，個々の生徒の実態を的確に把握し，個別の指導計画を作成し活用することに努めるものとする。特に，特別支援学級に在籍する生徒や通級による指導を受ける生徒については，個々の生徒の実態を的確に把握し，個別の教育支援計画や個別の指導計画を作成し，効果的に活用するものとする。

(2) 海外から帰国した生徒などの学校生活への適応や，日本語の習得に困難のある生徒に対する日本語指導

　　ア　海外から帰国した生徒などについては，学校生活への適応を図るとともに，外国における生活経験を生かすなどの適切な指導を行うものとする。

　　イ　日本語の習得に困難のある生徒については，個々の生徒の実態に応じた指導内容や指導方法の工夫を組織的かつ計画的に行うものとする。特に，通級による日本語指導については，教師間の連携に努め，指導についての計画を個別に作成することなどにより，効果的な指導に努めるものとする。

(3) 不登校生徒への配慮

　　ア　不登校生徒については，保護者や関係機関と連携を図り，心理や福祉の専門家の助言又は援助を得ながら，社会的自立を目指す観点から，個々の生徒の実態に応じた情報の提供その他の必要な支援を行うものとする。

　　イ　相当の期間中学校を欠席し引き続き欠席すると認められる生徒を対象として，文部科学大臣が認める特別の教育課程を編成する場合には，生徒の実態に配慮した教育課程を編成するとともに，個別学習やグループ別学習など指導方法や指導体制の工夫改善に努めるものとする。

(4) 学齢を経過した者への配慮

　　ア　夜間その他の特別の時間に授業を行う課程において学齢を経過した者を対象として特別の教育課程を編成する場合には，学齢を経過した者の年齢，経験又は勤労状況その他の実情を踏まえ，中学校教育の目的及び目標並びに第2章以下に示す各教科等の目標に照らして，中学校教育を通じて育成を目指す資質・能力を身に付けることができるようにするものとする。

　　イ　学齢を経過した者を教育する場合には，個別学習やグループ別学習など指導方法や指導体制の工夫改善に努めるものとする。

● 第5　学校運営上の留意事項

　1　教育課程の改善と学校評価，教育課程外の活動との連携等

　　ア　各学校においては，校長の方針の下に，校務分掌に基づき教職員が適切に役割を分担しつつ，相互に連携しながら，各学校の特色を生かしたカリキュラム・マネジメントを行うよう

努めるものとする。また，各学校が行う学校評価については，教育課程の編成，実施，改善が教育活動や学校運営の中核となることを踏まえ，カリキュラム・マネジメントと関連付けながら実施するよう留意するものとする。

イ 教育課程の編成及び実施に当たっては，学校保健計画，学校安全計画，食に関する指導の全体計画，いじめの防止等のための対策に関する基本的な方針など，各分野における学校の全体計画等と関連付けながら，効果的な指導が行われるように留意するものとする。

ウ 教育課程外の学校教育活動と教育課程の関連が図られるように留意するものとする。特に，生徒の自主的，自発的な参加により行われる部活動については，スポーツや文化，科学等に親しませ，学習意欲の向上や責任感，連帯感のかん涵養等，学校教育が目指す資質・能力の育成に資するものであり，学校教育の一環として，教育課程との関連が図られるよう留意すること。その際，学校や地域の実態に応じ，地域の人々の協力，社会教育施設や社会教育関係団体等の各種団体との連携などの運営上の工夫を行い，持続可能な運営体制が整えられるようにするものとする。

2 家庭や地域社会との連携及び協働と学校間の連携

教育課程の編成及び実施に当たっては，次の事項に配慮するものとする。

ア 学校がその目的を達成するため，学校や地域の実態等に応じ，教育活動の実施に必要な人的又は物的な体制を家庭や地域の人々の協力を得ながら整えるなど，家庭や地域社会との連携及び協働を深めること。また，高齢者や異年齢の子供など，地域における世代を越えた交流の機会を設けること。

イ 他の中学校や，幼稚園，認定こども園，保育所，小学校，高等学校，特別支援学校などとの間の連携や交流を図るとともに，障害のある幼児児童生徒との交流及び共同学習の機会を設け，共に尊重し合いながら協働して生活していく態度を育むようにすること。

● 第6 道徳教育に関する配慮事項

道徳教育を進めるに当たっては，道徳教育の特質を踏まえ，前項までに示す事項に加え，次の事項に配慮するものとする。

1 各学校においては，第1の2の(2)に示す道徳教育の目標を踏まえ，道徳教育の全体計画を作成し，校長の方針の下に，道徳教育の推進を主に担当する教師（以下「道徳教育推進教師」という。）を中心に，全教師が協力して道徳教育を展開すること。なお，道徳教育の全体計画の作成に当たっては，生徒や学校，地域の実態を考慮して，学校の道徳教育の重点目標を設定するとともに，道徳科の指導方針，第3章特別の教科道徳の第2に示す内容との関連を踏まえた各教科，総合的な学習の時間及び特別活動における指導の内容及び時期並びに家庭や地域社会との連携の方法を示すこと。

2 各学校においては，生徒の発達の段階や特性等を踏まえ，指導内容の重点化を図ること。その際，小学校における道徳教育の指導内容を更に発展させ，自立心や自律性を高め，規律ある生活をすること，生命を尊重する心や自らの弱さを克服して気高く生きようとする心を育てること，法やきまりの意義に関する理解を深めること，自らの将来の生き方を考え主体的に社会の形成に参画する意欲と態度を養うこと，伝統と文化を尊重し，それらを育んできた我が国と郷土を愛するとともに，他国を尊重すること，国際社会に生きる日本人としての自覚を身に付けることに留意すること。

3 学校や学級内の人間関係や環境を整えるとともに，職場体験活動やボランティア活動，自然体験活動，地域の行事への参加などの豊かな体験を充実すること。また，道徳教育の指導内容が，

生徒の日常生活に生かされるようにすること。その際，いじめの防止や安全の確保等にも資することとなるよう留意すること。
4　学校の道徳教育の全体計画や道徳教育に関する諸活動などの情報を積極的に公表したり，道徳教育の充実のために家庭や地域の人々の積極的な参加や協力を得たりするなど，家庭や地域社会との共通理解を深め，相互の連携を図ること。

小学校学習指導要領　第３章　特別の教科　道徳

● 第１　目　標

第１章総則の第１の２の(2)に示す道徳教育の目標に基づき，よりよく生きるための基盤となる道徳性を養うため，道徳的諸価値についての理解を基に，自己を見つめ，物事を多面的・多角的に考え，自己の生き方についての考えを深める学習を通して，道徳的な判断力，心情，実践意欲と態度を育てる。

● 第２　内　容

学校の教育活動全体を通じて行う道徳教育の要である道徳科においては，以下に示す項目について扱う。

A　主として自分自身に関すること

［善悪の判断，自律，自由と責任］

〔第１学年及び第２学年〕
　よいことと悪いこととの区別をし，よいと思うことを進んで行うこと。

〔第３学年及び第４学年〕
　正しいと判断したことは，自信をもって行うこと。

〔第５学年及び第６学年〕
　自由を大切にし，自律的に判断し，責任のある行動をすること。

［正直，誠実］

〔第１学年及び第２学年〕
　うそをついたりごまかしをしたりしないで，素直に伸び伸びと生活すること。

〔第３学年及び第４学年〕
　過ちは素直に改め，正直に明るい心で生活すること。

〔第５学年及び第６学年〕
　誠実に，明るい心で生活すること。

［節度，節制］

〔第１学年及び第２学年〕
　健康や安全に気を付け，物や金銭を大切にし，身の回りを整え，わがままをしないで，規則正しい生活をすること。

〔第３学年及び第４学年〕
　自分でできることは自分でやり，安全に気を付け，よく考えて行動し，節度のある生活をすること。

〔第５学年及び第６学年〕
　安全に気を付けることや，生活習慣の大切さについて理解し，自分の生活を見直し，節度を守り節制に心掛けること。

［個性の伸長］

〔第１学年及び第２学年〕
　自分の特徴に気付くこと。

〔第３学年及び第４学年〕
　自分の特徴に気付き，長所を伸ばすこと。

〔第5学年及び第6学年〕
　　自分の特徴を知って，短所を改め長所を伸ばすこと。
[希望と勇気，努力と強い意志]
　〔第1学年及び第2学年〕
　　自分のやるべき勉強や仕事をしっかりと行うこと。
　〔第3学年及び第4学年〕
　　自分でやろうと決めた目標に向かって，強い意志をもち，粘り強くやり抜くこと。
　〔第5学年及び第6学年〕
　　より高い目標を立て，希望と勇気をもち，困難があってもくじけずに努力して物事をやり抜くこと。
[真理の探究]
　〔第5学年及び第6学年〕
　　真理を大切にし，物事を探究しようとする心をもつこと。

B　主として人との関わりに関すること

[親切，思いやり]
　〔第1学年及び第2学年〕
　　身近にいる人に温かい心で接し，親切にすること。
　〔第3学年及び第4学年〕
　　相手のことを思いやり，進んで親切にすること。
　〔第5学年及び第6学年〕
　　誰に対しても思いやりの心をもち，相手の立場に立って親切にすること。
[感謝]
　〔第1学年及び第2学年〕
　　家族など日頃世話になっている人々に感謝すること。
　〔第3学年及び第4学年〕
　　家族など生活を支えてくれている人々や現在の生活を築いてくれた高齢者に，尊敬と感謝の気持ちをもって接すること。
　〔第5学年及び第6学年〕
　　日々の生活が家族や過去からの多くの人々の支え合いや助け合いで成り立っていることに感謝し，それに応えること。
[礼儀]
　〔第1学年及び第2学年〕
　　気持ちのよい挨拶，言葉遣い，動作などに心掛けて，明るく接すること。
　〔第3学年及び第4学年〕
　　礼儀の大切さを知り，誰に対しても真心をもって接すること。
　〔第5学年及び第6学年〕
　　時と場をわきまえて，礼儀正しく真心をもって接すること。
[友情，信頼]
　〔第1学年及び第2学年〕
　　友達と仲よくし，助け合うこと。
　〔第3学年及び第4学年〕
　　友達と互いに理解し，信頼し，助け合うこと。

付録4

〔第5学年及び第6学年〕

　　友達と互いに信頼し，学び合って友情を深め，異性についても理解しながら，人間関係を築いていくこと。

[相互理解，寛容]

〔第3学年及び第4学年〕

　　自分の考えや意見を相手に伝えるとともに，相手のことを理解し，自分と異なる意見も大切にすること。

〔第5学年及び第6学年〕

　　自分の考えや意見を相手に伝えるとともに，謙虚な心をもち，広い心で自分と異なる意見や立場を尊重すること。

C　主として集団や社会との関わりに関すること

[規則の尊重]

〔第1学年及び第2学年〕

　　約束やきまりを守り，みんなが使う物を大切にすること。

〔第3学年及び第4学年〕

　　約束や社会のきまりの意義を理解し，それらを守ること。

〔第5学年及び第6学年〕

　　法やきまりの意義を理解した上で進んでそれらを守り，自他の権利を大切にし，義務を果たすこと。

[公正，公平，社会正義]

〔第1学年及び第2学年〕

　　自分の好き嫌いにとらわれないで接すること。

〔第3学年及び第4学年〕

　　誰に対しても分け隔てをせず，公正，公平な態度で接すること。

〔第5学年及び第6学年〕

　　誰に対しても差別をすることや偏見をもつことなく，公正，公平な態度で接し，正義の実現に努めること。

[勤労，公共の精神]

〔第1学年及び第2学年〕

　　働くことのよさを知り，みんなのために働くこと。

〔第3学年及び第4学年〕

　　働くことの大切さを知り，進んでみんなのために働くこと。

〔第5学年及び第6学年〕

　　働くことや社会に奉仕することの充実感を味わうとともに，その意義を理解し，公共のために役に立つことをすること。

[家族愛，家庭生活の充実]

〔第1学年及び第2学年〕

　　父母，祖父母を敬愛し，進んで家の手伝いなどをして，家族の役に立つこと。

〔第3学年及び第4学年〕

　　父母，祖父母を敬愛し，家族みんなで協力し合って楽しい家庭をつくること。

〔第5学年及び第6学年〕

　　父母，祖父母を敬愛し，家族の幸せを求めて，進んで役に立つことをすること。

［よりよい学校生活，集団生活の充実］
〔第1学年及び第2学年〕
先生を敬愛し，学校の人々に親しんで，学級や学校の生活を楽しくすること。
〔第3学年及び第4学年〕
先生や学校の人々を敬愛し，みんなで協力し合って楽しい学級や学校をつくること。
〔第5学年及び第6学年〕
先生や学校の人々を敬愛し，みんなで協力し合ってよりよい学級や学校をつくるとともに，様々な集団の中での自分の役割を自覚して集団生活の充実に努めること。

［伝統と文化の尊重，国や郷土を愛する態度］
〔第1学年及び第2学年〕
我が国や郷土の文化と生活に親しみ，愛着をもつこと。
〔第3学年及び第4学年〕
我が国や郷土の伝統と文化を大切にし，国や郷土を愛する心をもつこと。
〔第5学年及び第6学年〕
我が国や郷土の伝統と文化を大切にし，先人の努力を知り，国や郷土を愛する心をもつこと。

［国際理解，国際親善］
〔第1学年及び第2学年〕
他国の人々や文化に親しむこと。
〔第3学年及び第4学年〕
他国の人々や文化に親しみ，関心をもつこと。
〔第5学年及び第6学年〕
他国の人々や文化について理解し，日本人としての自覚をもって国際親善に努めること。

D 主として生命や自然，崇高なものとの関わりに関すること

［生命の尊さ］
〔第1学年及び第2学年〕
生きることのすばらしさを知り，生命を大切にすること。
〔第3学年及び第4学年〕
生命の尊さを知り，生命あるものを大切にすること。
〔第5学年及び第6学年〕
生命が多くの生命のつながりの中にあるかけがえのないものであることを理解し，生命を尊重すること。

［自然愛護］
〔第1学年及び第2学年〕
身近な自然に親しみ，動植物に優しい心で接すること。
〔第3学年及び第4学年〕
自然のすばらしさや不思議さを感じ取り，自然や動植物を大切にすること。
〔第5学年及び第6学年〕
自然の偉大さを知り，自然環境を大切にすること。

［感動，畏敬の念］
〔第1学年及び第2学年〕
美しいものに触れ，すがすがしい心をもつこと。

〔第3学年及び第4学年〕
　美しいものや気高いものに感動する心をもつこと。
〔第5学年及び第6学年〕
　美しいものや気高いものに感動する心や人間の力を超えたものに対する畏敬の念をもつこと。

［よりよく生きる喜び］
〔第5学年及び第6学年〕
　よりよく生きようとする人間の強さや気高さを理解し，人間として生きる喜びを感じること。

● 第3　指導計画の作成と内容の取扱い

1　各学校においては，道徳教育の全体計画に基づき，各教科，外国語活動，総合的な学習の時間及び特別活動との関連を考慮しながら，道徳科の年間指導計画を作成するものとする。なお，作成に当たっては，第2に示す各学年段階の内容項目について，相当する各学年において全て取り上げることとする。その際，児童や学校の実態に応じ，2学年間を見通した重点的な指導や内容項目間の関連を密にした指導，一つの内容項目を複数の時間で扱う指導を取り入れるなどの工夫を行うものとする。
2　第2の内容の指導に当たっては，次の事項に配慮するものとする。
　(1)　校長や教頭などの参加，他の教師との協力的な指導などについて工夫し，道徳教育推進教師を中心とした指導体制を充実すること。
　(2)　道徳科が学校の教育活動全体を通じて行う道徳教育の要としての役割を果たすことができるよう，計画的・発展的な指導を行うこと。特に，各教科，外国語活動，総合的な学習の時間及び特別活動における道徳教育としては取り扱う機会が十分でない内容項目に関わる指導を補うことや，児童や学校の実態等を踏まえて指導をより一層深めること，内容項目の相互の関連を捉え直したり発展させたりすることに留意すること。
　(3)　児童が自ら道徳性を養う中で，自らを振り返って成長を実感したり，これからの課題や目標を見付けたりすることができるよう工夫すること。その際，道徳性を養うことの意義について，児童自らが考え，理解し，主体的に学習に取り組むことができるようにすること。
　(4)　児童が多様な感じ方や考え方に接する中で，考えを深め，判断し，表現する力などを育むことができるよう，自分の考えを基に話し合ったり書いたりするなどの言語活動を充実すること。
　(5)　児童の発達の段階や特性等を考慮し，指導のねらいに即して，問題解決的な学習，道徳的行為に関する体験的な学習等を適切に取り入れるなど，指導方法を工夫すること。その際，それらの活動を通じて学んだ内容の意義などについて考えることができるようにすること。また，特別活動等における多様な実践活動や体験活動も道徳科の授業に生かすようにすること。
　(6)　児童の発達の段階や特性等を考慮し，第2に示す内容との関連を踏まえつつ，情報モラルに関する指導を充実すること。また，児童の発達の段階や特性等を考慮し，例えば，社会の持続可能な発展などの現代的な課題の取扱いにも留意し，身近な社会的課題を自分との関係において考え，それらの解決に寄与しようとする意欲や態度を育てるよう努めること。なお，多様な見方や考え方のできる事柄について，特定の見方や考え方に偏った指導を行うことのないようにすること。
　(7)　道徳科の授業を公開したり，授業の実施や地域教材の開発や活用などに家庭や地域の人々，

各分野の専門家等の積極的な参加や協力を得たりするなど，家庭や地域社会との共通理解を深め，相互の連携を図ること。
3　教材については，次の事項に留意するものとする。
 (1) 児童の発達の段階や特性，地域の実情等を考慮し，多様な教材の活用に努めること。特に，生命の尊厳，自然，伝統と文化，先人の伝記，スポーツ，情報化への対応等の現代的な課題などを題材とし，児童が問題意識をもって多面的・多角的に考えたり，感動を覚えたりするような充実した教材の開発や活用を行うこと。
 (2) 教材については，教育基本法や学校教育法その他の法令に従い，次の観点に照らし適切と判断されるものであること。
　　ア　児童の発達の段階に即し，ねらいを達成するのにふさわしいものであること。
　　イ　人間尊重の精神にかなうものであって，悩みや葛藤等の心の揺れ，人間関係の理解等の課題も含め，児童が深く考えることができ，人間としてよりよく生きる喜びや勇気を与えられるものであること。
　　ウ　多様な見方や考え方のできる事柄を取り扱う場合には，特定の見方や考え方に偏った取扱いがなされていないものであること。
4　児童の学習状況や道徳性に係る成長の様子を継続的に把握し，指導に生かすよう努める必要がある。ただし，数値などによる評価は行わないものとする。

付録4

「道徳の内容」の学年段階・学校段階の一覧表

		小学校第1学年及び第2学年（19）	小学校第3学年及び第4学年（20）
A 主として自分自身に関すること			
	善悪の判断, 自律, 自由と責任	(1) よいことと悪いこととの区別をし, よいと思うことを進んで行うこと。	(1) 正しいと判断したことは, 自信をもって行うこと。
	正直, 誠実	(2) うそをついたりごまかしをしたりしないで, 素直に伸び伸びと生活すること。	(2) 過ちは素直に改め, 正直に明るい心で生活すること。
	節度, 節制	(3) 健康や安全に気を付け, 物や金銭を大切にし, 身の回りを整え, わがままをしないで, 規則正しい生活をすること。	(3) 自分でできることは自分でやり, 安全に気を付け, よく考えて行動し, 節度のある生活をすること。
	個性の伸長	(4) 自分の特徴に気付くこと。	(4) 自分の特徴に気付き, 長所を伸ばすこと。
	希望と勇気, 努力と強い意志	(5) 自分のやるべき勉強や仕事をしっかりと行うこと。	(5) 自分でやろうと決めた目標に向かって, 強い意志をもち, 粘り強くやり抜くこと。
	真理の探究		
B 主として人との関わりに関すること			
	親切, 思いやり	(6) 身近にいる人に温かい心で接し, 親切にすること。	(6) 相手のことを思いやり, 進んで親切にすること。
	感謝	(7) 家族など日頃世話になっている人々に感謝すること。	(7) 家族など生活を支えてくれている人々や現在の生活を築いてくれた高齢者に, 尊敬と感謝の気持ちをもって接すること。
	礼儀	(8) 気持ちのよい挨拶, 言葉遣い, 動作などに心掛けて, 明るく接すること。	(8) 礼儀の大切さを知り, 誰に対しても真心をもって接すること。
	友情, 信頼	(9) 友達と仲よくし, 助け合うこと。	(9) 友達と互いに理解し, 信頼し, 助け合うこと。
	相互理解, 寛容		(10) 自分の考えや意見を相手に伝えるとともに, 相手のことを理解し, 自分と異なる意見も大切にすること。
C 主として集団や社会との関わりに関すること			
	規則の尊重	(10) 約束やきまりを守り, みんなが使う物を大切にすること。	(11) 約束や社会のきまりの意義を理解し, それらを守ること。
	公正, 公平, 社会正義	(11) 自分の好き嫌いにとらわれないで接すること。	(12) 誰に対しても分け隔てをせず, 公正, 公平な態度で接すること。
	勤労, 公共の精神	(12) 働くことのよさを知り, みんなのために働くこと。	(13) 働くことの大切さを知り, 進んでみんなのために働くこと。
	家族愛, 家庭生活の充実	(13) 父母, 祖父母を敬愛し, 進んで家の手伝いなどをして, 家族の役に立つこと。	(14) 父母, 祖父母を敬愛し, 家族みんなで協力し合って楽しい家庭をつくること。
	よりよい学校生活, 集団生活の充実	(14) 先生を敬愛し, 学校の人々に親しんで, 学級や学校の生活を楽しくすること。	(15) 先生や学校の人々を敬愛し, みんなで協力し合って楽しい学級や学校をつくること。
	伝統と文化の尊重, 国や郷土を愛する態度	(15) 我が国や郷土の文化と生活に親しみ, 愛着をもつこと。	(16) 我が国や郷土の伝統と文化を大切にし, 国や郷土を愛する心をもつこと。
	国際理解, 国際親善	(16) 他国の人々や文化に親しむこと。	(17) 他国の人々や文化に親しみ, 関心をもつこと。
D 主として生命や自然, 崇高なものとの関わりに関すること			
	生命の尊さ	(17) 生きることのすばらしさを知り, 生命を大切にすること。	(18) 生命の尊さを知り, 生命あるものを大切にすること。
	自然愛護	(18) 身近な自然に親しみ, 動植物に優しい心で接すること。	(19) 自然のすばらしさや不思議さを感じ取り, 自然や動植物を大切にすること。
	感動, 畏敬の念	(19) 美しいものに触れ, すがすがしい心をもつこと。	(20) 美しいものや気高いものに感動する心をもつこと。
	よりよく生きる喜び		

付録5

小学校第5学年及び第6学年（22）	中学校（22）	
(1) 自由を大切にし，自律的に判断し，責任のある行動をすること。 (2) 誠実に，明るい心で生活すること。	(1) 自律の精神を重んじ，自主的に考え，判断し，誠実に実行してその結果に責任をもつこと。	自主，自律，自由と責任
(3) 安全に気を付けることや，生活習慣の大切さについて理解し，自分の生活を見直し，節度を守り節制に心掛けること。	(2) 望ましい生活習慣を身に付け，心身の健康の増進を図り，節度を守り節制に心掛け，安全で調和のある生活をすること。	節度，節制
(4) 自分の特徴を知って，短所を改め長所を伸ばすこと。	(3) 自己を見つめ，自己の向上を図るとともに，個性を伸ばして充実した生き方を追求すること。	向上心，個性の伸長
(5) より高い目標を立て，希望と勇気をもち，困難があってもくじけずに努力して物事をやり抜くこと。	(4) より高い目標を設定し，その達成を目指し，希望と勇気をもち，困難や失敗を乗り越えて着実にやり遂げること。	希望と勇気，克己と強い意志
(6) 真理を大切にし，物事を探究しようとする心をもつこと。	(5) 真実を大切にし，真理を探究して新しいものを生み出そうと努めること。	真理の探究，創造
(7) 誰に対しても思いやりの心をもち，相手の立場に立って親切にすること。	(6) 思いやりの心をもって人と接するとともに，家族などの支えや多くの人々の善意により日々の生活や現在の自分があることに感謝し，進んでそれに応え，人間愛の精神を深めること。	思いやり，感謝
(8) 日々の生活が家族や過去からの多くの人々の支え合いや助け合いで成り立っていることに感謝し，それに応えること。		
(9) 時と場をわきまえて，礼儀正しく真心をもって接すること。	(7) 礼儀の意義を理解し，時と場に応じた適切な言動をとること。	礼儀
(10) 友達と互いに信頼し，学び合って友情を深め，異性についても理解しながら，人間関係を築いていくこと。	(8) 友情の尊さを理解して心から信頼できる友達をもち，互いに励まし合い，高め合うとともに，異性についての理解を深め，悩みや葛藤も経験しながら人間関係を深めていくこと。	友情，信頼
(11) 自分の考えや意見を相手に伝えるとともに，謙虚な心をもち，広い心で自分と異なる意見や立場を尊重すること。	(9) 自分の考えや意見を相手に伝えるとともに，それぞれの個性や立場を尊重し，いろいろなものの見方や考え方があることを理解し，寛容の心をもって謙虚に他に学び，自らを高めていくこと。	相互理解，寛容
(12) 法やきまりの意義を理解した上で進んでそれらを守り，自他の権利を大切にし，義務を果たすこと。	(10) 法やきまりの意義を理解し，それらを進んで守るとともに，そのよりよい在り方について考え，自他の権利を大切にし，義務を果たして，規律ある安定した社会の実現に努めること。	遵法精神，公徳心
(13) 誰に対しても差別をすることや偏見をもつことなく，公正，公平な態度で接し，正義の実現に努めること。	(11) 正義と公正さを重んじ，誰に対しても公平に接し，差別や偏見のない社会の実現に努めること。	公正，公平，社会正義
(14) 働くことや社会に奉仕することの充実感を味わうとともに，その意義を理解し，公共のために役に立つことをすること。	(12) 社会参画の意識と社会連帯の自覚を高め，公共の精神をもってよりよい社会の実現に努めること。	社会参画，公共の精神
	(13) 勤労の尊さや意義を理解し，将来の生き方について考えを深め，勤労を通じて社会に貢献すること。	勤労
(15) 父母，祖父母を敬愛し，家族の幸せを求めて，進んで役に立つことをすること。	(14) 父母，祖父母を敬愛し，家族の一員としての自覚をもって充実した家庭生活を築くこと。	家族愛，家庭生活の充実
(16) 先生や学校の人々を敬愛し，みんなで協力し合ってよりよい学級や学校をつくるとともに，様々な集団の中での自分の役割を自覚して集団生活の充実に努めること。	(15) 教師や学校の人々を敬愛し，学級や学校の一員としての自覚をもち，協力し合ってよりよい校風をつくるとともに，様々な集団の意義や集団の中での自分の役割と責任を自覚して集団生活の充実に努めること。	よりよい学校生活，集団生活の充実
(17) 我が国や郷土の伝統と文化を大切にし，先人の努力を知り，国や郷土を愛する心をもつこと。	(16) 郷土の伝統と文化を大切にし，社会に尽くした先人や高齢者に尊敬の念を深め，地域社会の一員としての自覚をもって郷土を愛し，進んで郷土の発展に努めること。	郷土の伝統と文化の尊重，郷土を愛する態度
	(17) 優れた伝統の継承と新しい文化の創造に貢献するとともに，日本人としての自覚をもって国を愛し，国家及び社会の形成者として，その発展に努めること。	我が国の伝統と文化の尊重，国を愛する態度
(18) 他国の人々や文化について理解し，日本人としての自覚をもって国際親善に努めること。	(18) 世界の中の日本人としての自覚をもち，他国を尊重し，国際的視野に立って，世界の平和と人類の発展に寄与すること。	国際理解，国際貢献
(19) 生命が多くの生命のつながりの中にあるかけがえのないものであることを理解し，生命を尊重すること。	(19) 生命の尊さについて，その連続性や有限性なども含めて理解し，かけがえのない生命を尊重すること。	生命の尊さ
(20) 自然の偉大さを知り，自然環境を大切にすること。	(20) 自然の崇高さを知り，自然環境を大切にすることの意義を理解し，進んで自然の愛護に努めること。	自然愛護
(21) 美しいものや気高いものに感動する心や人間の力を超えたものに対する畏敬の念をもつこと。	(21) 美しいものや気高いものに感動する心をもち，人間の力を超えたものに対する畏敬の念を深めること。	感動，畏敬の念
(22) よりよく生きようとする人間の強さや気高さを理解し，人間として生きる喜びを感じること。	(22) 人間には自らの弱さや醜さを克服する強さや気高く生きようとする心があることを理解し，人間として生きることに喜びを見いだすこと。	よりよく生きる喜び

付録5

伝統や文化に関する教育（現代的な諸課題に関する教科等横断的な教育内容）

本資料は、小学校学習指導要領における「伝統や文化に関する教育」について育成を目指す資質・能力に関連する各教科等の内容のうち、
各学校におかれては、それぞれの教育目標や児童の実態を踏まえた上で、本資料をカリキュラム・マネジメントの参考としてご活用ください。

総則 第2の2
(2) 各学校においては、児童や学校、地域の実態及び児童の発達の段階を考慮し、豊かな人生の実現や災害等を乗り越えて次代の社会を生かした教育課程の編成を図るものとする。

総則	国語科	
第1 2 (2) 道徳教育や体験活動、多様な表現や鑑賞の活動等を通して、豊かな心や創造性の涵養を目指した教育の充実に努めること。 　学校における道徳教育は、特別の教科である道徳（以下「道徳科」という。）を要として学校の教育活動全体を通じて行うものであり、道徳科はもとより、各教科、外国語活動、総合的な学習の時間及び特別活動のそれぞれの特質に応じて、児童の発達の段階を考慮して、適切な指導を行うこと。 　道徳教育は、教育基本法及び学校教育法に定められた教育の根本精神に基づき、自己の生き方を考え、主体的な判断の下に行動し、自立した人間として他者と共によりよく生きるための基盤となる道徳性を養うことを目標とすること。 　道徳教育を進めるに当たっては、人間尊重の精神と生命に対する畏敬の念を家庭、学校、その他社会における具体的な生活の中に生かし、豊かな心をもち、伝統と文化を尊重し、それらを育んできた我が国と郷土を愛し、個性豊かな文化の創造を図るとともに、平和で民主的な国家及び社会の形成者として、公共の精神を尊び、社会及び国家の発展に努め、他国を尊重し、国際社会の平和と発展や環境の保全に貢献し未来を拓く主体性のある日本人の育成に資することとなるよう特に留意すること。	〔第1学年及び第2学年〕 〔知識及び技能〕 (3) 我が国の言語文化に関する次の事項を身に付けることができるよう指導する。 　ア　昔話や神話・伝承などの読み聞かせを聞くなどして、我が国の伝統的な言語文化に親しむこと。 　イ　長く親しまれている言葉遊びを通して、言葉の豊かさに気付くこと。 〔第3学年及び第4学年〕 〔知識及び技能〕 (3) 我が国の言語文化に関する次の事項を身に付けることができるよう指導する。 　ア　易しい文語調の短歌や俳句を音読したり暗唱したりするなどして、言葉の響きやリズムに親しむこと。 　イ　長い間使われてきたことわざや慣用句、故事成語などの意味を知り、使うこと。 〔第5学年及び第6学年〕 〔知識及び技能〕 (3) 我が国の言語文化に関する次の事項を身に付けることができるよう指導する。 　ア　親しみやすい古文や漢文、近代以降の文語調の文章を音読するなどして、言葉の響きやリズムに親しむこと。 　イ　古典について解説した文章を読んだり作品の内容の大体を知ったりすることを通して、昔の人のものの見方や感じ方を知ること。	〔第4学年〕 (4) 県内の伝統や文化、先人の働きについて、次の事項を身に付けることができるよう指導する。 　ア　次のような知識及び技能を身に付けること。 　　(ア) 県内の文化財や年中行事は、地域の人々の発展など人々の様々な願いが込められてい 　イ　次のような思考力、判断力、表現力等を身に付けること。 　　(ア) 歴史的背景や現在に至る経過、保存や継承の財や年中行事の様子を捉え、人々の願い 　　※アの(ア)については、県内の主な文化財 　　　とともに、イの(ア)については、それぞれ (5) 県内の特色ある地域の様子について、学習の項を身に付けることができるよう指導する。 　ア　次のような知識及び技能を身に付けること。 　　(ア) 県内の特色ある地域では、人々が協力し展に努めていることを理解すること。 　イ　次のような思考力、判断力、表現力等を身に付けること。 　　(ア) 特色ある地域の位置や自然環境、人々のどに着目して、地域の様子を捉え、それら 　　※県内の特色ある地域が大まかに分かるした地場産業が盛んな地域、国際交流護・活用している地域を取り上げるこいる地域については、自然環境、伝統 　　こと。 〔第6学年〕 (2) 我が国の歴史上の主な事象について、学習の項を身に付けることができるよう指導する。 　ア　次のような知識及び技能を身に付けることかりに、大まかな歴史を理解するとともに、すること。 　　※アの(ア)から(サ)までについては、児童の化遺産の重点の置き方に工夫を加えるなること。その際、アの(サ)の指導に当たっ 　　※アの(ア)から(サ)までについては、例えのや、世界文化遺産に登録されているも遺産を通して学習できるように配慮する 　イ　次のような思考力、判断力、表現力等を身に付けること。 　　(ア) 世の中の様子、人物の働きや代表的な文な事象を捉え、我が国の歴史の展開を考えること。 　　※イの(ア)については、歴史学習全体を化を育んできたこと、我が国の歴史は幾つかの時期に分けられることに気付生活と過去の出来事との関わりを考え展を考えたりするなど、歴史を学ぶ意 (3) グローバル化する世界と日本の役割について、次の事項を身に付けることができるよう指 　ア　次のような知識及び技能を身に付けること。 　　(ア) 我が国と経済や文化などの面でつながり理解するとともに、スポーツや文化などを重し合うことが大切であることを理解するこ 　　※アの(ア)については、我が国や諸外国のよう配慮すること。 　イ　次のような思考力、判断力、表現力等を身に付けること。 　　(ア) 外国の人々の生活の様子などに着目して、流の果たす役割を考え、表現すること。

付録6

小学校

抜粋し，通覧性を重視して掲載したものです。

ことに向けた現代的な諸課題に対応して求められる資質・能力を，教科等横断的な視点で育成していくことができるよう，各学校の特色を

	音楽科
追究・解決する活動を通して，次 できたことや，それらには地域の 理解すること。 取組などに着目して，県内の文化 ，表現すること。 行事が大まかに分かるようにする 具体的事例を取り上げること。 ・解決する活動を通して，次の事 るまちづくりや観光などの産業の発 こと。 の歴史的背景，人々の協力関係な 考え，表現すること。 るとともに，伝統的な技術を生か でいる地域及び地域の資源を保 察，地域の資源を保護・活用して いずれかを選択して取り上げる	〔第1学年及び第2学年〕 第2 3 (3) 鑑賞教材は次に示すものを取り扱う。 　ア　我が国及び諸外国のわらべうたや遊びうた，行進曲や踊りの音楽など体を動かすことの快さを感じ取りやすい音楽，日常の生活に関連して情景を思い浮かべやすい音楽など，いろいろな種類の曲 第3 2 (3) 我が国や郷土の音楽の指導に当たっては，そのよさなどを感じ取って表現したり鑑賞したりできるよう，音源や楽譜等の示し方，伴奏の仕方，曲に合った歌い方や楽器の演奏の仕方などの指導方法を工夫すること。 (4) 各学年の「A表現」の(1)の歌唱の指導に当たっては，次のとおり取り扱うこと。 　ア　歌唱教材については，我が国や郷土の音楽に愛着がもてるよう，共通教材のほか，長い間親しまれてきた唱歌，それぞれの地方に伝承されているわらべうたや民謡など日本のうたを含めて取り上げるようにすること。 (5) 各学年の「A表現」の(2)の楽器については，次のとおり取り扱うこと。 　ア　各学年で取り上げる打楽器は，木琴，鉄琴，和楽器，諸外国に伝わる様々な楽器を含めて，演奏の効果，児童や学校の実態を考慮して選択すること。
・解決する活動を通して，次の事 我が国の歴史上の主な事象を手掛 先人の業績，優れた文化遺産を理解 心を重視し，取り上げる人物や文 して具体的に理解できるようにす の発達の段階を考慮すること。 重要文化財に指定されているも 取り上げ，我が国の代表的な文化 こと。 どに着目して，我が国の歴史上の主 に，歴史を学ぶ意味を考え，表現す	〔第3学年及び第4学年〕 第2 3 (3) 鑑賞教材は次に示すものを取り扱う。 　ア　和楽器の音楽を含めた我が国の音楽，郷土の音楽，諸外国に伝わる民謡など生活との関わりを捉えやすい音楽，劇の音楽，人々に長く親しまれている音楽など，いろいろな種類の曲 第3 2 (3) 我が国や郷土の音楽の指導に当たっては，そのよさなどを感じ取って表現したり鑑賞したりできるよう，音源や楽譜等の示し方，伴奏の仕方，曲に合った歌い方や楽器の演奏の仕方などの指導方法を工夫すること。 (4) 各学年の「A表現」の(1)の歌唱の指導に当たっては，次のとおり取り扱うこと。 　ア　歌唱教材については，我が国や郷土の音楽に愛着がもてるよう，共通教材のほか，長い間親しまれてきた唱歌，それぞれの地方に伝承されているわらべうたや民謡など日本のうたを含めて取り上げるようにすること。 (5) 各学年の「A表現」の(2)の楽器については，次のとおり取り扱うこと。 　ア　各学年で取り上げる打楽器は，木琴，鉄琴，和楽器，諸外国に伝わる様々な楽器を含めて，演奏の効果，児童や学校の実態を考慮して選択すること。 　ウ　第3学年及び第4学年で取り上げる旋律楽器は，既習の楽器を含めて，リコーダーや鍵盤楽器，和楽器などの中から児童や学校の実態を考慮して選択すること。
我が国は長い歴史をもち伝統や文 心地や世の中の様子などによって するとともに，現在の自分たちの の出来事を基に現在及び将来の発 るようにすること。 問題を追究・解決する活動を通し の人々の生活は，多様であることを 国と交流し，異なる文化や習慣を尊 化を尊重しようとする態度を養う こと。 文化や習慣との違いを捉え，国際交	〔第5学年及び第6学年〕 第2 3 (3) 鑑賞教材は次に示すものを取り扱う。 　ア　和楽器の音楽を含めた我が国の音楽や諸外国の音楽など文化との関わりを捉えやすい音楽，人々に長く親しまれている音楽など，いろいろな種類の曲 第3 2 (3) 我が国や郷土の音楽の指導に当たっては，そのよさなどを感じ取って表現したり鑑賞したりできるよう，音源や楽譜等の示し方，伴奏の仕方，曲に合った歌い方や楽器の演奏の仕方などの指導方法を工夫すること。 (4) 各学年の「A表現」の(1)の歌唱の指導に当たっては，次のとおり取り扱うこと。 　ア　歌唱教材については，我が国や郷土の音楽に愛着がもてるよう，共通教材のほか，長い間親しまれてきた唱歌，それぞれの地方に伝承されているわらべうたや民謡など日本のうたを含めて取り上げるようにすること。 (5) 各学年の「A表現」の(2)の楽器については，次のとおり取り扱うこと。 　ア　各学年で取り上げる打楽器は，木琴，鉄琴，和楽器，諸外国に伝わる様々な楽器を含めて，演奏の効果，児童や学校の実態を考慮して選択すること。 　エ　第5学年及び第6学年で取り上げる旋律楽器は，既習の楽器を含めて，電子楽器，和楽器，諸外国に伝わる楽器などの中から児童や学校の実態を考慮して選択すること。

付録6

図画工作科

〔第3学年及び第4学年〕
B　鑑賞
(1) 鑑賞の活動を通して，次の事項を身に付けることができるよう指導する。
　ア　身近にある作品などを鑑賞する活動を通して，自分たちの作品や身近な美術作品，製作の過程などの造形的なよさや面白さ，表したと，いろいろな表し方などについて，感じ取ったり考えたりし，自分の見方や感じ方を広げること。

〔第5学年及び第6学年〕
B　鑑賞
(1) 鑑賞の活動を通して，次の事項を身に付けることができるよう指導する。
　ア　親しみのある作品などを鑑賞する活動を通して，自分たちの作品，我が国や諸外国の親しみのある美術作品，生活の中の造形などの造なよさや美しさ，表現の意図や特徴，表し方の変化などについて，感じ取ったり考えたりし，自分の見方や感じ方を深めること。

家庭科

〔第5学年及び第6学年〕
B　衣食住の生活
　[※日本の伝統的な生活についても扱い，生活文化に気付くことができるよう配慮すること。]
(1) 食事の役割
　ア　食事の役割が分かり，日常の食事の大切さと食事の仕方について理解すること。
(2) 調理の基礎
　ア　次のような知識及び技能を身に付けること。
　　(オ) 伝統的な日常食である米飯及びみそ汁の調理の仕方を理解し，適切にできること。
　　　[※(オ)については，和食の基本となるだしの役割についても触れること。]
(4) 衣服の着用と手入れ
　ア　次のような知識及び技能を身に付けること。
　　(ア) 衣服の主な働きが分かり，季節や状況に応じた日常着の快適な着方について理解すること。
　イ　日常着の快適な着方や手入れの仕方を考え，工夫すること。
(5) 生活を豊かにするための布を用いた製作
　ア　次のような知識及び技能を身に付けること。
　　(ア) 製作に必要な材料や手順が分かり，製作計画について理解すること。
(6) 快適な住まい方
　ア　次のような知識及び技能を身に付けること。
　　(ア) 住まいの主な働きが分かり，季節の変化に合わせた生活の大切さや住まい方について理解すること。
　　(イ) 住まいの整理・整頓や清掃の仕方を理解し，適切にできること。
　イ　季節の変化に合わせた住まい方，整理・整頓や清掃の仕方を考え，快適な住まい方を工夫すること。

特別の教科　道徳	総合的な学習の時間
C　主として集団や社会との関わりに関すること [伝統と文化の尊重，国や郷土を愛する態度] 〔第1学年及び第2学年〕 　我が国や郷土の文化と生活に親しみ，愛着をもつこと。 〔第3学年及び第4学年〕 　我が国や郷土の伝統と文化を大切にし，国や郷土を愛する心をもつこと。 〔第5学年及び第6学年〕 　我が国や郷土の伝統と文化を大切にし，先人の努力を知り，国や郷土を愛する心をもつこと。	3 (5) 目標を実現するにふさわしい探究課題については，学校の実態じて，例えば，国際理解，情報，環境，福祉・健康などの現代的課題に対応する横断的・総合的な課題，地域の人々の暮らし，伝文化など地域や学校の特色に応じた課題，児童の興味・関心に基課題などを踏まえて設定すること。

付録6

外国語活動，外国語科

外国語活動

〔第3学年及び第4学年〕

〔知識及び技能〕

(1) 英語の特徴等に関する事項

実際に英語を用いた言語活動を通して，次の事項を体験的に身に付けることができるよう指導する。

ア 日本と外国の言語や文化について理解すること。

(ｱ) 英語の音声やリズムなどに慣れ親しむとともに，日本語との違いを知り，言葉の面白さや豊かさに気付くこと。

(ｲ) 日本と外国との生活や習慣，行事などの違いを知り，多様な考え方があることに気付くこと。

(ｳ) 異なる文化をもつ人々との交流などを体験し，文化等に対する理解を深めること。

指導計画の作成に当たっては，第5学年及び第6学年並びに中学校及び高等学校における指導との接続に留意しながら，次の事項に配慮するものとする。

外国語活動を通して，外国語や外国の文化のみならず，国語や我が国の文化についても併せて理解を深めるようにすること。言語活動で扱う題材についても，我が国の文化や，英語の背景にある文化に対する関心を高め，理解を深めようとする態度を養うのに役立つものとすること。

外国語科

〔第5学年及び第6学年〕

教材については，次の事項に留意するものとする。

英語を使用している人々を中心とする世界の人々や日本人の日常生活，風俗習慣，物語，地理，歴史，伝統文化，自然などに関するものの中から，児童の発達の段階や興味・関心に即して適切な題材を変化をもたせて取り上げるものとし，次の観点に配慮すること。

(ｲ) 我が国の文化や，英語の背景にある文化に対する関心を高め，理解を深めようとする態度を養うことに役立つこと。

特別活動

〔学校行事〕

(2) 文化的行事

平素の学習活動の成果を発表し，自己の向上の意欲を一層高めたり，文化や芸術に親しんだりするようにすること。

(4) 遠足・集団宿泊的行事

自然の中での集団宿泊活動などの平素と異なる生活環境にあって，見聞を広め，自然や文化などに親しむとともに，よりよい人間関係を築くなど集団生活の在り方や公衆道徳などについての体験を積むことができるようにすること。

付録6

伝統や文化に関する教育（現代的な諸課題に関する教科等横断的な教育内容）

本資料は，中学校学習指導要領における「伝統や文化に関する教育」について育成を目指す資質・能力に関連する各教科等の内容のうち，
各学校におかれては，それぞれの教育目標や生徒の実態を踏まえた上で，本資料をカリキュラム・マネジメントの参考としてご活用ください

総則	第2の2
	(2) 各学校においては，生徒や学校，地域の実態及び生徒の発達の段階を考慮し，豊かな人生の実現や災害等を乗り越えて次代の社会を生かした教育課程の編成を図るものとする。

総則

第1
2
(2) 道徳教育や体験活動，多様な表現や鑑賞の活動等を通して，豊かな心や創造性の涵養を目指した教育の充実に努めること。

学校における道徳教育は，特別の教科である道徳（以下「道徳科」という。）を要として学校の教育活動全体を通じて行うものであり，道徳科はもとより，各教科，総合的な学習の時間及び特別活動のそれぞれの特質に応じて，生徒の発達の段階を考慮して，適切な指導を行うこと。

道徳教育は，教育基本法及び学校教育法に定められた教育の根本精神に基づき，人間としての生き方を考え，主体的な判断の下に行動し，自立した人間として他者と共によりよく生きるための基盤となる道徳性を養うことを目標とすること。

道徳教育を進めるに当たっては，人間尊重の精神と生命に対する畏敬の念を家庭，学校，その他社会における具体的な生活の中に生かし，豊かな心をもち，伝統と文化を尊重し，それらを育んできた我が国と郷土を愛し，個性豊かな文化の創造を図るとともに，平和で民主的な国家及び社会の形成者として，公共の精神を尊び，社会及び国家の発展に努め，他国を尊重し，国際社会の平和と発展や環境の保全に貢献し未来を拓く主体性のある日本人の育成に資することとなるよう特に留意すること。

国語科

〔第1学年〕
〔知識及び技能〕
(3) 我が国の言語文化に関する次の事項を身に付けることができるよう指導する。
　ア　音読に必要な文語のきまりや訓読の仕方を知り，古文や漢文を音読し，古典特有のリズムを通して，古典の世界に親しむこと。
　イ　古典には様々な種類の作品があることを知ること。

〔第2学年〕
〔知識及び技能〕
(3) 我が国の言語文化に関する次の事項を身に付けることができるよう指導する。
　ア　作品の特徴を生かして朗読するなどして，古典の世界に親しむこと。
　イ　現代語訳や語注などを手掛かりに作品を読むことを通して，古典に表れたものの見方や考え方を知ること。

〔第3学年〕
〔知識及び技能〕
(3) 我が国の言語文化に関する次の事項を身に付けることができるよう指導する。
　ア　歴史的背景などに注意して古典を読むことを通して，その世界に親しむこと。
　イ　長く親しまれている言葉や古典の一節を引用するなどして使うこと。

社会科

〔地理的分野〕
C　日本の様々な地域
(3) 日本の諸地域
次の①から⑤までの考察の仕方を基にして，空間的相互依存作用や地域などに着目して，主題を設けて課題を追究したり解決したりする活動を通して，以下のア及びイの事項を身に付けることができるよう指導する。
① 自然環境を中核とした考察の仕方
② 人口や都市・村落を中核とした考察の仕方
③ 産業を中核とした考察の仕方
④ 交通や通信を中核とした考察の仕方
⑤ その他の事象を中核とした考察の仕方
　※地域の考察に当たっては，そこに暮らす人々の生活・文化，地域の伝統や歴史的背景，地域の持続可能な社会づくりを踏まえた視点に留意すること。

〔歴史的分野〕
A　歴史との対話
(2) 身近な地域の歴史
課題を追究したり解決したりする活動を通して，次の事項を身に付けることができるよう指導する。
　ア　次のような知識及び技能を身に付けること。
　　(ｱ)　自らが生活する地域や受け継がれてきた伝統や文化への関心をもって，具体的な事柄との関わりの中で，地域の歴史について調べたり，収集した情報を年表などにまとめたりするなどの技能を身に付けること。
　※(2)については，内容のB以下の学習と関わらせて計画的に実施し，地域の特性に応じた時代を取り上げるようにするとともに，人々の生活や生活に根ざした伝統や文化に着目した取扱いを工夫すること。その際，博物館，郷土資料館などの地域の施設の活用や地域の人々の協力も考慮すること。

B　近世までの日本とアジア
(1) 古代までの日本
課題を追究したり解決したりする活動を通して，次の事項を身に付けることができるよう指導する。
　ア　次のような知識を身に付けること。
　　(ｲ)　日本列島における国家形成
　　日本列島における農耕の広まりと生活の変化や当時の人々の信仰，大和朝廷（大和政権）による統一の様子と東アジアとの関わりなどを基に，東アジアの文明の影響を受けながら我が国で国家が形成されていったことを理解すること。
　※「日本列島における国家形成」については，狩猟・採集を行っていた人々の生活が農耕の広まりとともに変化していったことに気付かせるようにすること。また，考古学などの成果を活用するとともに，古事記，日本書紀，風土記などにまとめられた神話・伝承などの学習を通して，当時の人々の信仰やものの見方などに気付かせるよう留意すること。

　　(ｳ)　律令国家の形成
　　律令国家の確立に至るまでの過程，摂関政治などを基に，東アジアの文物や制度を積極的に取り入れながら国家の仕組みが整えられ，その後，天皇や貴族による政治が展開したことを理解すること。
　※「律令国家の確立に至るまでの過程」については，聖徳太子の政治，大化の改新から律令国家の確立に至るまでの過程を，小学校での学習内容を活用して大きく捉えさせるようにすること。なお，「聖徳太子の政治」を取り上げる際には，聖徳太子が古事記や日本書紀においては「厩戸皇子」などと表され，後に「聖徳太子」と称されるようになったことに触れること。

　　(ｴ)　古代の文化と東アジアとの関わり
　　仏教の伝来とその影響，仮名文字の成立などを基に，国際的な要素をもった文化が栄え，それらを基礎としながら文化の国風化が進んだことを理解すること。

3
(3) 内容のBについては，次のとおり取り扱うものとする。
　イ　（中略）(2)のアの(ｲ)の「琉球の国際的な役割」については，琉球の文化についても触れること。
　ウ　（中略）(3)のアの(ｲ)の「鎖国などの幕府の対外政策と対外関係」については，オランダ，中国との交易のほか，朝鮮との交流や琉球の役割，北方との交易をしていたアイヌについて取り扱うにすること。その際，アイヌの文化についても触れること。

技術分野

A　材料と加工の
(1) 生活や社会における材料と加工のについて調べるなどを通して，事項を身に付けとができるよう する。
　ア　材料や加工性等の原理と，材料の加工方法等的な技術のについて理解ること。
　イ　技術に込めた問題解決のについて考え

　※(1)については，我が国の伝統的技術についても扱い，緻密なものづくりなどが我が国の伝統文化を支えてきたことに気付くこと。

体育分野
〔内容の取扱い〕
(2) 内容の「A体事項については，
　カ　「F武道なた，弓道，合が国固有の伝統にすること。また，中から一を選学校や地域の実気道，少林寺ができること。
　また，武道場して行うとともに指導を行うなど

中学校

抜粋し，通覧性を重視して掲載したものです。

ことに向けた現代的な諸課題に対応して求められる資質・能力を，教科等横断的な視点で育成していくことができるよう，各学校の特色を

・家庭科	音楽科	美術科
(分野) 衣食住の生活 ※日本の伝統的な生活についても扱い，生活文化を継承する大切さに気付くことができるよう配慮すること。 食事の役割と中学生の栄養の特 次のような知識を身に付けること。 (ア) 生活の中で食事が果たす役割について理解すること。 ［※食事を共にする意義や食文化を継承することについても扱うこと。］ 日常食の調理と地域の食文化 次のような知識及び技能を身に付けること。 (エ) 地域の食文化について理解し，地域の食材を用いた和食の調理が適切にできること。 ［※だしを用いた煮物又は汁物を取り上げること。また，地域の伝統的な行事食や郷土料理を扱うこともできること。］ 衣服の選択と手入れ 次のような知識及び技能を身に付けること。 (ア) 衣服と社会生活との関わりが分かり，目的に応じた着用，個性を生かす着用及び衣服の適切な選択について理解すること。 ［※日本の伝統的な衣服である和服について触れること。また，和服の基本的な着装を扱うこともできること。］ 住居の機能と安全な住まい方 次のような知識を身に付けること。 (ア) 家族の生活と住空間との関わりが分かり，住居の基本的な機能について理解すること。	〔第1学年〕 B 鑑賞 (1) 鑑賞の活動を通して，次の事項を身に付けることができるよう指導する。 イ 次の(ア)から(ウ)までについて理解すること。 (ウ) 我が国や郷土の伝統音楽及びアジア地域の諸民族の音楽の特徴と，その特徴から生まれる音楽の多様性 〔第2学年及び第3学年〕 B 鑑賞 (1) 鑑賞の活動を通して，次の事項を身に付けることができるよう指導する。 イ 次の(ア)から(ウ)までについて理解すること。 (ウ) 我が国や郷土の伝統音楽及び諸外国の様々な音楽の特徴と，その特徴から生まれる音楽の多様性 第3 2 (2) 各学年の「A表現」の(1)の歌唱の指導に当たっては，次のとおり取り扱うこと。 ア 歌唱教材は，次に示すものを取り扱うこと。 (イ) 民謡，長唄などの我が国の伝統的な歌唱のうち，生徒や学校，地域の実態を考慮して，伝統的な声や歌い方の特徴を感じ取れるもの。なお，これらを取り扱う際は，その表現活動を通して，生徒が我が国や郷土の伝統音楽のよさを味わい，愛着をもつことができるよう工夫すること。 (3) 各学年の「A表現」の(2)の器楽の指導に当たっては，次のとおり取り扱うこと。 イ 生徒や学校，地域の実態などを考慮した上で，指導上の必要に応じて和楽器，弦楽器，管楽器，打楽器，鍵盤楽器，電子楽器及び世界の諸民族の楽器を適宜用いること。なお，3学年間を通じて1種類以上の和楽器を取り扱い，その表現活動を通して，生徒が我が国や郷土の伝統音楽のよさを味わい，愛着をもつことができるよう工夫すること。 (6) 我が国の伝統的な歌唱や和楽器の指導に当たっては，言葉と音楽との関係，姿勢や身体の使い方についても配慮するとともに，適宜，口唱歌を用いること。 (8) 各学年の「B鑑賞」の指導に当たっては，次のとおり取り扱うこと。 ア 鑑賞教材は，我が国や郷土の伝統音楽を含む我が国及び諸外国の様々な音楽のうち，指導のねらいに照らして適切なものを取り扱うこと。	〔第1学年〕 B 鑑賞 (1) 鑑賞の活動を通して，次のとおり鑑賞に関する資質・能力を育成する。 イ 生活の中の美術の働きや美術文化についての見方や感じ方を広げる活動を通して，鑑賞に関する次の事項を身に付けることができるよう指導する。 (イ) 身近な地域や日本及び諸外国の文化遺産などのよさや美しさなどを感じ取り，美術文化について考えるなどして，見方や感じ方を広げること。 〔第2学年及び第3学年〕 B 鑑賞 (1) 鑑賞の活動を通して，次のとおり鑑賞に関する資質・能力を育成する。 イ 生活や社会の中の美術の働きや美術文化についての見方や感じ方を深める活動を通して，鑑賞に関する次の事項を身に付けることができるよう指導する。 (イ) 日本の美術作品や受け継がれてきた表現の特質などから，伝統や文化のよさや美しさを感じ取り愛情を深めるとともに，諸外国の美術や文化との相違点や共通点に気付き，美術を通した国際理解や美術文化の継承と創造について考えるなどして，見方や感じ方を深めること。 第3 2 (6) 各学年の「B鑑賞」の題材については，国内外の児童生徒の作品，我が国を含むアジアの文化遺産についても取り上げるとともに，美術館や博物館等と連携を図ったり，それらの施設や文化財などを積極的に活用したりするようにすること。

外国語科

3
(3) 教材については，次の事項に留意するものとする。
イ 英語を使用している人々を中心とする世界の人々や日本人の日常生活，風俗習慣，物語，地理，歴史，伝統文化，自然科学などに関するものの中から，生徒の発達の段階や興味・関心に即して適切な題材を効果的に取り上げるものとし，次の観点に配慮すること。
(イ) 我が国の文化や，英語の背景にある文化に対する関心を高め，理解を深めようとする態度を養うのに役立つこと。

特別の教科 道徳

C 主として集団や社会との関わりに関すること
［郷土の伝統と文化の尊重，郷土を愛する態度］
郷土の伝統と文化を大切にし，社会に尽くした先人や高齢者に尊敬の念を深め，地域社会の一員としての自覚をもって郷土を愛し，進んで郷土の発展に努めること。

［我が国の伝統と文化の尊重，国を愛する態度］
優れた伝統の継承と新しい文化の創造に貢献するとともに，日本人としての自覚をもって国を愛し，国家及び社会の形成者として，その発展に努めること。

総合的な学習の時間

3
(5) 目標を実現するにふさわしい探究課題については，学校の実態に応じて，例えば，国際理解，情報，環境，福祉・健康などの現代的な諸課題に対応する横断的・総合的な課題，地域や学校の特色に応じた課題，生徒の興味・関心に基づく課題，職業や自己の将来に関する課題などを踏まえて設定すること。

特別活動

〔学校行事〕
(2) 文化的行事
平素の学習活動の成果を発表し，自己の向上の意欲を一層高めたり，文化や芸術に親しんだりするようにすること。
(4) 旅行・集団宿泊的行事
平素と異なる生活環境にあって，見聞を広め，自然や文化などに親しむとともに，よりよい人間関係を築くなどの集団生活の在り方や公衆道徳などについての体験を積むことができるようにすること。

体育科

「 」から「H体育理論」までに示す
り取り扱うものとする。
柔道，剣道，相撲，空手道，なぎ
寺拳法，銃剣道などを通して，我
より一層触れることができるよう
の運動については，アからウまで
履修できるようにすること。なお，
って，空手道，なぎなた，弓道，合
川道などについても履修させること
保が難しい場合は指導方法を工夫
習段階や個人差を踏まえ，段階的な
分に確保すること。

付録6

主権者に関する教育（現代的な諸課題に関する教科等横断的な教育内容）

本資料は、小学校学習指導要領における「主権者に関する教育」について育成を目指す資質・能力に関連する各教科等の内容のうち、主要（略）
各学校におかれては、それぞれの教育目標や児童の実態を踏まえた上で、本資料をカリキュラム・マネジメントの参考としてご活用ください。

総則	第2の2
	(2) 各学校においては、児童や学校、地域の実態及び児童の発達の段階を考慮し、豊かな人生の実現や災害等を乗り越えて次代の社会を（略）た教育課程の編成を図るものとする。

社会科

〔第3学年〕
(3) 地域の安全を守る働きについて、学習の問題を追究・解決する活動を通して、次の事項を身に付けることができるよう指導する。
　イ 次のような思考力、判断力、表現力等を身に付けること。
　　(ｱ) 施設・設備などの配置、緊急時への備えや対応などに着目して、関係機関や地域の人々の諸活動を捉え、相互の関連や従事する人々（略）
　　　［※イの(ｱ)については、社会生活を営む上で大切な法やきまりについて扱うとともに、地域や自分自身の安全を守るために自分たち（略）う配慮すること。］
(4) 市の様子の移り変わりについて、学習の問題を追究・解決する活動を通して、次の事項を身に付けることができるよう指導する。
　イ 次のような思考力、判断力、表現力等を身に付けること。
　　(ｱ) 交通や公共施設、土地利用や人口、生活の道具などの時期による違いに着目して、市や人々の生活の様子を捉え、それらの変化を考（略）
　　　［※イの(ｱ)の「公共施設」については、市が公共施設の整備を進めてきたことを取り上げること。その際、租税の役割に触れること。］

〔第4学年〕
(2) 人々の健康や生活環境を支える事業について、学習の問題を追究・解決する活動を通して、次の事項を身に付けることができるよう指（略）
　イ 次のような思考力、判断力、表現力等を身に付けること。
　　(ｲ) 処理の仕組みや再利用、県内外の人々の協力などに着目して、廃棄物の処理のための事業の様子を捉え、その事業が果たす役割を考（略）
　　　［※イの(ｲ)については、社会生活を営む上で大切な法やきまりについて扱うとともに、ごみの減量や水を汚さない工夫など、自分た（略）配慮すること。］
(3) 自然災害から人々を守る活動について、学習の問題を追究・解決する活動を通して、次の事項を身に付けることができるよう指導する。
　ア 次のような知識及び技能を身に付けること。
　　(ｱ) 地域の関係機関や人々は、自然災害に対し、様々な協力をして対処してきたことや、今後想定される災害に対し、様々な備えをして（略）
　　　［※アの(ｱ)及びイの(ｱ)の「関係機関」については、県庁や市役所の働きなどを中心に取り上げ、防災情報の発信、避難体制の確保など（略）
　イ 次のような思考力、判断力、表現力等を身に付けること。
　　(ｱ) 過去に発生した地域の自然災害、関係機関の協力などに着目して、災害から人々を守る活動を捉え、その働きを考え、表現すること。

〔第5学年〕
(2) 我が国の農業や水産業における食料生産について、学習の問題を追究・解決する活動を通して、次の事項を身に付けることができるよう（略）
　ア 次のような知識及び技能を身に付けること。
　　(ｱ) 我が国の食料生産は、自然条件を生かして営まれていることや、国民の食料を確保する重要な役割を果たしていることを理解するこ（略）
　　(ｲ) 食料生産に関わる人々は、生産性や品質を高めるよう努力したり輸送方法や販売方法を工夫したりして、良質な食料を消費地に届け（略）
　イ 次のような思考力、判断力、表現力等を身に付けること。
　　　［※イの(ｱ)及び(ｲ)については、消費者や生産者の立場などから多角的に考えて、これからの農業などの発展について、自分の考えをま（略）
　　(ｱ) 生産物の種類や分布、生産量の変化、輸入など外国との関わりなどに着目して、食料生産の概要を捉え、食料生産が国民生活に果た（略）
　　(ｲ) 生産の工程、人々の協力関係、技術の向上、輸送、価格や費用などに着目して、食料生産に関わる人々の工夫や努力を捉え、その働（略）
(3) 我が国の工業生産について、学習の問題を追究・解決する活動を通して、次の事項を身に付けることができるよう指導する。
　ア 次のような知識及び技能を身に付けること。
　　(ｱ) 我が国では様々な工業生産が行われていることや、国土には工業の盛んな地域が広がっていること及び工業製品は国民生活の向上に（略）
　　(ｲ) 工業生産に関わる人々は、消費者の需要や社会の変化に対応し、優れた製品を生産するよう様々な工夫や努力をして、工業生産を支（略）
　　(ｳ) 貿易や運輸は、原材料の確保や製品の販売などにおいて、工業生産を支える重要な役割を果たしていることを理解すること。
　　(ｴ) 地図帳や地球儀、各種の資料で調べ、まとめること。
　イ 次のような思考力、判断力、表現力等を身に付けること。
　　　［※イの(ｱ)及び(ｲ)については、消費者や生産者の立場などから多角的に考えて、これからの工業の発展について、自分の考えをまとめる（略）
　　(ｱ) 工業の種類、工業の盛んな地域の分布、工業製品の改良などに着目して、工業生産の概要を捉え、工業生産が国民生活に果たす役割（略）
　　(ｲ) 製造の工程、工場相互の協力関係、優れた技術などに着目して、工業生産に関わる人々の工夫や努力を捉え、その働きを考え、表現（略）
(4) 我が国の産業と情報との関わりについて、学習の問題を追究・解決する活動を通して、次の事項を身に付けることができるよう指導する。
　ア 次のような知識及び技能を身に付けること。
　　(ｲ) 大量の情報や情報通信技術の活用は、様々な産業を発展させ、国民生活を向上させていることを理解すること。
　　(ｳ) 聞き取り調査をしたり映像や新聞などの各種資料で調べたりして、まとめること。
　イ 次のような思考力、判断力、表現力等を身に付けること。
　　　［※アの(ｲ)及びイの(ｲ)については、情報や情報技術を活用して発展している販売、運輸、観光、医療、福祉などに関わる産業の中から（略）ら多角的に考えて、情報化の進展に伴う産業の発展や国民生活の向上について、自分の考えをまとめることができるよう配慮すること。］
　　(ｱ) 情報を集め発信するまでの工夫や努力などに着目して、放送、新聞などの産業の様子を捉え、それらの産業が国民生活に果たす役割（略）
　　(ｲ) 情報の種類、情報の活用の仕方などに着目して、産業における情報活用の現状を捉え、情報を生かして発展する産業が国民生活に果（略）
(5) 我が国の国土の自然環境と国民生活との関連について、学習の問題を追究・解決する活動を通して、次の事項を身に付けることができるよ（略）
　ア 次のような知識及び技能を身に付けること。
　　(ｳ) 関係機関や地域の人々の様々な努力により公害の防止や生活環境の改善が図られてきたことを理解するとともに、公害から国土の環境（略）
　イ 次のような思考力、判断力、表現力等を身に付けること。
　　(ｳ) 公害の発生時期や経過、人々の協力や努力などに着目して、公害防止の取組を捉え、その働きを考え、表現すること。
　　　［※イの(ｲ)及び(ｳ)については、国土の環境保全について、自分たちにできることなどを考えたり選択・判断したりできるよう配慮す（略）

〔第6学年〕
(1) 我が国の政治の働きについて、学習の問題を追究・解決する活動を通して、次の事項を身に付けることができるよう指導する。
　ア 次のような知識及び技能を身に付けること。
　　(ｱ) 日本国憲法は国家の理想、天皇の地位、国民としての権利及び義務など国家や国民生活の基本を定めていることや、現在の我が国の民（略）とを理解するとともに、立法、行政、司法の三権がそれぞれの役割を果たしていることを理解すること。
　　　［※アの(ｱ)については、国会などの議会政治や選挙の意味、国会と内閣と裁判所の三権相互の関連、裁判員制度や租税の役割などについ（略）ての政治への関わり方について多角的に考えて、自分の考えをまとめることができるよう配慮すること。
　　　［※「国民としての権利及び義務」については、参政権、納税の義務などを取り上げること。］
　　(ｲ) 国や地方公共団体の政治は、国民主権の考え方の下、国民生活の安定と向上を図る大切な働きをしていることを理解すること。
　　　［※アの(ｲ)の「国や地方公共団体の政治」については、社会保障、自然災害からの復旧や復興、地域の開発や活性化などの取組の中か（略）
　　(ｳ) 見学・調査したり各種の資料で調べたりして、まとめること。
　イ 次のような思考力、判断力、表現力等を身に付けること。
　　(ｱ) 日本国憲法の基本的な考え方に着目して、我が国の民主政治を捉え、日本国憲法が国民生活に果たす役割や、国会、内閣、裁判所と（略）
　　　［※イの(ｱ)の「国会」について、国民との関わりを指導する際には、各々の国民の祝日に関心をもち、我が国の社会や文化における意義（略）
　　(ｲ) 政策の内容や計画から実施までの過程、法令や予算との関わりなどに着目して、国や地方公共団体の政治の取組を捉え、国民生活にお（略）

付録6

小学校

し，通覧性を重視して掲載したものです。

に向けた現代的な諸課題に対応して求められる資質・能力を，教科等横断的な視点で育成していくことができるよう，各学校の特色を生かし

	特別の教科　道徳	特別活動
，表現すること。 などを考えたり選択・判断したりできるよ こと。 こと。 ことを考えたり選択・判断したりできるよう 理解すること。 など国の機関との関わりを取り上げること。] 生産を支えていることを理解すること。 ができるよう配慮すること。] え，表現すること。 表現すること。 を果たしていることを理解すること。 とを理解すること。 きるよう配慮すること。] すること。 り上げること。その際，産業と国民の立場か すること。 考え，表現すること。 る。 健康な生活を守ることの大切さを理解すること。	第2 C　主として集団や社会との関わりに関すること [規則の尊重] 〔第1学年及び第2学年〕 　約束やきまりを守り，みんなが使う物を大切にすること。 〔第3学年及び第4学年〕 　約束や社会のきまりの意義を理解し，それらを守ること。 〔第5学年及び第6学年〕 　法やきまりの意義を理解した上で進んでそれらを守り，自他の権利を大切にし，義務を果たすこと。 [公正，公平，社会正義] 〔第1学年及び第2学年〕 　自分の好き嫌いにとらわれないで接すること。 〔第3学年及び第4学年〕 　誰に対しても分け隔てをせず，公正，公平な態度で接すること。 〔第5学年及び第6学年〕 　誰に対しても差別をすることや偏見をもつことなく，公正，公平な態度で接し，正義の実現に努めること。 [勤労，公共の精神] 〔第5学年及び第6学年〕 　働くことや社会に奉仕することの充実感を味わうとともに，その意義を理解し，公共のために役に立つことをすること。 [よりよい学校生活，集団生活の充実] 〔第5学年及び第6学年〕 　先生や学校の人々を敬愛し，みんなで協力し合ってよりよい学級や学校をつくるとともに，様々な集団の中での自分の役割を自覚して集団生活の充実に努めること。 第3 2 (6)（略）また，児童の発達の段階や特性等を考慮し，例えば，社会の持続可能な発展などの現代的な課題の取扱いにも留意し，身近な社会的課題を自分との関係において考え，それらの解決に寄与しようとする意欲や態度を育てるよう努めること。（略）	第2 〔学級活動〕 2 (1) 学級や学校における生活づくりへの参画 　ア　学級や学校における生活上の諸問題の解決 　　学級や学校における生活をよりよくするための課題を見いだし，解決するために話し合い，合意形成を図り，実践すること。 　イ　学級内の組織づくりや役割の自覚 　　学級生活の充実や向上のため，児童が主体的に組織をつくり，役割を自覚しながら仕事を分担して，協力し合い実践すること。 (3) 一人一人のキャリア形成と自己実現 　イ　社会参画意識の醸成や働くことの意義の理解 　　清掃などの当番活動や係活動等の自己の役割を自覚して協働することの意義を理解し，社会の一員として役割を果たすために必要となることについて主体的に考えて行動すること。 〔児童会活動〕 2 (1) 児童会の組織づくりと児童会活動の計画や運営 　児童が主体的に組織をつくり，役割を分担し，計画を立て，学校生活の課題を見いだし解決するために話し合い，合意形成を図り実践すること。 〔学校行事〕 2 (5) 勤労生産・奉仕的行事 　勤労の尊さや生産の喜びを体得するとともに，ボランティア活動などの社会奉仕の精神を養う体験が得られるようにすること。 第3 1 (1) 特別活動の各活動及び学校行事を見通して，その中で育む資質・能力の育成に向けて，児童の主体的・対話的で深い学びの実現を図るようにする。その際，よりよい人間関係の形成，よりよい集団生活の構築や社会への参画及び自己実現に資するよう，児童が集団や社会の形成者としての見方・考え方を働かせ，様々な集団活動に自主的，実践的に取り組む中で，互いのよさや個性，多様な考えを認め合い，等しく合意形成に関わり役割を担うようにすることを重視すること。 2 (1) 学級活動，児童会活動及びクラブ活動の指導については，指導内容の特質に応じて，教師の適切な指導の下に，児童の自発的，自治的な活動が効果的に展開されるようにすること。その際，よりよい生活を築くために自分たちできまりをつくって守る活動などを充実するよう工夫すること。

主権者として理解しておくことが求められる現代的課題（例）〔消費者の役割〕

家庭科

日本国憲法の基本的な考え方に基づいていること。その際，イの(ア)に関わって，国民とし て取り上げること。] わりを考え，表現すること。 ことができるよう配慮すること。] の働きを考え，表現すること。	〔第5学年及び第6学年〕 C　消費生活・環境 (1) 物や金銭の使い方と買物 　ア　次のような知識及び技能を身に付けること。 　　(ア) 買物の仕組みや消費者の役割が分かり，物や金銭の大切さと計画的な使い方について理解すること。 　　[※(1)のアの(ア)については，売買契約の基礎について触れること。] 　　(イ) 身近な物の選び方，買い方を理解し，購入するために必要な情報の収集・整理が適切にできること。 　イ　購入に必要な情報を活用し，身近な物の選び方，買い方を考え，工夫すること。

付録6

主権者に関する教育（現代的な諸課題に関する教科等横断的な教育内容）

本資料は，中学校学習指導要領における「主権者に関する教育」について育成を目指す資質・能力に関連する各教科等の内容のうち，主要なものを抜〔粋〕。
各学校におかれては，それぞれの教育目標や生徒の実態を踏まえた上で，本資料をカリキュラム・マネジメントの参考としてご活用ください。

| 総則 | 第2の2
(2) 各学校においては，生徒や学校，地域の実態及び生徒の発達の段階を考慮し，豊かな人生の実現や災害等を乗り越えて次代の社会を形成する〔こと〕を図るものとする。 |

社会科

〔公民的分野〕
B 私たちと経済
(2) 国民の生活と政府の役割
　対立と合意，効率と公正，分業と交換，希少性などに着目して，課題を追究したり解決したりする活動を通して，次の事項を身に付けることができ〔るよ〕う指導する。
　ア 次のような知識を身に付けること。
　　(ア) 社会資本の整備，公害の防止など環境の保全，少子高齢社会における社会保障の充実・安定化，消費者の保護について，それらの意義を理解す〔るこ〕と。
　　(イ) 財政及び租税の意義，国民の納税の義務について理解すること。
　イ 国民の生活と福祉の向上を図ることに向けて，次のような思考力，判断力，表現力等を身に付けること。
　　(ア) 市場の働きに委ねることが難しい諸問題に関して，国や地方公共団体が果たす役割について多面的・多角的に考察，構想し，表現すること。
C 私たちと政治
(1) 人間の尊重と日本国憲法の基本的原則
　対立と合意，効率と公正，個人の尊重と法の支配，民主主義などに着目して，課題を追究したり解決したりする活動を通して，次の事項を身に付け〔るこ〕とができるよう指導する。
　ア 次のような知識を身に付けること。
　　(ア) 人間の尊重についての考え方を，基本的人権を中心に深め，法の意義を理解すること。
　　(イ) 民主的な社会生活を営むためには，法に基づく政治が大切であることを理解すること。
　　(ウ) 日本国憲法が基本的人権の尊重，国民主権及び平和主義を基本的原則としていることについて理解すること。
　イ 次のような思考力，判断力，表現力等を身に付けること。
　　(ア) 我が国の政治が日本国憲法に基づいて行われていることの意義について多面的・多角的に考察し，表現すること。
(2) 民主政治と政治参加
　対立と合意，効率と公正，個人の尊重と法の支配，民主主義などに着目して，課題を追究したり解決したりする活動を通して，次の事項を身に付け〔るこ〕とができるよう指導する。
　ア 次のような知識を身に付けること。
　　(ア) 国会を中心とする我が国の民主政治の仕組みのあらましや政党の役割を理解すること。
　　(イ) 議会制民主主義の意義，多数決の原理とその運用の在り方について理解すること。
　　(ウ) 国民の権利を守り，社会の秩序を維持するために，法に基づく公正な裁判の保障があることについて理解すること。
　　　［※ (2) のアの (ウ) の「法に基づく公正な裁判の保障」に関連させて，裁判員制度についても触れること。］
　　(エ) 地方自治の基本的な考え方について理解すること。その際，地方公共団体の仕組み，住民の権利や義務について理解すること。
　イ 地方自治や我が国の民主政治の発展に寄与しようとする自覚や住民としての自治意識の基礎を育成することに向けて，次のような思考力，判断〔力，表〕現力等を身に付けること。
　　(ア) 民主政治の推進と，公正な世論の形成や選挙など国民の政治参加との関連について多面的・多角的に考察，構想し，表現すること。

〔地理的分野〕
C 日本の様々な地域
(4) 地域の在り方
　空間的相互依存作用や地域などに着目して，課題を追究したり解決したりする活動を通して，次の事項を身に付けることができるよう指導する。
　ア 次のような知識を身に付けること。
　　(ア) 地域の実態や課題解決のための取組を理解すること。
　　(イ) 地域的な課題の解決に向けて考察，構想したことを適切に説明，議論しまとめる手法について理解すること。
　イ 次のような思考力，判断力，表現力等を身に付けること。
　　(ア) 地域の在り方を，地域の結び付きや地域の変容，持続可能性などに着目し，そこで見られる地理的な課題について多面的・多角的に考察，構想〔し，〕表現すること。

〔歴史的分野〕
B 近世までの日本とアジア
(1) 古代までの日本
　課題を追究したり解決したりする活動を通して，次の事項を身に付けることができるよう指導する。
　ア 次のような知識を身に付けること。
　　(ア) 世界の古代文明や宗教のおこり
　　　世界の古代文明や宗教のおこりを基に，世界の各地で文明が築かれたことを理解すること。
　　　［※（略）また，ギリシャ・ローマの文明について，政治制度など民主政治の来歴の観点から取り扱うこと。］
C 近現代の日本と世界
(1) 近代の日本と世界
　ア 次のような知識を身に付けること。
　　(ア) 欧米における近代社会の成立とアジア諸国の動き
　　　欧米諸国における産業革命や市民革命，アジア諸国の動きなどを基に，欧米諸国が近代社会を成立させてアジアへ進出したことを理解するこ〔と。〕
　　　［※ (1) のアの (ア) の「市民革命」については，政治体制の変化や人権思想の発達や広がり，現代の政治とのつながりなどと関連付けて，アメリ〔カ〕の独立，フランス革命などを扱うこと。］
　　(ウ) 議会政治の始まりと国際社会との関わり
　　　自由民権運動，大日本帝国憲法の制定，日清・日露戦争，条約改正などを基に，立憲制の国家が成立して議会政治が始まるとともに，我が国〔の国際〕的な地位が向上したことを理解すること。
　　(カ) 第一次世界大戦前後の国際情勢と大衆の出現
　　　第一次世界大戦の背景とその影響，民族運動の高まりと国際協調の動き，我が国の国民の政治的自覚の高まりと文化の大衆化などを基に，第一〔次世〕界大戦前後の国際情勢及び我が国の動きと，大戦後に国際平和への努力がなされたことを理解すること。
　イ 次のような思考力，判断力，表現力等を身に付けること。
　　(ア) 工業化の進展と政治や社会の変化，明治政府の諸改革の目的，議会政治や外交の展開，近代化がもたらした文化への影響，経済の変化の政治〔への影〕響，戦争に向かう時期の社会や生活の変化，世界の動きと我が国との関連などに着目して，事象を相互に関連付けるなどして，アの (ア) から (カ) 〔まで〕について近代の社会の変化の様子を多面的・多角的に考察し，表現すること。
(2) 現代の日本と世界
　ア 次のような知識を身に付けること。
　　(ア) 日本の民主化と冷戦下の国際社会
　　　冷戦，我が国の民主化と再建の過程，国際社会への復帰などを基に，第二次世界大戦後の諸改革の特色や世界の動きの中で新しい日本の建設が〔進め〕られたことを理解すること。
　　　［※ (2) のアの (ア) の「我が国の民主化と再建の過程」については，国民が苦難を乗り越えて新しい日本の建設に努力したことに気付かせるよう〔に〕すること。その際，男女普通選挙の確立，日本国憲法の制定などを取り扱うこと。］
　イ 次のような思考力，判断力，表現力等を身に付けること。
　　(ア) 諸改革の展開と国際社会の変化，政治の展開と国民生活の変化などに着目して，事象を相互に関連付けるなどして，アの (ア) 及び (イ) について〔現代〕の社会の変化の様子を多面的・多角的に考察し，表現すること。

付録6

中学校

を重視して掲載したものです。

現代的な諸課題に対応して求められる資質・能力を，教科等横断的な視点で育成していくことができるよう，各学校の特色を生かした教育課程の編成

特別の教科　道徳

～として集団や社会との関わりに関すること
～精神，公徳心］
～きまりの意義を理解し，それらを進んで守るとともに，そのよりよい在り方について考え，自他の権利を大切にし，義務を果たして，規律ある安定し
～の実現に努めること。
～公平，社会正義］
～義と公平さを重んじ，誰に対しても公平に接し，差別や偏見のない社会の実現に努めること。
～参画，公共の精神］
～参画の意識と社会連帯の自覚を高め，公共の精神をもってよりよい社会の実現に努めること。
～の尊さや意義を理解し，将来の生き方について考えを深め，勤労を通じて社会に貢献すること。
～い学校生活，集団生活の充実］
～師や学校の人々を敬愛し，学級や学校の一員としての自覚をもち，協力し合ってよりよい校風をつくるとともに，様々な集団の意義や集団の中での自分
～割と責任を自覚して集団生活の充実に努めること。
～の伝統と文化の尊重，郷土を愛する態度］
～土の伝統と文化を大切にし，社会に尽くした先人や高齢者に尊敬の念を深め，地域社会の一員としての自覚をもって郷土を愛し，進んで郷土の発展に努
～こと。
～国の伝統と文化の尊重，国を愛する態度］
～た伝統の継承と新しい文化の創造に貢献するとともに，日本人としての自覚をもって国を愛し，国家及び社会の形成者として，その発展に努めること。

～略）また，例えば，科学技術の発展と生命倫理との関係や社会の持続可能な発展などの現代的な課題の取扱いにも留意し，身近な社会的課題を自分と
～関係において考え，その解決に向けて取り組もうとする意欲や態度を育てるよう努めること。（略）

特別活動

～活動〕
～学級や学校における生活づくりへの参画
　学級や学校における生活上の諸問題の解決
　学級や学校における生活をよりよくするための課題を見いだし，解決するために話し合い，合意形成を図り，実践すること。
　学級内の組織づくりや役割の自覚
　学級生活の充実や向上のため，生徒が主体的に組織をつくり，役割を自覚しながら仕事を分担して，協力し合い実践すること。
～一人一人のキャリア形成と自己実現
　社会参画意識の醸成や勤労観・職業観の形成
　社会の一員としての自覚や責任をもち，社会生活を営む上で必要なマナーやルール，働くことや社会に貢献することについて考えて行動すること。
～会活動〕
～生徒会の組織づくりと生徒会活動の計画や運営
　生徒が主体的に組織をつくり，役割を分担し，計画を立て，学校生活の課題を見いだし解決するために話し合い，合意形成を図り実践すること。
～行事〕
～勤労生産・奉仕的行事
　勤労の尊さや生産の喜びを体得し，職場体験活動などの勤労観・職業観に関わる啓発的な体験が得られるようにするとともに，共に助け合って生きるこ
～の喜びを体得し，ボランティア活動などの社会奉仕の精神を養う体験が得られるようにすること。

～特別活動の各活動及び学校行事を見通して，その中で育む資質・能力の育成に向けて，生徒の主体的・対話的で深い学びの実現を図るようにすること。
～の際，よりよい人間関係の形成，よりよい集団生活の構築や社会への参画及び自己実現に資するよう，生徒が集団や社会の形成者としての見方・考え方
～働かせ，様々な集団活動に自主的，実践的に取り組む中で，互いのよさや個性，多様な考えを認め合い，等しく合意形成に関わり役割を担うようにする
～とを重視すること。

主権者として理解しておくことが求められる現代的課題（例）〔科学技術の利用の在り方〕

理科	技術・家庭科
〔1分野〕 　科学技術と人間 ア　日常生活や社会と関連付けながら，次のことを理解するとともに，それらの観察，実験などに関する技能を身に付けること。 　(イ)　自然環境の保全と科学技術の利用 　　㋐　自然環境の保全と科学技術の利用 　　　自然環境の保全と科学技術の利用の在り方について科学的に考察することを通して，持続可能な社会をつくることが重要であることを認識すること。 〔2分野〕 　自然と人間 ア　日常生活や社会と関連付けながら，次のことを理解するとともに，自然環境を調べる観察，実験などに関する技能を身に付けること。 　(イ)　自然環境の保全と科学技術の利用 　　㋐　自然環境の保全と科学技術の利用 　　　自然環境の保全と科学技術の利用の在り方について科学的に考察することを通して，持続可能な社会をつくることが重要であることを認識すること。	〔技術分野〕 A　材料と加工の技術 (3)　これからの社会の発展と材料と加工の技術の在り方を考える活動などを通して，次の事項を身に付けることができるよう指導する。 　ア　生活や社会，環境との関わりを踏まえて，技術の概念を理解すること。 　イ　技術を評価し，適切な選択と管理・運用の在り方や，新たな発想に基づく改良と応用について考えること。 B　生物育成の技術 (3)　これからの社会の発展と生物育成の技術の在り方を考える活動などを通して，次の事項を身に付けることができるよう指導する。 　ア　生活や社会，環境との関わりを踏まえて，技術の概念を理解すること。 　イ　技術を評価し，適切な選択と管理・運用の在り方や，新たな発想に基づく改良と応用について考えること。 C　エネルギー変換の技術 (3)　これからの社会の発展とエネルギー変換の技術の在り方を考える活動などを通して，次の事項を身に付けることができるよう指導する。 　ア　生活や社会，環境との関わりを踏まえて，技術の概念を理解すること。 　イ　技術を評価し，適切な選択と管理・運用の在り方や，新たな発想に基づく改良と応用について考えること。 D　情報の技術 (4)　これからの社会の発展と情報の技術の在り方を考える活動などを通して，次の事項を身に付けることができるよう指導する。 　ア　生活や社会，環境との関わりを踏まえて，技術の概念を理解すること。 　イ　技術を評価し，適切な選択と管理・運用の在り方や，新たな発想に基づく改良と応用について考えること。

主権者として理解しておくことが求められる現代的課題（例）〔消費者としての責任ある消費行動〕

技術・家庭科

〔家庭分野〕
　消費生活・環境
［※ (1) 及び (2) については，内容の「A　家族・家庭生活」又は「B　衣食住の生活」の学習との関連を図り，実践的に学習できるようにすること。］
　金銭の管理と購入
［※ (1) については，中学生の身近な消費行動と関連を図った物資・サービスや消費者被害を扱うこと。アの (ｱ) については，クレジットなどの三者間契約についても扱うこと。］
ア　次のような知識及び技能を身に付けること。
　(ｱ)　購入方法や支払い方法の特徴が分かり，計画的な金銭管理の必要性について理解すること。
　(ｲ)　売買契約の仕組み，消費者被害の背景とその対応について理解し，物資・サービスの選択に必要な情報の収集・整理が適切にできること。
イ　物資・サービスの選択に必要な情報を活用して購入について考え，工夫すること。
　消費者の権利と責任
ア　消費者の基本的な権利と責任，自分や家族の消費生活が環境や社会に及ぼす影響について理解すること。
イ　身近な消費生活について，自立した消費者としての責任ある消費行動を考え，工夫すること。

消費者に関する教育（現代的な諸課題に関する教科等横断的な教育内容）

本資料は，小・中学校学習指導要領における「消費者に関する教育」について育成を目指す資質・能力に関連する各教科等の内容のうち，
各学校におかれては，それぞれの教育目標や児童／生徒の実態を踏まえた上で，本資料をカリキュラム・マネジメントの参考としてご活用くだ

| 総則 | 第2の2
(2) 各学校においては，児童／生徒や学校，地域の実態及び児童／生徒の発達の段階を考慮し，豊かな人生の実現や災害等を乗り越え
校の特色を生かした教育課程の編成を図るものとする。 |

※総則は小学校・中学校の共通部分を抜粋。

社会科

小学校

〔第3学年〕
(2) 地域に見られる生産や販売の仕事について，学習の問題を追究・解決する活動を通して，次の事項を身に付けることができるよう指導
　ア　次のような知識及び技能を身に付けること。
　　(イ) 販売の仕事は，消費者の多様な願いを踏まえ売り上げを高めるよう，工夫して行われていることを理解すること。
　イ　次のような思考力，判断力，表現力等を身に付けること。
　　(イ) 消費者の願い，販売の仕方，他地域や外国との関わりなどに着目して，販売に携わっている人々の仕事の様子を捉え，それらの

〔第4学年〕
(2) 人々の健康や生活環境を支える事業について，学習の問題を追究・解決する活動を通して，次の事項を身に付けることができるよう
　イ　次のような思考力，判断力，表現力等を身に付けること。
　　(イ) 処理の仕組みや再利用，県内外の人々の協力などに着目して，廃棄物の処理のための事業の様子を捉え，その事業が果たす役
　　　［※イの(イ)については，社会生活を営む上で大切な法やきまりについて扱うとともに，ごみの減量や水を汚さない工夫など，自ら
　　　　たりできるよう配慮すること。］

〔第5学年〕
(2) 我が国の農業や水産業における食料生産について，学習の問題を追究・解決する活動を通して，次の事項を身に付けることができ
　ア　次のような知識及び技能を身に付けること。
　　(イ) 食料生産に関わる人々は，生産性や品質を高めるよう努力したり輸送方法や販売方法を工夫したりして，良質な食料を消費地
　　　解すること。
　イ　次のような思考力，判断力，表現力等を身に付けること。
　　［※イの(ア)及び(イ)については，消費者や生産者の立場などから多角的に考えて，これからの農業などの発展について，自分の考
　　(ア) 生産物の種類や分布，生産量の変化，輸入など外国との関わりなどに着目して，食料生産の概要を捉え，食料生産が国民生活に
　　(イ) 生産の工程，人々の協力関係，技術の向上，輸送，価格や費用などに着目して，食料生産に関わる人々の工夫や努力を捉え，そ

(3) 我が国の工業生産について，学習の問題を追究・解決する活動を通して，次の事項を身に付けることができるよう指導する。
　ア　次のような知識及び技能を身に付けること。
　　(イ) 工業生産に関わる人々は，消費者の需要や社会の変化に対応し，優れた製品を生産するよう様々な工夫や努力をして，工業生産
　イ　次のような思考力，判断力，表現力等を身に付けること。
　　［※イの(ア)及び(イ)については，消費者や生産者の立場などから多角的に考えて，これからの工業の発展について，自分の考えを
　　(ア) 工業の種類，工業の盛んな地域の分布，工業製品の改良などに着目して，工業生産の概要を捉え，工業生産が国民生活に果たす
　　(イ) 製造の工程，工場相互の協力関係，優れた技術などに着目して，工業生産に関わる人々の工夫や努力を捉え，その働きを考え，

(4) 我が国の産業と情報との関わりについて，学習の問題を追究・解決する活動を通して，次の事項を身に付けることができるよう指導
　ア　次のような知識及び技能を身に付けること。
　　(イ) 大量の情報や情報通信技術の活用は，様々な産業を発展させ，国民生活を向上させていることを理解すること。
　　　［※アの(イ)及びイの(イ)については，情報や情報技術を活用して発展している販売，運輸，観光，医療，福祉などに関わる産業
　　　　産業と国民の立場から多角的に考えて，情報化の進展に伴う産業の発展や国民生活の向上について，自分の考えをまとめる
　イ　次のような思考力，判断力，表現力等を身に付けること。
　　(ア) 情報を集め発信するまでの工夫や努力などに着目して，放送，新聞などの産業の様子を捉え，それらの産業が国民生活に果たす
　　(イ) 情報の種類，情報の活用の仕方などに着目して，産業における情報活用の現状を捉え，情報を生かして発展する産業が国民

社会科

中学校

〔公民的分野〕
A　私たちと現代社会
(2) 現代社会を捉える枠組み
　対立と合意，効率と公正などに着目して，課題を追究したり解決したりする活動を通して，次の事項を身に付けることができるよう
　ア　次のような知識を身に付けること。
　　(イ) 人間は本来社会的存在であることを基に，個人の尊厳と両性の本質的平等，契約の重要性やそれを守ることの意義及び個人の責
　イ　次のような思考力，判断力，表現力等を身に付けること。
　　(ア) 社会生活における物事の決定の仕方，契約を通した個人と社会との関係，きまりの役割について多面的・多角的に考察し，表現

B　私たちと経済
(1) 市場の働きと経済
　対立と合意，効率と公正，分業と交換，希少性などに着目して，課題を追究したり解決したりする活動を通して，次の事項を身に付
　ア　次のような知識を身に付けること。
　　(ア) 身近な消費生活を中心に経済活動の意義について理解すること。
　　(ウ) 現代の生産や金融などの仕組みや働きを理解すること。
　イ　次のような思考力，判断力，表現力等を身に付けること。
　　(ア) 個人や企業の経済活動における役割と責任について多面的・多角的に考察し，表現すること。
　　　［※イの(ア)の「個人や企業の経済活動における役割と責任」については，起業について触れるとともに，経済活動や起業などを

(2) 国民の生活と政府の役割
　対立と合意，効率と公正，分業と交換，希少性などに着目して，課題を追究したり解決したりする活動を通して，次の事項を身に付
　ア　次のような知識を身に付けること。
　　(ア) 社会資本の整備，公害の防止など環境の保全，少子高齢社会における社会保障の充実・安定化，消費者の保護について，それら
　　　［※アの(ア)の「消費者の保護」については，消費者の自立の支援なども含めた消費者行政を取り扱うこと。］
　イ　国民の生活と福祉の向上を図ることに向けて，次のような思考力，判断力，表現力等を身に付けること。
　　(ア) 市場の働きに委ねることが難しい諸問題に関して，国や地方公共団体が果たす役割について多面的・多角的に考察，構想し，表現

C　私たちと政治
(1) 人間の尊重と日本国憲法の基本的原則
　対立と合意，効率と公正，個人の尊重と法の支配，民主主義などに着目して，課題を追究したり解決したりする活動を通して，次の事
　ア　次のような知識を身に付けること。
　　(ア) 人間の尊重についての考え方を，基本的人権を中心に深め，法の意義を理解すること。

小学校 中学校

抜粋し，通覧性を重視して掲載したものです。

を形成することに向けた現代的な諸課題に対応して求められる資質・能力を，教科等横断的な視点で育成していくことができるよう，各学

	家庭科	特別の教科　道徳
る工夫を考え，表現すること。 表現すること。 きることを考えたり選択・判断し] する。 ど，食料生産を支えていることを理 ることができるよう配慮すること。] を考え，表現すること。 え，表現すること。 ることを理解すること。 とができるよう配慮すること。] 　表現すること。 と。 択して取り上げること。その際， るよう配慮すること。] 　表現すること。 割を考え，表現すること。	〔第5学年及び第6学年〕 C　消費生活・環境 (1) 物や金銭の使い方と買物 　ア　次のような知識及び技能を身に付けること。 　　(ｱ) 買物の仕組みや消費者の役割が分かり，物や金銭の大切さと計画的な使い方について理解すること。 　　　[※(1)のアの(ｱ)については，売買契約の基礎について触れること。] 　　(ｲ) 身近な物の選び方，買い方を理解し，購入するために必要な情報の収集・整理が適切にできること。 　イ　購入に必要な情報を活用し，身近な物の選び方，買い方を考え，工夫すること。 (2) 環境に配慮した生活 　　[※(2)については，内容の「B衣食住の生活」との関連を図り，実践的に学習できるようにすること。] 　ア　自分の生活と身近な環境との関わりや環境に配慮した物の使い方などについて理解すること。 　イ　環境に配慮した生活について物の使い方などを考え，工夫すること。	〔第1学年及び第2学年〕 A　主として自分自身に関すること [節度，節制] 　健康や安全に気を付け，物や金銭を大切にし，身の回りを整え，わがままをしないで，規則正しい生活をすること。 C　主として集団や社会との関わりに関すること [規則の尊重] 　約束やきまりを守り，みんなが使う物を大切にすること。 〔第3学年及び第4学年〕 A　主として自分自身に関すること [節度，節制] 　自分でできることは自分でやり，安全に気を付け，よく考えて行動し，節度のある生活をすること。 C　主として集団や社会との関わりに関すること [規則の尊重] 　約束や社会のきまりの意義を理解し，それらを守ること。 〔第5学年及び第6学年〕 A　主として自分自身に関すること [節度，節制] 　安全に気を付けることや，生活習慣の大切さについて理解し，自分の生活を見直し，節度を守り節制に心掛けること。 C　主として集団や社会との関わりに関すること [規則の尊重] 　法やきまりの意義を理解した上で進んでそれらを守り，自他の権利を大切にし，義務を果たすこと。

	技術・家庭科	特別の教科　道徳
 理解すること。 できるよう指導する。 などの働きについて取り扱うこと。] できるよう指導する。 解すること。 。 付けることができるよう指導する。	〔家庭分野〕 C　消費生活・環境 (1) 金銭の管理と購入 　　[※(1)については，中学生の身近な消費行動と関連を図った物資・サービスや消費者被害を扱うこと。] 　ア　次のような知識及び技能を身に付けること。 　　(ｱ) 購入方法や支払い方法の特徴が分かり，計画的な金銭管理の必要性について理解すること。 　　　[※アの(ｱ)については，クレジットなどの三者間契約についても扱うこと。] 　　(ｲ) 売買契約の仕組み，消費者被害の背景とその対応について理解し，物資・サービスの選択に必要な情報の収集・整理が適切にできること。 　イ　物資・サービスの選択に必要な情報を活用して購入について考え，工夫すること。 (2) 消費者の権利と責任 　ア　消費者の基本的な権利と責任，自分や家族の消費生活が環境や社会に及ぼす影響について理解すること。 　イ　身近な消費生活について，自立した消費者としての責任ある消費行動を考え，工夫すること。 (3) 消費生活・環境についての課題と実践 　ア　自分や家族の消費生活の中から問題を見いだして課題を設定し，その解決に向けて環境に配慮した消費生活を考え，計画を立てて実践できること。	A　主として自分自身に関すること [節度，節制] 　望ましい生活習慣を身に付け，心身の健康の増進を図り，節度を守り節制に心掛け，安全で調和のある生活をすること。 C　主として集団や社会との関わりに関すること [遵法精神，公徳心] 　法やきまりの意義を理解し，それらを進んで守るとともに，そのよりよい在り方について考え，自他の権利を大切にし，義務を果たして，規律ある安定した社会の実現に努めること。

付録6

法に関する教育（現代的な諸課題に関する教育等横断的な教育内容）

本資料は，小・中学校学習指導要領における「法に関する教育」について育成を目指す資質・能力に関連する各教科等の内容のうち，主要…
各学校におかれては，それぞれの教育目標や児童／生徒の実態を踏まえた上で，本資料をカリキュラム・マネジメントの参考としてご活用く…

総則	
第2の2	(2) 各学校においては，児童／生徒や学校，地域の実態及び児童／生徒の発達の段階を考慮し，豊かな人生の実現や災害等を乗り越え…校の特色を生かした教育課程の編成を図るものとする。

※総則は小学校・中学校の共通部分を抜粋。

	総則	社会科
小学校	第6 2 各学校においては，児童の発達の段階や特性等を踏まえ，指導内容の重点化を図ること。その際，各学年を通じて，自立心や自律性，生命を尊重する心や他者を思いやる心を育てることに留意すること。また，各学年段階においては，次の事項に留意すること。 (1) 第1学年及び第2学年においては，挨拶などの基本的な生活習慣を身に付けること，善悪を判断し，してはならないことをしないこと，社会生活上のきまりを守ること。 (2) 第3学年及び第4学年においては，善悪を判断し，正しいと判断したことを行うこと，身近な人々と協力し助け合うこと，集団や社会のきまりを守ること。 (3) 第5学年及び第6学年においては，相手の考え方や立場を理解して支え合うこと，法やきまりの意義を理解して進んで守ること，集団生活の充実に努めること，伝統と文化を尊重し，それらを育んできた我が国と郷土を愛するとともに，他国を尊重すること。	〔第3学年〕 (3) 地域の安全を守る働きについて，学習の問題を追究・解決する活動を通して，次の…する。 　イ 次のような思考力，判断力，表現力等を身に付けること。 　　(ｱ) 施設・設備などの配置，緊急時への備えや対応などに着目して，関係機関や地域の…事する人々の働きを考え，表現すること。 　　　※イの(ｱ)については，社会生活を営む上で大切な法やきまりについて扱うととも…に自分たちにできることなどを考えたり選択・判断したりできるよう配慮する… 〔第4学年〕 (2) 人々の健康や生活環境を支える事業について，学習の問題を追究・解決する活動を通…るよう指導する。 　イ 次のような思考力，判断力，表現力等を身に付けること。 　　(ｲ) 処理の仕組みや再利用，県内外の人々の協力などに着目して，廃棄物の処理の…たす役割を考え，表現すること。 　　　※イの(ｲ)については，社会生活を営む上で大切な法やきまりについて扱うとと…ど，自分たちにできることなどを考えたり選択・判断したりできるよう配慮する… 〔第6学年〕 (1) 我が国の政治の働きについて，学習の問題を追究・解決する活動を通して，次の事項… 　ア 次のような知識及び技能を身に付けること。 　　(ｱ) 日本国憲法は国家の理想，天皇の地位，国民としての権利及び義務など国家や国…在の我が国の民主政治は日本国憲法の基本的な考え方に基づいていることを理解す…それぞれの役割を果たしていることを理解すること。 　　　※アの(ｱ)については，国会などの議会政治や選挙の意味，国会と内閣と裁判所の…の役割などについて扱うこと。その際，イの(ｱ)に関わって，国民としての政…て，自分の考えをまとめることができるよう配慮する… 　イ 次のような思考力，判断力，表現力等を身に付けること。 　　(ｱ) 日本国憲法の基本的な考え方に着目して，我が国の民主政治を捉え，日本国憲法…閣，裁判所と国民との関わりを考え，表現すること。 　　(ｲ) 政策の内容や計画から実施までの過程，法令や予算との関わりなどに着目して，国民生活における政治の働きを考え，表現すること。

	総則	社会科
中学校	第6 2 各学校においては，生徒の発達の段階や特性等を踏まえ，指導内容の重点化を図ること。その際，小学校における道徳教育の指導内容を更に発展させ，自立心や自律性を高め，規律ある生活をすること，生命を尊重する心や自らの弱さを克服して気高く生きようとする心を育てること，法やきまりの意義に関する理解を深めること，自らの将来の生き方を考え主体的に社会の形成に参画する意欲と態度を養うこと，伝統と文化を尊重し，それらを育んできた我が国と郷土を愛するとともに，他国を尊重すること，国際社会に生きる日本人としての自覚を身に付けることに留意すること。	〔公民的分野〕 A 私たちと現代社会 (2) 現代社会を捉える枠組み 　対立と合意，効率と公正などに着目して，課題を追究したり解決したりする活動を通…るよう指導する。 　ア 次のような知識を身に付けること。 　　(ｱ) 現代社会の見方・考え方の基礎となる枠組みとして，対立と合意，効率と公正な… 　　(ｲ) 人間は本来社会的存在であることを基に，個人の尊厳と両性の本質的平等，契約…人の責任について理解すること。 　イ 次のような思考力，判断力，表現力等を身に付けること。 　　(ｱ) 社会生活における物事の決定の仕方，契約を通した個人と社会との関係，きまりの…表現すること。 B 私たちと経済 (1) 市場の働きと経済 　対立と合意，効率と公正，分業と交換，希少性などに着目して，課題を追究したり解決…身に付けることができるよう指導する。 　ア 次のような知識を身に付けること。 　　(ｴ) 勤労の権利と義務，労働組合の意義及び労働基準法の精神について理解すること。 　イ 次のような思考力，判断力，表現力等を身に付けること。 　　(ｲ) 社会生活における職業の意義と役割及び雇用と労働条件の改善について多面的・多… 　　　※イの(ｲ)の「社会生活における職業の意義と役割及び雇用と労働条件の改善」に…観点から労働保護立法についても触れること。 C 私たちと政治 (1) 人間の尊重と日本国憲法の基本的原則 　対立と合意，効率と公正，個人の尊重と法の支配，民主主義などに着目して，課題を…て，次の事項を身に付けることができるよう指導する。 　ア 次のような知識を身に付けること。 　　(ｱ) 人間の尊重についての考え方を，基本的人権を中心に深め，法の意義を理解する… 　　(ｲ) 民主的な社会生活を営むためには，法に基づく政治が大切であることを理解する… 　　(ｳ) 日本国憲法が基本的人権の尊重，国民主権及び平和主義を基本的原則としている… 　イ 次のような思考力，判断力，表現力等を身に付けること。 　　(ｱ) 我が国の政治が日本国憲法に基づいて行われていることの意義について多面的・… (2) 民主政治と政治参加 　対立と合意，効率と公正，個人の尊重と法の支配，民主主義などに着目して，課題を…て，次の事項を身に付けることができるよう指導する。 　ア 次のような知識を身に付けること。 　　(ｳ) 国民の権利を守り，社会の秩序を維持するために，法に基づく公正な裁判の保障が… 　　　※(2)のアの(ｳ)の「法に基づく公正な裁判の保障」に関連させて，裁判員制度に… D 私たちと国際社会の諸課題 (1) 世界平和と人類の福祉の増大 　対立と合意，効率と公正，協調，持続可能性などに着目して，課題を追究したり解決し…に付けることができるよう指導する。 　ア 次のような知識を身に付けること。 　　(ｱ) 世界平和の実現と人類の福祉の増大のためには，国際協調の観点から，国家間の相…理解と協力及び国際連合をはじめとする国際機構などの役割が大切であることを理解…を含む。），国家主権，国際連合の働きなど基本的な事項について理解すること。

小学校 中学校

し，通覧性を重視して掲載したものです。

を形成することに向けた現代的な諸課題に対応して求められる資質・能力を，教科等横断的な視点で育成していくことができるよう，各学

	家庭科	特別の教科 道徳	特別活動
けることができるよう指導 活動を捉え，相互の関連や従 自分自身の安全を守るため〕 事項を身に付けることがで き 様子を捉え，その事業が果 減量や水を汚さない工夫な〕 ことができるよう指導する。 基本を定めていることや，現 立法，行政，司法の三権が 関連，裁判員制度や租税〕 方について多角的に考え 活に果たす役割や，国会，内 共団体の政治の取組を捉え，	〔第5学年及び第6学年〕 C 消費生活・環境 (1) 物や金銭の使い方と買物 ア 次のような知識及び技能を身に付けること。 (ｱ) 買物の仕組みや消費者の役割が分かり，物や金銭の大切さと計画的な使い方について理解すること。 〔※(1)のアの(ｱ)については，売買契約の基礎について触れること。〕	〔第1学年及び第2学年〕 C 主として集団や社会との関わりに関すること [規則の尊重] 約束やきまりを守り，みんなが使う物を大切にすること。 〔第3学年及び第4学年〕 C 主として集団や社会との関わりに関すること [規則の尊重] 約束や社会のきまりの意義を理解し，それらを守ること。 〔第5学年及び第6学年〕 C 主として集団や社会との関わりに関すること [規則の尊重] 法やきまりの意義を理解した上で進んでそれらを守り，自他の権利を大切にし，義務を果たすこと。	〔学級活動〕 2 (1) 学級や学校における生活づくりへの参画 ア 学級や学校における生活上の諸問題の解決 学級や学校における生活をよりよくするための課題を見いだし，解決するために話し合い，合意形成を図り，実践すること。 3 (1) 指導に当たっては，各学年段階で特に次の事項に配慮すること。 〔第1学年及び第2学年〕 話合いの進め方に沿って，自分の意見を発表したり，他者の意見をよく聞いたりして，合意形成して実践することのよさを理解すること。基本的な生活習慣や，約束やきまりを守ることの大切さを理解して行動し，生活をよくするための目標を決めて実行すること。

	技術・家庭科	特別の教科 道徳	特別活動
事項を身に付けることがで き 理解すること。 それを守ることの意義及び個 て多面的・多角的に考察し， 活動を通して，次の事項を 察し，表現すること。 仕事と生活の調和という〕 り解決したりする活動を通し いて理解すること。 考察し，表現すること。 り解決したりする活動を通し について理解すること。 触れること。〕 活動を通して，次の事項を身 の尊重と協力，各国民の相互 。その際，領土（領海，領空	〔家庭分野〕 C 消費生活・環境 (1) 金銭の管理と購入 ア 次のような知識及び技能を身に付けること。 (ｱ) 購入方法や支払い方法の特徴が分かり，計画的な金銭管理の必要性について理解すること。 〔※アの(ｱ)については，クレジットなどの三者間契約についても扱うこと。〕 (ｲ) 売買契約の仕組み，消費者被害の背景とその対応について理解し，物資・サービスの選択に必要な情報の収集・整理が適切にできること。	C 主として集団や社会との関わりに関すること [遵法精神，公徳心] 法やきまりの意義を理解し，それらを進んで守るとともに，そのよりよい在り方について考え，自他の権利を大切にし，義務を果たして，規律ある安定した社会の実現に努めること。	〔学級活動〕 2 (1) 学級や学校における生活づくりへの参画 ア 学級や学校における生活上の諸問題の解決 学級や学校における生活をよりよくするための課題を見いだし，解決するために話し合い，合意形成を図り，実践すること。

付録6

知的財産に関する教育（現代的な諸課題に関する教科等横断的な教育内容）

本資料は，小・中学校学習指導要領における「知的財産に関する教育」について育成を目指す資質・能力に関連する各教科等の内容のうち，
各学校におかれては，それぞれの教育目標や児童／生徒の実態を踏まえた上で，本資料をカリキュラム・マネジメントの参考としてご活用くだ

総則	第2の2
	(2) 各学校においては児童／生徒や学校，地域の実態及び児童／生徒の発達の段階を考慮し，豊かな人生の実現や災害等を乗り越えて の特色を生かした教育課程の編成を図るものとする。

※総則は小学校・中学校の共通部分を抜粋。

	前文・総則	国語科	
小学校	〔前文〕 教育は，教育基本法第1条に定めるとおり，人格の完成を目指し，平和で民主的な国家及び社会の形成者として必要な資質を備えた心身ともに健康な国民の育成を期すという目的のもと，同法第2条に掲げる次の目標を達成するよう行われなければならない。 2 個人の価値を尊重して，その能力を伸ばし，創造性を培い，自主及び自律の精神を養うとともに，職業及び生活との関連を重視し，勤労を重んずる態度を養うこと。 〔総則〕 第1 2 学校の教育活動を進めるに当たっては，各学校において，第3の1に示す主体的・対話的で深い学びの実現に向けた授業改善を通して，創意工夫を生かした特色ある教育活動を展開する中で，次の (1) から (3) までに掲げる事項の実現を図り，児童に生きる力を育むことを目指すものとする。 (2) 道徳教育や体験活動，多様な表現や鑑賞の活動等を通して，豊かな心や創造性の涵養を目指した教育の充実に努めること。 3 2の(1)から(3)までに掲げる事項の実現を図り，豊かな創造性を備え持続可能な社会の創り手となることが期待される児童に，生きる力を育むことを目指すに当たっては，学校教育全体並びに各教科，道徳科，外国語活動，総合的な学習の時間及び特別活動（以下「各教科等」という。ただし，第2の3の(2)のア及びウにおいて，特別活動については学級活動（学校給食に係るものを除く。）に限る。）の指導を通してどのような資質・能力の育成を目指すのかを明確にしながら，教育活動の充実を図るものとする。その際，児童の発達の段階や特性等を踏まえつつ，次に掲げることが偏りなく実現できるようにするものとする。 (1) 知識及び技能が習得されるようにすること。 (2) 思考力，判断力，表現力等を育成すること。 (3) 学びに向かう力，人間性等を涵養すること。	〔第3学年及び第4学年〕 〔知識及び技能〕 (2) 話や文章に含まれている情報の扱い方に関する次の事項を身に付けることができるよう指導する。 イ 比較や分類の仕方，必要な語句などの書き留め方，引用の仕方や出典の示し方，辞書や事典の使い方を理解し使うこと。	〔第3学年〕 (3) 地域の安全を守 事項を身に付ける イ 次のような思 (ア) 施設・設備 域の人々の諸 と。 〔※イの(ア) とともに， を考えた 〔第4学年〕 (2) 人々の健康や生 通して，次の事項 イ 次のような思 (イ) 処理の仕組 ための事業の 〔※イの(イ)に とともに， 考えたり 〔第6学年〕 (1) 我が国の政治の 項を身に付けるこ イ 次のような思 (イ) 政策の内容 国や地方公共 現すること。
中学校	〔前文〕 教育は，教育基本法第1条に定めるとおり，人格の完成を目指し，平和で民主的な国家及び社会の形成者として必要な資質を備えた心身ともに健康な国民の育成を期すという目的のもと，同法第2条に掲げる次の目標を達成するよう行われなければならない。 2 個人の価値を尊重して，その能力を伸ばし，創造性を培い，自主及び自律の精神を養うとともに，職業及び生活との関連を重視し，勤労を重んずる態度を養うこと。 〔総則〕 第1 2 学校の教育活動を進めるに当たっては，各学校において，第3の1に示す主体的・対話的で深い学びの実現に向けた授業改善を通して，創意工夫を生かした特色ある教育活動を展開する中で，次の (1) から (3) までに掲げる事項の実現を図り，生徒に生きる力を育むことを目指すものとする。 (2) 道徳教育や体験活動，多様な表現や鑑賞の活動等を通して，豊かな心や創造性の涵養を目指した教育の充実に努めること。 3 2の(1)から(3)までに掲げる事項の実現を図り，豊かな創造性を備え持続可能な社会の創り手となることが期待される生徒に，生きる力を育むことを目指すに当たっては，学校教育全体並びに各教科，道徳科，総合的な学習の時間及び特別活動（以下「各教科等」という。ただし，第2の3の(2)のア及びウにおいて，特別活動については学級活動（学校給食に係るものを除く。）に限る。）の指導を通してどのような資質・能力の育成を目指すのかを明確にしながら，教育活動の充実を図るものとする。その際，生徒の発達の段階や特性等を踏まえつつ，次に掲げることが偏りなく実現できるようにするものとする。 (1) 知識及び技能が習得されるようにすること。 (2) 思考力，判断力，表現力等を育成すること。 (3) 学びに向かう力，人間性等を涵養すること。	〔第1学年〕 〔知識及び技能〕 (2) 話や文章に含まれている情報の扱い方に関する次の事項を身に付けることができるよう指導する。 イ 比較や分類，関係付けなどの情報の整理の仕方，引用の仕方や出典の示し方について理解を深め，それらを使うこと。 〔技術分野〕 D 情報の技術 (1) 生活や社会を支える情報の技術について調べる活る。 〔※(1)については，情報のデジタル化の方法と情 任，及び社会におけるサイバーセキュリティが ア 情報の表現，記録，計算，通信の特性等の原理 セキュリティ等に関わる基礎的な技術の仕組み及 イ 技術に込められた問題解決の工夫について考え 〔※各内容における(2)及び内容の「D情報の技術」 イ 知的財産を創造，保護及び活用しようとする を前に進める態度を養うことを目指すこと。	〔公民的分野〕 C 私たちと政治 (1) 人間の尊重と日本 対立と合意，効率 を追究したり解決し 指導する。 ア 次のような知識 (ア) 人間の尊重に ること。

小学校 中学校

を抜粋し，通覧性を重視して掲載したものです。

…形成することに向けた現代的な諸課題に対応して求められる資質・能力を，教科等横断的な視点で育成していくことができるよう，各学校…

社会科	音楽科	図画工作科
…て，学習の問題を追究・解決する活動を通して，次の…よう指導する。 …，表現力等を身に付けること。 　緊急時への備えや対応などに着目して，関係機関や地…相互の関連や従事する人々の働きを考え，表現するこ… 　社会生活を営む上で大切な法やきまりについて扱う… …自身の安全を守るために自分たちにできることなど…したりできるよう配慮すること。 …る事業について，学習の問題を追究・解決する活動を…ことができるよう指導する。 …，表現力等を身に付けること。 　県内外の人々の協力などに着目して，廃棄物の処理の…その事業が果たす役割を考え，表現すること。 　社会生活を営む上で大切な法やきまりについて扱う… …量や水を汚さない工夫など，自分たちにできることを…たりできるよう配慮すること。 …て，学習の問題を追究・解決する活動を通して，次の事…よう指導する。 …，表現力等を身に付けること。 …実施までの過程，法令や予算との関わりなどに着目して，…取組を捉え，国民生活における政治の働きを考え，表…	第3 2 (1) 各学年の「A表現」及び「B鑑賞」の指導に当たっては，次のとおり取り扱うこと。 　オ　表現したり鑑賞したりする多くの曲について，それらを創作した著作者がいることに気付き，学習した曲や自分たちのつくった曲を大切にする態度を養うようにするとともに，それらの著作者の創造性を尊重する意識をもてるようにすること。また，このことが，音楽文化の継承，発展，創造を支えていることについて理解する素地となるよう配慮すること。	第3 2 (11) 創造することの価値に気付き，自分たちの作品や美術作品などに表れている創造性を大切にする態度を養うようにすること。また，こうした態度を養うことが，美術文化の継承，発展，創造を支えていることについて理解する素地となるよう配慮すること。

特別の教科　道徳

C　主として集団や社会との関わりに関すること
[規則の尊重]
〔第1学年及び第2学年〕
　約束やきまりを守り，みんなが使う物を大切にすること。
〔第3学年及び第4学年〕
　約束や社会のきまりの意義を理解し，それらを守ること。
〔第5学年及び第6学年〕
　法やきまりの意義を理解した上で進んでそれらを守り，自他の権利を大切にし，義務を果たすこと。

社会科	音楽科	美術科
…基本的原則 …個人の尊重と法の支配，民主主義などに着目して，課題…活動を通して，次の事項を身に付けることができるよう… …すること。 …考え方を，基本的人権を中心に深め，法の意義を理解す…	第3 2 (1) 各学年の「A表現」及び「B鑑賞」の指導に当たっては，次のとおり取り扱うこと。 　カ　自己や他者の著作物及びそれらの著作者の創造性を尊重する態度の形成を図るとともに，必要に応じて，音楽に関する知的財産権について触れるようにすること。また，こうした態度の形成が，音楽文化の継承，発展，創造を支えていることへの理解につながるよう配慮すること。	第3 2 (7) 創造することの価値を捉え，自己や他者の作品などに表れている創造性を尊重する態度の形成を図るとともに，必要に応じて，美術に関する知的財産権や肖像権などについて触れるようにすること。また，こうした態度の形成が，美術文化の継承，発展，創造を支えていることへの理解につながるよう配慮すること。

…庭科	特別の教科　道徳
…通して，次の事項を身に付けることができるよう指導す… …著作権を含めた知的財産権，発信した情報に対する責…ることについても扱うこと。 …，情報のデジタル化や処理の自動化，システム化，情報…ラルの必要性について理解すること。 …いては，次のとおり取り扱うものとする。 …に関わる倫理観，並びに他者と協働して粘り強く物事…	C　主として集団や社会との関わりに関すること [遵法精神，公徳心] 　法やきまりの意義を理解し，それらを進んで守るとともに，そのよりよい在り方について考え，自他の権利を大切にし，義務を果たして，規律ある安定した社会の実現に努めること。

付録6

郷土や地域に関する教育（現代的な諸課題に関する教科等横断的な教育内容）

本資料は，小学校学習指導要領における「郷土や地域に関する教育」について育成を目指す資質・能力に関連する各教科等の内容のうち，主
各学校におかれては，それぞれの教育目標や児童の実態を踏まえた上で，本資料をカリキュラム・マネジメントの参考としてご活用ください

総則	第2の2 (2) 各学校においては，児童や学校，地域の実態及び児童の発達の段階を考慮し，豊かな人生の実現や災害等を乗り越えて次代の社会 かした教育課程の編成を図るものとする。

社会科	生活科
〔第4学年〕 (4) 県内の伝統や文化，先人の働きについて，学習の問題を追究・解決する活動を通して，次の事項を身に付けることができるよう指導する。 　ア　次のような知識及び技能を身に付けること。 　　(ｱ) 県内の文化財や年中行事は，地域の人々が受け継いできたことや，それらには地域の発展など人々の様々な願いが込められていることを理解すること。 　イ　次のような思考力，判断力，表現力等を身に付けること。 　　(ｱ) 歴史的背景や現在に至る経過，保存や継承のための取組などに着目して，県内の文化財や年中行事の様子を捉え，人々の願いや努力を考え，表現すること。 　　　［※アの(ｱ)については，県内の主な文化財や年中行事が大まかに分かるようにするとともに，イの(ｱ)については，それらの中から具体的事例を取り上げること。］ (5) 県内の特色ある地域の様子について，学習の問題を追究・解決する活動を通して，次の事項を身に付けることができるよう指導する。 　　［※県内の特色ある地域が大まかに分かるようにするとともに，伝統的な技術を生かした地場産業が盛んな地域，国際交流に取り組んでいる地域及び地域の資源を保護・活用している地域を取り上げること。その際，地域の資源を保護・活用している地域については，自然環境，伝統的な文化のいずれかを選択して取り上げること。］ 　ア　次のような知識及び技能を身に付けること。 　　(ｱ) 県内の特色ある地域では，人々が協力し，特色あるまちづくりや観光などの産業の発展に努めていることを理解すること。 　イ　次のような思考力，判断力，表現力等を身に付けること。 　　(ｱ) 特色ある地域の位置や自然環境，人々の活動や産業の歴史的背景，人々の協力関係などに着目して，地域の様子を捉え，それらの特色を考え，表現すること。	〔第1学年及び第2学年〕 〔学校，家庭及び地域の生活に関する内 (3) 地域に関わる活動を通して，地域 活したり働いたりしている人々につ でき，自分たちの生活は様々な人や ることが分かり，それらに親しみや に接したり安全に生活したりしよう 〔身近な人々，社会及び自然と関わる活 (5) 身近な自然を観察したり，季節や地 たりするなどの活動を通して，それ 見付けることができ，自然の様子や によって生活の様子が変わることに それらを取り入れ自分の生活を楽し (8) 自分たちの生活や地域の出来事を 合う活動を通して，相手のことを想 ことや伝え方を選んだりすることが と関わることのよさや楽しさが分か で触れ合い交流しようとする。

国語科	
〔第5学年及び第6学年〕 〔知識及び技能〕 (3) 我が国の言語文化に関する次の事項を身に付けることができるよう指導する。 　ウ　語句の由来などに関心をもつとともに，時間の経過による言葉の変化や世代による言葉の違いに気付き，共通語と方言との違いを理解すること。また，仮名及び漢字の由来，特質などについて理解すること。	〔第3学年及び第4学年〕 B　鑑賞 (1) 鑑賞の活動を通して，次の事項を身 　ア　身近にある作品などを鑑賞する 作品，製作の過程などの造形的な し方などについて，感じ取ったり考

音楽科	
〔第3学年及び第4学年〕 第2 3 (3) 鑑賞教材は次に示すものを取り扱う。 　ア　和楽器の音楽を含めた我が国の音楽，郷土の音楽，諸外国に伝わる民謡など生活との関わりを捉えやすい音楽，劇の音楽，人々に長く親しまれている音楽など，いろいろな種類の曲 第3 2 (3) 我が国や郷土の音楽の指導に当たっては，そのよさなどを感じ取って表現したり鑑賞したりできるよう，音源や楽譜等の示し方，伴奏の仕方，曲に合った歌い方や楽器の演奏の仕方などの指導方法を工夫すること。 (4) 各学年の「A表現」の(1)の歌唱の指導に当たっては，次のとおり取り扱うこと。 　ア　歌唱教材については，我が国や郷土の音楽に愛着がもてるよう，共通教材のほか，長い間親しまれてきた唱歌，それぞれの地方に伝承されているわらべうたや民謡など日本のうたを含めて取り上げるようにすること。	〔第5学年及び第6学年〕 B　鑑賞 (1) 鑑賞の活動を通して，次の事項を身 　ア　親しみのある作品などを鑑賞する 諸外国の親しみのある美術作品， さ，表現の意図や特徴，表し方の変 自分の見方や感じ方を深めること。

小学校

抜粋し，通覧性を重視して掲載したものです。

ことに向けた現代的な諸課題に対応して求められる資質・能力を，教科等横断的な視点で育成していくことができるよう，各学校の特色を生

家庭科	外国語活動，外国語科
〔第5学年及び第6学年〕 第2　各学年の内容 ［※家庭や地域との連携を図り，児童が身に付けた知識及び技能などを日常生活に活用できるよう配慮すること。］ A　家族・家庭生活 (3) 家族や地域の人々との関わり ［※(3)については，幼児又は低学年の児童や高齢者など異なる世代の人々との関わりについても扱うこと。また，イについては，他教科等における学習との関連を図るよう配慮すること。］ ア　次のような知識を身に付けること。 　(イ) 家庭生活は地域の人々との関わりで成り立っていることが分かり，地域の人々との協力が大切であることを理解すること。 イ　家族や地域の人々とのよりよい関わりについて考え，工夫すること。 (4) 家族・家庭生活についての課題と実践 ［※(4)については，実践的な活動を家庭や地域などで行うことができるよう配慮し，2学年間で一つ又は二つの課題を設定して履修させること。］ ア　日常生活の中から問題を見いだして課題を設定し，よりよい生活を考え，計画を立てて実践できること。	外国語活動 〔第3学年及び第4学年〕 (3) 言語活動及び言語の働きに関する事項 ②　言語の働きに関する事項 　言語活動を行うに当たり，主として次に示すような言語の使用場面や言語の働きを取り上げるようにする。 ア　言語の使用場面の例 　(ｱ) 児童の身近な暮らしに関わる場面 　　・家庭での生活 　　・学校での学習や活動 　　・地域の行事 　　・子供の遊び　など 外国語科 〔第5学年及び第6学年〕 (3) 言語活動及び言語の働きに関する事項 ②　言語の働きに関する事項 　言語活動を行うに当たり，主として次に示すような言語の使用場面や言語の働きを取り上げるようにする。 ア　言語の使用場面の例 　(ｱ) 児童の身近な暮らしに関わる場面 　　・家庭での生活 　　・学校での学習や活動 　　・地域の行事　など

総合的な学習の時間	特別活動
第2 3 (5) 目標を実現するにふさわしい探究課題については，学校の実態に応じて，例えば，国際理解，情報，環境，福祉・健康などの現代的な諸課題に対応する横断的・総合的な課題，地域の人々の暮らし，伝統と文化など地域や学校の特色に応じた課題，児童の興味・関心に基づく課題などを踏まえて設定すること。	〔学級活動〕 3 (2) 2の(3)の指導に当たっては，学校，家庭及び地域における学習や生活の見通しを立て，学んだことを振り返りながら，新たな学習や生活への意欲につなげたり，将来の生き方を考えたりする活動を行うこと。その際，児童が活動を記録し蓄積する教材等を活用すること。

付録6

郷土や地域に関する教育（現代的な諸課題に関する教科等横断的な教育内容）

本資料は，中学校学習指導要領における「郷土や地域に関する教育」について育成を目指す資質・能力に関連する各教科等の内容のうち，主なものを抜粋し，通覧性を重視して掲載したものです。各学校におかれては，それぞれの教育目標や生徒の実態を踏まえた上で，本資料をカリキュラム・マネジメントの参考としてご活用ください。

| 総則 | 第2の2
(2) 各学校においては，生徒や学校，地域の実態及び生徒の発達の段階を考慮し，豊かな人生の実現や災害等を乗り越えて次代の社会を担う生徒に，生きる力を育むことを目指すに当たっては，学校教育全体及び各教科等における指導を通して，地域の活性化等を生かした教育課程の編成を図るものとする。|

社会科

〔地理的分野〕
C 日本の様々な地域
(1) 地域調査の手法
　場所などに着目して，課題を追究したり解決したりする活動を通して，次の事項を身に付けることができるよう指導する。
　ア 次のような知識及び技能を身に付けること。
　　(ｱ) 観察や野外調査，文献調査を行う際の視点や方法，地理的なまとめ方の基礎を理解すること。
　　(ｲ) 地形図や主題図の読図，目的や用途に適した地図の作成などの地理的な技能を身に付けること。
　イ 次のような思考力，判断力，表現力等を身に付けること。
　　(ｱ) 地域調査において，対象となる場所の特徴などに着目して，適切な主題や調査，まとめとなるように，調査の手法やその結果を多面的・多角的に考察し，表現すること。

(3) 日本の諸地域
　［※地域の考察に当たっては，そこに暮らす人々の生活・文化，地域の伝統や歴史的な背景，地域の持続可能な社会づくりを踏まえた視点に留意すること。］
　次の①から⑤までの考察の仕方を基にして，空間的相互依存作用や地域などに着目して，主題を設けて課題を追究したり解決したりする活動を通して，以下のア及びイの事項を身に付けることができるよう指導する。
　① 自然環境を中核とした考察の仕方
　② 人口や都市・村落を中核とした考察の仕方
　③ 産業を中核とした考察の仕方
　④ 交通や通信を中核とした考察の仕方
　⑤ その他の事象を中核とした考察の仕方
　ア 次のような知識を身に付けること。
　　(ｱ) 幾つかに区分した日本のそれぞれの地域について，その地域的特色や地域の課題を理解すること。
　　(ｲ) ①から⑤までの考察の仕方で取り上げた特色ある事象と，それに関連する他の事象や，そこで生ずる課題を理解すること。
　イ 次のような思考力，判断力，表現力等を身に付けること。
　　(ｱ) 日本の諸地域において，それぞれ①から⑤までで扱う中核となる事象の成立条件を，地域の広がりや地域内の結び付き，人々の対応などに着目して，他の事象やそこで生ずる課題と有機的に関連付けて多面的・多角的に考察し，表現すること。

(4) 地域の在り方
　［※取り上げる地域や課題については，各学校において具体的に地域の在り方を考察できるような，適切な規模の地域や適切な課題を取り上げること。学習の効果を高めることができる場合には，内容のCの(1)の学習や，Cの(3)の中の学校所在地を含む地域の学習と結び付けて扱うことができること。考察，構想，表現する際には，学習対象の地域と類似の課題が見られる他の地域と比較したり，関連付けたりするなど，具体的に学習を進めること。］
　空間的相互依存作用や地域などに着目して，課題を追究したり解決したりする活動を通して，次の事項を身に付けることができるよう指導する。
　ア 次のような知識を身に付けること。
　　(ｱ) 地域の実態や課題解決のための取組を理解すること。
　　(ｲ) 地域的な課題の解決に向けて考察，構想したことを適切に説明，議論しまとめる手法について理解すること。
　イ 次のような思考力，判断力，表現力等を身に付けること。
　　(ｱ) 地域の在り方を，地域の結び付きや地域の変容，持続可能性などに着目し，そこで見られる地理的な課題について多面的・多角的に考察，構想し，表現すること。

〔歴史的分野〕
A 歴史との対話
(2) 身近な地域の歴史
　［※(2)については，内容のB以下の学習と関わらせて計画的に実施し，地域の特性に応じた時代を取り上げるようにするとともに，人々の生活や生活に根ざした伝統や文化に着目した取扱いを工夫すること。その際，博物館，郷土資料館などの地域の施設の活用や地域の人々の協力も考慮すること。］
　課題を追究したり解決したりする活動を通して，次の事項を身に付けることができるよう指導する。
　ア 次のような知識及び技能を身に付けること。
　　(ｱ) 自らが生活する地域に受け継がれてきた伝統や文化への関心をもって，具体的な事柄との関わりの中で，地域の歴史について調べたり，収集した情報を年表などにまとめたりするなどの技能を身に付けること。
　イ 次のような思考力，判断力，表現力等を身に付けること。
　　(ｱ) 比較や関連，時代的な背景や地域的な環境，歴史と私たちとのつながりなどに着目して，地域に残る文化財や諸資料を活用して，身近な地域の歴史的な特徴を多面的・多角的に考察し，表現すること。

〔公民的分野〕
D 私たちと国際社会の諸課題
(2) よりよい社会を目指して
　［※(2)については，身近な地域や我が国の取組との関連性に着目させ，世界的な視野と地域的な視点に立って探究させること。また，社会科のまとめとして位置付け，適切かつ十分な授業時数を配当すること。］
　持続可能な社会を形成することに向けて，社会的な見方・考え方を働かせ，課題を探究する活動を通して，次の事項を身に付けることができるよう指導する。
　ア 私たちがよりよい社会を築いていくために解決すべき課題を多面的・多角的に考察，構想し，自分の考えを説明，論述すること。

音楽科

〔第1学年〕
B 鑑賞
(1) 鑑賞の活動を通して，次の事項を身に付けることができるよう指導する。
　イ 次の(ｱ)から(ｳ)までについて理解すること。
　　(ｳ) 我が国や郷土の伝統音楽及びアジア地域の諸民族の音楽の特徴と，その特徴から生まれる音楽の多様性

〔第2学年及び第3学年〕
B 鑑賞
(1) 鑑賞の活動を通して，次の事項を身に付けることができるよう指導する。
　イ 次の(ｱ)から(ｳ)までについて理解すること。
　　(ｳ) 我が国や郷土の伝統音楽及び諸外国の様々な音楽の特徴と，その特徴から生まれる音楽の多様性

第3
2
(2) 各学年の「A表現」の(1)の歌唱の指導に当たっては，次のとおり取り扱うこと。
　ア 歌唱教材は，次に示すものを取り扱うこと。
　　(ｲ) 民謡，長唄などの我が国の伝統的な歌唱のうち，生徒や学校，地域の実態を考慮して，伝統的な声や歌い方の特徴を感じ取れるもの。なお，これらを取り扱う際は，その表現活動を通して，生徒が我が国や郷土の伝統音楽のよさを味わい，愛着をもつことができるよう工夫すること。
(3) 各学年の「A表現」の(2)の器楽の指導に当たっては，次のとおり取り扱うこと。
　イ 生徒や学校，地域の実態などを考慮した上で，指導上の必要に応じて和楽器，弦楽器，管楽器，打楽器，鍵盤楽器，電子楽器及び世界の諸民族の楽器を適宜用いること。なお，3学年間を通じて1種類以上の和楽器を取り扱い，その表現活動を通して，生徒が我が国や郷土の伝統音楽のよさを味わい，愛着をもつことができるよう工夫すること。
(8) 各学年の「B鑑賞」の指導に当たっては，次のとおり取り扱うこと。
　ア 鑑賞教材は，我が国や郷土の伝統音楽を含む我が国及び諸外国の様々な音楽のうち，指導のねらいに照らして適切なものを取り扱うこと。

中学校

抜粋し，通覧性を重視して掲載したものです。

とに向けた現代的な諸課題に対応して求められる資質・能力を，教科等横断的な視点で育成していくことができるよう，各学校の特色を生

技術・家庭科

(分野)
家族・家庭生活
家族・家庭や地域との関わり
　次のような知識を身に付けること。
(イ) 家庭生活は地域との相互の関わりで成り立っていることが分かり，高齢者など地域の人々と協働する必要があることや介護など高齢者との関わり方について理解すること。

[※ (3) のアの (イ) については，高齢者の身体の特徴についても触れること。また，高齢者の介護の基礎に関する体験的な活動ができるよう留意すること。イについては，地域の活動や行事などを取り上げたり，他教科等における学習との関連を図ったりするよう配慮すること。]

　家族関係をよりよくする方法及び高齢者など地域の人々と関わり，協働する方法について考え，工夫すること。

家族・家庭生活についての課題と実践
　家族，幼児の生活又は地域の生活の中から問題を見いだして課題を設定し，その解決に向けてよりよい生活を考え，計画を立てて実践できること。

衣食住の生活
日常食の調理と地域の食文化
　次のような知識及び技能を身に付けること。
(エ) 地域の食文化について理解し，地域の食材を用いた和食の調理が適切にできること。

[※ (エ)については，だしを用いた煮物又は汁物を取り上げること。また，地域の伝統的な行事食や郷土料理を扱うこともできること。]

生徒が，学習した知識及び技能を生活に活用したり，生活や社会の化に対応したりすることができるよう，生活や社会の中から問題をいだして課題を設定し解決する学習活動を充実するとともに，家庭地域社会，企業などとの連携を図るよう配慮すること。

外国語科

(3) 言語活動及び言語の働きに関する事項
② 言語の働きに関する事項
　言語活動を行うに当たり，主として次に示すような言語の使用場面や言語の働きを取り上げるようにする。
　ア　言語の使用場面の例
　　(ア) 生徒の身近な暮らしに関わる場面
　　　・家庭での生活
　　　・学校での学習や活動
　　　・地域の行事　など

国語科

〔第1学年〕
〔知識及び技能〕
(3) 我が国の言語文化に関する次の事項を身に付けることができるよう指導する。
　ウ　共通語と方言の果たす役割について理解すること。

総合的な学習の時間

第2
3
(5) 目標を実現するにふさわしい探究課題については，学校の実態に応じて，例えば，国際理解，情報，環境，福祉・健康などの現代的な諸課題に対応する横断的・総合的な課題，地域や学校の特色に応じた課題，生徒の興味・関心に基づく課題，職業や自己の将来に関する課題などを踏まえて設定すること。

美術科

[1学年]
鑑賞
　鑑賞の活動を通して，次のとおり鑑賞に関する資質・能力を育成す
　生活の中の美術の働きや美術文化についての見方や感じ方を広げる活動を通して，鑑賞に関する次の事項を身に付けることができるよう指導する。
(イ) 身近な地域や日本及び諸外国の文化遺産などのよさや美しさなどを感じ取り，美術文化について考えるなどして，見方や感じ方を広げること。

3
　各学年の「B鑑賞」の題材については，国内外の児童生徒の作品，が国を含むアジアの文化遺産についても取り上げるとともに，美術館や博物館等と連携を図ったり，それらの施設や文化財などを積極的活用したりするようにすること。

特別活動

〔学級活動〕
3
(2) 2の(3)の指導に当たっては，学校，家庭及び地域における学習や生活の見通しを立て，学んだことを振り返りながら，新たな学習や生活への意欲につなげたり，将来の生き方を考えたりする活動を行うこと。その際，生徒が活動を記録し蓄積する教材等を活用すること。

付録6

海洋に関する教育（現代的な諸課題に関する教科等横断的な教育内容）

本資料は，小学校学習指導要領における「海洋に関する教育」について育成を目指す資質・能力に関連する各教科等の内容のうち，主要な
各学校におかれては，それぞれの教育目標や児童の実態を踏まえた上で，本資料をカリキュラム・マネジメントの参考としてご活用ください

総則	第2の2 (2) 各学校においては，児童や学校，地域の実態及び児童の発達の段階を考慮し，豊かな人生の実現や災害等を乗り越えて次代の社会を 　　かした教育課程の編成を図るものとする。 第3の1 (5) 児童が生命の有限性や自然の大切さ，主体的に挑戦してみることや多様な他者と協働することの重要性などを実感しながら理解す

社会科

〔第5学年〕
(1) 我が国の国土の様子と国民生活について，学習の問題を追究・解決する活動を通して，次の事項を身に付けることができるよう指導する
　ア　次のような知識及び技能を身に付けること。
　　　(ｱ)　世界における我が国の国土の位置，国土の構成，領土の範囲などを大まかに理解すること。
　　　　　［※アの(ｱ)の「領土の範囲」については，竹島や北方領土，尖閣諸島が我が国の固有の領土であることに触れること。］
　　　(ｲ)　我が国の国土の地形や気候の概要を理解するとともに，人々は自然環境に適応して生活していることを理解すること。
　イ　次のような思考力，判断力，表現力等を身に付けること。
　　　(ｱ)　世界の大陸と主な海洋，主な国の位置，海洋に囲まれ多数の島からなる国土の構成などに着目して，我が国の国土の様子を捉え，そ
　　　(ｲ)　地形や気候などに着目して，国土の自然などの様子や自然条件から見て特色ある地域の人々の生活を捉え，国土の自然環境の特色や
(2) 我が国の農業や水産業における食料生産について，学習の問題を追究・解決する活動を通して，次の事項を身に付けることができるよう
　ア　次のような知識及び技能を身に付けること。
　　　(ｲ)　食料生産に関わる人々は，生産性や品質を高めるよう努力したり輸送方法や販売方法を工夫したりして，良質な食料を消費地に届ける
　　　　　［※アの(ｲ)及びイの(ｲ)については，食料生産の盛んな地域の具体的事例を通して調べることとし，稲作のほか，野菜，果物，畜産物，
　イ　次のような思考力，判断力，表現力等を身に付けること。
　　　(ｱ)　生産物の種類や分布，生産量の変化，輸入など外国との関わりなどに着目して，食料生産の概要を捉え，食料生産が国民生活に果たす
　　　(ｲ)　生産の工程，人々の協力関係，技術の向上，輸送，価格や費用などに着目して，食料生産に関わる人々の工夫や努力を捉え，その働き
(3) 我が国の工業生産について，学習の問題を追究・解決する活動を通して，次の事項を身に付けることができるよう指導する。
　ア　次のような知識及び技能を身に付けること。
　　　(ｳ)　貿易や運輸は，原材料の確保や製品の販売などにおいて，工業生産を支える重要な役割を果たしていることを理解すること。
　イ　次のような思考力，判断力，表現力等を身に付けること。
　　　(ｳ)　交通網の広がり，外国との関わりなどに着目して，貿易や運輸の様子を捉え，それらの役割を考え，表現すること。
(4) 我が国の産業と情報との関わりについて，学習の問題を追究・解決する活動を通して，次の事項を身に付けることができるよう指導する
　ア　次のような知識及び技能を身に付けること。
　　　(ｲ)　大量の情報や情報通信技術の活用は，様々な産業を発展させ，国民生活を向上させていることを理解すること。
　　　　　［※アの(ｲ)及びイの(ｲ)については，情報や情報技術を活用して発展している販売，運輸，観光，医療，福祉などに関わる産業の中から
　　　　　　産業の発展や国民生活の向上について，自分の考えをまとめることができるよう配慮すること。
　イ　次のような思考力，判断力，表現力等を身に付けること。
　　　(ｲ)　情報の種類，情報の活用の仕方などに着目して，産業における情報活用の現状を捉え，情報を生かして発展する産業が国民生活に果た

付録6

小学校

, 通覧性を重視して掲載したものです。

とに向けた現代的な諸課題に対応して求められる資質・能力を，教科等横断的な視点で育成していくことができるよう，各学校の特色を生

るよう，各教科等の特質に応じた体験活動を重視し，家庭や地域社会と連携しつつ体系的・継続的に実施できるよう工夫すること。

	特別活動
，表現すること。 民生活との関連を考え，表現すること。 生産を支えていることを理解すること。 の中から一つを取り上げること。〕 え，表現すること。 表現すること。 取り上げること。その際，産業と国民の立場から多角的に考えて，情報化の進展に伴う 考え，表現すること。	〔学校行事〕 2 (4) 遠足・集団宿泊的行事 　自然の中での集団宿泊活動などの平素と異なる生活環境にあって，見聞を広め，自然や文化などに親しむとともに，よりよい人間関係を築くなどの集団生活の在り方や公衆道徳などについての体験を積むことができるようにすること。

付録6

海洋に関する教育（現代的な諸課題に関する教科等横断的な教育内容）

本資料は，中学校学習指導要領における「海洋に関する教育」について育成を目指す資質・能力に関連する各教科等の内容のうち，主要な…
各学校におかれては，それぞれの教育目標や生徒の実態を踏まえた上で，本資料をカリキュラム・マネジメントの参考としてご活用ください…

総則
第2の2
(2) 各学校においては，生徒や学校，地域の実態及び生徒の発達の段階を考慮し，豊かな人生の実現や災害等を乗り越えて次代の社会を…した教育課程の編成を図るものとする。
第3の1
(5) 生徒が生命の有限性や自然の大切さ，主体的に挑戦してみることや多様な他者と協働することの重要性などを実感しながら理解す…

社会科

〔地理的分野〕
A　世界と日本の地域構成
(1) 地域構成
　次の①と②の地域構成を取り上げ，位置や分布などに着目して，課題を追究したり解決したりする活動を通して，以下のア及びイの事項を…
　①　世界の地域構成　　　②　日本の地域構成
　ア　次のような知識を身に付けること。
　　(ｱ) 緯度と経度，大陸と海洋の分布，主な国々の名称と位置などを基に，世界の地域構成を大観し理解すること。
　　(ｲ) 我が国の国土の位置，世界各地との時差，領域の範囲や変化とその特色などを基に，日本の地域構成を大観し理解すること。
　　　　［※(ｲ)「領域の範囲や変化とその特色」については，我が国の海洋国家としての特色を取り上げるとともに，竹島や北方領土が我が国…
　　　　ては我が国の固有の領土であり，領土問題は存在しないことも扱うこと。
　イ　次のような思考力，判断力，表現力等を身に付けること。
　　(ｱ) 世界の地域構成の特色を，大陸と海洋の分布や主な国の位置，緯度や経度などに着目して多面的・多角的に考察し，表現すること。
　　(ｲ) 日本の地域構成の特色を，周辺の海洋の広がりや国土を構成する島々の位置などに着目して多面的・多角的に考察し，表現すること。

C　日本の様々な地域
(1) 地域調査の手法
　　［※地域調査に当たっては，対象地域は学校周辺とし，主題は学校所在地の事情を踏まえて，防災，人口の偏在，産業の変容，交通の発達な…
　　できる場合には，内容のCの(3)の中の学校所在地を含む地域の学習や，Cの(4)と結び付けて扱うことができること。
　　場所などに着目して，課題を追究したり解決したりする活動を通して，次の事項を身に付けることができるよう指導する。
　ア　次のような知識及び技能を身に付けること。
　　(ｱ) 観察や野外調査，文献調査を行う際の視点や方法，地理的なまとめ方の基礎を理解すること。
　　(ｲ) 地形図や主題図の読図，目的や用途に適した地図の作成などの地理的な技能を身に付けること。
　イ　次のような思考力，判断力，表現力等を身に付けること。
　　(ｱ) 地域調査において，対象となる場所の特徴などに着目して，適切な主題や調査，まとめとなるように，調査の手法やその結果を多面…
(2) 日本の地域的特色と地域区分
　次の①から④までの項目を取り上げ，分布や地域などに着目して，課題を追究したり解決したりする活動を通して，以下のア及びイの事項…
　①　自然環境　　　②　人口　　　③　資源・エネルギーと産業　　　④　交通・通信
　ア　次のような知識及び技能を身に付けること。
　　(ｱ) 日本の地形や気候の特色，海洋に囲まれた日本の国土の特色，自然災害と防災への取組などを基に，日本の自然環境に関する特色を理…
　　(ｳ) 日本の資源・エネルギー利用の現状，国内の産業の動向，環境やエネルギーに関する課題などを基に，日本の資源・エネルギーと産業…
　　(ｴ) 国内や日本と世界との交通・通信網の整備状況，これを活用した陸上，海上輸送などの物流や人の往来などを基に，国内各地の結び付…
　イ　次のような思考力，判断力，表現力等を身に付けること。
　　(ｱ) ①から④までの項目について，それぞれの地域区分を，地域の共通点や差異，分布などに着目して，多面的・多角的に考察し，表現す…
　　(ｲ) 日本の地域的特色を，①から④までの項目に基づく地域区分などに着目して，それらを関連付けて多面的・多角的に考察し，表現する…
(3) 日本の諸地域
　次の①から⑤までの考察の仕方を基にして，空間的相互依存作用や地域などに着目して，主題を設けて課題を追究したり解決したりする活…
　④　交通や通信を中核とした考察の仕方
　ア　次のような知識を身に付けること。
　　(ｲ) ①から⑤までの考察の仕方で取り上げた特色ある事象と，それに関連する他の事象や，そこで生ずる課題を理解すること。
　イ　次のような思考力，判断力，表現力等を身に付けること。
　　(ｱ) 日本の諸地域において，それぞれ①から⑤までで扱う中核となる事象の成立条件を，地域の広がりや地域内の結び付き，人々の対応…
(4) 地域の在り方
　　［※取り上げる地域や課題については，各学校において具体的に地域の在り方を考察できるような，適切な規模の地域や適切な課題を取り上…
　　空間的相互依存作用や地域などに着目して，課題を追究したり解決したりする活動を通して，次の事項を身に付けることができるよう指導する。
　ア　次のような知識を身に付けること。
　　(ｱ) 地域の実態や課題解決のための取組を理解すること。
　　(ｲ) 地域的な課題の解決に向けて考察，構想したことを適切に説明，議論しまとめる手法について理解すること。
　イ　次のような思考力，判断力，表現力等を身に付けること。
　　(ｱ) 地域の在り方を，地域の結び付きや地域の変容，持続可能性などに着目し，そこで見られる地理的な課題について多面的・多角的に考…

技術・家庭科

〔技術分野〕
B　生物育成の技術
(1) 生活や社会を支える生物育成の技術について調べる活動などを通して，次の事項を身に付けることができるよう指導する。
　ア　育成する生物の成長，生態の特性等の原理・法則と，育成環境の調節方法等の基礎的な技術の仕組みについて理解すること。
　イ　技術に込められた問題解決の工夫について考えること。
　　［※(1)については，作物の栽培，動物の飼育及び水産生物の栽培のいずれも扱うこと。］
(2) 生活や社会における問題を，生物育成の技術によって解決する活動を通して，次の事項を身に付けることができるよう指導する。
　ア　安全・適切な栽培又は飼育，検査等ができること。
　イ　問題を見いだして課題を設定し，育成環境の調節方法を構想して育成計画を立てるとともに，栽培又は飼育の過程や結果の評価，改善及…
(3) これからの社会の発展と生物育成の技術の在り方を考える活動などを通して，次の事項を身に付けることができるよう指導する。
　ア　生活や社会，環境との関わりを踏まえて，技術の概念を理解すること。
　イ　技術を評価し，適切な選択と管理・運用の在り方や，新たな発想に基づく改良と応用について考えること。
　　［※(3)については，技術が生活の向上や産業の継承と発展，資源やエネルギーの有効利用，自然環境の保全等に貢献していることについ…

付録6

中学校

，通覧性を重視して掲載したものです。

とに向けた現代的な諸課題に対応して求められる資質・能力を，教科等横断的な視点で育成していくことができるよう，各学校の特色を生か

るよう，各教科等の特質に応じた体験活動を重視し，家庭や地域社会と連携しつつ体系的・継続的に実施できるよう工夫すること。

	理科
ことができるよう指導する。	〔第2分野〕 2 (4) 気象とその変化 　(ウ) 日本の気象 　　㋐ 大気の動きと海洋の影響 　　　気象衛星画像や調査記録などから，日本の気象を日本付近の大気の動きや海洋の影響に関連付けて理解すること。
領土であることなど，我が国の領域をめぐる問題も取り上げるようにすること。その際，尖閣諸島につい〕	特別活動
から適切に設定し，観察や調査を指導計画に位置付けて実施すること。なお，学習の効果を高めることが〕	〔学校行事〕 2 (4) 旅行・集団宿泊的行事 　平素と異なる生活環境にあって，見聞を広め，自然や文化などに親しむとともに，よりよい人間関係を築くなどの集団生活の在り方や公衆道徳などについての体験を積むことができるようにすること。
に考察し，表現すること。	
けることができるよう指導する。	
特色を理解すること。 と世界との結び付きの特色を理解すること。	
て，以下のア及びイの事項を身に付けることができるよう指導する。	
して，他の事象やそこで生ずる課題と有機的に関連付けて多面的・多角的に考察し，表現すること。	
〕	
し，表現すること。	
ついて考えること。	
のとする。〕	

付録6

環境に関する教育（現代的な諸課題に関する教科等横断的な教育内容）

本資料は，小学校学習指導要領における「環境に関する教育」について育成を目指す資質・能力に関連する各教科等の内容のうち，主要な
各学校におかれては，それぞれの教育目標や児童の実態を踏まえた上で，本資料をカリキュラム・マネジメントの参考としてご活用ください

総則	
第2の2 (2) 各学校においては，児童や学校，地域の実態及び児童の発達の段階を考慮し，豊かな人生の実現や災害等を乗り越えて次代の社会 した教育課程の編成を図るものとする。	

総則	社会科
第1 2　学校の教育活動を進めるに当たっては，各学校において，第3の1に示す主体的・対話的で深い学びの実現に向けた授業改善を通して，創意工夫を生かした特色ある教育活動を展開する中で，次の(1)から(3)までに掲げる事項の実現を図り，児童に生きる力を育むことを目指すものとする。 (2) 道徳教育や体験活動，多様な表現や鑑賞の活動等を通して，豊かな心や創造性の涵養を目指した教育の充実に努めること。 　学校における道徳教育は，特別の教科である道徳（以下「道徳科」という。）を要として学校の教育活動全体を通じて行うものであり，道徳科はもとより，各教科，外国語活動，総合的な学習の時間及び特別活動のそれぞれの特質に応じて，児童の発達の段階を考慮して，適切な指導を行うこと。 　道徳教育は，教育基本法及び学校教育法に定められた教育の根本精神に基づき，自己の生き方を考え，主体的な判断の下に行動し，自立した人間として他者と共によりよく生きるための基盤となる道徳性を養うことを目標とすること。 　道徳教育を進めるに当たっては，人間尊重の精神と生命に対する畏敬の念を家庭，学校，その他社会における具体的な生活の中に生かし，豊かな心をもち，伝統と文化を尊重し，それらを育んできた我が国と郷土を愛し，個性豊かな文化の創造を図るとともに，平和で民主的な国家及び社会の形成者として，公共の精神を尊び，社会及び国家の発展に努め，他国を尊重し，国際社会の平和と発展や環境の保全に貢献し未来を拓く主体性のある日本人の育成に資することとなるよう特に留意すること。 3　2の(1)から(3)までに掲げる事項の実現を図り，豊かな創造性を備え持続可能な社会の創り手となることが期待される児童に，生きる力を育むことを目指すに当たっては，学校教育全体並びに各教科，道徳科，外国語活動，総合的な学習の時間及び特別活動（以下「各教科等」という。ただし，第2の3の(2)のア及びウにおいて，特別活動については学級活動（学校給食に係るものを除く。）に限る。）の指導を通してどのような資質・能力の育成を目指すのかを明確にしながら，教育活動の充実を図るものとする。その際，児童の発達の段階や特性等を踏まえつつ，次に掲げることが偏りなく実現できるようにするものとする。 (1) 知識及び技能が習得されるようにすること。 (2) 思考力，判断力，表現力等を育成すること。 (3) 学びに向かう力，人間性等を涵養すること。	〔第4学年〕 (2) 人々の健康や生活環境を支える事業について，学習の問題を追究を身に付けることができるよう指導する。 　ア　次のような知識及び技能を身に付けること。 　　(イ) 廃棄物を処理する事業は，衛生的な処理や資源の有効利用　　　生活環境の維持と向上に役立っていることを理解すること。 　イ　次のような思考力，判断力，表現力等を身に付けること。 　　(イ) 処理の仕組みや再利用，県内外の人々の協力などに着目して　　　を捉え，その事業が果たす役割を考え，表現すること。 　　　※イの(イ)については，社会生活を営む上で大切な法やきま　　　　　減量や水を汚さない工夫など，自分たちにできることを　　　　　う配慮すること。 (5) 県内の特色ある地域の様子について，学習の問題を追究・解決す　けることができるよう指導する。 　　※県内の特色ある地域が大まかに分かるようにするとともに，伝　　　　ん な地域，国際交流に取り組んでいる地域及び地域の資源を保　　　　ること。その際，地域の資源を保護・活用している地域につい　　　　ずれかを選択して取り上げること。 　ア　次のような知識及び技能を身に付けること。 　　(ア) 県内の特色ある地域では，人々が協力し，特色あるまちづく　　　いることを理解すること。 　　(イ) 地図帳や各種の資料で調べ，白地図などにまとめること。 　イ　次のような思考力，判断力，表現力等を身に付けること。 　　(ア) 特色ある地域の位置や自然環境，人々の活動や産業の歴史的　　　地域の様子を捉え，それらの特色を考え，表現すること。 〔第5学年〕 (1) 我が国の国土の様子と国民生活について，学習の問題を追究・解　に付けることができるよう指導する。 　ア　次のような知識及び技能を身に付けること。 　　(イ) 我が国の国土の地形や気候の概要を理解するとともに，人々　　　ことを理解すること。 　イ　次のような思考力，判断力，表現力等を身に付けること。 　　(イ) 地形や気候などに着目して，国土の自然などの様子や自然条　　　活を捉え，国土の自然環境の特色やそれらと国民生活との関連 (5) 我が国の国土の自然環境と国民生活との関連について，学習の問　次の事項を身に付けることができるよう指導する。 　ア　次のような知識及び技能を身に付けること。 　　(イ) 森林は，その育成や保護に従事している人々の様々な工夫　　　割を果たしていることを理解すること。 　　(ウ) 関係機関や地域の人々の様々な努力により公害の防止や生活　　　解するとともに，公害から国土の環境や国民の健康な生活を守 　　　※イの(イ)及び(ウ)については，国土の環境保全について，自　　　　　り選択・判断したりできるよう配慮すること。

生活科	家庭科	
〔第1学年及び第2学年〕 〔身近な人々，社会及び自然と関わる活動に関する内容〕 (5) 身近な自然を観察したり，季節や地域の行事に関わったりするなどの活動を通して，それらの違いや特徴を見付けることができ，自然の様子や四季の変化，季節によって生活の様子が変わることに気付くとともに，それらを取り入れ自分の生活を楽しくしようとする。 (6) 身近な自然を利用したり，身近にある物を使ったりするなどして遊ぶ活動を通して，遊びや遊びに使う物を工夫してつくることができ，その面白さや自然の不思議さに気付くとともに，みんなと楽しみながら遊びを創り出そうとする。	〔第5学年及び第6学年〕 C　消費生活・環境 (2) 環境に配慮した生活 　ア　自分の生活と身近な環境との関わりや環境に配慮した物の使い方などについて理解すること。 　イ　環境に配慮した生活について物の使い方などを考え，工夫すること。	〔第3学年及び第4学年〕 G　保健 (1) 健康な生活について　した活動を通して，　よう指導する。 　ア　健康な生活につ　　　(ア) 心や体の調子　　　要因や周囲の環　　　(ウ) 毎日を健康に　　　ど の生活環境

小学校

通覧性を重視して掲載したものです。

とに向けた現代的な諸課題に対応して求められる資質・能力を，教科等横断的な視点で育成していくことができるよう，各学校の特色を生か

	理科
活動を通して，次の事項 進められていることや， 処理のための事業の様子 扱うとともに，ごみの ・判断したりできるよ して，次の事項を身に付 を生かした地場産業が盛 ている地域を取り上げ 環境，伝統的な文化のい などの産業の発展に努めて 協力関係などに着目して， 力を通して，次の事項を身 境に適応して生活している て特色ある地域の人々の生 表現すること。 ・解決する活動を通して， の国土の保全など重要な役 善が図られてきたことを理 大切さを理解すること。 できることなどを考えた を見付け，その解決を目指 を身に付けることができる すること。 どの健康の状態は，主体の が関わっていること。 は，明るさの調節，換気な とどが必要であること。	〔第3学年〕 (1) 身の回りの生物 　　身の回りの生物について，探したり育てたりする中で，それらの様子や居辺の環境，成長の過程や体のつくりに着目して，それらを比較しながら調べる活動を通して，次の事項を身に付けることができるよう指導する。 　ア　次のことを理解するとともに，観察，実験などに関する技能を身に付けること。 　　(ア) 生物は，色，形，大きさなど，姿に違いがあること。また，周辺の環境と関わって生きていること。 　イ　身の回りの生物の様子について追究する中で，差異点や共通点を基に，身の回りの生物と環境との関わり，昆虫や植物の成長のきまりや体のつくりについての問題を見いだし，表現すること。 〔第6学年〕 (3) 生物と環境 　　生物と環境について，動物や植物の生活を観察したり資料を活用したりする中で，生物と環境との関わりに着目して，それらを多面的に調べる活動を通して，次の事項を身に付けることができるよう指導する。 　ア　次のことを理解するとともに，観察，実験などに関する技能を身に付けること。 　　(ア) 生物は，水及び空気を通して周囲の環境と関わって生きていること。 　　(イ) 生物の間には，食う食われるという関係があること。 　　(ウ) 人は，環境と関わり，工夫して生活していること。 　イ　生物と環境について追究する中で，生物と環境との関わりについて，より妥当な考えをつくりだし，表現すること。 第3 (3) 生物，天気，川，土地などの指導に当たっては，野外に出掛け地域の自然に親しむ活動や体験的な活動を多く取り入れるとともに，生命を尊重し，自然環境の保全に寄与する態度を養うようにすること。

	特別の教科　道徳	総合的な学習の時間
	D　主として生命や自然，崇高なものとの関わりに関すること ［自然愛護］ 〔第1学年及び第2学年〕 　身近な自然に親しみ，動植物に優しい心で接すること。 〔第3学年及び第4学年〕 　自然のすばらしさや不思議さを感じ取り，自然や動植物を大切にすること。 〔第5学年及び第6学年〕 　自然の偉大さを知り，自然環境を大切にすること。 第3 2 (6)（略）また，児童の発達の段階や特性等を考慮し，例えば，社会の持続可能な発展などの現代的な課題の取扱いにも留意し，身近な社会的課題を自分との関係において考え，それらの解決に寄与しようとする意欲や態度を育てるよう努めること。 （略）	3 (5) 目標を実現するにふさわしい探究課題については，学校の実態に応じて，例えば，国際理解，情報，環境，福祉・健康などの現代的な諸課題に対応する横断的・総合的な課題，地域の人々の暮らし，伝統と文化など地域や学校の特色に応じた課題，児童の興味・関心に基づく課題などを踏まえて設定すること。

付録6

環境に関する教育（現代的な諸課題に関する教科等横断的な教育内容）

本資料は、中学校学習指導要領における「環境に関する教育」について育成を目指す資質・能力に関連する各教科等の内容のうち、主要な〔以下右端切れ〕
各学校におかれては、それぞれの教育目標や生徒の実態を踏まえた上で、本資料をカリキュラム・マネジメントの参考としてご活用ください〔以下右端切れ〕

総則	第2の2
	(2) 各学校においては、生徒や学校、地域の実態及び生徒の発達の段階を考慮し、豊かな人生の実現や災害等を乗り越えて次代の社会〔切れ〕かした教育課程の編成を図るものとする。

総則

第1
2　学校の教育活動を進めるに当たっては、各学校において、第3の1に示す主体的・対話的で深い学びの実現に向けた授業改善を通して、創意工夫を生かした特色ある教育活動を展開する中で、次の(1)から(3)までに掲げる事項の実現を図り、生徒に生きる力を育むことを目指すものとする。(2) 道徳教育や体験活動、多様な表現や鑑賞の活動等を通して、豊かな心や創造性の涵養を目指した教育の充実に努めること。

学校における道徳教育は、特別の教科である道徳（以下「道徳科」という。）を要として学校の教育活動全体を通じて行うものであり、道徳科はもとより、各教科、総合的な学習の時間及び特別活動のそれぞれの特質に応じて、生徒の発達の段階を考慮して、適切な指導を行うこと。

道徳教育は、教育基本法及び学校教育法に定められた教育の根本精神に基づき、人間としての生き方を考え、主体的な判断の下に行動し、自立した人間として他者と共によりよく生きるための基盤となる道徳性を養うことを目標とすること。

道徳教育を進めるに当たっては、人間尊重の精神と生命に対する畏敬の念を家庭、学校、その他社会における具体的な生活の中に生かし、豊かな心をもち、伝統と文化を尊重し、それらを育んできた我が国と郷土を愛し、個性豊かな文化の創造を図るとともに、平和で民主的な国家及び社会の形成者として、公共の精神を尊び、社会及び国家の発展に努め、他国を尊重し、国際社会の平和と発展や環境の保全に貢献し未来を拓く主体性のある日本人の育成に資することとなるよう特に留意すること。

3　2の(1)から(3)までに掲げる事項の実現を図り、豊かな創造性を備え持続可能な社会の創り手となることが期待される生徒に、生きる力を育むことを目指すに当たっては、学校教育全体並びに各教科、道徳科、総合的な学習の時間及び特別活動（以下「各教科等」という。ただし、第2の3の(2)のア及びウにおいて、特別活動については学級活動（学校給食に係るものを除く。）に限る。）の指導を通してどのような資質・能力の育成を目指すのかを明確にしながら、教育活動の充実を図るものとする。その際、生徒の発達の段階や特性等を踏まえつつ、次に掲げることが偏りなく実現できるようにするものとする。
(1) 知識及び技能が習得されるようにすること。
(2) 思考力、判断力、表現力等を育成すること。
(3) 学びに向かう力、人間性等を涵養すること。

社会科

〔地理的分野〕
B　世界の様々な地域
(1) 世界各地の人々の生活と環境
　場所や人間と自然環境との相互依存関係などに着目して、課題を追究したり解決した〔切れ〕活動を通して、次の事項を身に付けることができるよう指導する。
　[※世界各地の人々の生活の特色やその変容の理由と、その生活が営まれる場所の自〔切れ〕び社会的条件との関係を考察するに当たって、衣食住の特色や、生活と宗教との関〔切れ〕りなどを取り上げるようにすること。]
ア　次のような知識を身に付けること。
　(ア) 人々の生活は、その生活が営まれる場所の自然及び社会的条件から影響を受けた〔切れ〕その場所の自然及び社会的条件に影響を与えたりすることを理解すること。
　(イ) 世界各地における人々の生活やその変容を基に、世界の人々の生活や環境の多様〔切れ〕理解すること。その際、世界の主な宗教の分布についても理解すること。
イ　次のような思考力、判断力、表現力等を身に付けること。
　(ア) 世界各地における人々の生活の特色やその変容の理由を、その生活が営まれる場〔切れ〕自然及び社会的条件などに着目して多面的・多角的に考察し、表現すること。
C　日本の様々な地域
(1) 地域調査の手法
　[※地域調査に当たっては、対象地域は学校周辺とし、主題は学校所在地の事情を踏ま〔切れ〕、防災、人口の偏在、産業の変容、交通の発達などの事象から適切に設定し、観〔切れ〕や調査を指導計画に位置付けて実施すること。なお、学習の効果を高めることがで〔切れ〕る場合には、内容のCの(3)の中の学校所在地を含む地域の学習や、Cの(4)と関〔切れ〕付けて扱うことができること。]
　場所などに着目して、課題を追究したり解決したりする活動を通して、次の事項を身〔切れ〕けることができるよう指導する。
ア　次のような知識及び技能を身に付けること。
　(ア) 観察や野外調査、文献調査を行う際の視点や方法、地理的なまとめ方の基礎を理〔切れ〕ること。
　(イ) 地形図や主題図の読図、目的や用途に適した地図の作成などの地理的技能を身に〔切れ〕ること。
イ　次のような思考力、判断力、表現力等を身に付けること。
　(ア) 地域調査において、対象となる場所の特徴などに着目して、適切な主題や調査〔切れ〕めとなるように、調査の手法やその結果を多面的・多角的に考察し、表現すること〔切れ〕
(2) 日本の地域的特色と地域区分
　次の①から④までの項目を取り上げ、分布や地域などに着目して、課題を追究したり〔切れ〕したりする活動を通して、以下のア及びイの事項を身に付けることができるよう指導す〔切れ〕
① 自然環境　② 人口　③ 資源・エネルギーと産業　④ 交通・通信
ア　次のような知識及び技能を身に付けること。
　(ア) 日本の地形や気候の特色、海洋に囲まれた日本の国土の特色、自然災害と防災〔切れ〕組などを基に、日本の自然環境に関する特色を理解すること。
(3) 日本の諸地域
　次の①から⑤までの考察の仕方を基にして、空間的相互依存作用や地域などに着目し〔切れ〕主題を設けて課題を追究したり解決したりする活動を通して、以下のア及びイの事項〔切れ〕付けることができるよう指導する。
① 自然環境を中核とした考察の仕方
(4) 地域の在り方
　[※取り上げる地域や課題については、各学校において具体的に地域の在り方を考察で〔切れ〕るような、適切な規模の地域や適切な課題を取り上げること。]
　空間的相互依存作用や地域などに着目して、課題を追究したり解決したりする活動を〔切れ〕、次の事項を身に付けることができるよう指導する。
ア　次のような知識を身に付けること。
　(ア) 地域の実態や課題解決のための取組を理解すること。
　(イ) 地域的な課題の解決に向けて考察、構想したことを適切に説明、議論しまとめる〔切れ〕について理解すること。
イ　次のような思考力、判断力、表現力等を身に付けること。
　(ア) 地域の在り方を、地域の結び付きや地域の変容、持続可能性などに着目し、そこ〔切れ〕られる地理的な課題について多面的・多角的に考察、構想し、表現すること。

技術・家庭科

〔技術分野〕
A　材料と加工の技術
(3) これからの社会の発展と材料と加工の技術の在り方を考える活動などを通して、次の事項を身に付けることができ〔切れ〕るよう指導する。
　ア　生活や社会、環境との関わりを踏まえて、技術の概念を理解すること。
B　生物育成の技術
(3) これからの社会の発展と生物育成の技術の在り方を考える活動などを通して、次の事項を身に付けることができる〔切れ〕よう指導する。
　ア　生活や社会、環境との関わりを踏まえて、技術の概念を理解すること。
C　エネルギー変換の技術
(3) これからの社会の発展とエネルギー変換の技術の在り方を考える活動などを通して、次の事項を身に付けることが〔切れ〕できるよう指導する。
　ア　生活や社会、環境との関わりを踏まえて、技術の概念を理解すること。
D　情報の技術
(4) これからの社会の発展と情報の技術の在り方を考える活動などを通して、次の事項を身に付けることができるよう〔切れ〕指導する。
　ア　生活や社会、環境との関わりを踏まえて、技術の概念を理解すること。
　[※内容の「A材料と加工の技術」、「B生物育成の技術」、「Cエネルギー変換の技術」の(3)及び内容の「D情〔切れ〕報の技術」の(4)については、技術が生活の向上や産業の継承と発展、資源やエネルギーの有効利用、自然〔切れ〕環境の保全等に貢献していることについても扱うものとする。]
B　生物育成の技術
(2) 生活や社会における問題を、生物育成の技術によって解決する活動を通して、次の事項を身に付けることができる〔切れ〕よう指導する。
　[※ (2) については、地域固有の生態系に影響を及ぼすことのないよう留意するとともに、（以下略）]
　ア　安全・適切な栽培又は飼育、検査等ができること。
　イ　問題を見いだして課題を設定し、育成環境の調節方法を構想して育成計画を立てるとともに、栽培又は飼育の過〔切れ〕程や結果の評価、改善及び修正について考えること。

〔右端列〕
[※各内容における〔切れ〕る。
イ　イでは、社会〔切れ〕に着目し、技術〔切れ〕]

〔家庭分野〕
B　衣食住の生活
(5) 生活を豊かにする〔切れ〕
ア　製作する物に適〔切れ〕取り扱い、製作が〔切れ〕
[※衣服等の再利〔切れ〕
イ　資源や環境に配〔切れ〕作計画を考え、製〔切れ〕
C　消費生活・環境
(2) 消費者の権利と責〔切れ〕
ア　消費者の基本的〔切れ〕会に及ぼす影響に〔切れ〕
イ　身近な消費生活〔切れ〕行動を考え、工夫〔切れ〕
(3) 消費生活・環境の〔切れ〕
ア　自分や家族の消〔切れ〕の解決に向けて環〔切れ〕できること。

付録6

中学校

，通覧性を重視して掲載したものです。

ことに向けた現代的な諸課題に対応して求められる資質・能力を，教科等横断的な視点で育成していくことができるよう，各学校の特色を生

	理科
〔的分野〕 E現代の日本と世界 現代の日本と世界 課題を追究したり解決したりする活動を通して，次 事項を身に付けることができるよう指導すること。 　次のような知識を身に付けること。 ⑦　日本の経済の発展とグローバル化する世界 　　高度経済成長，国際社会との関わり，冷戦の 　終結などを基に，我が国の経済や科学技術の発 　展によって「国民の生活が向上し，国際社会に 　おいて我が国の役割が大きくなってきたことを理 　解すること。 　[※沖縄返還，日中国交正常化，石油危機な 　　どの節目となる歴史に関わる事象を取り 　　扱うようにすること。また，民族や宗教 　　をめぐる対立や地球環境問題への対応な 　　どを取り扱い，これまでの学習と関わら 　　せて考察，構想させるようにすること。] 〔的分野〕 私たちと経済 国民の生活と政府の役割 対立と合意，効率と公正，分業と交換，希少性な に着目して，課題を追究したり解決したりする活 を通して，次の事項を身に付けることができるよ 指導する。 　次のような知識を身に付けること。 ⑦　社会資本の整備，公害の防止など環境の保 　全，少子高齢社会における社会保障の充実・安 　定化，消費者の保護について，それらの意義を 　理解すること。 私たちと国際社会の諸課題 世界平和と人類の福祉の増大 対立と合意，効率と公正，協調，持続可能性など 着目して，課題を追究したり解決したりする活動 して，次の事項を身に付けることができるよう 導する。 　次のような知識を身に付けること。 ⑦　世界平和と人類の福祉の増大のために 　は，国際協調の観点から，国家間の相互の主権 　の尊重と協力，各国民の相互理解と協力及び国 　際連合をはじめとする国際機構などの役割が大 　切であることを理解すること。その際，領土 　（領海，領空を含む。），国家主権，国際連合の 　働きなど基本的な事項について理解すること。 　[（略）「国際連合をはじめとする国際機 　　構などの役割」については，国際連合に 　　おける持続可能な開発のための取組につ 　　いても触れること。] ⑷　地球環境，資源・エネルギー，貧困などの課 　題の解決のために経済的，技術的な協力などが 　大切であることを理解すること。	〔第1分野〕 ⑺　科学技術と人間 　　科学技術と人間との関わりについての観察，実験などを通して，次の事項を身に付け 　ることができるよう指導する。 　ア　日常生活や社会と関連付けながら，次のことを理解するとともに，それらの観察， 　　実験などに関する技能を身に付けること。 　⑦　エネルギーと物質 　　㋐　エネルギーとエネルギー資源 　　　　様々なエネルギーとその変換に関する観察，実験などを通して，日常生活や社 　　　会では様々なエネルギーの変換を利用していることを見いだして理解すること。 　　　また，人間は，水力，火力，原子力，太陽光などからエネルギーを得ていること 　　　を知るとともに，エネルギー資源の有効な利用が大切であることを認識すること。 　　㋑　様々な物質とその利用 　　　　物質に関する観察，実験などを通して，日常生活や社会では，様々な物質が幅 　　　広く利用されていることを理解するとともに，物質の有効な利用が大切であるこ 　　　とを認識すること。 　⑷　自然環境の保全と科学技術の利用 　　㋐　自然環境の保全と科学技術の利用 　　　　自然環境の保全と科学技術の利用の在り方について科学的に考察することを通し 　　　て，持続可能な社会をつくることが重要であることを認識すること。 　イ　日常生活や社会で使われているエネルギーや物質について，見通しをもって観察， 　　実験などを行い，その結果を分析して解釈するとともに，自然環境の保全と科学技術 　　の利用の在り方について，科学的に考察して判断すること。 〔第2分野〕 ⑺　自然と人間 　　自然環境を調べる観察，実験などを通して，次の事項を身に付けることができるよう 　指導する。 　ア　日常生活や社会と関連付けながら，次のことを理解するとともに，自然環境を調べ 　　る観察，実験などに関する技能を身に付けること。 　⑦　生物と環境 　　㋐　自然界のつり合い 　　　　微生物の働きを調べ，植物，動物及び微生物を栄養の面から相互に関連付けて 　　　理解するとともに，自然界では，これらの生物がつり合いを保って生活している 　　　ことを見いだして理解すること。 　　㋑　自然環境の調査と環境保全 　　　　身近な自然環境について調べ，様々な要因が自然界のつり合いに影響している 　　　ことを理解するとともに，自然環境を保全することの重要性を認識すること。 　　㋒　地域の自然災害 　　　　地域の自然災害について，総合的に調べ，自然と人間との関わり方について認 　　　識すること。 　⑷　自然環境の保全と科学技術の利用 　　㋐　自然環境の保全と科学技術の利用 　　　　自然環境の保全と科学技術の利用の在り方について科学的に考察することを通し 　　　て，持続可能な社会をつくることが重要であることを認識すること。 　イ　身近な自然環境や地域の自然災害などを調べる観察，実験などを行い，自然環境の保 　　全と科学技術の利用の在り方について，科学的に考察して判断すること。 ⑼　イ　アの⑦の㋑については，生物や大気，水などの自然環境を直接調べたり，記録や 　　資料を基に調べたりするなどの活動を行うこと。また，気候変動や外来生物にも触れる 　　こと。 第3 2 ⑵　生命を尊重し，自然環境の保全に寄与する態度を養うようにすること。

	保健体育科	特別の教科　道徳
ては，次のとおり取り扱うものとす 求，安全性，環境負荷や経済性など されてきたことに気付かせること。 を用いた製作 や縫い方について理解し，用具を安全に についても触れること。] 活を豊かにするために布を用いた物の製 すること。 責任，自分や家族の消費生活が環境や社 自立した消費者としての責任のある消費 課題と実践 中から問題を見いだして課題を設定し，そ した消費生活を考え，計画を立てて実践	〔保健分野〕 ⑴　健康な生活と疾病の予防について，課題を発見 　し，その解決を目指した活動を通して，次の事項 　を身に付けることができるよう指導する。 　ア　健康な生活と疾病の予防について理解を深め 　　ること。 　⑦　健康は，主体と環境の相互作用の下に成り 　　　立っていること。また，疾病は，主体の要因 　　　と環境の要因が関わり合って発生すること。 　⑷　健康の保持増進には，年齢，生活環境等に 　　　応じた運動，食事，休養及び睡眠の調和のと 　　　れた生活を続ける必要があること。 ⑷　健康と環境について，課題を発見し，その解 　決を目指した活動を通して，次の事項を身に付け 　ることができるよう指導する。 　ア　健康と環境について理解を深めること。 　⑦　身体には，環境に対してある程度まで適応 　　　能力があること。身体の適応能力を超えた環 　　　境は，健康に影響を及ぼすこと。また，快適 　　　で能率のよい生活を送るための温度，湿度や 　　　明るさには一定の範囲があること。 　⑨　人間の生活によって生じた廃棄物は，環境 　　　の保全に十分配慮し，環境を汚染しないよう 　　　に衛生的に処理する必要があること。 　イ　健康と環境に関する情報から課題を発見し， 　　その解決に向けて思考し判断するとともに，そ 　　れらを表現すること。	D　主として生命や自然，崇高なものとの関わり 　に関すること 　[自然愛護] 　　自然の崇高さを知り，自然環境を大切にするこ 　との意義を理解し，進んで自然の愛護に努めるこ 　と。 第3 2 ⑹　（略）また，例えば，科学技術の発展と生命倫 　理との関係や社会の持続可能な発展などの現代 　的な課題の取扱いにも留意し，身近な社会的課 　題を自分との関係において考え，その解決に向 　けて取り組もうとする意欲や態度を育てるよう 　努めること。（略） 総合的な学習の時間 3 ⑸　目標を実現するにふさわしい探究課題につい 　ては，学校の実態に応じて，例えば，国際理解， 　情報，環境，福祉・健康などの現代的な諸課題 　に対応する横断的・総合的な課題，地域や学校 　の特色に応じた課題，生徒の興味・関心に基づ 　く課題，職業や自己の将来に関する課題などを 　踏まえて設定すること。

付録6

放射線に関する教育（現代的な諸課題に関する教科等横断的な教育内容）

本資料は、小・中学校学習指導要領における「放射線に関する教育」について育成を目指す資質・能力に関連する各教科等の内容のうち、
各学校におかれては、それぞれの教育目標や児童／生徒の実態を踏まえた上で、本資料をカリキュラム・マネジメントの参考としてご活用く

総則	第2の2 (2) 各学校においては、児童／生徒や学校、地域の実態及び児童／生徒の発達の段階を考慮し、豊かな人生の実現や災害等を乗り越う、各学校の特色を生かした教育課程の編成を図るものとする。

※総則は小学校・中学校の共通部分を抜粋。

	国語科	
小学校	〔第1学年及び第2学年〕 〔知識及び技能〕 (2) 話や文章に含まれている情報の扱い方に関する次の事項を身に付けることができるよう指導する。 　ア　共通、相違、事柄の順序など情報と情報との関係について理解すること。 〔第3学年及び第4学年〕 〔知識及び技能〕 (2) 話や文章に含まれている情報の扱い方に関する次の事項を身に付けることができるよう指導する。 　ア　考えとそれを支える理由や事例、全体と中心など情報と情報との関係について理解すること。 〔第5学年及び第6学年〕 〔知識及び技能〕 (2) 話や文章に含まれている情報の扱い方に関する次の事項を身に付けることができるよう指導する。 　ア　原因と結果など情報と情報との関係について理解すること。	〔第4学年〕 (2) 人々の健康や生活環境を支える事業について、学習の問題を 　ア　次のような知識及び技能を身に付けること。 　　(ｱ) 飲料水、電気、ガスを供給する事業は、安全で安定的に役立っていることを理解すること。 　イ　次のような思考力、判断力、表現力等を身に付けること。 　　(ｱ) 供給の仕組みや経路、県内外の人々の協力などに着目たす役割を考え、表現すること。

	国語科	理科
中学校	〔第1学年〕 〔知識及び技能〕 (2) 話や文章に含まれている情報の扱い方に関する次の事項を身に付けることができるよう指導する。 　ア　原因と結果、意見と根拠など情報と情報との関係について理解すること。 〔第2学年〕 〔知識及び技能〕 (2) 話や文章に含まれている情報の扱い方に関する次の事項を身に付けることができるよう指導する。 　ア　意見と根拠、具体と抽象など情報と情報との関係について理解すること。 〔第3学年〕 〔知識及び技能〕 (2) 話や文章に含まれている情報の扱い方に関する次の事項を身に付けることができるよう指導する。 　ア　具体と抽象など情報と情報との関係について理解を深めること。 　イ　情報の信頼性の確かめ方を理解し使うこと。	〔第1分野〕 〔第2学年〕 (3) 電流とその利用 　電流とその利用についての観察、実験などを通して、次の事項を身に付けとができるよう指導する。 　ア　電流、磁界に関する事物・現象を日常生活や社会と関連付けながら、次とを理解するとともに、それらの観察、実験などに関する技能を身に付けと。 　　(ｱ) 電流 　　　㋓　静電気と電流 　　　　異なる物質同士をこすり合わせると静電気が起こり、帯電した物体は空間を隔てて力が働くこと及び静電気と電流には関係があることをだして理解すること。 　　　※アの(ｱ)の㋓については、電流が電子の流れに関係していること扱うこと。また、真空放電と関連付けながら放射線の性質と利用も触れること。 〔第3学年〕 (7) 科学技術と人間 　科学技術と人間との関わりについての観察、実験などを通して、次の事項に付けることができるよう指導する。 　ア　日常生活や社会と関連付けながら、次のことを理解するとともに、それ観察、実験などに関する技能を身に付けること。 　　(ｱ) エネルギーと物質 　　　㋐　エネルギーとエネルギー資源 　　　　様々なエネルギーとその変換に関する観察、実験などを通して、日活や社会では様々なエネルギーの変換を利用していることを見いだし解すること。また、人間は、水力、火力、原子力、太陽光などからエギーを得ていることを知るとともに、エネルギー資源の有効な利用であることを認識すること。 　　　［※アの(ｱ)の㋐については、熱の伝わり方、放射線にも触れること。］

付録6

小学校 中学校

抜粋し，通覧性を重視して掲載したものです。

…社会を形成することに向けた現代的な諸課題に対応して求められる資質・能力を，教科等横断的な視点で育成していくことができるよ…

	特別の教科　道徳
…する活動を通して，次の事項を身に付けることができるよう指導する。 …よう進められていることや，地域の人々の健康な生活の維持と向上に… …，電気，ガスの供給のための事業の様子を捉え，それらの事業が果…	C　主として集団や社会との関わりに関すること 〔公正，公平，社会正義〕 〔第1学年及び第2学年〕 　自分の好き嫌いにとらわれないで接すること。 〔第3学年及び第4学年〕 　誰に対しても分け隔てをせず，公正，公平な態度で接すること。 〔第5学年及び第6学年〕 　誰に対しても差別をすることや偏見をもつことなく，公正，公平な態度で接し，正義の実現に努めること。

技術・家庭科	保健体育科	特別の教科　道徳
〔…術分野〕 …情報の技術 …生活や社会を支える情報の技術について調べる活動などを通して，次の事…を身に付けることができるよう指導… 　情報の表現，記録，計算，通信の特性等の原理・法則と，情報のデジタル化や処理の自動化，システム化，情報セキュリティ等に関わる基礎的な技術の仕組み及び情報モラルの必要性について理解すること。 …内容の「D情報の技術」について…，次のとおり取り扱うものとする。 　(1)については，情報のデジタル化の方法と情報の量，著作権を含めた知的財産権，発信した情報に対する責任，及び社会におけるサイバーセキュリティが重要であることについても扱うこと。 〔…庭分野〕 …衣食住の生活 …日常食の調理と地域の食文化 　次のような知識及び技能を身に付けること。 (ｱ) 日常生活と関連付け，用途に応じた食品の選択について理解し，適切にできること。	〔保健分野〕 (4) 健康と環境について，課題を発見し，その解決を目指した活動を通して，次の事項を身に付けることができるよう指導する。 　ア　健康と環境について理解を深めること。 　(ｲ) 飲料水や空気は，健康と密接な関わりがあること。また，飲料水や空気を衛生的に保つには，基準に適合するよう管理する必要があること。	C　主として集団や社会との関わりに関すること 〔公正，公平，社会正義〕 　正義と公正さを重んじ，誰に対しても公平に接し，差別や偏見のない社会の実現に努めること。

付録6

生命の尊重に関する教育（現代的な諸課題に関する教科等横断的な教育内容）

本資料は、小・中学校学習指導要領における「生命の尊重に関する教育」について育成を目指す資質・能力に関連する各教科等の内容のう?
各学校におかれては、それぞれの教育目標や児童／生徒の実態を踏まえた上で、本資料をカリキュラム・マネジメントの参考としてご活用くだ

総則	
	第2の2 (2) 各学校においては、児童／生徒や学校、地域の実態及び児童／生徒の発達の段階を考慮し、豊かな人生の実現や災害等を乗り越え? 校の特色を生かした教育課程の編成を図るものとする。

※総則は小学校・中学校の共通部分を抜粋。

	総則	理科	
小学校	第3 1 (5) 児童が生命の有限性や自然の大切さ、主体的に挑戦してみることや多様な他者と協働することの重要性などを実感しながら理解することができるよう、各教科等の特質に応じた体験活動を重視し、家庭や地域社会と連携しつつ体系的・継続的に実施できるよう工夫すること。 第6 2　（略）各学年を通じて、自立心や自律性、生命を尊重する心や他者を思いやる心を育てることに留意すること。	第3 2 (3) 生物、天気、川、土地などの指導に当たっては、野外に出掛け地域の自然に親しむ活動や体験的な活動を多く取り入れるとともに、生命を尊重し、自然環境の保全に寄与する態度を養うようにすること。 〔第3学年〕 (1) 身の回りの生物 〔第4学年〕 (1) 人の体のつくりと運動 (2) 季節と生物 〔第5学年〕 (1) 植物の発芽、成長、結実 (2) 動物の誕生 〔第6学年〕 (1) 人の体のつくりと働き (2) 植物の養分と水の通り道 (3) 生物と環境	第2 〔第1学年及び第2? 2 (7) 動物を飼った? それらの育つ場? 働きかけることが? や成長していること しみをもち、大切? 第3 1 (3) 第2の内容の? 取り扱うものとし? よう継続的な飼育?

	総則	理科
中学校	第3 1 (5) 生徒が生命の有限性や自然の大切さ、主体的に挑戦してみることや多様な他者と協働することの重要性などを実感しながら理解することができるよう、各教科等の特質に応じた体験活動を重視し、家庭や地域社会と連携しつつ体系的・継続的に実施できるよう工夫すること。 第6 2　（略）小学校における道徳教育の指導内容を更に発展させ、自立心や自律性を高め、規律ある生活をすること、生命を尊重する心や自らの弱さを克服して気高く生きようとする心を育てること……を身に付けることに留意すること。	〔第2分野〕 第3 2 (2) 生命を尊重し、自然環境の保全に寄与する態度を? ようにすること。 〔第2分野〕 (1) いろいろな生物とその共通点 (3) 生物の体のつくりと働き (5) 生命の連続性 (7) 自然と人間

付録6

小学校 中学校

のを抜粋し，通覧性を重視して掲載したものです。

を形成することに向けた現代的な諸課題に対応して求められる資質・能力を，教科等横断的な視点で育成していくことができるよう，各学

	特別の教科　道徳	特別活動
たりする活動を通して，長の様子に関心をもっては生命をもっていることとともに，生き物への親する。 は，2学年間にわたって物への関わり方が深まるうようにすること。	D　主として生命や自然，崇高なものとの関わりに関すること ［生命の尊さ］ 〔第1学年及び第2学年〕 　生きることのすばらしさを知り，生命を大切にすること。 〔第3学年及び第4学年〕 　生命の尊さを知り，生命あるものを大切にすること。 〔第5学年及び第6学年〕 　生命が多くの生命のつながりの中にあるかけがえのないものであることを理解し，生命を尊重すること。 ［自然愛護］ 〔第1学年及び第2学年〕 　身近な自然に親しみ，動植物に優しい心で接すること。 〔第3学年及び第4学年〕 　自然のすばらしさや不思議さを感じ取り，自然や動植物を大切にすること。 〔第5学年及び第6学年〕 　自然の偉大さを知り，自然環境を大切にすること。	〔学校行事〕 (4) 遠足・集団宿泊的行事 　自然の中での集団宿泊活動などの平素と異なる生活環境にあって，見聞を広め，自然や文化などに親しむとともに，よりよい人間関係を築くなどの集団生活の在り方や公衆道徳などについての体験を積むことができるようにすること。

	特別の教科　道徳	特別活動
	D　主として生命や自然，崇高なものとの関わりに関すること ［生命の尊さ］ 　生命の尊さについて，その連続性や有限性なども含めて理解し，かけがえのない生命を尊重すること。 ［自然愛護］ 　自然の崇高さを知り，自然環境を大切にすることの意義を理解し，進んで自然の愛護に努めること。	〔学校行事〕 (4) 旅行・集団宿泊的行事 　平素と異なる生活環境にあって，見聞を広め，自然や文化などに親しむとともに，よりよい人間関係を築くなどの集団生活の在り方や公衆道徳などについての体験を積むことができるようにすること。

付録6

心身の健康の保持増進に関する教育（現代的な諸課題に関する教科等横断的な教育内容）

本資料は，小学校学習指導要領における「心身の健康の保持増進に関する教育」について育成を目指す資質・能力に関連する各教科等の内…
各学校におかれては，それぞれの教育目標や児童の実態を踏まえた上で，本資料をカリキュラム・マネジメントの参考としてご活用ください…

総則	
第2の2	
(2) 各学校においては，児童や学校，地域の実態及び児童の発達の段階を考慮し，豊かな人生の実現や災害等を乗り越えて次代の社会… した教育課程の編成を図るものとする。	

総則	体育科
第1 2 (3) 学校における体育・健康に関する指導を，児童の発達の段階を考慮して，学校の教育活動全体を通じて適切に行うことにより，健康で安全な生活と豊かなスポーツライフの実現を目指した教育の充実に努めること。特に，学校における食育の推進並びに体力の向上に関する指導，安全に関する指導及び心身の健康の保持増進に関する指導については，体育科，家庭科及び特別活動の時間はもとより，各教科，道徳科，外国語活動及び総合的な学習の時間などにおいてもそれぞれの特質に応じて適切に行うよう努めること。また，それらの指導を通して，家庭や地域社会との連携を図りながら，日常生活において適切な体育・健康に関する活動の実践を促し，生涯を通じて健康・安全で活力ある生活を送るための基礎が培われるよう配慮すること。 第5 1 イ 教育課程の編成及び実施に当たっては，学校保健計画，学校安全計画，食に関する指導の全体計画，いじめの防止等のための対策に関する基本的な方針など，各分野における学校の全体計画等と関連付けながら，効果的な指導が行われるように留意するものとする。	〔第3学年及び第4学年〕 G 保健 (1) 健康な生活について，課題を見付け，その解決を目指した活動を通して，次の事項を身に付け…とができるよう指導する。 　ア 健康な生活について理解すること。 　イ 健康な生活について課題を見付け，その解決に向けて考え，それを表現すること。 (2) 体の発育・発達について，課題を見付け，その解決を目指した活動を通して，次の事項を身に…ることができるよう指導する。 　ア 体の発育・発達について理解すること。 　イ 体がよりよく発育・発達するために，課題を見付け，その解決に向けて考え，それを表現す…と。 ※ (6) 内容の「G保健」の(1)については，学校でも，健康診断や学校給食など様々な活動…行われていることについて触れるものとする。(8) 各領域の各内容については，運動と健…が密接に関連していることについての具体的な考えがもてるよう指導すること。 〔第5学年及び第6学年〕 G 保健 (1) 心の健康について，課題を見付け，その解決を目指した活動を通して，次の事項を身に付け…ができるよう指導する。 　ア 心の発達及び不安や悩みへの対処について理解するとともに，簡単な対処をすること。 　イ 心の健康について，課題を見付け，その解決に向けて思考し判断するとともに，それらを表…ること。 (2) けがの防止について，課題を見付け，その解決を目指した活動を通して，次の事項を身に付け…とができるよう指導する。 　ア けがの防止に関する次の事項を理解するとともに，けがなどの簡単な手当をすること。 　イ けがを防止するために，危険の予測や回避の方法を考え，それらを表現すること。 (3) 病気の予防について，課題を見付け，その解決を目指した活動を通して，次の事項を身に付け…とができるよう指導する。 　ア 病気の予防について理解すること。 　イ 病気を予防するために，課題を見付け，その解決に向けて思考し判断するとともに，それら…現すること。 ※ (2) 内容の「A体つくり運動」の(1)のアと「G保健」の(1)のアの(ウ)については，相互…関連を図って指導するものとする。(9) 各領域の各内容については，運動領域と保健領域…の関連を図る指導に留意すること。
	家庭科
	〔第5学年及び第6学年〕 B 衣食住の生活 　次の(1)から(6)までの項目について，課題をもって，健康・快適・安全で豊かな食生活，衣生…住生活に向けて考え，工夫する活動を通して，次の事項を身に付けることができるよう指導する。 (1) 食事の役割 　ア 食事の役割が分かり，日常の食事の大切さと食事の仕方について理解すること。 (4) 衣服の着用と手入れ 　ア 次のような知識及び技能を身に付けること。 　　(ア) 衣服の主な働きが分かり，季節や状況に応じた日常着の快適な着方について理解すること。 　　(イ) 日常着の手入れが必要であることや，ボタンの付け方及び洗濯の仕方を理解し，適切にで…こと。 (6) 快適な住まい方 　ア 次のような知識及び技能を身に付けること。 　　(ア) 住まいの主な働きが分かり，季節の変化に合わせた生活の大切さや住まい方について理解…こと。 　イ 季節の変化に合わせた住まい方，整理・整頓や清掃の仕方を考え，快適な住まい方を工夫す…と。 ※内容の「B衣食住の生活」については，次のとおり取り扱うこと。 　カ (6)のアの(ア)については，主として暑さ・寒さ，通風・換気，採光，及び音を取り上げる…と。暑さ・寒さについては，(4)のアの(ア)の日常着の快適な着方と関連を図ること。

付録6

小学校

要なものを抜粋し，通覧性を重視して掲載したものです。

とに向けた現代的な諸課題に対応して求められる資質・能力を，教科等横断的な視点で育成していくことができるよう，各学校の特色を生か

理科	社会科
〔学年〕 命・地球 人の体のつくりと運動 人や他の動物について，骨や筋肉のつくりと働きに着目して，それらを関 付けて調べる活動を通して，次の事項を身に付けることができるよう指導 る。 　次のことを理解するとともに，観察，実験などに関する技能を身に付け こと。 ア) 人の体には骨と筋肉があること。 イ) 人が体を動かすことができるのは，骨，筋肉の働きによること。 　人や他の動物について追究する中で，既習の内容や生活経験を基に，人 や他の動物の骨や筋肉のつくりと働きについて，根拠のある予想や仮説を 発想し，表現すること。	〔第4学年〕 (2) 人々の健康や生活環境を支える事業について，学習の問題を追究・解決する活動を通して，次の事項を身に付けることができるよう指導する。 　ア　次のような知識及び技能を身に付けること。 　　(ア) 飲料水，電気，ガスを供給する事業は，安全で安定的に供給できるよう進められていることや，地域の人々の健康な生活の維持と向上に役立っていることを理解すること。 　　(イ) 廃棄物を処理する事業は，衛生的な処理や資源の有効利用ができるよう進められていることや，生活環境の維持と向上に役立っていることを理解すること。 3 (1) 内容の(2)については，次のとおり取り扱うものとする。 　ア　アの(ア)及び(イ)については，現在に至るまでに仕組みが計画的に改善され公衆衛生が向上してきたことに触れること。
〔学年〕 生命・地球 動物の誕生 動物の発生や成長について，魚を育てたり人の発生についての資料を活用 たりする中で，卵や胎児の様子に着目して，時間の経過と関係付けて調べ 活動を通して，次の事項を身に付けることができるよう指導する。 　次のことを理解するとともに，観察，実験に関する技能を身に付ける こと。 イ) 人は，母体内で成長して生まれること。 　動物の発生や成長について追究する中で，動物の発生や成長の様子と経 過についての予想や仮説を基に，解決の方法を発想し，表現すること。	〔第5学年〕 (5) 我が国の国土の自然環境と国民生活との関連について，学習の問題を追究・解決する活動を通して，次の事項を身に付けることができるよう指導する。 　ア　次のような知識及び技能を身に付けること。 　　(ウ) 関係機関や地域の人々の様々な努力により公害の防止や生活環境の改善が図られてきたことを理解するとともに，公害から国土の環境や国民の健康な生活を守ることの大切さを理解すること。 3 (5) 内容の(5)については，次のとおり取り扱うものとする。 　ウ　イの(イ)及び(ウ)については，国土の環境保全について，自分たちにできることなどを考えたり選択・判断したりできるよう配慮すること。
〔学年〕 生命・地球 人の体のつくりと働き 人や他の動物について，体のつくりと呼吸，消化，排出及び循環の働き 着目して，生命を維持する働きを多面的に調べる活動を通して，次の事項 身に付けることができるよう指導する。 　次のことを理解するとともに，観察，実験などに関する技能を身に付け ること。 (ア) 体内に酸素が取り入れられ，体外に二酸化炭素などが出されていること。 (イ) 食べ物は，口，胃，腸などを通る間に消化，吸収され，吸収されな かった物は排出されること。 (ウ) 血液は，心臓の働きで体内を巡り，養分，酸素及び二酸化炭素などを運 んでいること。 (エ) 体内には，生命活動を維持するための様々な臓器があること。 　人や他の動物の体のつくりと働きについて追究する中で，体のつくりと 呼吸，消化，排出及び循環の働きについて，より妥当な考えをつくりだ し，表現すること。	総合的な学習の時間
	第2 3 (5) 目標を実現するにふさわしい探究課題については，学校の実態に応じて，例えば，国際理解，情報，環境，福祉・健康などの現代的な諸課題に対応する横断的・総合的な課題，地域の人々の暮らし，伝統と文化など地域や学校の特色に応じた課題，児童の興味・関心に基づく課題などを踏まえて設定すること。

生活科	特別活動
1学年及び第2学年〕 家庭及び地域の生活に関する内容〕 家庭生活に関わる活動を通して，家庭における家族のことや自分ででき となどについて考えることができ，家庭での生活は互いに支え合っている とが分かり，自分の役割を積極的に果たしたり，規則正しく健康に気を付 て生活したりしようとする。	〔学級活動〕 (2) 日常の生活や学習への適応と自己の成長及び健康安全 　ア　基本的な生活習慣の形成 　　身の回りの整理や挨拶などの基本的な生活習慣を身に付け，節度ある生活にすること。 　ウ　心身ともに健康で安全な生活態度の形成 　　現在及び生涯にわたって心身の健康を保持増進することや，事件や事故，災害等から身を守り安全に行動すること。 　エ　食育の観点を踏まえた学校給食と望ましい食習慣の形成 　　給食の時間を中心としながら，健康によい食事のとり方など，望ましい食習慣の形成を図るとともに，食事を通して人間関係をよりよくすること。

特別の教科　道徳	
主として自分自身に関すること 度，節制〕 1学年及び第2学年〕 康や安全に気を付け，物や金銭を大切にし，身の回りを整え，わがままを いで，規則正しい生活をすること。 3学年及び第4学年〕 分でできることは自分でやり，安全に気を付け，よく考えて行動し，節度 る生活をすること。 5学年及び第6学年〕 全に気を付けることや，生活習慣の大切さについて理解し，自分の生活を ，節度を守り節制に心掛けること。 主として生命や自然，崇高なものとの関わりに関すること 命の尊さ〕 1学年及び第2学年〕 きることのすばらしさを知り，生命を大切にすること。 3学年及び第4学年〕 命の尊さを知り，生命あるものを大切にすること。 5学年及び第6学年〕 命が多くの生命のつながりの中にあるかけがえのないものであることを理 ，生命を尊重すること。	〔児童会活動〕 (1) 児童会の組織づくりと児童会活動の計画や運営 　児童が主体的に組織をつくり，役割を分担し，計画を立て，学校生活の課題を見いだし解決するために話し合い，合意形成を図り実践すること。 〔学校行事〕 (3) 健康安全・体育的行事 　心身の健全な発達や健康の保持増進，事件や事故，災害等から身を守る安全な行動や規律ある集団行動の体得，運動に親しむ態度の育成，責任感や連帯感の涵養，体力の向上などに資するようにすること。

付録6

心身の健康の保持増進に関する教育（現代的な諸課題に関する教科等横断的な教育内容）

本資料は，中学校学習指導要領における「心身の健康の保持増進に関する教育」について育成を目指す資質・能力に関連する各教科等の内容
各学校におかれては，それぞれの教育目標や生徒の実態を踏まえた上で，本資料をカリキュラム・マネジメントの参考としてご活用ください

総則	第2の2
	(2) 各学校においては，生徒や学校，地域の実態及び生徒の発達の段階を考慮し，豊かな人生の実現や災害等を乗り越えて次代の社会 した教育課程の編成を図るものとする。

総則	保健体育科
第1 2 (3) 学校における体育・健康に関する指導を，生徒の発達の段階を考慮して，学校の教育活動全体を通じて適切に行うことにより，健康で安全な生活と豊かなスポーツライフの実現を目指した教育の充実に努めること。特に，学校における食育の推進並びに体力の向上に関する指導，安全に関する指導及び心身の健康の保持増進に関する指導については，保健体育科，技術・家庭科及び特別活動の時間はもとより，各教科，道徳科及び総合的な学習の時間などにおいてもそれぞれの特質に応じて適切に行うよう努めること。また，それらの指導を通して，家庭や地域社会との連携を図りながら，日常生活において適切な体育・健康に関する活動の実践を促し，生涯を通じて健康・安全で活力ある生活を送るための基礎が培われるよう配慮すること。 第5 1 イ 教育課程の編成及び実施に当たっては，学校保健計画，学校安全計画，食に関する指導の全体計画，いじめの防止等のための対策に関する基本的な方針など，各分野における学校の全体計画等と関連付けながら，効果的な指導が行われるように留意するものとする。	〔保健分野〕 2 (1) 健康な生活と疾病の予防について，課題を発見し，その解決を目指した活動を通して，次の事 身に付けることができるよう指導する。 　ア 健康な生活と疾病の予防について理解を深めること。 　イ 健康な生活と疾病の予防について，課題を発見し，その解決に向けて思考し判断するとも それらを表現すること。 (2) 心身の機能の発達と心の健康について，課題を発見し，その解決を目指した活動を通して，次 項を身に付けることができるよう指導する。 　ア 心身の機能の発達と心の健康について理解を深めるとともに，ストレスへの対処をすること。 　イ 心身の機能の発達と心の健康について，課題を発見し，その解決に向けて思考し判断すると に，それらを表現すること。 (3) 傷害の防止について，課題を発見し，その解決を目指した活動を通して，次の事項を身に付け とができるよう指導する。 　ア 傷害の防止について理解を深めるとともに，応急手当をすること。 　イ 傷害の防止について，危険の予測やその回避の方法を考え，それらを表現すること。 (4) 健康と環境について，課題を発見し，その解決を目指した活動を通して，次の事項を身に付け とができるよう指導する。 　ア 健康と環境について理解を深めること。 　イ 健康と環境に関する情報から課題を発見し，その解決に向けて思考し判断するとともに，そ を表現すること。 　※ (3) 内容の (1) のアの (イ) 及び (ウ) については，食育の観点も踏まえつつ健康的な生活習慣 形成に結び付くように配慮するとともに，必要に応じて，コンピュータなどの情報機器の 用と健康との関わりについて取り扱うことにも配慮するものとする。また，がんについて 取り扱うものとする。(7) 内容の (2) のアの (イ) については，妊娠や出産が可能となるよう 成熟が始まるという観点から，受精・妊娠を取り扱うものとし，妊娠の経過は取り扱わな ものとする。また，身体の機能の成熟とともに，性衝動が生じたり，異性への関心が高ま たりすることなどから，異性の尊重，情報への適切な対処や行動の選択が必要となること について取り扱うものとする。(8) 内容の (2) のアの (エ) については，体育分野の内容の「A つくり運動」の (1) のアの指導との関連を図って指導するものとする。(9) 内容の (3) の の (エ) については，包帯法，止血法など傷害時の応急手当も取り扱い，実習を行うものと る。また，効果的な指導を行うため，水泳など体育分野の内容との関連を図るものとする。 (10) 内容の (4) については，地域の実態に即して公害と健康との関係を取り扱うことにも 慮するものとする。また，生態系については，取り扱わないものとする。 第3 (6) 第1章総則の第1の2の (3) に示す学校における体育・健康に関する指導の趣旨を生かし，特 動，運動部の活動などとの関連を図り，日常生活における体育・健康に関する活動が適切かつ継 に実践できるよう留意すること。なお，体力の測定については，計画的に実施し，運動の指導及 力の向上に活用するようにすること。
	総合的な学習の時間
	第2 3 (5) 目標を実現するにふさわしい探究課題については，学校の実態に応じて，例えば，国際理解， 報，環境，福祉・健康などの現代的な諸課題に対応する横断的・総合的な課題，地域や学校の特 応じた課題，生徒の興味・関心に基づく課題，職業や自己の将来に関する課題などを踏まえて設 ること。

中学校

要なものを抜粋し、通覧性を重視して掲載したものです。

とに向けた現代的な諸課題に対応して求められる資質・能力を、教科等横断的な視点で育成していくことができるよう、各学校の特色を生か

社会科	特別の教科　道徳
(的分野) みたちと経済 国民の生活と政府の役割 対立と合意、効率と公正、分業と交換、希少性などに着目して、課題を追ったり解決したりする活動を通して、次の事項を身に付けることができるよ指導する。 次のような知識を身に付けること。 (ア) 社会資本の整備、公害の防止など環境の保全、少子高齢社会における社会保障の充実・安定化、消費者の保護について、それらの意義を理解すること。	A　主として自分自身に関すること [節度，節制] 　望ましい生活習慣を身に付け、心身の健康の増進を図り、節度を守り節制に心掛け、安全で調和のある生活をすること。 D　主として生命や自然、崇高なものとの関わりに関すること [生命の尊さ] 　生命の尊さについて、その連続性や有限性なども含めて理解し、かけがえのない生命を尊重すること。
理科	特別活動
分野) 生物の体のつくりと働き 生物の体のつくりと働きについての観察、実験などを通して、次の事項を身付けることができるよう指導する。 生物の体のつくりと働きとの関係に着目しながら、次のことを理解するとともに、それらの観察、実験などに関する技能を身に付けること。 (ア) 生物と細胞 　㋐ 生物と細胞 　　生物の組織などの観察を行い、生物の体が細胞からできていること及び植物と動物の細胞のつくりの特徴を見いだして理解するとともに、観察器具の操作、観察記録の仕方などの技能を身に付けること。 (イ) 動物の体のつくりと働き 　㋐ 生命を維持する働き 　　消化や呼吸についての観察、実験などを行い、動物の体が必要な物質を取り入れ運搬している仕組みを観察、実験の結果などと関連付けて理解すること。また、不要となった物質を排出する仕組みがあることについて理解すること。 　㋑ 刺激と反応 　　動物が外界の刺激に適切に反応している様子の観察を行い、その仕組みを感覚器官、神経系及び運動器官のつくりと関連付けて理解すること。 　身近な植物や動物の体のつくりと働きについて、見通しをもって解決する方法を立案して観察、実験などを行い、その結果を分析して解釈し、生物の体のつくりと働きについての規則性や関係性を見いだして表現すること。	〔学級活動〕 (2) 日常の生活や学習への適応と自己の成長及び健康安全 　イ　男女相互の理解と協力 　　男女相互について理解するとともに、共に協力し尊重し合い、充実した生活づくりに参画すること。 　ウ　思春期の不安や悩みの解決、性的な発達への対応 　　心や体に関する正しい理解を基に、適切な行動をとり、悩みや不安に向き合い乗り越えようとすること。 　エ　心身ともに健康で安全な生活態度や習慣の形成 　　節度ある生活を送るなど現在及び生涯にわたって心身の健康を保持増進することや、事件や事故、災害等から身を守り安全に行動すること。 　オ　食育の観点を踏まえた学校給食と望ましい食習慣の形成 　　給食の時間を中心としながら、成長や健康管理を意識するなど、望ましい食習慣の形成を図るとともに、食事を通して人間関係をよりよくすること。 〔生徒会活動〕 (1) 生徒会の組織づくりと生徒会活動の計画や運営 　生徒が主体的に組織をつくり、役割を分担し、計画を立て、学校生活の課題を見いだし解決するために話し合い、合意形成を図り実践すること。 〔学校行事〕 (3) 健康安全・体育的行事 　心身の健全な発達や健康の保持増進、事件や事故、災害等から身を守る安全な行動や規律ある集団行動の体得、運動に親しむ態度の育成、責任感や連帯感の涵養、体力の向上などに資するようにすること。
技術・家庭科	
圧分野) 衣食住の生活 次の (1) から (7) までの項目について、課題をもって、健康・快適・安全でかな食生活、衣生活、住生活に向けて考え、工夫する活動を通して、次の項を身に付けることができるよう指導する。 食事の役割と中学生の栄養の特徴 　次のような知識を身に付けること。 (ア) 生活の中で食事が果たす役割について理解すること。 (イ) 中学生に必要な栄養の特徴が分かり、健康によい食習慣について理解すること。 　健康によい食習慣について考え、工夫すること。 衣服の選択と手入れ 　次のような知識及び技能を身に付けること。 (ア) 衣服と社会生活との関わりが分かり、目的に応じた着用、個性を生かす着用及び衣服の適切な選択について理解すること。 (イ) 衣服の計画的な活用の必要性、衣服の材料や状態に応じた日常着の手入れについて理解し、適切にできること。 　衣服の選択、材料や状態に応じた日常着の手入れの仕方を考え、工夫すること。 住居の機能と安全な住まい方 　次のような知識を身に付けること。 (ア) 家族の生活と住空間との関わりが分かり、住居の基本的な機能について理解すること。 内容の「B衣食住の生活」については、次のとおり取り扱うものとする。 カ　(4) のアの (ア) については、日本の伝統的な衣服である和服について触れること。また、和服の基本的な着装を扱うこともできること。さらに、既製服の表示と選択に当たっての留意事項を扱うこと。(イ) については、日常着の手入れは主として洗濯と補修を扱うこと。	

付録6

食に関する教育（現代的な諸課題に関する教科等横断的な教育内容）

本資料は，小学校学習指導要領における「食に関する教育」について育成を目指す資質・能力に関連する各教科等の内容のうち，主要なも〔の〕
各学校におかれては，それぞれの教育目標や児童の実態を踏まえた上で，本資料をカリキュラム・マネジメントの参考としてご活用ください。

総則	
第2の2	(2) 各学校においては，児童や学校，地域の実態及び児童の発達の段階を考慮し，豊かな人生の実現や災害等を乗り越えて次代の社会を〔担う〕した教育課程の編成を図るものとする。

総則

第1
2
(3) 学校における体育・健康に関する指導を，児童の発達の段階を考慮して，学校の教育活動全体を通じて適切に行うことにより，健康で安全な生活と豊かなスポーツライフの実現を目指した教育の充実に努めること。特に，学校における食育の推進並びに体力の向上に関する指導，安全に関する指導及び心身の健康の保持増進に関する指導については，体育科，家庭科及び特別活動の時間はもとより，各教科，道徳科，外国語活動及び総合的な学習の時間などにおいてもそれぞれの特質に応じて適切に行うよう努めること。また，それらの指導を通して，家庭や地域社会との連携を図りながら，日常生活において適切な体育・健康に関する活動の実践を促し，生涯を通じて健康・安全で活力ある生活を送るための基礎が培われるよう配慮すること。

第5
1
イ 教育課程の編成及び実施に当たっては，学校保健計画，学校安全計画，食に関する指導の全体計画，いじめの防止等のための対策に関する基本的な方針など，各分野における学校の全体計画等と関連付けながら，効果的な指導が行われるように留意するものとする。

社会科

〔第5学年〕
(2) 我が国の農業や水産業における食料生産について，学習の問題を追究・解決する活動を通して，次の事項を身に付けることができるよう指導する。
ア 次のような知識及び技能を身に付けること。
　(ｱ) 我が国の食料生産は，自然条件を生かして営まれていることや，国民の食料を確保する重要な役割を果たしていることを理解すること。
　(ｲ) 食料生産に関わる人々は，生産性や品質を高めるよう努力したり輸送方法や販売方法を工夫したりして，良質な食料を消費地に届けるなど，食料生産を支えていることを理解すること。
イ 次のような思考力，判断力，表現力等を身に付けること。
　(ｱ) 生産物の種類や分布，生産量の変化，輸入などと外国との関わりなどに着目して，食料生産の概要を捉え，食料生産が国民生活に果たす役割を考え，表現すること。
　(ｲ) 生産の工程，人々の協力関係，技術の向上，輸送，価格や費用などに着目して，食料生産に関わる人々の工夫や努力を捉え，その働きを考え，表現すること。
　　［※アの(ｲ)及びイの(ｲ)については，食料生産の盛んな地域の具体的事例を通して調べることとし，稲作のほか，野菜，果物，畜産物，水産物などの中から一つを取り上げること。］
　　［※イの(ｱ)及び(ｲ)については，消費者や生産者の立場などから多角的に考えて，これからの農業などの発展について，自分の考えをまとめることができるよう配慮すること。］

理科

〔第4学年〕
B 生命・地球
(1) 人の体のつくりと運動
人や他の動物について，骨や筋肉のつくりと働きに着目して，それらを関係付けて調べる活〔動を〕通して，次の事項を身に付けることができるよう指導する。
ア 次のことを理解するとともに，観察，実験などに関する技能を身に付けること。
　(ｲ) 人が体を動かすことができるのは，骨，筋肉の働きによること。
イ 人や他の動物について追究する中で，既習の内容や生活経験を基に，人や他の動物の骨〔や筋肉〕のつくりと働きについて，根拠のある予想や仮説を発想し，表現すること。

〔第5学年〕
B 生命・地球
(1) 植物の発芽，成長，結実
植物の育ち方について，発芽，成長及び結実の様子に着目して，それらに関わる条件を制御〔しな〕がら調べる活動を通して，次の事項を身に付けることができるよう指導する。
ア 次のことを理解するとともに，観察，実験などに関する技能を身に付けること。
　(ｱ) 植物は，種子の中の養分を基にして発芽すること。
　(ｳ) 植物の成長には，日光や肥料などが関係していること。
イ 植物の育ち方について追究する中で，植物の発芽，成長及び結実とそれらに関わる条件に〔つい〕ての予想や仮説を基に，解決の方法を発想し，表現すること。

(2) 動物の誕生
動物の発生や成長について，魚を育てたり人の発生についての資料を活用したりする中で，胎児の様子に着目して，時間の経過と関係付けて調べる活動を通して，次の事項を身に付ける〔こと〕ができるよう指導する。
ア 次のことを理解するとともに，観察，実験などに関する技能を身に付けること。
　(ｲ) 人は，母体内で成長して生まれること。
イ 動物の発生や成長について追究する中で，動物の発生や成長の様子と経過についての予想〔や仮〕説を基に，解決の方法を発想し，表現すること。

〔第6学年〕
B 生命・地球
(1) 人の体のつくりと働き
人や他の動物について，体のつくりと呼吸，消化，排出及び循環の働きに着目して，生命を〔維持〕する働きを多面的に調べる活動を通して，次の事項を身に付けることができるよう指導する。
ア 次のことを理解するとともに，観察，実験などに関する技能を身に付けること。
　(ｲ) 食べ物は，口，胃，腸などを通る間に消化，吸収され，吸収されなかった物は排出され〔るこ〕と。
　(ｳ) 血液は，心臓の働きで体内を巡り，養分，酸素及び二酸化炭素などを運んでいること。
　(ｴ) 体内には，生命活動を維持するための様々な臓器があること。
イ 人や他の動物の体のつくりと働きについて追究する中で，体のつくりと呼吸，消化，排出〔及び〕循環の働きについて，より妥当な考えをつくりだし，表現すること。

(3) 生物と環境
生物と環境について，動物や植物の生活を観察したり資料を活用したりする中で，生物と〔環境の〕関わりに着目して，それらを多面的に調べる活動を通して，次の事項を身に付けることができ〔る〕よう指導する。
ア 次のことを理解するとともに，観察，実験などに関する技能を身に付けること。
　(ｲ) 生物の間には，食う食われるという関係があること。
イ 生物と環境について追究する中で，生物と環境との関わりについて，より妥当な考えをつ〔くりだ〕し，表現すること。

家庭科

〔第5学年及び第6学年〕
B 衣食住の生活
(1) 食事の役割
ア 食事の役割が分かり，日常の食事の大切さと食事の仕方について理解すること。
イ 楽しく食べるために日常の食事の仕方を考え，工夫すること。
(2) 調理の基礎
ア 次のような知識及び技能を身に付けること。
　(ｱ) 調理に必要な材料の分量や手順が分かり，調理計画について理解すること。
　(ｲ) 調理に必要な用具や食器の安全で衛生的な取扱い及び加熱用調理器具の安全な取扱いに〔つい〕て理解し，適切に使用できること。
　(ｳ) 材料に応じた洗い方，調理に適した切り方，味の付け方，盛り付け，配膳及び後片付けを〔理〕解し，適切にできること。
　(ｴ) 材料に適したゆで方，いため方を理解し，適切にできること。
　　［※(2)のアの(ｴ)については，ゆでる材料として青菜やじゃがいもなどを扱うこと。］
　(ｵ) 伝統的な日常食である米飯及びみそ汁の調理の仕方を理解し，適切にできること。
　　［※(ｵ)については，和食の基本となるだしの役割についても触れること。］
イ おいしく食べるために調理計画を考え，調理の仕方を工夫すること。
(3) 栄養を考えた食事
ア 次のような知識を身に付けること。
　(ｱ) 体に必要な栄養素の種類と主な働きについて理解すること。
　　［※(3)のアの(ｱ)については，五大栄養素と食品の体内での主な働きを中心に扱うこと。］
　(ｲ) 食品の栄養的な特徴が分かり，料理や食品を組み合わせてとる必要があることを理解す〔るこ〕と。
　(ｳ) 献立を構成する要素が分かり，1食分の献立作成の方法について理解すること。
　　［※(ｳ)については，献立を構成する要素として主食，主菜，副菜について扱うこと。］
イ 1食分の献立について栄養のバランスを考え，工夫すること。
　　［※食に関する指導については，家庭科の特質に応じて，食育の充実に資するよう配慮するこ〔と〕。また，第4学年までの食に関する学習との関連を図ること。］

第3
3
(3) 調査に用いる食品については，生の魚や肉は扱わないなど，安全・衛生に留意すること。また，食物アレルギーについても配慮すること。

小学校

通覧性を重視して掲載したものです。

とに向けた現代的な諸課題に対応して求められる資質・能力を，教科等横断的な視点で育成していくことができるよう，各学校の特色を生か

体育科	特別の教科　道徳
〔第3学年及び第4学年〕 保健 健康な生活について，課題を見付け，その解決を目指した活動を通して，次の事項を身に付けることができるよう指導する。 　健康な生活について理解すること。 (ｱ) 心や体の調子がよいなどの健康の状態は，主体の要因や周囲の環境の要因が関わっていること。 (ｲ) 毎日を健康に過ごすには，運動，食事，休養及び睡眠の調和のとれた生活を続けること，また，体の清潔を保つことなどが必要であること。 　健康な生活について課題を見付け，その解決に向けて考え，それを表現すること。 体の発育・発達について，課題を見付け，その解決を目指した活動を通して，次の事項を身に付けることができるよう指導する。 　体の発育・発達について理解すること。 (ｱ) 体は，年齢に伴って変化すること。また，体の発育・発達には，個人差があること。 (ｲ) 体は，思春期になると次第に大人の体に近づき，体つきが変わったり，初経，精通などが起こったりすること。また，異性への関心が芽生えること。 (ｳ) 体をよりよく発育・発達させるには，適切な運動，食事，休養及び睡眠が必要であること。 　体がよりよく発育・発達するために，課題を見付け，その解決に向けて考え，それを表現すること。 ［※(1)については，学校でも，健康診断や学校給食など様々な活動が行われていることについて触れるものとする。］ ［※各領域の各内容については，運動と健康が密接に関連していることについての具体的な考えがもてるよう指導すること。］ 〔第5学年及び第6学年〕 保健 病気の予防について，課題を見付け，その解決を目指した活動を通して，次の事項を身に付けることができるよう指導する。 　病気の予防について理解すること。 (ｱ) 病気は，病原体，体の抵抗力，生活行動，環境が関わりあって起こること。 (ｲ) 病原体が主な要因となって起こる病気の予防には，病原体が体に入るのを防ぐことや病原体に対する体の抵抗力を高めることが必要であること。 (ｳ) 生活習慣病など生活行動が主な要因となって起こる病気の予防には，適切な運動，栄養の偏りのない食事をとること，口腔の衛生を保つことなど，望ましい生活習慣を身に付ける必要があること。 (ｵ) 地域では，保健に関わる様々な活動が行われていること。 　病気を予防するために，課題を見付け，その解決に向けて思考し判断するとともに，それらを表現すること。 　保健の内容のうち運動，食事，休養及び睡眠については，食育の観点も踏まえつつ，健康的な生活習慣の形成に結び付くよう配慮するとともに，保健を除く第3学年以上の各領域及び学校給食に関する指導においても関連した指導を行うようにすること。	〔第1学年及び第2学年〕 A　主として自分自身に関すること ［節度，節制］ 　健康や安全に気を付け，物や金銭を大切にし，身の回りを整え，わがままをしないで，規則正しい生活をすること。 B　主として人との関わりに関すること ［感謝］ 　家族など日頃世話になっている人々に感謝すること。 C　主として集団や社会との関わりに関すること ［伝統と文化の尊重，国や郷土を愛する態度］ 　我が国や郷土の文化と生活に親しみ，愛着をもつこと。 D　主として生命や自然，崇高なものとの関わりに関すること ［生命の尊さ］ 　生きることのすばらしさを知り，生命を大切にすること。 〔第3学年及び第4学年〕 A　主として自分自身に関すること ［節度，節制］ 　自分でできることは自分でやり，安全に気を付け，よく考えて行動し，節度のある生活をすること。 B　主として人との関わりに関すること ［感謝］ 　家族など生活を支えてくれている人々や現在の生活を築いてくれた高齢者に，尊敬と感謝の気持ちをもって接すること。 C　主として集団や社会との関わりに関すること ［伝統と文化の尊重，国や郷土を愛する態度］ 　我が国や郷土の伝統と文化を大切にし，国や郷土を愛する心をもつこと。 D　主として生命や自然，崇高なものとの関わりに関すること ［生命の尊さ］ 　生命の尊さを知り，生命あるものを大切にすること。 〔第5学年及び第6学年〕 B　主として人との関わりに関すること ［感謝］ 　日々の生活が家族や過去からの多くの人々の支え合いや助け合いで成り立っていることに感謝し，それに応えること。 C　主として集団や社会との関わりに関すること ［伝統と文化の尊重，国や郷土を愛する態度］ 　我が国や郷土の伝統と文化を大切にし，先人の努力を知り，国や郷土を愛する心をもつこと。 D　主として生命や自然，崇高なものとの関わりに関すること ［生命の尊さ］ 　生命が多くの生命のつながりの中にあるかけがえのないものであることを理解し，生命を尊重すること。

特別活動	
級活動 　日常の生活や学習への適応と自己の成長及び健康安全 　　食育の観点を踏まえた学校給食と望ましい食習慣の形成 　　給食の時間を中心としながら，健康によい食事のとり方など，望ましい食習慣の形成を図るとともに，食事を通して人間関係をよりよくすること。 校行事 　健康安全・体育的行事 　心身の健全な発達や健康の保持増進，事件や事故，災害等から身を守る安全な行動や規律ある集団行動の体得，運動に親しむ態度の育成，責任感や連帯感の涵養，体力の向上などにするようにすること。 　勤労生産・奉仕的行事 　勤労の尊さや生産の喜びを体得するとともに，ボランティア活動などの社会奉仕の精神を う体験が得られるようにすること。	

生活科	総合的な学習の時間
〔第1学年及び第2学年〕 校，家庭及び地域の生活に関する内容〕 　家庭生活に関わる活動を通して，家庭における家族のことや自分でできることなどについ　的に果たしたり，規則正しく健康に気を付けて生活したりしようとする。 　地域に関わる活動を通して，地域の場所やそこで生活したり働いたりしている人々につい　考えることができ，自分たちの生活は様々な人や場所と関わっていることが分かり，それ に親しみや愛着をもち，適切に接したり安全に生活したりしようとする。 近な人々，社会及び自然と関わる活動に関する内容〕 　身近な自然を観察したり，季節や地域の行事に関わったりするなどの活動を通して，それ 違いや特徴を見付けることができ，自然の様子や四季の変化，季節によって生活の様子 変わることに気付くとともに，それらを取り入れ自分の生活を楽しくしようとする。 　動物を飼ったり植物を育てたりする活動を通して，それらの育つ場所，変化や成長の様子 関心をもって働きかけることができ，それらは生命をもっていることや成長していること 気付くとともに，生き物への親しみをもち，大切にしようとする。	3 (5) 目標を実現するにふさわしい探究課題については，学校の実態に応じて，例えば，国際理解，情報，環境，福祉・健康などの現代的な諸課題に対応する横断的・総合的な課題，地域の人々の暮らし，伝統と文化など地域や学校の特色に応じた課題，児童の興味・関心に基づく課題などを踏まえて設定すること。

付録6

食に関する教育（現代的な諸課題に関する教科等横断的な教育内容）

本資料は，中学校学習指導要領における「食に関する教育」について育成を目指す資質・能力に関連する各教科等の内容のうち，主要なも（
各学校におかれては，それぞれの教育目標や生徒の実態を踏まえた上で，本資料をカリキュラム・マネジメントの参考としてご活用ください

総則	第2の2
	(2) 各学校においては，生徒や学校，地域の実態及び生徒の発達の段階を考慮し，豊かな人生の実現や災害等を乗り越えて次代の社（かした教育課程の編成を図るものとする。

総則

第1
2
(3) 学校における体育・健康に関する指導を，生徒の発達の段階を考慮して，学校の教育活動全体を通じて適切に行うことにより，健康で安全な生活と豊かなスポーツライフの実現を目指した教育の充実に努めること。特に，学校における食育の推進並びに体力の向上に関する指導，安全に関する指導及び心身の健康の保持増進に関する指導については，保健体育科，技術・家庭科及び特別活動の時間はもとより，各教科，道徳科及び総合的な学習の時間などにおいてもそれぞれの特質に応じて適切に行うよう努めること。また，それらの指導を通して，家庭や地域社会との連携を図りながら，日常生活において適切な体育・健康に関する活動の実践を促し，生涯を通じて健康・安全で活力ある生活を送るための基礎が培われるよう配慮すること。

第5
1
イ　教育課程の編成及び実施に当たっては，学校保健計画，学校安全計画，食に関する指導の全体計画，いじめの防止等のための対策に関する基本的な方針など，各分野における学校の全体計画等と関連付けながら，効果的な指導が行われるように留意するものとする。

社会科

〔地理的分野〕
B　世界の様々な地域
(1) 世界各地の人々の生活と環境
　　場所や人間と自然環境との相互依存関係などに着目して，課題を追究したり解決したりする活動を通して，次の事項を身に付けることができるよう指導する。
　ア　次のような知識を身に付けること。
　　(ア) 人々の生活は，その生活が営まれる場所の自然及び社会的条件から影響を受けたり，その場所の自然及び社会的条件に影響を与えたりすることを理解すること。
　　(イ) 世界各地における人々の生活やその変容を基に，世界の人々の生活や環境の多様性を理解すること。その際，世界の主な宗教の分布についても理解すること。
　イ　次のような思考力，判断力，表現力等を身に付けること。
　　(ア) 世界各地における人々の生活の特色やその変容の理由を，その生活が営まれる場所の自然及び社会的条件などに着目して多面的・多角的に考察し，表現すること。
　　　　［※ (1) については，世界各地の人々の生活の特色やその変容の理由と，その生活が営まれる場所の自然及び社会的条件との関係を考察するに当たって，衣食住の特色や，生活と宗教との関わりなどを取り上げるようにすること。］

〔公民的分野〕
A　私たちと現代社会
(1) 私たちが生きる現代社会と文化の特色
　イ　次のような思考力，判断力，表現力等を身に付けること。
　　(ア) 少子高齢化，情報化，グローバル化などが現在と将来の政治，経済，国際関係に与える影響について多面的・多角的に考察し，表現すること。
　　(イ) 文化の継承と創造の意義について多面的・多角的に考察し，表現すること。
　　　　［※イの (イ) の「文化の継承と創造の意義」については，我が国の伝統と文化などを取り扱うこと。］

B　私たちと経済
(1) 市場の働きと経済
　　対立と合意，効率と公正，分業と交換，希少性などに着目して，課題を追究したり解決したりする活動を通して，次の事項を身に付けることができるよう指導する。
　ア　次のような知識を身に付けること。
　　(ア) 身近な消費生活を中心に経済活動の意義について理解すること。
　　(イ) 市場経済の基本的な考え方について理解すること。その際，市場における価格の決まり方や資源の配分について理解すること。

理科

〔第2分野〕
(3) 生物の体のつくりと働き
　　生物の体のつくりと働きについての観察，実験などを通し次の事項を身に付けることができるよう指導する。
　ア　生物の体のつくりと働きとの関係に着目しながら，次とを理解するとともに，それらの観察，実験などに関す能を身に付けること。
　　(ア) 生物と細胞
　　　㋐　生物と細胞
　　　　　生物の組織などの観察を行い，生物の体が細胞かきていること及び植物と動物の細胞のつくりの特徴いだして理解するとともに，観察器具の操作，観察の仕方などの技能を身に付けること。
　　(ウ) 動物の体のつくりと働き
　　　㋐　生命を維持する働き
　　　　　消化や呼吸についての観察，実験などを行い，動体が必要な物質を取り入れ運搬している仕組みを観実験の結果などと関連付けて理解すること。また，となった物質を排出する仕組みがあることについてすること。
　　　㋑　刺激と反応
　　　　　動物が外界の刺激に適切に反応している様子の観行い，その仕組みを感覚器官，神経系及び運動器官くりと関連付けて理解すること。
　イ　身近な植物や動物の体のつくりと働きについて，見通もって解決する方法を立案して観察，実験などを行い，結果を分析して解釈し，生物の体のつくりと働きについ規則性や関係性を見いだして表現すること。

(5) 生命の連続性
　　生命の連続性についての観察，実験などを通して，次のを身に付けることができるよう指導する。
　ア　生命の連続性に関する事物・現象の特徴に着目しなが次のことを理解するとともに，それらの観察，実験などする技能を身に付けること。
　　(ア) 生物の成長と殖え方
　　　㋐　細胞分裂と生物の成長
　　　　　体細胞分裂の観察を行い，その順序性を見いだし解するとともに，細胞の分裂と生物の成長とを関連て理解すること。
　　　㋑　生物の殖え方
　　　　　生物の殖え方を観察し，有性生殖と無性生殖の特見いだして理解するとともに，生物が殖えていくと親の形質が子に伝わることを見いだして理解すること
　　(イ) 遺伝の規則性と遺伝子
　　　㋐　遺伝の規則性と遺伝子
　　　　　交配実験の結果などに基づいて，親の形質が子にるときの規則性を見いだして理解すること。
　　(ウ) 生物の種類の多様性と進化
　　　㋐　生物の種類の多様性と進化
　　　　　現存の生物及び化石の比較などを通して，現存のな生物は過去の生物が長い時間の経過の中で変化しじてきたものであることを体のつくりと関連付けてすること。
　イ　生命の連続性について，観察，実験などを行い，そのや資料を分析して解釈し，生物の成長と殖え方，遺伝生物の種類の多様性と進化についての特徴や規則性を見して表現すること。また，探究の過程を振り返ること。

(7) 自然と人間
　　自然環境を調べる観察，実験などを通して，次の事項を付けることができるよう指導する。
　ア　日常生活や社会と関連付けながら，次のことを理解すともに，自然環境を調べる観察，実験などに関する技能を付けること。
　　(ア) 生物と環境
　　　㋐　自然界のつり合い
　　　　　微生物の働きを調べ，植物，動物及び微生物を栄養面から相互に関連付けて理解するとともに，自然界でこれらの生物がつり合いを保って生活していることいだして理解すること。

中学校

通覧性を重視して掲載したものです。

ことに向けた現代的な諸課題に対応して求められる資質・能力を，教科等横断的な視点で育成していくことができるよう，各学校の特色を生

技術・家庭科	特別の教科　道徳
〔分野〕 衣食住の生活 食事の役割と中学生の栄養の特徴 　次のような知識を身に付けること。 (ｱ) 生活の中で食事が果たす役割について理解すること。 　［※ (1) のアの (ｱ) については，食事を共にする意義や食文化を継承する 　　ことについても扱うこと。］ (ｲ) 中学生に必要な栄養の特徴が分かり，健康によい食習慣について理解すること。 　健康によい食習慣について考え，工夫すること。 中学生に必要な栄養を満たす食事 　次のような知識を身に付けること。 (ｱ) 栄養素の種類と働きが分かり，食品の栄養的な特質について理解すること。 　［※ (2) のアの (ｱ) については，水の働きや食物繊維についても触れること。］ (ｲ) 中学生の1日に必要な食品の種類と概量が分かり，1日分の献立作成の方法について理解すること。 　中学生の1日分の献立について考え，工夫すること。 日常食の調理と地域の食文化 　次のような知識及び技能を身に付けること。 (ｱ) 日常生活と関連付け，用途に応じた食品の選択について理解し，適切にできること。 　［※ (3) のアの (ｱ) については，主として調理実習で用いる生鮮食品と加工食品の表示を扱うこと。］ (ｲ) 食品や調理用具等の安全と衛生に留意した管理について理解し，適切にできること。 (ｳ) 材料に適した加熱調理の仕方について理解し，基礎的な日常食の調理が適切にできること。 　［※ (ｳ) については，煮る，焼く，蒸す等を扱うこと。また，魚，肉，野菜を中心として扱い，基礎的な題材を取り上げること。］ (ｴ) 地域の食文化について理解し，地域の食材を用いた和食の調理が適切にできること。 　［※ (ｴ) については，だしを用いた煮物又は汁物を取り上げること。また，地域の伝統的な行事食や郷土料理を扱うこともできること。］ 　日常の1食分の調理について，食品の選択や調理の仕方，調理計画を考え，工夫すること。 内容の「B衣食住の生活」については，次のとおり取り扱うものとする。 　食に関する指導については，技術・家庭科の特質に応じて，食育の充実に資するよう配慮すること。	A　主として自分自身に関すること ［節度，節制］ 　望ましい生活習慣を身に付け，心身の健康の増進を図り，節度を守り節制に心掛け，安全で調和のある生活をすること。 B　主として人との関わりに関すること ［思いやり，感謝］ 　思いやりの心をもって人と接するとともに，家族などの支えや多くの人々の善意により日々の生活や現在の自分があることに感謝し，進んでそれに応え，人間愛の精神を深めること。 D　主として生命や自然，崇高なものとの関わりに関すること ［生命の尊さ］ 　生命の尊さについて，その連続性や有限性なども含めて理解し，かけがえのない生命を尊重すること。
	総合的な学習の時間
	3 (5) 目標を実現するにふさわしい探究課題については，学校の実態に応じて，例えば，国際理解，情報，環境，福祉・健康などの現代的な諸課題に対応する横断的・総合的な課題，地域や学校の特色に応じた課題，生徒の興味・関心に基づく課題，職業や自己の将来に関する課題などを踏まえて設定すること。
	特別活動
	〔学級活動〕 (2) 日常の生活や学習への適応と自己の成長及び健康安全 　オ　食育の観点を踏まえた学校給食と望ましい食習慣の形成 　　給食の時間を中心としながら，成長や健康管理を意識するなど，望ましい食習慣の形成を図るとともに，食事を通して人間関係をよりよくすること。 〔学校行事〕 (3) 健康安全・体育的行事 　心身の健全な発達や健康の保持増進，事件や事故，災害等から身を守る安全な行動や規律ある集団行動の体得，運動に親しむ態度の育成，責任感や連帯感の涵養，体力の向上などに資するようにすること。 (5) 勤労生産・奉仕的行事 　勤労の尊さや生産の喜びを体得し，職場体験活動などの勤労観・職業観に関わる啓発的な体験が得られるようにするとともに，共に助け合って生きることの喜びを体得し，ボランティア活動などの社会奉仕の精神を養う体験が得られるようにすること。
保健体育科	
〔分野〕 健康な生活と疾病の予防について，課題を発見し，その解決を目指した活動を通して，次の事項を身に付けることができるよう指導する。 (ｲ) 健康な生活と疾病の予防について理解を深めること。 (ｲ) 健康の保持増進には，年齢，生活環境等に応じた運動，食事，休養及び睡眠の調和のとれた生活を続ける必要があること。 (ｳ) 生活習慣病などは，運動不足，食事の量や質の偏り，休養や睡眠の不足などの生活習慣の乱れが主な要因となって起こること。また，生活習慣病などの多くは，適切な運動，食事，休養及び睡眠の調和のとれた生活を実践することによって予防できること。 　［※ (3) 内容の (1) のアの (ｲ) 及び (ｳ) については，食育の観点も踏まえつつ健康的な生活習慣の形成に結び付くように配慮するとともに，必要に応じて，コンピュータなどの情報機器の使用と健康との関わりについて取り扱うことにも配慮するものとする。］ 第1章総則の第1の2の (3) に示す学校における体育・健康に関する指導の趣旨を生かし，特別活動，運動部の活動などとの関連を図り，日常生活における体育・健康に関する活動が適切かつ継続的に実践できるよう留意すること。なお，体力の測定については，計画的に実施し，運動の指導及び体力の向上に活用するようにすること。	

付録6

防災を含む安全に関する教育（現代的な諸課題に関する教科等横断的な教育内容）

本資料は，小学校学習指導要領における「防災を含む安全に関する教育」について育成を目指す資質・能力に関連する各教科等の内容のう
各学校におかれては，それぞれの教育目標や児童の実態を踏まえた上で，本資料をカリキュラム・マネジメントの参考としてご活用ください

総則	第2の2
	(2) 各学校においては，児童や学校，地域の実態及び児童の発達の段階を考慮し，豊かな人生の実現や災害等を乗り越えて次代の社会を形編成を図るものとする。

総則	体育科	特別の教科　道徳
第1 2 (3) 学校における体育・健康に関する指導を，児童の発達の段階を考慮して，学校の教育活動全体を通じて適切に行うことにより，健康で安全な生活と豊かなスポーツライフの実現を目指した教育の充実に努めること。特に，学校における食育の推進並びに体力の向上に関する指導，安全に関する指導及び心身の健康の保持増進に関する指導については，体育科，家庭科及び特別活動の時間はもとより，各教科，道徳科，外国語活動及び総合的な学習の時間においてもそれぞれの特質に応じて適切に行うよう努めること。また，それらの指導を通して，家庭や地域社会との連携を図りながら，日常生活において適切な体育・健康に関する活動の実践を促し，生涯を通じて健康・安全で活力ある生活を送るための基礎が培われるよう配慮すること。 第5　学校運営上の留意事項 1　教育課程の改善と学校評価等 イ　教育課程の編成及び実施に当たっては，学校保健計画，学校安全計画，食に関する指導の全体計画，いじめの防止等のための対策に関する基本的な方針など，各分野における学校の全体計画等と関連付けながら，効果的な指導が行われるように留意するものとする。 第6　道徳教育に関する配慮事項 道徳教育を進めるに当たっては，道徳教育の特質を踏まえ，前項までに示す事項に加え，次の事項に配慮するものとする。 3　学校や学級内の人間関係や環境を整えるとともに，集団宿泊活動やボランティア活動，自然体験活動，地域の行事への参加などの豊かな体験を充実すること。また，道徳教育の指導内容が，児童の日常生活に生かされるようにすること。その際，いじめの防止や安全の確保等にも資することとなるよう留意すること。	〔第5学年及び第6学年〕 A　体つくり運動 (3) 運動に積極的に取り組み，約束を守り助け合って運動をしたり，仲間の考えや取組を認めたり，場や用具の安全に気を配ったりすること。 ※「B　器械運動」，「C　陸上運動」，「D　水泳運動」，「Eボール運動」，「F　表現運動」及び第1学年及び第2学年，第3学年及び第4学年の同領域においても同様に記載。 D　水泳運動 水泳運動について，次の事項を身に付けることができるよう指導する。 (1) 次の運動の楽しさや喜びを味わい，その行い方を理解するとともに，その技能を身に付けること。 ウ　安全確保につながる運動では，背浮きや浮き沈みをしながら続けて長く浮くこと。 G　保健 (2) けがの防止について，課題を見付け，その解決を目指した活動を通して，次の事項を身に付けることができるよう指導する。 ア　けがの防止に関する次の事項を理解するとともに，けがなどの簡単な手当をすること。 (ア) 交通事故や身の回りの生活の危険が原因となって起こるけがの防止には，周囲の危険に気付くこと，的確な判断の下に安全に行動すること，環境を安全に整えることが必要であること。 (イ) けがなどの簡単な手当は，速やかに行う必要があること。 イ　けがを防止するために，危険の予測や回避の方法を考え，それらを表現すること。 **家庭科** 〔第5学年及び第6学年〕 B　衣食住の生活 次の (1) から (6) までの項目について，課題をもって，健康・快適・安全で豊かな食生活，衣生活，住生活に向けて考え，工夫する活動を通して，次の事項を身に付けることができるよう指導する。 (2) 調理の基礎 ア　次のような知識及び技能を身に付けること。 (イ) 調理に必要な用具や食器の安全で衛生的な取扱い及び加熱用調理器具の安全な取扱いについて理解し，適切に使用できること。 (6) 快適な住まい方 ア　次のような知識及び技能を身に付けること。 (イ) 住まいの整理・整頓や清掃の仕方を理解し，適切にできること。 イ　季節の変化に合わせた住まい方，整理・整頓や清掃の仕方を考え，快適な住まい方を工夫すること。 第3 3 (1) 施設・設備の安全管理に配慮し，学習環境を整備するとともに，熱源や用具，機械などの取扱いに注意して事故防止の指導を徹底すること。 (2) 服装を整え，衛生に留意して用具の手入れや保管を適切に行うこと。 (3) 調理に用いる食品については，生の魚や肉は扱わないなど，安全・衛生に留意すること。また，食物アレルギーについても配慮すること。 **特別活動** 〔学級活動〕 (2) 日常の生活や学習への適応と自己の成長及び健康安全 ウ　心身ともに健康で安全な生活態度の形成 現在及び生涯にわたって心身の健康を保持増進することや，事件や事故，災害等から身を守り安全に行動すること。 〔学校行事〕 (3) 健康安全・体育的行事 心身の健全な発達や健康の保持増進，事件や事故，災害等から身を守る安全な行動や規律ある集団行動の体得，運動に親しむ態度の育成，責任感や連帯感の涵養，体力の向上などに資するようにすること。	〔第1学年及び第2学年〕 A　主として自分自身に関すること [節度，節制] 健康や安全に気を付け，物や金切にし，身の回りを整え，わがまないで，規則正しい生活をすること。 D　主として生命や自然，崇高なもの関わりに関すること [生命の尊さ] 生きることのすばらしさを知り，を大切にすること。 〔第3学年及び第4学年〕 A　主として自分自身に関すること [節度，節制] 自分でできることは自分でやり，に気を付け，よく考えて行動し，節ある生活をすること。 D　主として生命や自然，崇高なも関わりに関すること [生命の尊さ] 生命の尊さを知り，生命あるもの切にすること。 〔第5学年及び第6学年〕 A　主として自分自身に関すること [節度，節制] 安全に気を付けることや，生活習大切さについて理解し，自分の生活直し，節度を守り節制に心掛けること D　主として生命や自然，崇高なも関わりに関すること [生命の尊さ] 生命が多くの生命のつながりの中かけがえのないものであることをし，生命を尊重すること。 **総合的な学習の時間** 3 (5) 目標を実現するにふさわしい探究題については，学校の実態に応じ例えば，国際理解，情報，環境，社・健康などの現代的な諸課題に対する横断的・総合的な課題，地域人々の暮らし，伝統と文化など地域学校の特色に応じた課題，児童の味・関心に基づく課題などを踏まえ設定すること。

付録6

小学校

のを抜粋し，通覧性を重視して掲載したものです。

に向けた諸課題に対応して求められる資質・能力を，教科等横断的な視点で育成していくことができるよう，各学校の特色を生かした教育課程の

理科	社会科
〔…学年〕 …生命・地球 …雨水の行方と地面の様子 雨水の行方と地面の様子について，流れ方やしみ込み方に…目して，それらと地面の傾きや土の粒の大きさとを関係付け…て調べる活動を通して，次の事項を身に付けることができ…よう指導する。 　次のことを理解するとともに，観察，実験などに関する…技能を身に付けること。 (ｱ)　水は，高い場所から低い場所へと流れて集まること。 　　雨水の行方と地面の様子について追究する中で，既習の…内容や生活経験を基に，雨水の流れ方やしみ込み方と地面…の傾きや土の粒の大きさとの関係について，根拠のある予…想や仮説を発想し，表現すること。	〔第3学年〕 (3)　地域の安全を守る働きについて，学習の問題を追究・解決する活動を通して，次の事項を身に付けることができるよう指導する。 　ア　次のような知識及び技能を身に付けること。 (ｱ)　消防署や警察署などの関係機関は，地域の安全を守るために，相互に連携して緊急時に対処する体制をとっていることや，関係機関が地域の人々と協力して火災や事故などの防止に努めていることを理解すること。 　　［※火災と事故はいずれも取り上げること。その際，どちらかに重点を置くなど効果的な指導を工夫すること。］ (ｲ)　見学・調査したり地図などの資料で調べたりして，まとめること。 　イ　次のような思考力，判断力，表現力等を身に付けること。 (ｱ)　施設・設備などの配置，緊急時への備えや対応などに着目して，関係機関や地域の人々の諸活動を捉え，相互の関連や従事する人々の働きを考え，表現すること。 　　［※社会生活を営む上で大切な法やきまりについて扱うとともに，地域や自分自身の安全を守るために自分たちにできることなどを考えたり選択・判断したりできるよう配慮すること。］
〔…学年〕 …生命・地球 …流れる水の働きと土地の変化 流れる水の働きと土地の変化について，水の速さや量に着…して，それらの条件を制御しながら調べる活動を通して，…事項を身に付けることができるよう指導する。 　次のことを理解するとともに，観察，実験などに関する…技能を身に付けること。 (ｳ)　雨の降り方によって，流れる水の速さや量は変わり，増水により土地の様子が大きく変化する場合があること。 　　［※自然災害についても触れること。］ 　流れる水の働きについて追究する中で，流れる水の働きと土地の変化との関係についての予想や仮説を基に，解決の方法を発想し，表現すること。 …天気の変化 天気の変化の仕方について，雲の様子を観測したり，映像…どの気象情報を活用したりする中で，雲の量や動きに着目…て，それらと天気の変化とを関係付けて調べる活動を通し…，次の事項を身に付けることができるよう指導する。 　次のことを理解するとともに，観察，実験などに関する…技能を身に付けること。 (ｲ)　天気の変化は，映像などの気象情報を用いて予想できること。 　　［※台風の進路による天気の変化や台風と降雨との関係及びそれに伴う自然災害についても触れること。］ 　天気の変化の仕方について追究する中で，天気の変化の仕方と雲の量や動きとの関係についての予想や仮説を基に，解決の方法を発想し，表現すること。	〔第4学年〕 (2)　人々の健康や生活環境を支える事業について，学習の問題を追究・解決する活動を通して，次の事項を身に付けることができるよう指導する。 　ア　次のような知識及び技能を身に付けること。 (ｱ)　飲料水，電気，ガスを供給する事業は，安全で安定的に供給できるよう進められていることや，地域の人々の健康な生活の維持と向上に役立っていることを理解すること。 (3)　自然災害から人々を守る活動について，学習の問題を追究・解決する活動を通して，次の事項を身に付けることができるよう指導する。 　ア　次のような知識及び技能を身に付けること。 (ｱ)　地域の関係機関や人々は，自然災害に対し，様々な協力をして対処してきたことや，今後想定される災害に対し，様々な備えをしていることを理解すること。 　　［※地震災害，津波災害，風水害，火山災害，雪害などの中から，過去に県内で発生したものを選択して取り上げること。「関係機関」については，県庁や市役所の働きなどを中心に取り上げ，防災情報の発信，避難体制の確保などの働き，自衛隊など国の機関との関わりを取り上げること。］ (ｲ)　聞き取り調査をしたり地図や年表などの資料で調べたりして，まとめること。 　イ　次のような思考力，判断力，表現力等を身に付けること。 (ｱ)　過去に発生した地域の自然災害，関係機関の協力などに着目して，災害から人々を守る活動を捉え，その働きを考え，表現すること。 　　［※地域で起こり得る災害を想定し，日頃から必要な備えをするなど，自分たちにできることなどを考えたり選択・判断したりできるよう配慮すること。］
…6学年〕 …生命・地球 …土地のつくりと変化 土地のつくりと変化について，土地やその中に含まれる物…着目して，土地のつくりやでき方を多面的に調べる活動を…して，次の事項を身に付けることができるよう指導する。 　次のことを理解するとともに，観察，実験などに関する…技能を身に付けること。 (ｳ)　土地は，火山の噴火や地震によって変化すること。 　　［※自然災害についても触れること。］ 　土地のつくりと変化について追究する中で，土地のつくりやでき方について，より妥当な考えをつくりだし，表現すること。	〔第5学年〕 (5)　我が国の国土の自然環境と国民生活との関連について，学習の問題を追究・解決する活動を通して，次の事項を身に付けることができるよう指導する。 　ア　次のような知識及び技能を身に付けること。 (ｱ)　自然災害は国土の自然条件などと関連して発生していることや，自然災害から国土を保全し国民生活を守るために国や県などが様々な対策や事業を進めていることを理解すること。 　　［※地震災害，津波災害，風水害，火山災害，雪害などを取り上げること。］ 　イ　次のような思考力，判断力，表現力等を身に付けること。 (ｱ)　災害の種類や発生の位置や時期，防災対策などに着目して，国土の自然災害の状況を捉え，自然条件との関連を考え，表現すること。
…天気，川，土地などの指導に当たっては，災害に関する基…的な理解が図られるようにすること。	〔第6学年〕 3 (1)　内容の(1)については，次のとおり取り扱うものとする。 　ウ　アの(ｲ)の「国や地方公共団体の政治」については，社会保障，自然災害からの復旧や復興，地域の開発や活性化などの取組の中から選択して取り上げること。

生活科	図画工作科
〔…1学年及び第2学年〕 …校，家庭及び地域の生活に関する内容〕 …学校生活に関わる活動を通して，学校の施設の様子や学校生活を支えている人々や友達，通学路の様…やその安全を守っている人々などについて考えることができ，学校での生活は様々な人や施設と関…っていることが分かり，楽しく安心して遊びや生活をしたり，安全な登下校をしたりしようとする。 …地域に関わる活動を通して，地域の場所やそこで生活したり働いたりしている人々について考える…ができ，自分たちの生活は様々な人や場所と関わっていることが分かり，それらに親しみや愛着を…，適切に接したり安全に生活したりしようとする。 〔…近な人々，社会及び自然と関わる活動に関する内容〕 …公共物や公共施設を利用する活動を通して，それらのよさを感じたり働きを捉えたりすることがで…，身の回りにはみんなで使うものがあることやそれらを支えている人々がいることなどが分かるとと…に，それらを大切にし，安全に気を付けて正しく利用しようとする。	第3 3　造形活動で使用する材料や用具，活動場所については，安全な扱い方について指導する，事前に点検するなどして，事故防止に留意するものとする。

付録6

防災を含む安全に関する教育（現代的な諸課題に関する教科等横断的な教育内容）

本資料は，中学校学習指導要領における「防災を含む安全に関する教育」について育成を目指す資質・能力に関連する各教科等の内容のうち（略）
各学校におかれては，それぞれの教育目標や生徒の実態を踏まえた上で，本資料をカリキュラム・マネジメントの参考としてご活用ください。

総則
第2の2 (2) 各学校においては，生徒や学校，地域の実態及び生徒の発達の段階を考慮し，豊かな人生の実現や災害等を乗り越えて次代の社会を（略）課程の編成を図るものとする。

総則	保健体育科
第1 2　学校の教育活動を進めるに当たっては，各学校において，第3の1に示す主体的・対話的で深い学びの実現に向けた授業改善を通して，創意工夫を生かした特色ある教育活動を展開する中で，次の(1)から(3)までに掲げる事項の実現を図り，生徒に生きる力を育むことを目指すものとする。 (3) 学校における体育・健康に関する指導を，生徒の発達の段階を考慮して，学校の教育活動全体を通じて適切に行うことにより，健康で安全な生活と豊かなスポーツライフの実現を目指した教育の充実に努めること。特に，学校における食育の推進並びに体力の向上に関する指導，安全に関する指導及び心身の健康の保持増進に関する指導については，保健体育科，技術・家庭科及び特別活動の時間はもとより，各教科，道徳科及び総合的な学習の時間などにおいてもそれぞれの特質に応じて適切に行うよう努めること。また，それらの指導を通して，家庭や地域社会との連携を図りながら，日常生活において適切な体育・健康に関する活動の実践を促し，生涯を通じて健康・安全で活力ある生活を送るための基礎が培われるよう配慮すること。 第5　学校運営上の留意事項 1　教育課程の改善と学校評価，教育課程外の活動との連携等 　イ　教育課程の編成及び実施に当たっては，学校保健計画，学校安全計画，食に関する指導の全体計画，いじめの防止等のための対策に関する基本的な方針など，各分野における学校の全体計画等と関連付けながら，効果的な指導が行われるように留意するものとする。 第6　道徳教育に関する配慮事項 　道徳教育を進めるに当たっては，道徳教育の特質を踏まえ，前項までに示す事項に加え，次の事項に配慮するものとする。 3　学校や学級内の人間関係や環境を整えるとともに，職場体験活動やボランティア活動，自然体験活動，地域の行事への参加などの豊かな体験を充実すること。また，道徳教育の指導内容が，生徒の日常生活に生かされるようにすること。その際，いじめの防止や安全の確保等にも資することとなるよう留意すること。	〔体育分野　第1学年及び第2学年〕 2　内容 A　体つくり運動 (3) 体つくり運動に積極的に取り組むとともに，仲間の学習を援助しようとすること，一人一人の（略）に応じた動きなどを認めようとすること，話合いに参加しようとすることなどや，健康・安全に配ること。 　　※「B器械運動」，「C陸上競技」，「D水泳」，「E球技」，「F武道」，「Gダンス」においても同様に記載。 　　また，第3学年の同領域においては，「健康・安全を確保すること」と記載。 H　体育理論 (2) 運動やスポーツの意義や効果と学び方や安全な行い方について，課題を発見し，その解決を目指した活動を通して，次の事項を身に付けることができるよう指導する。 　ア　運動やスポーツの意義や効果と学び方や安全な行い方について理解すること。 　　(ウ) 運動やスポーツを行う際は，その特性や目的，発達の段階や体調などを踏まえて運動を選び，健康・安全に留意する必要があること。 　イ　運動やスポーツの意義や効果と学び方や安全な行い方について，自己の課題を発見し，よりよい解決に向けて思考し判断するとともに，他者に伝えること。 　ウ　運動やスポーツの意義や効果と学び方や安全な行い方についての学習に積極的に取り組むこと。 〔内容の取扱い〕 　エ　「D水泳」の(1)の運動については，（略）。なお，学校や地域の実態に応じて，安全を確保するための泳ぎを加えて履修させることができること。また，泳法との関連において水中からのスタート及びターンを取り上げること。なお，水泳の指導については，適切な水泳場の確保が困難な場合はこれを扱わないことができるが，水泳の事故防止に関する心得については，必ず取り上げること。また，保健分野の応急手当との関連を図ること。 　カ　「F武道」については，（略）。また，武道場などの確保が難しい場合は指導方法を工夫して（略）とともに，学習段階や個人差を踏まえ，段階的な指導を行うなど安全を十分に確保すること。 (3) 内容の「A体つくり運動」から「Gダンス」までの領域及び運動の選択並びにその指導に当たっては，（略）。また，第3学年の領域の選択に当たっては，安全を十分に確保した上で，生徒が自由に選択して履修することができるよう配慮すること。その際，（略）。 (5) 集合，整頓，列の増減，方向変換などの行動の仕方を身に付け，能率的で安全な集団としての行動ができるようにするための指導については，内容の「A体つくり運動」から「Gダンス」までの領域において適切に行うものとする。 〔保健分野〕 (3) 傷害の防止について，課題を発見し，その解決を目指した活動を通して，次の事項を身に付けることができるよう指導する。 　ア　傷害の防止について理解を深めるとともに，応急手当をすること。 　　(ア) 交通事故や自然災害などによる傷害は，人的要因や環境要因などが関わって発生すること。 　　(イ) 交通事故などによる傷害の多くは，安全な行動，環境の改善によって防止できること。 　　(ウ) 自然災害による傷害は，災害発生時だけでなく，二次災害によっても生じること。また，自然災害による傷害の多くは，災害に備えておくこと，安全に避難することによって防止できること。 　　(エ) 応急手当を適切に行うことによって，傷害の悪化を防止することができること。また，心肺蘇生法などを行うこと。 　　※包帯法，止血法など傷害時の応急手当も取り扱い，実習を行うものとする。また，効果的な指導を行うため，水泳など体育分野の内容との関連を図るものとする。 　イ　傷害の防止について，危険の予測やその回避の方法を考え，それらを表現すること。

	特別の教科　道徳
	第2 A　主として自分自身に関すること [節度，節制] 　望ましい生活習慣を身に付け，心身の健康の増進を図り，節度を守り節制に心掛け，安全で調和のある生活をすること。 D　主として生命や自然，崇高なものとの関わりに関すること [生命の尊さ] 　生命の尊さについて，その連続性や有限性なども含めて理解し，かけがえのない生命を尊重すること。

付録6

中学校

のを抜粋し，通覧性を重視して掲載したものです。

に向けた現代的な諸課題に対応して求められる資質・能力を，教科等横断的な視点で育成していくことができるよう，各学校の特色を生かした教育

社会科	理科
的分野） 日本の様々な地域 地域調査の手法 ※地域調査に当たっては，対象地域は学校周辺とし，主題は学校所在地の事情を踏まえて，防災，人口の偏在，産業の変容，交通の発達などの事象から適切に設定し，観察や調査を指導計画に位置付けて実施すること。なお，学習の効果を高めることができる場合には，内容のCの(3)の中の学校所在地を含む地域の学習や，Cの(4)と結び付けて扱うことができること。 場所などに着目して，課題を追究したり解決したりする活動を通して次の事項を身に付けることができるよう指導する。 次のような知識及び技能を身に付けること。 ア) 観察や野外調査，文献調査を行う際の視点や方法，地理的なまとめ方の基礎を理解すること。 イ) 地形図や主題図の読図，目的や用途に適した地図の作成などの地理的な技能を身に付けること。 次のような思考力，判断力，表現力等を身に付けること。 ア) 地域調査において，対象となる場所の特徴などに着目して，適切な主題や調査，まとめとなるように，調査の手法やその結果を多面的・多角的に考察し，表現すること。 日本の地域的特色と地域区分 次の①から④までの項目を取り上げ，分布や地域などに着目して，課を追究したり解決したりする活動を通して，以下のア及びイの事項に付けることができるよう指導する。 自然環境　② 人口　③ 資源・エネルギーと産業 交通・通信 次のような知識及び技能を身に付けること。 ア) 日本の地形や気候の特色，海洋に囲まれた日本の国土の特色，自然災害と防災への取組などを基に，日本の自然環境に関する特色を理解すること。 次のような思考力，判断力，表現力等を身に付けること。 ア) ①から④までの項目について，それぞれの地域区分を，地域の共通点や差異，分布などに着目して，多面的・多角的に考察し，表現すること。 イ) 日本の地域的特色を，①から④までの項目に基づく地域区分などに着目して，それらを関連付けて多面的・多角的に考察し，表現すること。 日本の諸地域 次の①から⑤までの考察の仕方を基にして，空間的相互依存作用や地などに着目して，主題を設けて課題を追究したり解決したりする活動通して，以下のア及びイの事項を身に付けることができるよう指導する。 自然環境を中核とした考察の仕方 人口や都市・村落を中核とした考察の仕方 産業を中核とした考察の仕方 交通や通信を中核とした考察の仕方 その他の事象を中核とした考察の仕方 次のような知識を身に付けること。 ア) 幾つかに区分した日本のそれぞれの地域について，その地域的特色や地域の課題を理解すること。 イ) ①から⑤までの考察の仕方で取り上げた特色ある事象と，それに関連する他の事象や，そこで生ずる課題を理解すること。 次のような思考力，判断力，表現力等を身に付けること。 ア) 日本の諸地域において，それぞれ①から⑤までで扱う中核となる事象の成立条件を，地域の広がりや地域内の結び付き，人々の対応などに着目して，他の事象やそこで生ずる課題と有機的に関連付けて多面的・多角的に考察し，表現すること。 地域の在り方 ※取り上げる地域や課題については，各学校において具体的に地域の在り方を考察できるような，適切な規模の地域や適切な課題を取り上げること。 空間的相互依存作用や地域などに着目して，課題を追究したり解決したりする活動を通して，次の事項を身に付けることができるよう指導する。 次のような知識を身に付けること。 ア) 地域の実態や課題解決のための取組を理解すること。 イ) 地域的な課題の解決に向けて考察，構想したことを適切に説明，議論しまとめる手法について理解すること。 次のような思考力，判断力，表現力等を身に付けること。 ア) 地域の在り方を，地域の結び付きや地域の変容，持続可能性などに着目し，そこで見られる地理的な課題について多面的・多角的に考察，構想し，表現すること。 内容のA，B及びCについては，この順序で取り扱うものとし，既習学習成果を生かすこと。 内容のCについては，次のとおり取り扱うものとする。 (1)については，次のとおり取り扱うものとする。	〔第2分野〕 (2) 大地の成り立ちと変化 ア 大地の成り立ちと変化を地表に見られる様々な事物・現象と関連付けながら，次のことを理解するとともに，それらの観察，実験などに関する技能を身に付けること。 (ア) 身近な地形や地層，岩石の観察 ⑦ 身近な地形や地層，岩石の観察 身近な地形や地層，岩石などの観察を通して，土地の成り立ちや広がり，構成物などについて理解するとともに，観察器具の操作，記録の仕方などの技能を身に付けること。 (イ) 地層の重なりと過去の様子 ⑦ 地層の重なりと過去の様子 地層の様子やその構成物などから地層のでき方を考察し，重なり方や広がり方についての規則性を見いだして理解するとともに，地層とその中の化石を手掛かりとして過去の環境と地質年代を推定できることを理解すること。 (ウ) 火山と地震 ⑦ 火山活動と火成岩 火山の形，活動の様子及びその噴出物を調べ，それらを地下のマグマの性質と関連付けて理解するとともに，火山岩と深成岩の観察を行い，それらの組織の違いを成因と関連付けて理解すること。 ［※「火山」については，粘性と関係付けながら代表的な火山を扱うこと。「マグマの性質」については，粘性を扱うこと。「火山岩」及び「深成岩」については，代表的な岩石を扱うこと。また，代表的な造岩鉱物も扱うこと。］ ⑦ 地震の伝わり方と地球内部の働き 地震の体験や記録を基に，その揺れの大きさや伝わり方の規則性に気付くとともに，地震の原因を地球内部の働きと関連付けて理解し，地震に伴う土地の変化の様子を理解すること。 ［※地震の現象面を中心に扱い，初期微動継続時間と震源までの距離との定性的な関係にも触れること。また，「地球内部の働き」については，日本付近のプレートの動きを中心に扱い，地球規模でのプレートの動きにも触れること。その際，津波発生の仕組みについても触れること。］ (エ) 自然の恵みと火山災害・地震災害 ⑦ 自然の恵みと火山災害・地震災害 自然がもたらす恵み及び火山災害と地震災害について調べ，これらを火山活動や地震発生の仕組みと関連付けて理解すること。 ［※「火山災害と地震災害」については，記録や資料などを用いて調べること。］ イ 大地の成り立ちと変化について　問題を見いだし見通しをもって観察，実験などを行い，地層の重なり方や広がり方の規則性，地下のマグマの性質と火山の形との関係性などを見いだして表現すること。 (4) 気象とその変化 ア 気象要素と天気の変化との関係に着目しながら，次のことを理解するとともに，それらの観察，実験などに関する技能を身に付けること。 (ア) 気象観測 ⑦ 気象要素 気象要素として，気温，湿度，気圧，風向などを理解すること。また，気圧を取り上げ，圧力についての実験を行い，圧力は力の大きさと面積に関係があることを見いだして理解するとともに，大気圧の実験を行い，その結果を空気の重さと関連付けて理解すること。 ⑦ 気象観測 校庭などで気象観測を継続的に行い，その観測記録などに基づいて，気温，湿度，気圧，風向などの変化と天気との関係を見いだして理解するとともに，観測方法や記録の仕方を身に付けること。 (イ) 天気の変化 ⑦ 霧や雲の発生 霧や雲の発生についての観察，実験を行い，そのでき方を気圧，気温及び湿度の変化と関連付けて理解すること。 ⑦ 前線の通過と天気の変化 前線の通過に伴う天気の変化の観測結果などに基づいて，その変化を暖気，寒気と関連付けて理解すること。 (ウ) 日本の気象 ⑦ 日本の天気の特徴 天気図や気象衛星画像などから，日本の天気の特徴を気団と関連付けて理解すること。 ⑦ 大気の動きと海洋の影響 気象衛星画像や調査記録などから，日本の気象を日本付近の大気の動きや海洋の影響に関連付けて理解すること。 (エ) 自然の恵みと気象災害 ⑦ 自然の恵みと気象災害 気象現象がもたらす恵みと気象災害について調べ，これらを天

付録6

[自然愛護]
自然の崇高さを知り、自然環境を大切にすることの意義を理解し、進んで自然の愛護に努めるこ

総合的な学習の時間

第2
3
(5) 目標を実現するにふさわしい探究課題については、学校の実態に応じて、例えば、国際理解
報、環境、福祉・健康などの現代的な諸課題に対応する横断的・総合的な課題、地域や学校の特
応じた課題、生徒の興味・関心に基づく課題、職業や自己の将来に関する課題などを踏まえて設
ること。

特別活動

〔学級活動〕
(2) 日常の生活や学習への適応と自己の成長及び健康安全
　エ　心身ともに健康で安全な生活態度や習慣の形成
　　　節度ある生活を送るなど現在及び生涯にわたって心身の健康を保持増進することや、事件
　　故、災害等から身を守り安全に行動すること。

〔学校行事〕
(3) 健康安全・体育的行事
　　心身の健全な発達や健康の保持増進、事件や事故、災害等から身を守る安全な行動や規律ある
　行動の体得、運動に親しむ態度の育成、責任感や連帯感の涵養、体力の向上などに資するように
　こと。

〔技術分野〕
A　材料と加工の技術
(2) 生活や社会における問題を、材料と加工の技術によって解決する活動を通して、次の事項を身に付
　　ア　製作に必要な図をかき、安全・適切な製作や検査・点検等ができること。
B　生物育成の技術
(2) 生活や社会における問題を、生物育成の技術によって解決する活動を通して、次の事項を身に付
　　ア　安全・適切な栽培又は飼育、検査等ができること。
C　エネルギー変換の技術
(2) 生活や社会における問題を、エネルギー変換の技術によって解決する活動を通して、次の事項を身
　　ア　安全・適切な製作、実装、点検及び調整等ができること。
［※内容の「Cエネルギー変換の技術」の (1) については、電気機器や屋内配線等の生活の中で使用
［※各内容における (1) については、次のとおり取り扱うものとする。
　　イ　イでは、社会からの要求、安全性、環境負荷や経済性などに着目し、技術が最適化されてき
［※各内容における (2) 及び内容の「D情報の技術」の (3) については、次のとおり取り扱うものとす
　　エ　製作・制作・育成場面で使用する工具・機器や材料等については、図画工作科等の学習経験

〔家庭分野〕
B　衣食住の生活
　　次の (1) から (7) までの項目について、課題をもって、健康・快適・安全で豊かな食生活、衣生
(3) 日常食の調理と地域の食文化
　　ア　次のような知識及び技能を身に付けること。
　　　(イ) 食品や調理用具等の安全と衛生に留意した管理について理解し、適切にできること。
(5) 生活を豊かにするための布を用いた製作
　　ア　製作する物に適した材料や縫い方について理解し、用具を安全に取り扱い、製作が適切にでき
(6) 住居の機能と安全な住まい方
　　ア　次のような知識を身に付けること。
　　　(イ) 家庭内の事故の防ぎ方など家族の安全を考えた住空間の整え方について理解すること。
　　イ　家族の安全を考えた住空間の整え方について考え、工夫すること。
［※内容の「B衣食住の生活」については、次のとおり取り扱うものとする。
　　ク　(6) のアについては、簡単な図などによる住空間の構想を扱うこと。また、ア及びイについ
　　　いても扱うこと。

第3
3　実習の指導に当たっては、施設・設備の安全管理に配慮し、学習環境を整備するとともに、火気
　　家庭分野においては、幼児や高齢者と関わるなど校外での学習について、事故の防止策及び事故
　ものとする。

ｱ) 地域調査に当たっては，対象地域は学校周辺とし，主題は学校所在地の事情を踏まえて，防災，人口の偏在，産業の変容，交通の発達などの事象から適切に設定し，観察や調査を指導計画に位置付けて実施すること。なお，学習の効果を高めることができる場合には，内容のCの (3) の中の学校所在地を含む地域の学習や，Cの (4) と結び付けて扱うことができること。

ｲ) 様々な資料を的確に読み取ったり，地図を有効に活用して事象を説明したりするなどの作業的な学習活動を取り入れること。また，課題の追究に当たり，例えば，防災に関わり危険を予測したり，人口の偏在に関わり人口動態を推測したりする際には，縮尺の大きな地図や統計その他の資料を含む地理空間情報を適切に取り扱い，その活用の技能を高めるようにすること。

(3) については，次のとおり取り扱うものとする。

ｳ) 地域の考察に当たっては，そこに暮らす人々の生活・文化，地域の伝統や歴史的な背景，地域の持続可能な社会づくりを踏まえた視点に留意すること。

〔公民的分野〕
Ａ 私たちと現代社会
(1) 私たちが生きる現代社会と文化の特色
　位置や空間的な広がり，推移や変化などに着目して，課題を追究したり解決したりする活動を通して，次の事項を身に付けることができるよう指導する。
ア 次のような知識を身に付けること。
(ｱ) 現代日本の特色として少子高齢化，情報化，グローバル化などが見られることについて理解すること。
　　　［※「情報化」については，人工知能の急速な進化などによる産業や社会の構造的な変化などと関連付けたり，災害時における防災情報の発信・活用などの具体的事例を取り上げたりすること。］

Ｃ 私たちと経済
(2) 国民の生活と政府の役割
　対立と合意，効率と公正，分業と交換，希少性などに着目して，課題を追究したり解決したりする活動を通して，次の事項を身に付けることができるよう指導する。
ア 次のような知識を身に付けること。
(ｱ) 社会資本の整備，公害の防止など環境の保全，少子高齢社会における社会保障の充実・安定化，消費者の保護について，それらの意義を理解すること。

Ｄ 私たちと国際社会の諸課題
(1) 世界平和と人類の福祉の増大
　対立と合意，効率と公正，協調，持続可能性などに着目して，課題を追究したり解決したりする活動を通して，次の事項を身に付けることができるよう指導する。
イ 次のような思考力，判断力，表現力等を身に付けること。
(ｱ) 日本国憲法の平和主義を基に，我が国の安全と防衛，国際貢献を含む国際社会における我が国の役割について多面的・多角的に考察，構想し，表現すること。

気の変化や日本の気象と関連付けて理解すること。
　　　［※「気象災害」については，記録や資料などを用いて調べること。］
イ 気象とその変化について，見通しをもって解決する方法を立案して観察，実験などを行い，その結果を分析して解釈し，天気の変化や日本の気象についての規則性や関係性を見いだして表現すること。

(7) 自然と人間
　自然環境を調べる観察，実験などを通して，次の事項を身に付けることができるよう指導する。
ア 日常生活や社会と関連付けながら，次のことを理解するとともに，自然環境を調べる観察，実験などに関する技能を身に付けること。
　(ｱ) 生物と環境
　　㋒ 地域の自然災害
　　　　地域の自然災害について，総合的に調べ，自然と人間との関わり方について認識すること。
イ 身近な自然環境や地域の自然災害などを調べる観察，実験などを行い，自然環境の保全と科学技術の利用の在り方について，科学的に考察して判断すること。
　　　［※地域の自然災害を調べたり，記録や資料を基に調べたりするなどの活動を行うこと。］

第3
3 観察，実験，野外観察の指導に当たっては，特に事故防止に十分留意するとともに，使用薬品の管理及び廃棄についても適切な措置をとるよう配慮するものとする。

美術科

第3
3 事故防止のため，特に，刃物類，塗料，器具などの使い方の指導と保管，活動場所における安全指導などを徹底するものとする。

技術・家庭科

ができるよう指導する。

できるよう指導する。

ことができるよう指導する。
やシステムの安全な使用についても扱うものとする。］

気付かせること。］

るとともに，安全や健康に十分に配慮して選択すること。］

活に向けて考え，工夫する活動を通して，次の事項を身に付けることができるよう指導する。

の「Ａ家族・家庭生活」の (2) 及び (3) との関連を図ること。さらに，アの (ｲ) 及びイについては，自然災害に備えた住空間の整え方につ

材料などの取扱いに注意して事故防止の指導を徹底し，安全と衛生に十分留意するものとする。（略）
対応策等を綿密に計画するとともに，相手に対する配慮にも十分留意するものとする。また，調理実習については，食物アレルギーにも配慮する

幼稚園教育要領

　教育は，教育基本法第1条に定めるとおり，人格の完成を目指し，平和で民主的な国家及び社会の形成者として必要な資質を備えた心身ともに健康な国民の育成を期すという目的のもと，同法第2条に掲げる次の目標を達成するよう行われなければならない。

1　幅広い知識と教養を身に付け，真理を求める態度を養い，豊かな情操と道徳心を培うとともに，健やかな身体を養うこと。
2　個人の価値を尊重して，その能力を伸ばし，創造性を培い，自主及び自律の精神を養うとともに，職業及び生活との関連を重視し，勤労を重んずる態度を養うこと。
3　正義と責任，男女の平等，自他の敬愛と協力を重んずるとともに，公共の精神に基づき，主体的に社会の形成に参画し，その発展に寄与する態度を養うこと。
4　生命を尊び，自然を大切にし，環境の保全に寄与する態度を養うこと。
5　伝統と文化を尊重し，それらをはぐくんできた我が国と郷土を愛するとともに，他国を尊重し，国際社会の平和と発展に寄与する態度を養うこと。

　また，幼児期の教育については，同法第11条に掲げるとおり，生涯にわたる人格形成の基礎を培う重要なものであることにかんがみ，国及び地方公共団体は，幼児の健やかな成長に資する良好な環境の整備その他適当な方法によって，その振興に努めなければならないこととされている。

　これからの幼稚園には，学校教育の始まりとして，こうした教育の目的及び目標の達成を目指しつつ，一人一人の幼児が，将来，自分のよさや可能性を認識するとともに，あらゆる他者を価値のある存在として尊重し，多様な人々と協働しながら様々な社会的変化を乗り越え，豊かな人生を切り拓き，持続可能な社会の創り手となることができるようにするための基礎を培うことが求められる。このために必要な教育の在り方を具体化するのが，各幼稚園において教育の内容等を組織的かつ計画的に組み立てた教育課程である。

　教育課程を通して，これからの時代に求められる教育を実現していくためには，よりよい学校教育を通してよりよい社会を創るという理念を学校と社会とが共有し，それぞれの幼稚園において，幼児期にふさわしい生活をどのように展開し，どのような資質・能力を育むようにするのかを教育課程において明確にしながら，社会との連携及び協働によりその実現を図っていくという，社会に開かれた教育課程の実現が重要となる。

　幼稚園教育要領とは，こうした理念の実現に向けて必要となる教育課程の基準を大綱的に定めるものである。幼稚園教育要領が果たす役割の一つは，公の性質を有する幼稚園における教育水準を全国的に確保することである。また，各幼稚園がその特色を生かして創意工夫を重ね，長年にわたり積み重ねられてきた教育実践や学術研究の蓄積を生かしながら，幼児や地域の現状や課題を捉え，家庭や地域社会と協力して，幼稚園教育要領を踏まえた教育活動の更なる充実を図っていくことも重要である。

　幼児の自発的な活動としての遊びを生み出すために必要な環境を整え，一人一人の資質・能力を育んでいくことは，教職員をはじめとする幼稚園関係者はもとより，家庭や地域の人々も含め，様々な立場から幼児や幼稚園に関わる全ての大人に期待される役割である。家庭との緊密な連携の下，小学校以降の教育や生涯にわたる学習とのつながりを見通しながら，幼児の自発的な活動としての遊びを通しての総合的な指導をする際に広く活用されるものとなることを期待して，ここに幼稚園教育要領を定める。

付録7

第1章 総則

第1 幼稚園教育の基本

　幼児期の教育は，生涯にわたる人格形成の基礎を培う重要なものであり，幼稚園教育は，学校教育法に規定する目的及び目標を達成するため，幼児期の特性を踏まえ，環境を通して行うものであることを基本とする。

　このため教師は，幼児との信頼関係を十分に築き，幼児が身近な環境に主体的に関わり，環境との関わり方や意味に気付き，これらを取り込もうとして，試行錯誤したり，考えたりするようになる幼児期の教育における見方・考え方を生かし，幼児と共によりよい教育環境を創造するように努めるものとする。これらを踏まえ，次に示す事項を重視して教育を行わなければならない。

1　幼児は安定した情緒の下で自己を十分に発揮することにより発達に必要な体験を得ていくものであることを考慮して，幼児の主体的な活動を促し，幼児期にふさわしい生活が展開されるようにすること。

2　幼児の自発的な活動としての遊びは，心身の調和のとれた発達の基礎を培う重要な学習であることを考慮して，遊びを通しての指導を中心として第2章に示すねらいが総合的に達成されるようにすること。

3　幼児の発達は，心身の諸側面が相互に関連し合い，多様な経過をたどって成し遂げられていくものであること，また，幼児の生活経験がそれぞれ異なることなどを考慮して，幼児一人一人の特性に応じ，発達の課題に即した指導を行うようにすること。

　その際，教師は，幼児の主体的な活動が確保されるよう幼児一人一人の行動の理解と予想に基づき，計画的に環境を構成しなければならない。この場合において，教師は，幼児と人やものとの関わりが重要であることを踏まえ，教材を工夫し，物的・空間的環境を構成しなければならない。また，幼児一人一人の活動の場面に応じて，様々な役割を果たし，その活動を豊かにしなければならない。

第2 幼稚園教育において育みたい資質・能力及び「幼児期の終わりまでに育ってほしい姿」

1　幼稚園においては，生きる力の基礎を育むため，この章の第1に示す幼稚園教育の基本を踏まえ，次に掲げる資質・能力を一体的に育むよう努めるものとする。
  (1) 豊かな体験を通じて，感じたり，気付いたり，分かったり，できるようになったりする「知識及び技能の基礎」
  (2) 気付いたことや，できるようになったことなどを使い，考えたり，試したり，工夫したり，表現したりする「思考力，判断力，表現力等の基礎」
  (3) 心情，意欲，態度が育つ中で，よりよい生活を営もうとする「学びに向かう力，人間性等」
2　1に示す資質・能力は，第2章に示すねらい及び内容に基づく活動全体によって育むものである。
3　次に示す「幼児期の終わりまでに育ってほしい姿」は，第2章に示すねらい及び内容に基づく活動全体を通して資質・能力が育まれている幼児の幼稚園修了時の具体的な姿であり，教師が指導を行う際に考慮するものである。
  (1) 健康な心と体
  　　幼稚園生活の中で，充実感をもって自分のやりたいことに向かって心と体を十分に働かせ，見通しをもって行動し，自ら健康で安全な生活をつくり出すようになる。
  (2) 自立心
  　　身近な環境に主体的に関わり様々な活動を楽しむ中で，しなければならないことを自覚し，

自分の力で行うために考えたり，工夫したりしながら，諦めずにやり遂げることで達成感を味わい，自信をもって行動するようになる。

(3) 協同性

友達と関わる中で，互いの思いや考えなどを共有し，共通の目的の実現に向けて，考えたり，工夫したり，協力したりし，充実感をもってやり遂げるようになる。

(4) 道徳性・規範意識の芽生え

友達と様々な体験を重ねる中で，してよいことや悪いことが分かり，自分の行動を振り返ったり，友達の気持ちに共感したりし，相手の立場に立って行動するようになる。また，きまりを守る必要性が分かり，自分の気持ちを調整し，友達と折り合いを付けながら，きまりをつくったり，守ったりするようになる。

(5) 社会生活との関わり

家族を大切にしようとする気持ちをもつとともに，地域の身近な人と触れ合う中で，人との様々な関わり方に気付き，相手の気持ちを考えて関わり，自分が役に立つ喜びを感じ，地域に親しみをもつようになる。また，幼稚園内外の様々な環境に関わる中で，遊びや生活に必要な情報を取り入れ，情報に基づき判断したり，情報を伝え合ったり，活用したりするなど，情報を役立てながら活動するようになるとともに，公共の施設を大切に利用するなどして，社会とのつながりなどを意識するようになる。

(6) 思考力の芽生え

身近な事象に積極的に関わる中で，物の性質や仕組みなどを感じ取ったり，気付いたりし，考えたり，予想したり，工夫したりするなど，多様な関わりを楽しむようになる。また，友達の様々な考えに触れる中で，自分と異なる考えがあることに気付き，自ら判断したり，考え直したりするなど，新しい考えを生み出す喜びを味わいながら，自分の考えをよりよいものにするようになる。

(7) 自然との関わり・生命尊重

自然に触れて感動する体験を通して，自然の変化などを感じ取り，好奇心や探究心をもって考え言葉などで表現しながら，身近な事象への関心が高まるとともに，自然への愛情や畏敬の念をもつようになる。また，身近な動植物に心を動かされる中で，生命の不思議さや尊さに気付き，身近な動植物への接し方を考え，命あるものとしていたわり，大切にする気持ちをもって関わるようになる。

(8) 数量や図形，標識や文字などへの関心・感覚

遊びや生活の中で，数量や図形，標識や文字などに親しむ体験を重ねたり，標識や文字の役割に気付いたりし，自らの必要感に基づきこれらを活用し，興味や関心，感覚をもつようになる。

(9) 言葉による伝え合い

先生や友達と心を通わせる中で，絵本や物語などに親しみながら，豊かな言葉や表現を身に付け，経験したことや考えたことなどを言葉で伝えたり，相手の話を注意して聞いたりし，言葉による伝え合いを楽しむようになる。

(10) 豊かな感性と表現

心を動かす出来事などに触れ感性を働かせる中で，様々な素材の特徴や表現の仕方などに気付き，感じたことや考えたことを自分で表現したり，友達同士で表現する過程を楽しんだりし，表現する喜びを味わい，意欲をもつようになる。

第3　教育課程の役割と編成等

1　教育課程の役割

　　各幼稚園においては，教育基本法及び学校教育法その他の法令並びにこの幼稚園教育要領の示すところに従い，創意工夫を生かし，幼児の心身の発達と幼稚園及び地域の実態に即応した適切な教育課程を編成するものとする。

　　また，各幼稚園においては，6に示す全体的な計画にも留意しながら，「幼児期の終わりまでに育ってほしい姿」を踏まえ教育課程を編成すること，教育課程の実施状況を評価してその改善を図っていくこと，教育課程の実施に必要な人的又は物的な体制を確保するとともにその改善を図っていくことなどを通して，教育課程に基づき組織的かつ計画的に各幼稚園の教育活動の質の向上を図っていくこと（以下「カリキュラム・マネジメント」という。）に努めるものとする。

2　各幼稚園の教育目標と教育課程の編成

　　教育課程の編成に当たっては，幼稚園教育において育みたい資質・能力を踏まえつつ，各幼稚園の教育目標を明確にするとともに，教育課程の編成についての基本的な方針が家庭や地域とも共有されるよう努めるものとする。

3　教育課程の編成上の基本的事項

(1)　幼稚園生活の全体を通して第2章に示すねらいが総合的に達成されるよう，教育課程に係る教育期間や幼児の生活経験や発達の過程などを考慮して具体的なねらいと内容を組織するものとする。この場合においては，特に，自我が芽生え，他者の存在を意識し，自己を抑制しようとする気持ちが生まれる幼児期の発達の特性を踏まえ，入園から修了に至るまでの長期的な視野をもって充実した生活が展開できるように配慮するものとする。

(2)　幼稚園の毎学年の教育課程に係る教育週数は，特別の事情のある場合を除き，39週を下ってはならない。

(3)　幼稚園の1日の教育課程に係る教育時間は，4時間を標準とする。ただし，幼児の心身の発達の程度や季節などに適切に配慮するものとする。

4　教育課程の編成上の留意事項

　　教育課程の編成に当たっては，次の事項に留意するものとする。

(1)　幼児の生活は，入園当初の一人一人の遊びや教師との触れ合いを通して幼稚園生活に親しみ，安定していく時期から，他の幼児との関わりの中で幼児の主体的な活動が深まり，幼児が互いに必要な存在であることを認識するようになり，やがて幼児同士や学級全体で目的をもって協同して幼稚園生活を展開し，深めていく時期などに至るまでの過程を様々に経ながら広げられていくものであることを考慮し，活動がそれぞれの時期にふさわしく展開されるようにすること。

(2)　入園当初，特に，3歳児の入園については，家庭との連携を緊密にし，生活のリズムや安全面に十分配慮すること。また，満3歳児については，学年の途中から入園することを考慮し，幼児が安心して幼稚園生活を過ごすことができるよう配慮すること。

(3)　幼稚園生活が幼児にとって安全なものとなるよう，教職員による協力体制の下，幼児の主体的な活動を大切にしつつ，園庭や園舎などの環境の配慮や指導の工夫を行うこと。

5　小学校教育との接続に当たっての留意事項

(1)　幼稚園においては，幼稚園教育が，小学校以降の生活や学習の基盤の育成につながることに配慮し，幼児期にふさわしい生活を通して，創造的な思考や主体的な生活態度などの基礎を培うようにするものとする。

(2)　幼稚園教育において育まれた資質・能力を踏まえ，小学校教育が円滑に行われるよう，小学校の教師との意見交換や合同の研究の機会などを設け，「幼児期の終わりまでに育ってほしい

姿」を共有するなど連携を図り，幼稚園教育と小学校教育との円滑な接続を図るよう努めるものとする。
6　全体的な計画の作成
　各幼稚園においては，教育課程を中心に，第3章に示す教育課程に係る教育時間の終了後等に行う教育活動の計画，学校保健計画，学校安全計画などを関連させ，一体的に教育活動が展開されるよう全体的な計画を作成するものとする。

第4　指導計画の作成と幼児理解に基づいた評価
1　指導計画の考え方
　幼稚園教育は，幼児が自ら意欲をもって環境と関わることによりつくり出される具体的な活動を通して，その目標の達成を図るものである。
　幼稚園においてはこのことを踏まえ，幼児期にふさわしい生活が展開され，適切な指導が行われるよう，それぞれの幼稚園の教育課程に基づき，調和のとれた組織的，発展的な指導計画を作成し，幼児の活動に沿った柔軟な指導を行わなければならない。
2　指導計画の作成上の基本的事項
(1) 指導計画は，幼児の発達に即して一人一人の幼児が幼児期にふさわしい生活を展開し，必要な体験を得られるようにするために，具体的に作成するものとする。
(2) 指導計画の作成に当たっては，次に示すところにより，具体的なねらい及び内容を明確に設定し，適切な環境を構成することなどにより活動が選択・展開されるようにするものとする。
　ア　具体的なねらい及び内容は，幼稚園生活における幼児の発達の過程を見通し，幼児の生活の連続性，季節の変化などを考慮して，幼児の興味や関心，発達の実情などに応じて設定すること。
　イ　環境は，具体的なねらいを達成するために適切なものとなるように構成し，幼児が自らその環境に関わることにより様々な活動を展開しつつ必要な体験を得られるようにすること。その際，幼児の生活する姿や発想を大切にし，常にその環境が適切なものとなるようにすること。
　ウ　幼児の行う具体的な活動は，生活の流れの中で様々に変化するものであることに留意し，幼児が望ましい方向に向かって自ら活動を展開していくことができるよう必要な援助をすること。

　その際，幼児の実態及び幼児を取り巻く状況の変化などに即して指導の過程についての評価を適切に行い，常に指導計画の改善を図るものとする。
3　指導計画の作成上の留意事項
　指導計画の作成に当たっては，次の事項に留意するものとする。
(1) 長期的に発達を見通した年，学期，月などにわたる長期の指導計画やこれとの関連を保ちながらより具体的な幼児の生活に即した週，日などの短期の指導計画を作成し，適切な指導が行われるようにすること。特に，週，日などの短期の指導計画については，幼児の生活のリズムに配慮し，幼児の意識や興味の連続性のある活動が相互に関連して幼稚園生活の自然な流れの中に組み込まれるようにすること。
(2) 幼児が様々な人やものとの関わりを通して，多様な体験をし，心身の調和のとれた発達を促すようにしていくこと。その際，幼児の発達に即して主体的・対話的で深い学びが実現するようにするとともに，心を動かされる体験が次の活動を生み出すことを考慮し，一つ一つの体験が相互に結び付き，幼稚園生活が充実するようにすること。

(3) 言語に関する能力の発達と思考力等の発達が関連していることを踏まえ，幼稚園生活全体を通して，幼児の発達を踏まえた言語環境を整え，言語活動の充実を図ること。
(4) 幼児が次の活動への期待や意欲をもつことができるよう，幼児の実態を踏まえながら，教師や他の幼児と共に遊びや生活の中で見通しをもったり，振り返ったりするよう工夫すること。
(5) 行事の指導に当たっては，幼稚園生活の自然の流れの中で生活に変化や潤いを与え，幼児が主体的に楽しく活動できるようにすること。なお，それぞれの行事についてはその教育的価値を十分検討し，適切なものを精選し，幼児の負担にならないようにすること。
(6) 幼児期は直接的な体験が重要であることを踏まえ，視聴覚教材やコンピュータなど情報機器を活用する際には，幼稚園生活では得難い体験を補完するなど，幼児の体験との関連を考慮すること。
(7) 幼児の主体的な活動を促すためには，教師が多様な関わりをもつことが重要であることを踏まえ，教師は，理解者，共同作業者など様々な役割を果たし，幼児の発達に必要な豊かな体験が得られるよう，活動の場面に応じて，適切な指導を行うようにすること。
(8) 幼児の行う活動は，個人，グループ，学級全体などで多様に展開されるものであることを踏まえ，幼稚園全体の教師による協力体制を作りながら，一人一人の幼児が興味や欲求を十分に満足させるよう適切な援助を行うようにすること。

4 幼児理解に基づいた評価の実施
幼児一人一人の発達の理解に基づいた評価の実施に当たっては，次の事項に配慮するものとする。
(1) 指導の過程を振り返りながら幼児の理解を進め，幼児一人一人のよさや可能性などを把握し，指導の改善に生かすようにすること。その際，他の幼児との比較や一定の基準に対する達成度についての評定によって捉えるものではないことに留意すること。
(2) 評価の妥当性や信頼性が高められるよう創意工夫を行い，組織的かつ計画的な取組を推進するとともに，次年度又は小学校等にその内容が適切に引き継がれるようにすること。

第5 特別な配慮を必要とする幼児への指導

1 障害のある幼児などへの指導
障害のある幼児などへの指導に当たっては，集団の中で生活することを通して全体的な発達を促していくことに配慮し，特別支援学校などの助言又は援助を活用しつつ，個々の幼児の障害の状態などに応じた指導内容や指導方法の工夫を組織的かつ計画的に行うものとする。また，家庭，地域及び医療や福祉，保健等の業務を行う関係機関との連携を図り，長期的な視点で幼児への教育的支援を行うために，個別の教育支援計画を作成し活用することに努めるとともに，個々の幼児の実態を的確に把握し，個別の指導計画を作成し活用することに努めるものとする。

2 海外から帰国した幼児や生活に必要な日本語の習得に困難のある幼児の幼稚園生活への適応
海外から帰国した幼児や生活に必要な日本語の習得に困難のある幼児については，安心して自己を発揮できるよう配慮するなど個々の幼児の実態に応じ，指導内容や指導方法の工夫を組織的かつ計画的に行うものとする。

第6 幼稚園運営上の留意事項

1 各幼稚園においては，園長の方針の下に，園務分掌に基づき教職員が適切に役割を分担しつつ，相互に連携しながら，教育課程や指導の改善を図るものとする。また，各幼稚園が行う学校評価については，教育課程の編成，実施，改善が教育活動や幼稚園運営の中核となることを踏まえ，カリキュラム・マネジメントと関連付けながら実施するよう留意するものとする。

付録7

2　幼児の生活は，家庭を基盤として地域社会を通じて次第に広がりをもつものであることに留意し，家庭との連携を十分に図るなど，幼稚園における生活が家庭や地域社会と連続性を保ちつつ展開されるようにするものとする。その際，地域の自然，高齢者や異年齢の子供などを含む人材，行事や公共施設などの地域の資源を積極的に活用し，幼児が豊かな生活体験を得られるように工夫するものとする。また，家庭との連携に当たっては，保護者との情報交換の機会を設けたり，保護者と幼児との活動の機会を設けたりなどすることを通じて，保護者の幼児期の教育に関する理解が深まるよう配慮するものとする。

3　地域や幼稚園の実態等により，幼稚園間に加え，保育所，幼保連携型認定こども園，小学校，中学校，高等学校及び特別支援学校などとの間の連携や交流を図るものとする。特に，幼稚園教育と小学校教育の円滑な接続のため，幼稚園の幼児と小学校の児童との交流の機会を積極的に設けるようにするものとする。また，障害のある幼児児童生徒との交流及び共同学習の機会を設け，共に尊重し合いながら協働して生活していく態度を育むよう努めるものとする。

第7　教育課程に係る教育時間終了後等に行う教育活動など

幼稚園は，第3章に示す教育課程に係る教育時間の終了後等に行う教育活動について，学校教育法に規定する目的及び目標並びにこの章の第1に示す幼稚園教育の基本を踏まえ実施するものとする。また，幼稚園の目的の達成に資するため，幼児の生活全体が豊かなものとなるよう家庭や地域における幼児期の教育の支援に努めるものとする。

第2章　ねらい及び内容

　この章に示すねらいは，幼稚園教育において育みたい資質・能力を幼児の生活する姿から捉えたものであり，内容は，ねらいを達成するために指導する事項である。各領域は，これらを幼児の発達の側面から，心身の健康に関する領域「健康」，人との関わりに関する領域「人間関係」，身近な環境との関わりに関する領域「環境」，言葉の獲得に関する領域「言葉」及び感性と表現に関する領域「表現」としてまとめ，示したものである。内容の取扱いは，幼児の発達を踏まえた指導を行うに当たって留意すべき事項である。

　各領域に示すねらいは，幼稚園における生活の全体を通じ，幼児が様々な体験を積み重ねる中で相互に関連をもちながら次第に達成に向かうものであること，内容は，幼児が環境に関わって展開する具体的な活動を通して総合的に指導されるものであることに留意しなければならない。

　また，「幼児期の終わりまでに育ってほしい姿」が，ねらい及び内容に基づく活動全体を通して資質・能力が育まれている幼児の幼稚園修了時の具体的な姿であることを踏まえ，指導を行う際に考慮するものとする。

　なお，特に必要な場合には，各領域に示すねらいの趣旨に基づいて適切な，具体的な内容を工夫し，それを加えても差し支えないが，その場合には，それが第1章の第1に示す幼稚園教育の基本を逸脱しないよう慎重に配慮する必要がある。

健　康

〔健康な心と体を育て，自ら健康で安全な生活をつくり出す力を養う。〕

1　ねらい
(1) 明るく伸び伸びと行動し，充実感を味わう。
(2) 自分の体を十分に動かし，進んで運動しようとする。
(3) 健康，安全な生活に必要な習慣や態度を身に付け，見通しをもって行動する。

2　内　容
(1) 先生や友達と触れ合い，安定感をもって行動する。
(2) いろいろな遊びの中で十分に体を動かす。
(3) 進んで戸外で遊ぶ。
(4) 様々な活動に親しみ，楽しんで取り組む。
(5) 先生や友達と食べることを楽しみ，食べ物への興味や関心をもつ。
(6) 健康な生活のリズムを身に付ける。
(7) 身の回りを清潔にし，衣服の着脱，食事，排泄などの生活に必要な活動を自分でする。
(8) 幼稚園における生活の仕方を知り，自分たちで生活の場を整えながら見通しをもって行動する。
(9) 自分の健康に関心をもち，病気の予防などに必要な活動を進んで行う。
(10) 危険な場所，危険な遊び方，災害時などの行動の仕方が分かり，安全に気を付けて行動する。

3　内容の取扱い
　上記の取扱いに当たっては，次の事項に留意する必要がある。
(1) 心と体の健康は，相互に密接な関連があるものであることを踏まえ，幼児が教師や他の幼児との温かい触れ合いの中で自己の存在感や充実感を味わうことなどを基盤として，しなやかな心と体の発達を促すこと。特に，十分に体を動かす気持ちよさを体験し，自ら体を動かそうとする意欲が育つようにすること。
(2) 様々な遊びの中で，幼児が興味や関心，能力に応じて全身を使って活動することにより，体を

動かす楽しさを味わい，自分の体を大切にしようとする気持ちが育つようにすること。その際，多様な動きを経験する中で，体の動きを調整するようにすること。
　(3) 自然の中で伸び伸びと体を動かして遊ぶことにより，体の諸機能の発達が促されることに留意し，幼児の興味や関心が戸外にも向くようにすること。その際，幼児の動線に配慮した園庭や遊具の配置などを工夫すること。
　(4) 健康な心と体を育てるためには食育を通じた望ましい食習慣の形成が大切であることを踏まえ，幼児の食生活の実情に配慮し，和やかな雰囲気の中で教師や他の幼児と食べる喜びや楽しさを味わったり，様々な食べ物への興味や関心をもったりするなどし，食の大切さに気付き，進んで食べようとする気持ちが育つようにすること。
　(5) 基本的な生活習慣の形成に当たっては，家庭での生活経験に配慮し，幼児の自立心を育て，幼児が他の幼児と関わりながら主体的な活動を展開する中で，生活に必要な習慣を身に付け，次第に見通しをもって行動できるようにすること。
　(6) 安全に関する指導に当たっては，情緒の安定を図り，遊びを通して安全についての構えを身に付け，危険な場所や事物などが分かり，安全についての理解を深めるようにすること。また，交通安全の習慣を身に付けるようにするとともに，避難訓練などを通して，災害などの緊急時に適切な行動がとれるようにすること。

人間関係
〔他の人々と親しみ，支え合って生活するために，自立心を育て，人と関わる力を養う。〕
1　ねらい
　(1) 幼稚園生活を楽しみ，自分の力で行動することの充実感を味わう。
　(2) 身近な人と親しみ，関わりを深め，工夫したり，協力したりして一緒に活動する楽しさを味わい，愛情や信頼感をもつ。
　(3) 社会生活における望ましい習慣や態度を身に付ける。
2　内　容
　(1) 先生や友達と共に過ごすことの喜びを味わう。
　(2) 自分で考え，自分で行動する。
　(3) 自分でできることは自分でする。
　(4) いろいろな遊びを楽しみながら物事をやり遂げようとする気持ちをもつ。
　(5) 友達と積極的に関わりながら喜びや悲しみを共感し合う。
　(6) 自分の思ったことを相手に伝え，相手の思っていることに気付く。
　(7) 友達のよさに気付き，一緒に活動する楽しさを味わう。
　(8) 友達と楽しく活動する中で，共通の目的を見いだし，工夫したり，協力したりなどする。
　(9) よいことや悪いことがあることに気付き，考えながら行動する。
　(10) 友達との関わりを深め，思いやりをもつ。
　(11) 友達と楽しく生活する中できまりの大切さに気付き，守ろうとする。
　(12) 共同の遊具や用具を大切にし，皆で使う。
　(13) 高齢者をはじめ地域の人々などの自分の生活に関係の深いいろいろな人に親しみをもつ。
3　内容の取扱い
　上記の取扱いに当たっては，次の事項に留意する必要がある。
　(1) 教師との信頼関係に支えられて自分自身の生活を確立していくことが人と関わる基盤となることを考慮し，幼児が自ら周囲に働き掛けることにより多様な感情を体験し，試行錯誤しながら諦めずにやり遂げることの達成感や，前向きな見通しをもって自分の力で行うことの充実感を味わ

うことができるよう，幼児の行動を見守りながら適切な援助を行うようにすること。
(2) 一人一人を生かした集団を形成しながら人と関わる力を育てていくようにすること。その際，集団の生活の中で，幼児が自己を発揮し，教師や他の幼児に認められる体験をし，自分のよさや特徴に気付き，自信をもって行動できるようにすること。
(3) 幼児が互いに関わりを深め，協同して遊ぶようになるため，自ら行動する力を育てるようにするとともに，他の幼児と試行錯誤しながら活動を展開する楽しさや共通の目的が実現する喜びを味わうことができるようにすること。
(4) 道徳性の芽生えを培うに当たっては，基本的な生活習慣の形成を図るとともに，幼児が他の幼児との関わりの中で他人の存在に気付き，相手を尊重する気持ちをもって行動できるようにし，また，自然や身近な動植物に親しむことなどを通して豊かな心情が育つようにすること。特に，人に対する信頼感や思いやりの気持ちは，葛藤やつまずきをも体験し，それらを乗り越えることにより次第に芽生えてくることに配慮すること。
(5) 集団の生活を通して，幼児が人との関わりを深め，規範意識の芽生えが培われることを考慮し，幼児が教師との信頼関係に支えられて自己を発揮する中で，互いに思いを主張し，折り合いを付ける体験をし，きまりの必要性などに気付き，自分の気持ちを調整する力が育つようにすること。
(6) 高齢者をはじめ地域の人々などの自分の生活に関係の深いいろいろな人と触れ合い，自分の感情や意志を表現しながら共に楽しみ，共感し合う体験を通して，これらの人々などに親しみをもち，人と関わることの楽しさや人の役に立つ喜びを味わうことができるようにすること。また，生活を通して親や祖父母などの家族の愛情に気付き，家族を大切にしようとする気持ちが育つようにすること。

環　境
［周囲の様々な環境に好奇心や探究心をもって関わり，それらを生活に取り入れていこうとする力を養う。］

1　ねらい
(1) 身近な環境に親しみ，自然と触れ合う中で様々な事象に興味や関心をもつ。
(2) 身近な環境に自分から関わり，発見を楽しんだり，考えたりし，それを生活に取り入れようとする。
(3) 身近な事象を見たり，考えたり，扱ったりする中で，物の性質や数量，文字などに対する感覚を豊かにする。

2　内　容
(1) 自然に触れて生活し，その大きさ，美しさ，不思議さなどに気付く。
(2) 生活の中で，様々な物に触れ，その性質や仕組みに興味や関心をもつ。
(3) 季節により自然や人間の生活に変化のあることに気付く。
(4) 自然などの身近な事象に関心をもち，取り入れて遊ぶ。
(5) 身近な動植物に親しみをもって接し，生命の尊さに気付き，いたわったり，大切にしたりする。
(6) 日常生活の中で，我が国や地域社会における様々な文化や伝統に親しむ。
(7) 身近な物を大切にする。
(8) 身近な物や遊具に興味をもって関わり，自分なりに比べたり，関連付けたりしながら考えたり，試したりして工夫して遊ぶ。
(9) 日常生活の中で数量や図形などに関心をもつ。

(10) 日常生活の中で簡単な標識や文字などに関心をもつ。

  (11) 生活に関係の深い情報や施設などに興味や関心をもつ。

  (12) 幼稚園内外の行事において国旗に親しむ。

 3 内容の取扱い

  上記の取扱いに当たっては，次の事項に留意する必要がある。

  (1) 幼児が，遊びの中で周囲の環境と関わり，次第に周囲の世界に好奇心を抱き，その意味や操作の仕方に関心をもち，物事の法則性に気付き，自分なりに考えることができるようになる過程を大切にすること。また，他の幼児の考えなどに触れて新しい考えを生み出す喜びや楽しさを味わい，自分の考えをよりよいものにしようとする気持ちが育つようにすること。

  (2) 幼児期において自然のもつ意味は大きく，自然の大きさ，美しさ，不思議さなどに直接触れる体験を通して，幼児の心が安らぎ，豊かな感情，好奇心，思考力，表現力の基礎が培われることを踏まえ，幼児が自然との関わりを深めることができるよう工夫すること。

  (3) 身近な事象や動植物に対する感動を伝え合い，共感し合うことなどを通して自分から関わろうとする意欲を育てるとともに，様々な関わり方を通してそれらに対する親しみや畏敬の念，生命を大切にする気持ち，公共心，探究心などが養われるようにすること。

  (4) 文化や伝統に親しむ際には，正月や節句など我が国の伝統的な行事，国歌，唱歌，わらべうたや我が国の伝統的な遊びに親しんだり，異なる文化に触れる活動に親しんだりすることを通じて，社会とのつながりの意識や国際理解の意識の芽生えなどが養われるようにすること。

  (5) 数量や文字などに関しては，日常生活の中で幼児自身の必要感に基づく体験を大切にし，数量や文字などに関する興味や関心，感覚が養われるようにすること。

言　葉

〔経験したことや考えたことなどを自分なりの言葉で表現し，相手の話す言葉を聞こうとする意欲や態度を育て，言葉に対する感覚や言葉で表現する力を養う。〕

 1 ねらい

  (1) 自分の気持ちを言葉で表現する楽しさを味わう。

  (2) 人の言葉や話などをよく聞き，自分の経験したことや考えたことを話し，伝え合う喜びを味わう。

  (3) 日常生活に必要な言葉が分かるようになるとともに，絵本や物語などに親しみ，言葉に対する感覚を豊かにし，先生や友達と心を通わせる。

 2 内　容

  (1) 先生や友達の言葉や話に興味や関心をもち，親しみをもって聞いたり，話したりする。

  (2) したり，見たり，聞いたり，感じたり，考えたりなどしたことを自分なりに言葉で表現する。

  (3) したいこと，してほしいことを言葉で表現したり，分からないことを尋ねたりする。

  (4) 人の話を注意して聞き，相手に分かるように話す。

  (5) 生活の中で必要な言葉が分かり，使う。

  (6) 親しみをもって日常の挨拶をする。

  (7) 生活の中で言葉の楽しさや美しさに気付く。

  (8) いろいろな体験を通じてイメージや言葉を豊かにする。

  (9) 絵本や物語などに親しみ，興味をもって聞き，想像をする楽しさを味わう。

  (10) 日常生活の中で，文字などで伝える楽しさを味わう。

 3 内容の取扱い

  上記の取扱いに当たっては，次の事項に留意する必要がある。

(1) 言葉は，身近な人に親しみをもって接し，自分の感情や意志などを伝え，それに相手が応答し，その言葉を聞くことを通して次第に獲得されていくものであることを考慮して，幼児が教師や他の幼児と関わることにより心を動かされるような体験をし，言葉を交わす喜びを味わえるようにすること。
(2) 幼児が自分の思いを言葉で伝えるとともに，教師や他の幼児などの話を興味をもって注意して聞くことを通して次第に話を理解するようになっていき，言葉による伝え合いができるようにすること。
(3) 絵本や物語などで，その内容と自分の経験とを結び付けたり，想像を巡らせたりするなど，楽しみを十分に味わうことによって，次第に豊かなイメージをもち，言葉に対する感覚が養われるようにすること。
(4) 幼児が生活の中で，言葉の響きやリズム，新しい言葉や表現などに触れ，これらを使う楽しさを味わえるようにすること。その際，絵本や物語に親しんだり，言葉遊びなどをしたりすることを通して，言葉が豊かになるようにすること。
(5) 幼児が日常生活の中で，文字などを使いながら思ったことや考えたことを伝える喜びや楽しさを味わい，文字に対する興味や関心をもつようにすること。

表現

［感じたことや考えたことを自分なりに表現することを通して，豊かな感性や表現する力を養い，創造性を豊かにする。］

1 ねらい
(1) いろいろなものの美しさなどに対する豊かな感性をもつ。
(2) 感じたことや考えたことを自分なりに表現して楽しむ。
(3) 生活の中でイメージを豊かにし，様々な表現を楽しむ。

2 内容
(1) 生活の中で様々な音，形，色，手触り，動きなどに気付いたり，感じたりするなどして楽しむ。
(2) 生活の中で美しいものや心を動かす出来事に触れ，イメージを豊かにする。
(3) 様々な出来事の中で，感動したことを伝え合う楽しさを味わう。
(4) 感じたこと，考えたことなどを音や動きなどで表現したり，自由にかいたり，つくったりなどする。
(5) いろいろな素材に親しみ，工夫して遊ぶ。
(6) 音楽に親しみ，歌を歌ったり，簡単なリズム楽器を使ったりなどする楽しさを味わう。
(7) かいたり，つくったりすることを楽しみ，遊びに使ったり，飾ったりなどする。
(8) 自分のイメージを動きや言葉などで表現したり，演じて遊んだりするなどの楽しさを味わう。

3 内容の取扱い
上記の取扱いに当たっては，次の事項に留意する必要がある。
(1) 豊かな感性は，身近な環境と十分に関わる中で美しいもの，優れたもの，心を動かす出来事などに出会い，そこから得た感動を他の幼児や教師と共有し，様々に表現することなどを通して養われるようにすること。その際，風の音や雨の音，身近にある草や花の形や色など自然の中にある音，形，色などに気付くようにすること。
(2) 幼児の自己表現は素朴な形で行われることが多いので，教師はそのような表現を受容し，幼児自身の表現しようとする意欲を受け止めて，幼児が生活の中で幼児らしい様々な表現を楽しむことができるようにすること。
(3) 生活経験や発達に応じ，自ら様々な表現を楽しみ，表現する意欲を十分に発揮させることがで

きるように，遊具や用具などを整えたり，様々な素材や表現の仕方に親しんだり，他の幼児の表現に触れられるよう配慮したりし，表現する過程を大切にして自己表現を楽しめるように工夫すること。

付録7

第3章　教育課程に係る教育時間の終了後等に行う教育活動などの留意事項

1　地域の実態や保護者の要請により，教育課程に係る教育時間の終了後等に希望する者を対象に行う教育活動については，幼児の心身の負担に配慮するものとする。また，次の点にも留意するものとする。
　(1)　教育課程に基づく活動を考慮し，幼児期にふさわしい無理のないものとなるようにすること。その際，教育課程に基づく活動を担当する教師と緊密な連携を図るようにすること。
　(2)　家庭や地域での幼児の生活も考慮し，教育課程に係る教育時間の終了後等に行う教育活動の計画を作成するようにすること。その際，地域の人々と連携するなど，地域の様々な資源を活用しつつ，多様な体験ができるようにすること。
　(3)　家庭との緊密な連携を図るようにすること。その際，情報交換の機会を設けたりするなど，保護者が，幼稚園と共に幼児を育てるという意識が高まるようにすること。
　(4)　地域の実態や保護者の事情とともに幼児の生活のリズムを踏まえつつ，例えば実施日数や時間などについて，弾力的な運用に配慮すること。
　(5)　適切な責任体制と指導体制を整備した上で行うようにすること。
2　幼稚園の運営に当たっては，子育ての支援のために保護者や地域の人々に機能や施設を開放して，園内体制の整備や関係機関との連携及び協力に配慮しつつ，幼児期の教育に関する相談に応じたり，情報を提供したり，幼児と保護者との登園を受け入れたり，保護者同士の交流の機会を提供したりするなど，幼稚園と家庭が一体となって幼児と関わる取組を進め，地域における幼児期の教育のセンターとしての役割を果たすよう努めるものとする。その際，心理や保健の専門家，地域の子育て経験者等と連携・協働しながら取り組むよう配慮するものとする。

学習指導要領等の改善に係る検討に必要な専門的作業等協力者（五十音順）

（職名は平成29年6月現在）

天笠　茂	千葉大学特任教授
市川　伸一	東京大学大学院教授
榎本　智司	国立音楽大学教授（前新宿区立新宿中学校統括校長　全日本中学校長会顧問）
大橋　明	東京都八王子市教育委員会委員（前渋谷区立渋谷本町学園統括校長　全国連合小学校長会顧問）
坂口　真	ＮＨＫ制作局青少年・教育番組部チーフ・プロデューサー
宍戸　和成	国立特別支援教育総合研究所理事長
髙木　展郎	横浜国立大学名誉教授
友添　秀則	早稲田大学教授
奈須　正裕	上智大学教授
野津　有司	筑波大学教授・筑波大学附属中学校長
福本　謹一	兵庫教育大学理事・副学長
藤田　晃之	筑波大学教授
堀田　龍也	東北大学大学院教授
無藤　隆	白梅学園大学大学院特任教授
村松　好子	兵庫県教育委員会人権教育課長
森　有希	高知大学准教授
若江　眞紀	株式会社キャリアリンク代表取締役

なお，文部科学省においては，次の者が本書の編集に当たった。

合田　哲雄	初等中等教育局教育課程課長
平野　誠	大臣官房教育改革調整官
小野　賢志	教育課程課主任学校教育官
白井　俊	教育課程課教育課程企画室長
大杉　住子	独立行政法人大学入試センター審議役（前教育課程課教育課程企画室長）
石田　有記	教育課程課教育課程企画室専門官
西川　和孝	教育課程課専門官

小学校学習指導要領(平成29年告示)解説
総則編　　　　　　　　　MEXT 1-1702

平成30年2月28日	初版発行
令和6年9月6日	4版発行
著作権所有	文部科学省

発　行　者
東京都北区堀船2丁目17-1
東京書籍株式会社
代表者　渡辺能理夫

印　刷　者
東京都北区堀船1丁目28-1
株式会社リーブルテック

発　行　所
東京都北区堀船2丁目17-1
東京書籍株式会社
電話　03-5390-7247

定価305円(本体277円+税10%)